Kurt Gödel
**Philosophische
Notizbücher**
BAND 3
Maximen III
Seite 7

Kurt Gödel
**Philosophical
Notebooks**
VOLUME 3
Maxims III
Page 171

Kurt Gödel
Philosophische Notizbücher

Herausgegeben von Eva-Maria Engelen
im Auftrag der Berlin-Brandenburgischen
Akademie der Wissenschaften (BBAW)

BAND 3

Philosophical Notebooks

Edited by Eva-Maria Engelen
on behalf of the Berlin-Brandenburg Academy
of Sciences and Humanities (BBAW)

VOLUME 3

Kurt Gödel
Maximen III / Maxims III

Herausgegeben von /
Edited by Eva-Maria Engelen

Aus dem Deutschen von /
Translated from German by Merlin Carl

DE GRUYTER

Edited on behalf of the Berlin-Brandenburg Academy
of Sciences and Humanities (BBAW) with support
of the Hamburg Foundation for the Advancement of Research and Culture.

Design: Friedrich Forssman.
Typeface: Chaparral Pro by Carol Twombly.
Print and bookbinding: CPI books GmbH, Leck.

Editing of the German Text: Christopher von Bülow.
Editing of the English translation: Carolyn Benson.
Funding of the translation: Alfred P. Sloan Foundation.

Printed in Germany.
Printed on acid-free paper.

Works of Kurt Gödel used with permission
from the Institute for Advanced Study.
Unpublished Copyright (1934 – 1978)
Institute for Advanced Study.
All rights reserved by Institute for Advanced Study,
Princeton, New Jersey, U.S.A.

© Copyright 2025 by
Walter de Gruyter GmbH, Berlin/Boston.
Dieser Band ist text- und seitenidentisch mit der 2021 erschienenen
gebundenen Ausgabe.

Library of Congress Control Number: 2021940719

Bibliographic information published by the Deutsche Nationalbibliothek
The Deutsche Nationalbibliothek lists this publication
in the Deutsche Nationalbibliografie;
detailed bibliographic data are available on the Internet
at http://dnb.dnb.de.

ISBN 978-3-11-221622-4
eISBN 978-3-11-075881-8

Inhalt – Contents

Kurt Gödel – Philosophische Notizbücher ... 7

Dank ... 9
Editorische Notizen ... 9
Einleitung ... 13
Max III ... 51

Kurt Gödel – Philosophical Notebooks ... 171

Acknowledgments ... 173
Editorial Notes ... 173
Introduction ... 175
Max III ... 211

Biographische Skizzen –
    Biographical Vignettes ... 323
Literaturverzeichnis und Werkregister –
    References and Index of References ... 327
Personenregister –
    Index of Names ... 330

Kurt Gödel
Maximen III

Herausgegeben von Eva-Maria Engelen

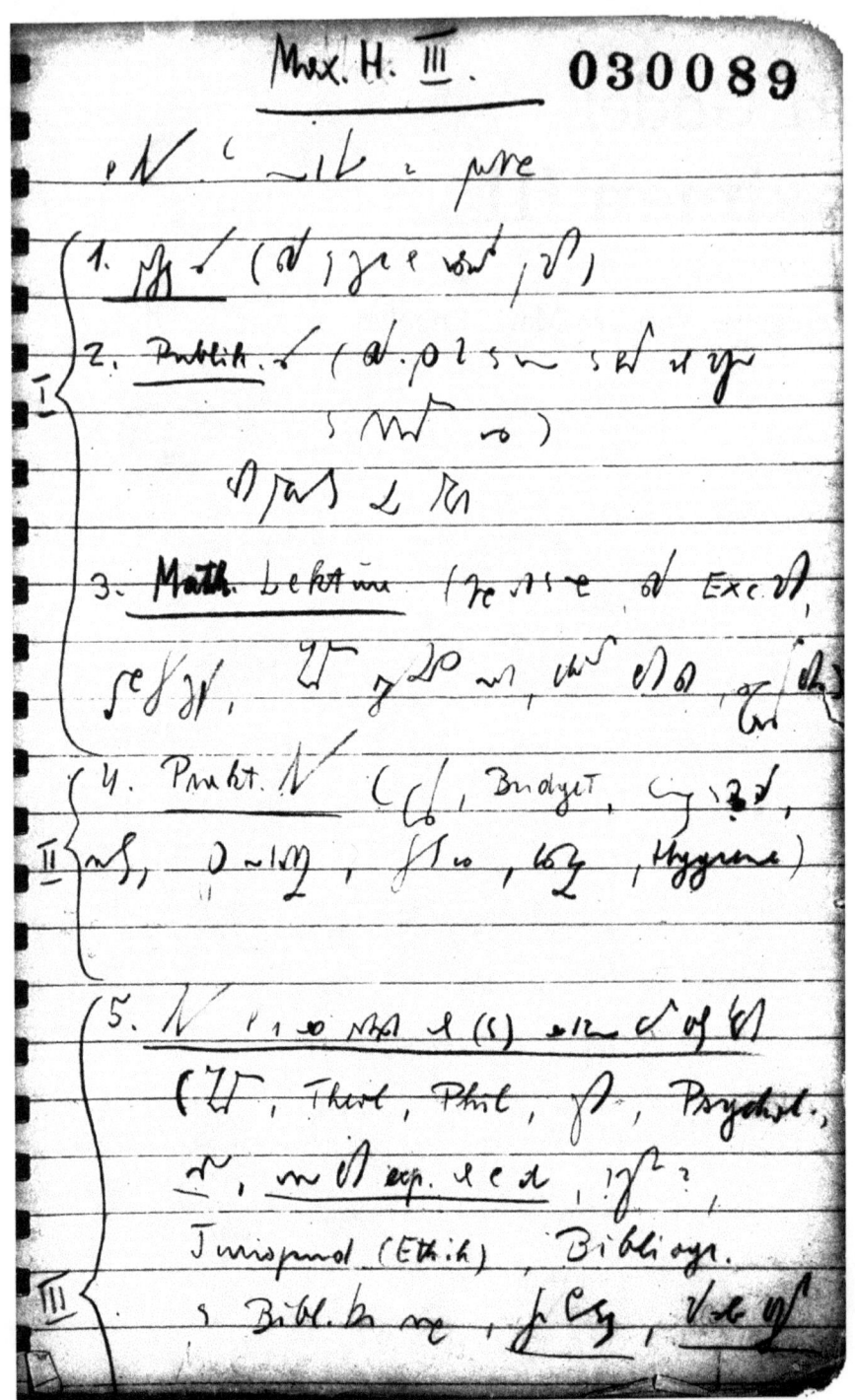

Dank

Die Edition von Kurt Gödels Philosophischen Notizbüchern wird durch die Hamburger Stiftung zur Förderung von Wissenschaft und Kultur umfassend und großzügig unterstützt. Dafür sei ihr auch an dieser Stelle gedankt; namentlich Jan Philipp Reemtsma.

Die Übersetzung ins Englische wird ab Band 3 dankenswerter Weise von der Alfred P. Sloan Foundation finanziert.

Der Berlin-Brandenburgischen Akademie der Wissenschaften, an der die Edition von Kurt Gödels Philosophischen Notizbüchern angesiedelt ist, gebührt gleichfalls großer Dank für weitreichende Unterstützung. Insbesondere sind hier ihr Altpräsident Martin Grötschel, der amtierende Präsident Christoph Markschies sowie die Akademiemitglieder Eberhard Knobloch, Jürgen Mittelstraß und Martin Mulsow zu nennen.

Den Nachlassverwaltern gilt mein Dank für die Erlaubnis, Gödels Notizbücher zu edieren, dem Archiv des Institute for Advanced Study in Princeton sowie der Rare Books and Manuscripts Division der Firestone Library der Princeton University für Materialbereitstellung aus dem Nachlass.

Für Auskünfte und fachkundigen Rat in Fragen, die insbesondere den vorliegenden Band betreffen, danke ich Merlin Carl (Flensburg/Konstanz), John W. Dawsons, Jr. (York, Pennsylvania), Cheryl A. Dawson (York, Pennsylvania), Leon Horsten (Konstanz), Christian Fleischhack (Paderborn), Tim Lethen (Helsinki), Christoph Markschies (Berlin), Christof Müller (Würzburg), Brigitte Parakenings (Koblenz), Ulrich Schollwöck (München), Jan-Heiner Tück (Wien) und Christopher von Bülow (Konstanz).

Editorische Notizen

Bei den vorliegenden Transkriptionen, die von Eva-Maria Engelen stammen, handelt es sich um eine Textrekonstruktion aus der Kurzschrift Gabelsberger. Die dadurch erforderlichen grammatikalischen und sonstigen Ergänzungen werden für die daran interessierten Leser sichtbar gemacht, wurden aber so gewählt, dass die Lektüre für die an den Zusätzen uninteressierten Leser nicht erschwert wird.

Der Band enthält ein umfangreiches Literaturregister der Werke, die Gödel gelesen und für seine Notizen herangezogen hat. Die ausführlichen Angaben dazu finden sich im Werkregister, Kurzangaben dazu zudem im Kommentarapparat. Grundsätzlich wurden Erstausgaben angeführt, es sei denn, es ist erkennbar, welche Ausgabe Gödel nachweislich oder anzunehmenderweise benutzt hat. In diesem Fall wurde die von ihm verwendete Ausgabe angegeben. Die Literatur, welche für die Einleitung ausgewertet wurde, ist getrennt davon im Anschluss an dieselbe angeführt, allerdings nicht noch einmal im Werkregister.

Zitate aus Kurt Gödels Philosophischen Notizbüchern werden mittels nicht abgekürztem Titel sowie Seiten- und Zeilenangaben des jeweiligen Bandes belegt, wenn der edierte Text gedruckt vorlag; war das nicht der Fall, werden der von Gödel abgekürzte Manuskripttitel und die Manuskriptseiten angegeben. Auch wenn auf das Manuskript Bezug genommen wird, wird der von Gödel abgekürzte Titel des Manuskripts angeführt.

Nähere Angaben zu den von Gödel direkt oder indirekt angeführten Personen finden sich im Personenregister, mitunter auch im erläuternden Kommentarapparat.

Die Notation der logischen Zeichen wurde in der englischen Übersetzung in moderne Notation übertragen, im deutschen Originaltext ist hingegen die Notationsweise Gödels beibehalten worden, um die Erforschung historischer logischer Notationen zu ermöglichen. Beibehalten wurde auch in der englischen Übersetzung Gödels Gebrauch der logischen Symbole → und ⊃.

Die Übersetzung ins Englische gleicht in ihrer typographischen Gestalt dem deutschen Text. Es entfallen: unsichere Lesarten / die Differenzierung in Lang- und Kurzschrift / die Hervorhebung von Wort- und Wortteil-Ergänzungen / die Hervorhebung von Gödel-Interpunktionen / die Markierung unlesbarer Textteile / die Markierung von Einfügungen / weitgehend der nicht erläuternde Kommentarapparat / Unterstreichungen erfolgen nur einfach.

Editionsrichtlinien

Textergänzungen   Die erforderliche Ergänzung einzelner Buchstaben im Falle syntaktischer, grammatikalischer Interpretationen wie Pluralsetzung, Kasus etc., die Auswirkungen auf die Semantik haben könnten, ist durch Graudruck sichtbar gemacht. Hat eine Ergänzung hingegen keine erkennbaren Auswirkungen auf die Semantik, wird sie stillschweigend vorgenommen.

Die Ergänzung ganzer Worte erfolgt im Graudruck ohne eckige Klammern. *Ergänzung ganzer Wörter*

Da das Setzen von Satzzeichen, insbesondere von Kommata, im Deutschen oftmals mit einer Interpretation einhergeht und sich sogar sinnverändernd auswirken kann, werden die von der Herausgeberin eingefügten Satzzeichen nicht fett gedruckt, die von Gödel gewählten Satzzeichen werden hingegen fett gedruckt und sind immer geradestehend. *Satzzeichen und Ergänzung*

Die in der Regel verwendete Kurzschrift Gabelsberger wird in der Transkription in einer Antiqua, also einer Serifenschrift wiedergegeben. Die Langschrift erfolgt in *kursiver Schrift*; sie kommt in der Regel bei Personen- und Ortsnamen sowie bei Zitaten in nichtdeutscher Sprache vor. *Lang- und Kurzschrift*

Unsichere Lesarten stehen in leichter Grotesk. Danach steht kein Fragezeichen in Spitzklammern oder Ähnliches. *Unsichere Lesarten*

Auflösen von Abkürzungen: In Gabelsberger standardisierte Abkürzungen wurden im Fließtext in ganzen Worten wiedergegeben, innerhalb der Klammern jedoch auch in der Transkription als Abkürzungen. Das soll die Lesbarkeit des Textes erhöhen. *Abkürzungen*

Wiedergabe von Zahlangaben: Gödel schreibt Zahlangaben manchmal als Ziffern, manchmal als Worte. In der Transkription wurde die jeweilige Vorgehensweise Gödels übernommen, nicht so in der englischen Übersetzung. *Zahlenangaben*

Gödel unterstreicht in zahlreichen Varianten: einfach, doppelt, dreifach, gestrichelt, wellenförmig oder in Kombination dieser Varianten. Einfache, doppelte und dreifache Unterstreichungen werden als solche sichtbar gemacht, wellenförmige oder gestrichelte jedoch nicht, sie werden als einfache Unterstreichungen wiedergegeben. *Unterstreichungen*

Streichungen	Streichungen werden mit senkrechtem Strich | angegeben und im Apparat für editorische Erläuterungen wiedergegeben. Eine Ausnahme davon sind Streichungen, bei denen davon auszugehen ist, dass sie erledigte Punkte auf einer Liste wiedergeben, weil Gödel den Buchtitel gelesen oder die Aufgabe erledigt hat etc.
Einfügungen	Einfügungen werden in {Schweifklammern} gegeben.
Paginierung der Manuskriptseiten	Die Paginierung der Manuskriptseiten durch Gödel wird in eckigen Klammern angegeben. Bei Verweisen auf einzelne Stellen innerhalb eines Notizheftes wird diese Paginierung angegeben. Erfolgt die Paginierung innerhalb einer Aufzählung, wird sie rechtsbündig wiedergegeben, ansonsten linksbündig. Die Paginierung der geraden und ungeraden Seitenzahlen stammt zum Teil von Gödel, die fehlenden wurden meist stillschweigend ergänzt.
Gödels Fußnoten, Kommentarapparat	Gödels Fußnoten erscheinen in der Edition als Marginalien. Diese Vorgehensweise wurde gewählt, um den Lesefluss zu erleichtern und um ihre Zugehörigkeit zum Textkorpus deutlich werden zu lassen. Nachweise und Erläuterungen werden als Fußnoten unter den Kolumnen gegeben. Der Kommentarapparat steht am Seitenfuß außen.
Literaturangaben	Die Kenntlichmachung von Buchtiteln erfolgt im Anmerkungsapparat durch ›einfache Anführungszeichen‹, die von Aufsatztiteln und anderen unselbstständigen Titeln durch »doppelte Anführungszeichen«.
Unlesbares	Unlesbare Textteile werden mit einfachem senkrechten Strich | angegeben (Strich in leichter Grotesk) und kommentiert. Gestrichene unlesbare Textteile werden mit doppeltem, durchgestrichenem senkrechten Strich ╫ angegeben.
Fußnoten, -zeichen	Die Gödel-»Fußnoten« in den Marginalspalten sind bezeichnet: Sternchen, zwei Sternchen, drei Sternchen, Kreuz, Doppelkreuz, Paragraph, Alinea (* / ** / *** / † / ‡ / § / ¶). Diese Symbole stehen im Text (Kreuz† bis Alinea-Zeichen¶ werden im Haupttext hochgestellt, † vor dem Text in den Marginalien jedoch nicht) und zu Beginn der Anmerkungen. Die Marginal-»Fußnoten« beginnen jeweils auf der Höhe der Markierung im Text, soweit möglich, ansonsten schließen sie direkt an die vorige Fußnote an.

Typographische Angaben

Die Schrift ist die »Chaparral Pro« von Carol Twombly. Durch ihren geringen Strichstärkenunterschied eignet sie sich gut für Graudruck. Es gibt sie in verschiedenen Designgrößen; für die Fußnoten und Marginalien werden die »Caption«-Schnitte verwendet, die für kleinere Grade optimiert sind. Die Grotesk ist die Gill Sans light.   Schriften

Die Satzart ist grundsätzlich Blocksatz, wobei tabellen- und listenartige Textteile auch im Flattersatz stehen können.   Satzart

Alle Anführungszeichen haben »diese« bzw. ›diese‹ Form.   Anführungszeichen

Es wird mit Ligaturen gesetzt. Im Deutschen werden die Ligaturen ff, fl und fi aufgelöst, wo es korrekt ist (in Wortfugen wie bei »Auflage«).   Ligaturen

Es werden Mediävalziffern verwendet (1234567890). Im Formelsatz ist Verwendung von Versalziffern (1234567890) möglich. In der Bezeichnung ›Max 0‹ steht immer die Versalziffer.   Ziffernform

Abdruckgenehmigung

Dem Institute for Advanced Study, Princeton ist als Nachlassverwalter von Kurt Gödels Nachlass für die Erlaubnis zu danken, Kurt Gödels ›Maximen Philosophie‹ zu transkribieren, zu edieren, zu veröffentlichen und zu übersetzen.

Einleitung

Das Notizbuch ›Maximen III‹ schließt an ›Zeiteinteilung (Maximen) II‹ an, doch schon durch die von vorne beginnende Paginierung wird deutlich, dass hier innerhalb des Konvoluts von Gödels Philosophischen Notizbüchern ein neuer Abschnitt beginnt. Der Titel ›Maximen III‹ enthält keinen Zusatz mehr, weder ›Philosophie‹ wie in ›Philosophie I Maximen 0‹ noch ›Zeiteinteilung‹ wie in ›Zeiteinteilung (Maximen) I und II‹. Die disziplinäre Zuordnung der Bemerkungen durch Gödel nimmt deutlich zu. Dennoch gibt es in ›Maximen III‹ insbesondere am Anfang einige inhaltliche Überschneidungen mit ›Zeiteinteilung (Maximen) I und II‹.

Individualethische Maximen ad personam nehmen sehr ab zugunsten von allgemeingültig formulierten Maximen und Bemerkungen. So finden sich lediglich zu Beginn von ›Maximen III‹ einige wenige Maximen, die zum Teil mit dem Buchstaben ›P‹ für ›Praktisches‹ oder für ›Persönliches‹ bzw. ›Privates‹ gekennzeichnet sind und unter das Konzept der Hygiene oder Diätetik fallen, das in ›Zeiteinteilung (Maximen) I und II‹ von Gödel auf sich selbst bezogen entfaltet wird. Dort wiederum sind allgemeingültige Maximen und Bemerkungen lediglich gegen Ende von ›Zeiteinteilung (Maximen) I‹ notiert. In ›Zeiteinteilung (Maximen) II‹ tauchen sie zwar vereinzelt auf, aber nicht in großer Zahl. Allgemeingültige Maximen und Bemerkungen sind nicht Schwerpunktthema dieser Notizhefte, und das Addendum III, wo sie vermehrt auftreten, ist dem Heft ›Zeiteinteilung (Maximen) II‹ von Gödel nachträglich hinzugefügt worden; seine Datierung ist ungewiss. Sowohl Kontinuität als auch Neuausrichtung von ›Maximen III‹ lassen sich im Verhältnis zu den vorangegangenen Heften also bereits an diesen Äußerlichkeiten rasch erkennen.

Scientia generalis

Inhaltlich ist der Gesamtzusammenhang zwischen Gödels Philosophischen Notizbüchern unter anderem durch die Begriffe ›Vervollkommnung‹ und ›Glück‹ hergestellt, also mittels zentraler Begriffe einer Scientia generalis.[1] In ›Maximen III‹ dienen insbesondere die Bemerkungen zur Heuristik in der Mathematik wie desgleichen die übrigen Methodenüberlegungen dem Streben, die Mathematik und die übrigen Wissenschaften zu verbessern. Die Parallelen zu Leibniz' Scientia generalis lassen sich jedoch auch anderweitig aufzeigen. Um das in Zusammenhang mit ›Maximen III‹ zu leisten, wird später eine exemplarische Tiefenanalyse einiger Bemerkungen vorgenommen. Dadurch wird die Komplexität der Bemerkungen wie die gedankliche und disziplinäre Vernetzung von Begriffen und Methoden in Gödels Untersuchungen deutlich. Er selbst hat den Begriff einer Scientia generalis in seinen Philosophischen Notizbüchern in ›Max X‹ verwendet. Dort heißt es:

---

1 Darauf wurde bereits in den Einleitungen zu ›Philosophie I Maximen 0‹ sowie zu ›Zeiteinteilung (Maximen) I und II‹ hingewiesen.

Bemerkung (*Philosophie*): Die *Scientia generalis* des *Leibniz* ist offenbar etwas Ähnliches hinsichtlich des ganzen Gebietes der Erscheinung [d.h. aller Wissenschaften, *inclusive Mathematik*] [68] wie die *Newton*sche Physik hinsichtlich der physikalischen Erscheinungen. Die »*Cynosura notionum*«[2] besteht dort aus Raumpunkt, Zeitpunkt, Massepunkt, Lage auf, Kraft, Masse. Dadurch, dass man alle physikalischen Erscheinungen auf dieses System von Begriffen »*projiziert*«, das heißt, es durch sie zu »interpretieren« sucht, werden die *a priori* bestehenden Möglichkeiten eingeschränkt, und es sind daher Voraussagen möglich. Dass die *Newtonschen* Begriffe selbst noch nicht das Gesuchte sind [was die Materialisten glauben], sieht man 1. aus der Mathematik, bei der überhaupt kein Verständnis durch sie möglich ist, 2. aus *Psychologie* und *Soziologie*, wo prinzipiell ein Verständnis möglich wäre, aber nicht praktisch.

Gödel vergleicht Leibniz' Scientia generalis hier mit Newtons Physik. Wir wissen aus den Gesprächen Gödels mit Hao Wang, dass für ihn Philosophie als exakte Theorie für die Metaphysik dasselbe leisten sollte wie Newtons Theorie für die Physik.[3] Wenn Gödel in dem obigen Zitat Leibniz' Scientia generalis mit Newtons Physik vergleicht, und Newtons Verdienst darin sieht, die grundlegenden Begriffe anzugeben, welche es erlauben, eine ganze Disziplin, ein Wissensgebiet aufzubauen, wird ersichtlich, dass die Scientia generalis respektive die Philosophie als exakte Theorie dasselbe leisten soll. Sie soll nach Gödel die grundlegenden Begriffe und Methoden angeben, welche es erlauben, disziplinäres Wissen zu schaffen, und welche darüber hinaus die Grundlage aller akademischen Disziplinen sind.

---

2   ›Cynosura notionum‹ bezieht sich auf die einfachen Begriffe bei Leibniz. Die Cynosura ist das Sternbild des Kleinen Bären (oder Wagen), das aus sieben Sternen besteht. Laut Gödel zieht Leibniz eine Parallele zwischen den sieben Sternen des Sternbildes und sieben Begriffen. Vgl. Hao Wang, ›A Logical Journey‹, S. 297; es liegt allerdings eine Verwechslung in der Benennung der Sternbilder Kleiner und Großer Bär vor: »9.1.29 Force should be a primitive term in philosophy.« »9.1.30 The fundamental principles are concerned with what the primitive concepts are and also their relationship [...] Leibniz used formal analogy: in analogy with the seven stars in the Great Bear constellation, there are seven concepts [...].« Anders als in den Philosophischen Notizbüchern macht Gödel hier keinen Unterschied zwischen einfachen Begriffen und Grundbegriffen. Einfache Begriffe sind wie bei Leibniz undefinierbare Begriffe, die durch sich selbst erkannt werden. Grundbegriffe erlauben zusätzlich die Formalisierung einer Disziplin.

3   »Philosophy as an exact theory should do to metaphysics as much as Newton did to physics.« Siehe Hao Wang, ›From Mathematics to Philosophy‹, S. 85.

Auch aus Rudolf Carnaps Tagebuchaufzeichnungen lässt sich ersehen, dass Gödel Begriffe aus dem Umfeld der Scientia generalis im Zusammenhang mit Leibniz gebrauchte.[4] Dort heißt es für den 7. Juni 1954,[5] ein Jahr bevor Gödel aufgehört hat, an seinen Philosophischen Notizbüchern zu arbeiten:

> Nachmittags 2 1/2 Stunden, mit Gödel. (Er hat zwar den Ontologieaufsatz gelesen, kommt aber immer wieder darauf zurück, dass meine alte Formulierung in Wien, dass die Mathematik »leer« ist und »keine Objekte hat«,[6] falsch war und durch meine neuere Auffassung widerlegt ist. Er glaubt, dass Newtons großer Schritt der Systematisierung der Erkenntnis vielleicht durch Anstöße von Leibniz kam. Leibniz' Charakteristika müsse psychologische, [...] nicht physikalische Begriffe zugrunde legen; dann könne man zu einer neuen Welterklärung kommen. [...] Die Psychologie (und Biologie?) wird nicht aus der Physik abgeleitet werden, wie der Materialismus meint, sondern umgekehrt.)

Der Ausdruck ›Charakteristika‹ nimmt auf Leibniz' universale Idealsprache oder Logik Bezug, die auf einer universalen Erkenntnis der Welt beruht, und damit auf den absolut einfachen Begriffen, inhaltlich ist aber etwas anderes gemeint. Denn Gödel bezieht sich in dem Gespräch mit Carnap auch auf den Gebrauch von ›Charakteristik‹ oder ›Einheitssprache‹ im Wiener Kreis. Zum Konzept einer Einheitswissenschaft[7] im Logischen Empirismus gehört das

---

4 Er gebraucht sie auch in ›Max XI‹ auf Manuskriptseite 57 wie folgt: »*Bemerkung (Philosophie)*: Das Vorhandensein der allgemeinen Charakteristik besteht bei Leibniz zum Teil wahrscheinlich darin, dass er eine andere, sehr gut *verificierte* Theorie des praktischen Handelns (*sapientia*) hatte, aus der die Existenz dieses Kalküls folgt.«

5 Die Transkription stammt von Brigitta Arden und Brigitte Parakenings, ediert werden Carnaps Tagebücher von Christian Damböck.

6 Gödel hat an dem Aufsatz »Is Mathematics Syntax of Language?«, der für den Schilpp-Band über Carnaps Philosophie geplant war und dessen Inhalt die hier angesprochene Problematik berührt, mindestens zwischen 1953 und 1957 gearbeitet, ihn letztlich aber nicht eingereicht.

7 Im Gödel-Nachlass befinden sich unter der Überschrift »Einheitswissenschaft« in Behältnis 10b, Reihe V, Mappe 46, ursprüngliche Dokumentennummer 050148, kurze Exzerpte Gödels zu den Bänden 1 und 2 der von 1933 an erschienenen Schriftenreihe ›Einheitswissenschaft‹, nämlich: Otto Neurath, ›Einheitswissenschaft und Psychologie‹ von 1933; sowie Hans Hahn, ›Logik, Mathematik und Naturerkennen‹, ebenfalls von 1933. Aus dem Band von Hahn exzerpiert Gödel u. a. fast wörtlich: »*Einheitswissenschaft*: Es gibt keine prinzi-

der Einheit der wissenschaftlichen Sprache, der so genannten Einheitssprache, wonach alle wissenschaftlichen Aussagen in einer einzigen physikalischen Sprache formulierbar sind.[8] Offensichtlich wird in Carnaps Tagebucheintrag darauf Bezug genommen. Aber Gödel war eben auch mit Leibniz' Konzeption einer Charakteristik vertraut, wonach sich ein Zeichen (»Charakter«) oder Wort immer sowohl auf die Sache als auch auf den Begriff bezieht, wohinter letztlich eine absolut einfache Idee liegt. Die Erfindung geeigneter Charaktere sollte die isomorphe Repräsentation des Wissens bei Leibniz berechenbar machen.[9]

Wenn hier von Gödels Scientia generalis die Rede ist, wird das in erster Linie vor dem Hintergrund der Leibnizschen Konzeption getan, ohne davon auszugehen, dass Gödels und Leibniz' Herangehensweisen als deckungsgleich anzusehen sind. Gödels Vorstellung einer Scientia generalis ist letztlich auch vor dem Hintergrund der wissenschaftstheoretischen Diskussionen des Wiener Kreises und seiner eigenen philosophischen Auffassungen zu verstehen. Zudem ist zu bedenken, dass es sich bei Leibniz' Begriff nicht um ein vollkommen klar umrissenes Konzept handelt;[10] es bleibt vielmehr programmatisch. Um sich Gödels Philosophischen Notizbüchern zu nähern, ist es dennoch nützlich, es als einen metaphysischen Entwurf mitzudenken, der es erlaubt, Bezüge und Einordnungen bei den Bemerkungen vorzunehmen.

Gödel hat die entsprechenden Fragmente aus Leibnizens Feder gekannt, und es findet sich mehr als eine Parallele in der jeweils zugrundeliegenden Systematik der beiden Denker, die geeignet ist, Gödels Vorgehen in seinen Philosophischen Notizbüchern auch vor dem Hintergrund der Leibnizschen Äußerungen einzuordnen. Leibniz' Vorstellung einer Scientia generalis wird daher

---

pielle Trennung zwischen *Physik*, Geschichte, *Sociologie*, *Psychologie* (sie sind miteinander verflochten, werden nach derselben Methode betrieben, das Wahrheitskriterium ist überall die Bewährung). [...] Ein historischer Satz ist ebenso eine *Hypothese* über weitere Bestätigung, Sätze über das Verhalten der Menschen gehen auch in die Physik ein (hinsichtlich der Beobachtungen).«

8 Abzustellen ist hier insbesondere auf Otto Neuraths Konzeption eines physikalistischen Sprachaufbaus, wonach alle Grundbegriffe der Einheitssprache Eigenschaften von Gegenständen und ihre Beziehungen untereinander betreffen sollen, Sachverhalte also nicht in Aussagen über Sinnesdaten zurückzuführen seien.

9 Vgl. Schepers, »Gedanken zu den Philosophischen Schriften«, S. 115.

10 Das ist der Forschungsliteratur zu diesem Begriff zu entnehmen. Dementsprechend sind die Aussagen der philosophiehistorischen Forschung dazu auch nicht einheitlich.

noch genauer erläutert,[11] wonach auf einige Entsprechungen bei Gödel eingegangen wird.

Leibniz hat während seiner gesamten Schaffensperiode am Projekt einer Scientia generalis festgehalten, seine schriftlichen Aufzeichnungen dazu jedoch stets geheim gehalten, um es nicht schon von möglichen Kritikern zerpflückt zu bekommen, ehe er Förderer gefunden hätte, welche die Realisierung finanzieren würden. Möglicherweise hat dieser Umstand dazu beigetragen, dass seine Ausführungen programmatisch geblieben sind. Freilich hat er, wie Arnaud Pelletier zeigt,[12] zu verschiedenen Zeiten im Wesentlichen drei Charakterisierungen einer Scientia generalis gegeben:

(1) als eine allgemeine Ars inveniendi und Ars iudicandi (zwischen 1679 und 1688),
(2) als die Wissenschaft des Denkmöglichen (1686),
(3) als Metaphysik (seit 1688).

Diese neu zu etablierende Wissenschaft sollte es erlauben, alle Wissenschaften, das heißt, alle damals bekannten und neu entstehenden Disziplinen, mit mathematischer Eindeutigkeit in einer Enzyklopädie darzustellen, die auch heuristischen Zwecken dienen könnte. Methode und Logik sollten nicht rein formal sein, sondern zugleich die allgemeinen Prinzipien der Vernunft und der ersten Erfahrungen, mithin aller Wissenschaften, enthalten sowie eine allgemeine Charakteristik (Characteristica universalis), die jedem Begriff ein Zeichen zuordnen würde und die Strukturverhältnissen der Gedanken wiedergeben würde.

Begriffe sind bei Leibniz entweder einfach oder zusammengesetzt; für die Scientia generalis oder die Enzyklopädie geht es darum, zunächst die einfachen oder primitiven ausfindig zu machen, die das menschliche Gedankenalphabet (Alphabetum cogitationum humanarum) bilden.[13] Wären die geeigneten Charaktere für

---

11 Für dieses Unterfangen wird insbesondere auf Arbeiten von Heinrich Schepers und Arnaud Pelletier zur Scientia generalis bei Leibniz rekurriert. Vgl. Heinrich Schepers, »Scientia generalis«, in: ›Historisches Wörterbuch der Philosophie‹, Sp. 1504–1507; sowie ders., »Gedanken zu den Philosophischen Schriften«, in: ders, ›Leibniz. Wege zu seiner reifen Metaphysik‹, Berlin (Akademie Verlag) 2014, S. 110–152; sowie Arnaud Pelletier, »Scientia Generalis and Encyclopaedia«, in: ›The Oxford Handbook of Leibniz‹, hrsg. v. Maria Rosa Antognazza, Oxford (Oxford University Press) 2018, S. 162–176.

12 Arnaud Pelletier, »Scientia Generalis and Encyclopaedia«, S. 165.

13 Leibniz unterscheidet zwischen absolut einfachen Begriffen, die er auch »einfache Ideen« nennt, und einfachen Begriffen, die grundlegend für eine wissenschaftliche Disziplin sind.

die primitiven Begriffe erst gefunden, wäre deren Arithmetisierung aus Leibniz' Sicht ein naheliegender, einfach zu bewerkstelligender nächster Schritt. Einige dieser Aspekte (und weitere) fasst Leibniz in einer seiner Erläuterungen zusammen, mit der er darlegt, was er unter einer Scientia generalis versteht:

> Unter [Scientia generalis] verstehe ich die Wissenschaft, die die Prinzipien aller anderen [Wissenschaften] enthält, zudem die Art und Weise, die Prinzipien so zu gebrauchen, dass jeder auch nur mittelmäßig Begabte, sobald er sich in irgendwelche Besonderheiten vertieft, durch leichtes Nachdenken und ein bisschen Erfahrung sogar das Schwierigste verstehen und die schönsten Wahrheiten wie die nützlichsten Anwendungen entdecken sowie die nützlichsten Praktiken – soweit es dem Menschen aus den Gegebenheiten möglich ist – herausfinden kann. Sie [die Scientia generalis] muss also zum einen die Art des richtigen Denkens behandeln, d. h. des Entdeckens, des Urteilens, des Beherrschens der Affekte, des Behaltens und des Erinnerns, zum anderen aber die Elemente der ganzen Enzyklopädie und die Untersuchung des höchsten Guts, dessentwegen jedes Nachdenken erst in Angriff genommen wird; denn Weisheit ist nichts anderes als die Wissenschaft vom Glück.[14]

Es geht bei der Scientia generalis also um die Kenntnis und Anwendung aller Prinzipien und Methoden der einzelnen Wissen-

---

14 »Definitio brevis Scientiae generalis [Sommer 1683 bis Anfang 1685 (?)] Scientiam Generalem intelligo, quae caeterarum omnium principia continet, modumque principiis ita utendi, ut quisque mediocri licet ingenio praeditus ubi ad specialia quaecunque descenderit, facili meditatione et brevi experientia, difficillima etiam intelligere, et pulcherrimas veritates, utilissimasque praxes, quantum ex datis homini possibile est, invenire possit. Tractare ergo debet tum de modo bene cogitandi, hoc est inveniendi, judicandi, affectus regendi, retinendi ac reminiscendi, tum vero de totius Encyclopaediae Elementis, et Summi Boni investigatione, cujus causa omnis meditatio suscipitur, est enim nihil aliud sapientia, quam scientia felicitatis.« In: Leibniz, ›Sämtliche Schriften und Briefe‹, A VI, Bd. 4, Nr. 127, S. 532. Gödel war diese Definition der Scientia generalis durch die Gerhardt-Ausgabe bekannt: Vgl. Leibniz, ›Die philosophischen Schriften‹, Bd. 7, hrsg. v. Carl Immanuel Gerhardt 1890, S. 3. Übers. in Anlehnung an Cornelius Zehetners Übersetzung, in: Natascha Gruver und Cornelius Zehetner, »Ad feliciam publicam: Leibniz' ›Scientia Generalis‹ – Momente einer Wissenschaftskonzeption und deren gegenwärtige Relevanz«, in: ›Für unser Glück oder das Glück anderer. Vorträge des X. Internationalen Leibniz-Kongresses‹, hrsg. v. Wenchao Li et al., Hildesheim, Zürich, New York (Olms) 2016, S. 499–512, hier S. 499.

schaften, damit wissenschaftliche Phänomene einfacher und besser zu verstehen sind, aber auch darum, zu neuen Erkenntnissen zu gelangen. Die Weise des richtigen Denkens, die dazu verhelfen soll, wird durch eine Liste methodisch relevanter Tätigkeiten näher gefasst, die im Wesentlichen den sogenannten Initia entspricht. Leibniz fügt dann noch die Elemente der Enzyklopädie hinzu, die den einfachen oder primitiven Begriffen entsprechen könnten,[15] und die Suche nach dem höchsten Gut.

Konkret lässt sich aus Leibniz' Schriften beispielsweise folgende Liste zu Initia und Specimina erstellen:[16]

Initia Methodische Basis	Specimina Mathematik, Naturwissenschaften	Specimina Wertorientierte Wissenschaften
1. Grammatica rationalis	7. Arithmetica	14. Scientia moralis
2. Logica	8. Geometria, Optica	15. [Jurisprudentia]
3. Mnemonica (Gedächtnisvermögen)	9. Mechanica	16. Geopolitica
4. Topica als Ars inveniendi	10. Poeographia (Grade sinnlicher kontinuierlicher Qualitäten)	[17. Geographia civilis (Geschichte)]
5. Ars formularia (Unterscheidungsvermögen ähnlich/unähnlich)	11. Homoeographia (Chemie)	18. Theologia naturalis
6. Logistica (Lehre vom Teil und Ganzen)	12. Cosmographia	
	13. Idographia[17] (Wissenschaft vom Lebendigen)	

Auch diese Aufzählung endet mit dem Hinweis, dass die Enzyklopädie durch die Anwendung der Wissenschaften dem Glück diene. In anderen Schriftstücken heißt es hingegen, die Initia umfassten

---

15 Pelletier argumentiert hingegen dafür, darunter die Initia zu verstehen. Da diese allerdings zuvor bereits genannt werden, sollte mit ›Elementen‹ etwas anderes gemeint sein. Vgl. Pelletier, »Scientia Generalis and Encyclopaedia«, S. 168.
16 Entnommen ist diese Liste: Hans Poser, »Leibniz und die Einheit der Wissenschaften«, in: ›Vision als Aufgabe. Das Leibniz-Universum im 21. Jahrhundert‹, hrsg. v. Martin Grötschel, Eberhard Knobloch, Juliane Schiffers, Mimmi Woisnitza und Günter M. Ziegler, Berlin (Berlin-Brandenburgische Akademie der Wissenschaften) 2016, S. 17–31, hier S. 20. Der Originaltext, auf dem sie beruht, ist nachzulesen in: Leibniz, ›Sämtliche Schriften und Briefe‹, A VI, Bd. 4, Nr. 81, S. 344–349. Gödel war der Abschnitt zugänglich über Louis Couturat, ›Opuscules et fragments inédits de Leibniz. Extraits des manuscrits de la Bibliothèque royale de Hanovre‹, Paris (Alcan) 1903, S. 30–41. Gödel hat diesen Band von Couturat nachweislich benutzt.
17 Wird in älteren Schriften auch mit ›Eidographia‹ wiedergegeben.

die Ars inveniendi und die Ars judicandi ebenso wie die »Elemente der ewigen Wahrheiten« und den Plan der Enzyklopädie. Die angeführten Specimina, also Musterbeispiele,[18] sind dort Geometrie, Mechanik, Jurisprudenz, Mathematik und Physik.[19]

Die Einteilung in Grundlagen (Initia) und Einzelwissenschaften (Specimina) findet sich bei Gödel lediglich indirekt wieder. Seine Philosophischen Notizbücher enthalten ebenso Bemerkungen zu Fragen der Logik und Grundlagen oder der Mnemonica wie zu einzelnen wissenschaftlichen Disziplinen, als da wären: Mathematik, Physik, Psychologie, Philologie, Soziologie, Jurisprudenz, Geschichte, Theologie und auch Philosophie.[20] Die Aufzählungen unter den Überschriften ›Initia‹ und ›Specimina‹ bei Leibniz und Gödel decken sich also nicht. Eine Übereinstimmung ergäbe allerdings schon deshalb keinen Sinn, weil sich der Disziplinen-Katalog seit Leibniz' Zeiten geändert hat und bereits Leibniz auf die Möglichkeit hinweist, dass im Lauf der Zeit neue Specimina entstehen könnten. Aber die Grundkonzeption der Scientia generalis, wie sie in folgendem Zitat von Arnaud Pelletier dargelegt ist, lässt sich für das Verständnis von Gödels Vorgehen gewinnbringend heranziehen:

> The distinction between the initia and the specimina thus reveals that the Scientia Generalis cannot be understood as a universal science in the sense of a calculus or a single method that could be applied to all sciences. Its unity is not given by the uniqueness of an organon [...] but by the plurality of elements and principles whose domains of validity are to be determined through the collective progress of the sciences. A remarkable feature of the structure of the Scientia Generalis is that it does not presuppose a priori first principles but, on the contrary, intends to discover progressively the first principles that would »open the way to the ultimate causes of things« and [...] to wisdom.[21]

---

18 Schepers spricht von ›Probestücken‹. Vgl. ders., »Gedanken zu den Philosophischen Schriften«, S. 118.
19 Siehe Pelletier, »Scientia Generalis and Encyclopaedia«, S. 169.
20 Leibniz hat ›Philosophie‹ nicht in eine seiner Disziplinen-Listen eingefügt, weil das Unterfangen einer Scientia generalis als Ganzes für ihn Philosophie ist. Vgl. Poser, »Leibniz und die Einheit der Wissenschaften«, S. 20.
21 Pelletier, »Scientia Generalis and Encyclopaedia«, S. 171.

Die Merkmale einer Scientia generalis, die Pelletier hier für Leibniz' Philosophie herausarbeitet, treffen in gewissem Umfang auch auf Gödels Bemerkungen zu. Gödel unterscheidet seine Bemerkungen in solche zu Grundlagen und zu einzelnen akademischen Disziplinen. In einem allgemeinen, allen akademischen Disziplinen zugrundeliegenden Calculus oder einer Charakteristik geht die Scientia generalis nicht auf; sie ist damit nicht in eins zu setzen. Statt die Idee einer alle Disziplinen verbindenden Methode entschieden zu postulieren, werden von Gödel Analogien zwischen zentralen Begriffen und (methodischen) Prinzipien verschiedener Disziplinen gezogen. Die Einheit wissenschaftlichen Denkens und damit der Wissenschaften respektive der akademischen Disziplinen ist in dieser Sicht durch gemeinsame methodische Grundelemente begründet. Ob sich die in einer Disziplin erfolgreich angewendeten Begriffe und Prinzipien auf andere Disziplinen übertragen lassen, wird von Gödel gedanklich durchgespielt. Auf diese Weise wird der Gegenstandsbereich ausgelotet, auf den sich diese anwenden lassen. Es ist erkennbar, dass Gödel hofft, durch ein solches Vorgehen nach und nach die ersten Prinzipien zu entdecken, die »den Weg zu den letzten Ursachen der Dinge öffnen« und zur Weisheit.

Heuristik

In ›Maximen III‹ ist ein Schwerpunkt der Bemerkungen und Maximen die Heuristik in der Mathematik,[22] zu der konkrete inhaltliche Beispiele häufig unter der Überschrift »wichtige Tätigkeiten des Mathematikers« aufgelistet werden. Daneben stellt Gödel Überlegungen zu einer allgemeinen Heuristik und zu Methoden für andere Wissenschaftsgebiete an, wie etwa die Psychologie. Da Heuristik eine ars inveniendi ist, also eine Lehre von den Methoden, wie in der Forschung Beweise und Widerlegungen zu finden sind, gehört sie im Leibnizschen Sinne zur Scientia generalis und im heutigen Sinne zu den Grundlagendisziplinen innerhalb einer

---

22 In der angewandten Mathematik werden heute auch Verfahren heuristisch genannt, die keine optimalen Lösungen liefern, dafür aber ohne großen Aufwand durchführbar sind. Wie im Folgenden ersichtlich ist Gödels Verständnis davon ein anderes.

Wissenschaft.²³ Bei Gödel finden sich in diesem Zusammenhang zudem Gedanken zur Theoriebildung sowie zu Methodenvergleichen bei verschiedenen Disziplinen, zu Methoden des Argumentierens sowie zur Nützlichkeit von Theorien. Ein weiteres Thema in ›Maximen III‹ ist Erkenntnis. Gödel äußert sich sowohl zur Bedeutung formaler Begriffe für die Erkenntnis als auch dazu, inwiefern man Erkenntnis gewinnt, indem man gezielt Teildisziplinen einer Wissenschaft miteinander in Verbindung bringt.

Fragen zur Arbeitspraxis in der Wissenschaft, die aufgeworfen werden und bis zum Beantworten von Briefen reichen, gehören gemeinhin nicht zur Heuristik, ebenso wenig wie allgemeine Lernstrategien. Letztere beziehen sich in ›Maximen III‹ sowohl auf die Vervollkommnung des lernwilligen Subjekts als auch auf den Erwerb und den Zugang zum Wissensstoff akademischer Disziplinen. In diesem Kontext sind ferner Gödels Erwägungen zum Unterrichten zu sehen. Er möchte sich beim Lehren sicherer fühlen, den Lernwilligen gerecht werden sowie das Fach geordnet und konsistent präsentieren.²⁴ Sein Nachdenken darüber, wie man am besten zum Mathematiker wird, beginnend nämlich mit der angewandten Physik, ist hier ebenfalls einzuordnen.

Mathematik und Psychologie

Das Verhältnis von Mathematik und Psychologie spielt in ›Maximen III‹ beim Betrachten der Bezüge akademischer Disziplinen untereinander eine besondere Rolle. Gödel denkt darüber nach, inwiefern die Psychologie endlicher Wesen und ihr mathematisches Erkenntnisvermögen untersucht werden sollte und ob der Mensch über-

---

23 Zu bedenken ist, dass Gödel sich mit den Schriften von Bernard Bolzano befasst hat, welcher sich in Band 3 seiner ›Wissenschaftslehre‹ von 1837 ausführlich zur ›Erfindungskunst‹, also zur Heuristik, äußert. Bolzanos Regeln der Erfindungskunst beziehen sich jedoch nicht auf einzelne Disziplinen und auch nicht auf das Verhältnis ihrer Methoden und Begriffe zueinander. Das Verhältnis von Mathematik und Psychologie wird von Bolzano in anderen Kontexten thematisiert. Im Gödel-Nachlass (C0282), Behältnis 6a, Reihe III, Mappe 51, ursprüngliche Dokumentennummer 030074, befindet sich ein Blatt mit bibliographischen Notizen Gödels zu Bolzano; dort hält er u. a. fest: »4. Wissenschaftslehre, A. Höfler, Leipzig 1914; 5. Philosophie der Mathematik (hrsg. v. H. Fels), Sammlung philosophischer Lesestoffe, Band 9«. Die Spezifizierung »C0282« für »Gödel-Nachlass« wird im Folgenden nicht wiederholt.
24 Auch hier ist ein Blick in Bolzanos ›Wissenschaftslehre‹ aufschlussreich. Dort ist in Band 4 ein langer Abschnitt dem Thema ›Lehrbuch‹ gewidmet.

haupt von seiner ganzen Physiologie her in der Lage ist, unzählbar viele Begriffe zu handhaben. Das menschliche Denken sieht er ohnehin als ein unentwirrbares Gemisch von inhaltlichem und formalem Denken. Seine Überlegungen zum Akzeptieren eines formalen Systems sind hier ebenfalls anzusiedeln, denn ein formales System zu akzeptieren beinhaltet nach Gödel nicht nur, dessen Widerspruchsfreiheit erkannt zu haben, sondern ebenso, es zum Ausgangspunkt seiner eigenen Handlungen und Annahmen gemacht zu haben.

Psychologie steht als Disziplin auch deshalb in diesem Notizheft im Vordergrund, weil Gödel die Annahme vertreten hat, Grundbegriffe der Psychologie könnten sich als für alle akademischen Disziplinen geeignete Grundbegriffe heranziehen lassen (dazu ausführlich später).[25] Diejenigen Begriffe, welche Gödel in ›Maximen III‹ als die Begriffe herausstellt, die die Psychologie als Wissenschaft prägen, also insbesondere actus, passio, finis, sind allerdings solche, die der aristotelisch-scholastischen Tradition der Psychologie entstammen beziehungsweise Franz von Brentanos Schriften.[26] Die Psychologie als akademische Disziplin seiner Zeit und ihre Methoden waren Gödel daneben zumindest teilweise bekannt.[27] Das lässt sich etwa in ›Philosophie I Maximen 0‹ sehen, wo er Werke von Karl Bühler in seine Literaturlisten aufnimmt. Es lässt sich zudem auch dem Notizbuch ›Protokoll‹ entnehmen, aus dem sich ergibt, dass er erwogen hat, eine psychoanalytische Ausbildung zu beginnen, den Gesprächen mit der Psychologin Else Frenkel, die er gleichfalls partiell im Notizbuch ›Protokoll‹[28] fest-

---

25 Es sei daran erinnert, dass Grundbegriffe einer Disziplin deren Formalisierung erlauben sollen.
26 In einem Katalog von Fragen bezüglich der Psychologie im Gödel-Nachlass nennt Gödel weitere bzw. andere Grundbegriffe der Psychologie. Dort heißt es: »2. *Kategorien* = oberste Grundbegriffe der Psychologie (Vorstellung, Wahrnehmung, Urteil, Gefühl, Antrieb, Entschluss *etc.*).« Und in einem Blatt mit Bemerkungen zur Psychologie ist Folgendes zu lesen: »Wichtigster Begriff der *Psychologie*: ›Wahl eines Ziels‹. Jeder Akt ist eine Wahl eines Ziels.« Beide Listen befinden sich im Gödel-Nachlass in Behältnis 6a, Reihe III, Mappe 51, ursprüngliche Dokumentennummer 030074, und sind nicht datiert.
27 Ein Schwerpunkt von Gödels Interesse liegt auf der Gestaltpsychologie. Er hat sich daneben aber auch mit Arbeiten von Psychiatern wie etwa Lydia Sicher (1890–1962) und Ernst Kretschmer (1888–1964) befasst; vgl. dazu Eintragungen auf den Blättern zu »Bemerkungen Psychologie« im Gödel-Nachlass Behältnis 6a, Reihe III, Mappe 51, ursprüngliche Dokumentennummer 030074.
28 Gödel-Nachlass, Behältnis 6c, Reihe III, Mappe 81, ursprüngliche Dokumentennummer 030114. Eine erste, allerdings fehlerhafte, Transkription liegt von Erich Ruff vor; eine weitere von Tim Lethen: ders., ›Gespräche, Vorträge, Séancen. Kurt Gödels Wiener Protokolle 1937/38. Transkriptionen und Kommentare‹, Cham (Springer) 2021.

gehalten hat, sowie den bibliographischen Listen zu Psychologie und Psychiatrie.[29]

Psychologie und Theologie

Eine Verbindung zwischen Psychologie und Theologie wird in ›Maximen III‹ insbesondere über den Begriff der Sünde hergestellt. Im ›Allgemeinen Wörterbuch der Heiligen Schrift‹ schreibt Joseph Franz Allioli über die Sünde im theologischen Verständnis, sie sei eine freiwillige Übertretung eines göttlichen Gebotes,[30] deren Ursache der freie Wille des Menschen und der Teufel seien.[31] Sie verblende den Verstand.[32] In ›Biblisches Wörterbuch‹ fügt Allioli noch hinzu, dass die Veranlassung zur Sünde oft menschliche Schwäche und Unwissenheit sei.[33] Aufschlussreich ist daneben das ›Handbuch der katholischen Dogmatik‹ von Matthias Joseph Scheeben hinsichtlich des Begriffs der Sünde, da er zwischen einem theologischen Begriff und einem philosophischen unterscheidet – mithin den Begriffsgebrauch in verschiedenen Disziplinen differenziert.[34] Die Sünde im theologischen Sinn sei eine freiwillige Übertretung des göttlichen Gebotes, im philosophischen Sinn sei sie indessen ein Handeln gegen das Gewissen, eine Verleugnung der von der Vernunft erkannten persönlichen Würde des Handelnden.[35] Gödel

---

29 Diese befinden sich im Gödel-Nachlass in Behältnis 9b, Reihe V, in den Mappen 5 und 6 und haben die ursprünglichen Dokumentennummern 050024 resp. 050025.

30 Allioli, ›Allgemeines Wörterbuch der Heiligen Schrift‹, S. 190. Wie sich aus ›Zeiteinteilung (Maximen) II‹ ergibt, kannte Gödel von Allioli wohl die beiden Bände ›Allgemeines Wörterbuch der Heiligen Schrift‹, denn er verweist dort auf einen Supplementband von Allioli, was auf ›Allgemeines Wörterbuch der Heiligen Schrift. Ein Supplementband zu allen Bibelausgaben nach der Vulgata, besonders aber zur heiligen Schrift‹ hindeutet. Allerdings könnte sich das auch auf ›Biblisches Wörterbuch‹ beziehen, denn Gödel vermerkt auf dem Ausleihzettel zu ›Biblisches Wörterbuch‹ von Allioli : »Supplem. zu Biblia sacra vulg. ed. 2. Aufl.«

31 Allioli, ›Allgemeines Wörterbuch der Heiligen Schrift‹, S. 191.

32 Ebd.

33 Allioli, ›Biblisches Wörterbuch‹, S. 283. Gödel hat am 1. März 1938 einen Bestellschein für diesen Band ausgefüllt.

34 Genau diese Unterscheidung wird allerdings in dem ebenfalls von Gödel benutzten ›Wetzer und Welte's Kirchenlexikon‹ abgelehnt. Siehe ebd., Bd. 11, 1899, Artikel ›Sünde‹, Sp. 846–972, hier Sp. 948.

35 Siehe Scheeben, ›Handbuch der katholischen Dogmatik‹, unveränderter Neudruck von 1933, dort Bd. 2, S. 521. Gödel hat Scheebens ›Handbuch der katholischen Dogmatik‹ in eine Bibliographie theologischer Literatur aufgenom-

verwendet den Begriff dagegen in Bemerkungen zur Theologie und zur Psychologie. Allgemein hält er fest, dass Sünde in Irrtum, Schwachheit[36] und Bosheit bestehe. Theologisch verstanden ist es dem Menschen auf Grund der Erbsünde unmöglich, keine Sünden zu begehen, und psychologisch muss man diesen Umstand akzeptieren, um seine Sünden zu begreifen. Ähnlich wie Allioli, der in der Unwissenheit eine Ursache der Sünde sieht, versteht Gödel die Sünde als eine Art praktische Dummheit, die den Menschen in theologischer Perspektive an den Teufel bindet.

Im Gegensatz zu ›Zeiteinteilung (Maximen) II‹, wo ›Sünde‹ in erster Linie in Zusammenhang mit Selbstreflexion Erwähnung findet,[37] geht Gödel in ›Maximen III‹ mithin auf die jeweiligen disziplinären Verständnisse des Begriffes ein.[38] Interessant ist in diesem Zusammenhang, dass er in ›Zeiteinteilung (Maximen) II‹ den Begriff der Sünde, wie er im Katholizismus verwendet wird, sogar ausdrücklich als einen Grund nennt, warum er eine Konversion vom Protestantismus zum Katholizismus scheut: »Die Hemmungen katholisch zu werden [...]: [...] 3. Ferner auch der Begriff der Sünde, Reue und insbesondere die Art der ›Sünde‹ und die Beichte nach Duckmäuserei [...]« (›Zeiteinteilung (Maximen) II‹, S. 168, Z. 22 und 31ff.).

Individualethisch motivierte Bemerkungen werden also auch bezüglich des Begriffes ›Sünde‹ von vornehmlich disziplinär ausgerichteten abgelöst. Dazu passt, dass Gödel in ›Maximen III‹ Gedanken zum vollkommen vernünftigen Wesen anstellt, welche ein Idealbild ausdrücken und nicht unmittelbar auf seine eigene Person bezogen werden.

---

men, die sich im Gödel-Nachlass in Behältnis 10b, Reihe V, Mappe 47, ursprüngliche Dokumentennummer 050149, befindet.

36 Von der Sünde der Schwäche schreibt Gödel in ›Zeiteinteilung (Maximen) II‹, Manuskriptseite 113, Bemerkung 1.

37 Gegen Ende sind aber auch dort schon Bemerkungen zur Theologie und zur Psychologie notiert, die sich mit dem Begriff der Sünde befassen.

38 Weitere Bemerkungen zum theologischen Verständnis von ›Sünde‹ finden sich in einer Liste mit Bemerkungen zur Theologie im Gödel-Nachlass in Behältnis 6a, Reihe III, Mappe 51, ursprüngliche Dokumentennummer 030074; dort etwa Nr. 78 und 79. Die Liste ist nicht datiert.

Ethik der Vervollkommnung und Ethik für Mathematik

Inwiefern das Konzept der Vervollkommnung als ethischer Direktive, wie es in verschiedenen Notizbüchern indirekt und direkt zur Sprache kommt, diese Hefte verbindet und darüberhinaus unterschiedliche Disziplinen damit in ein Verhältnis zueinander gesetzt werden, lässt sich beispielsweise mittels der folgenden Maxime aus ›Maximen III‹ zeigen:

> <u>Maxime für Forschung</u>: Zunächst die allgemeinen ethischen und theologischen Grundsätze für Mathematik *präzisieren* (ebenso die rein mathematischen Vermutungen, welche ich habe) und ihr gegenseitiges logisches Verhältnis (Ableitbarkeit, Widerspruch *etc.*) untersuchen [d. h. Formalisierung der Metaphysik der Mathematik].[39]

Hier soll lediglich auf das Stichwort »ethische und theologische Grundsätze für Mathematik« eingegangen werden, obgleich es auch reizvoll und aufschlussreich wäre, sich näher mit dem Gedanken einer »Formalisierung der Metaphysik der Mathematik« zu befassen, für welche etwa die metaphysischen Begriffe (d. h. Ideen) ›Menge‹, ›Negation‹ oder ›Existenz‹ wichtig sind.[40]

Zu den für Gödels Verständnis einer Ethik der Vervollkommnung zentralen Gesichtspunkten gehören Glückseligkeit; Vollkommenheit des Geistes; Verbindung von Wissen, Wahrheit und Glück; Erkenntnis; Therapie; Irrtums- und Fehlerfreiheit. Das Streben nach Vollkommenheit beinhaltet für ihn auch, sich als Mathematiker zu verbessern und die Methoden beziehungsweise die Heuristik der Mathematik und damit letztlich die Disziplin zu vervollkommnen. Nicht zuletzt deshalb fängt er an, auf Zetteln, die er in ›Zeiteinteilung (Maximen) II‹ einlegt, nützliche und häufig erfolgreich verwendete Methoden der Mathematik zusammenzustellen,[41] und setzt das in Notizheft ›Maximen III‹ fort, wo er, über das Notizbuch verstreut, 19 wichtige Tätigkeiten des Mathe-

---

[39] ›Max III‹, Manuskriptseite 32.
[40] Die Unterscheidung in metaphysische Begriffe beziehungsweise Ideen und einfache Begriffe oder Grundbegriffe wird im Folgenden noch angesprochen.
[41] Siehe ›Zeiteinteilung (Maximen) II‹, S. 160, Z. 12–17; 161, Z. 8f.; 169, Z. 5f., und Z. 12–14; 209, Z. 35–39; 212, Z. 13–18; Addendum IIIb, 2v', p. 245f., Pkte. 1–11.

matikers notiert. Zu diesen gehören beispielsweise Approximieren durch schwächere Theoreme und Analogiebildung.

Die Verbindung zwischen Ethik der Vervollkommnung und Mathematik, welche auf diese Weise hergestellt ist, wird von Gödel in der zitierten Bemerkung ausdrücklich benannt. Dort formuliert er eine Maxime für die Forschung, wonach es zunächst gelte, die allgemeinen ethischen und theologischen Grundsätze für die Mathematik zu präzisieren. Was unter ›ethischen Grundsätzen der Mathematik‹ zu verstehen ist, lässt sich leichter erläutern als das, was wir unter ›theologischen Grundätzen der Mathematik‹ zu verstehen haben. Letzteres lässt sich hier nur andeuten.

Unter »ethische Grundsätze für Mathematik« lassen sich Vervollkommnungspflichten des Mathematikers in Bezug auf sein mathematisches Denken fassen, aber ganz allgemein auch »Regelwerke« für mathematisches Arbeiten. Die Liste der Methoden für die Mathematik und die der wichtigsten Tätigkeiten des Mathematikers sind dementsprechend nicht in Ich-Form gehalten, sprengen also den Rahmen einer angewandten Individualethik, wie sie in ›Zeiteinteilung (Maximen) I und II‹ entfaltet wird.[42] So, wie die Tätigkeiten des Mathematikers formuliert sind, sind sie als eine allgemeine Heuristik zu verstehen, die geeignet ist, das mathematische Denken dessen, der sie beachtet, sowie die Mathematik als Disziplin zu verbessern. Eine allgemeine Begründung für ihre Geltung wird nicht gegeben; vielmehr ergibt sich aus dem Kontext, dass sie sich in der mathematischen Praxis bewährt haben und dort ständig verwendet werden.

So wie sich für Herbert Feigl ethische Maximen, die einem wissenschaftlichen Humanismus zuzurechnen sind, pragmatisch begründen lassen, ist es naheliegend, davon auszugehen, dass sich

---

42 In einem streng formalen Sinne ist die überwiegende Zahl dieser Maximen auch nicht Teil von Gödels angewandter Individualethik, die er in den Notizbüchern ›Zeiteinteilung (Maximen) I und II‹ niedergelegt hat, denn die Liste zu den Methoden der Mathematik findet sich als von Gödel eingelegtes loses Blatt (Addendum IIIb, 2v') am Ende von ›Zeiteinteilung (Maximen) II‹ und ist mithin kein fester Bestandteil eines der beiden Notizbücher, die der Individualethik gewidmet sind. Die Liste der wichtigen Tätigkeiten des Mathematikers ist hingegen in ›Maximen III‹ an verschiedenen Stellen aufgeschrieben, wobei ›Maximen III‹, anders als ›Zeiteinteilung (Maximen) I und II‹, die durchgehend paginiert sind, mit neuer Seitenzählung beginnt. Diese Paginierung wird bis einschließlich Notizbuch ›Maximen VIII‹ fortgesetzt, was anzeigt, dass wir es hier mit einem zusammenhängenden Teil innerhalb des Konvoluts von Gödels Philosophischen Notizbüchern zu tun haben, der ›Zeiteinteilung (Maximen) I und II‹ nicht umfasst.

Gödels Maximen für eine »Ethik der Mathematik« auf eben diese Weise, nämlich durch erfolgreiche Praxis, rechtfertigen lassen.

Bei den »theologischen Grundsätzen der Mathematik«[43] geht Gödel von einem System von Sätzen aus, die nie geändert werden, sich aber auch nicht weiter begründen lassen. Das sind die »unwiderlegbaren Sätze«, die wichtigen, welche geglaubt werden (»die Glaubensartikel«). Werden hingegen Teile des Systems widerlegt, werden unwichtige Sätze geändert.

> *Bemerkung*: Die Religion befiehlt, Annahmen zu machen (Du sollst glauben), die natürliche Vernunft ebenfalls (z. B., weil eine Annahme *A* bei der Feststellung, was das Richtige zu tun ist, wieder hinausfallen kann).
> Vielleicht ist das richtige Prinzip zum Handeln und Glauben folgendermaßen: Es ist eine Anordnung sämtlicher *Hypothesen*-Systeme (wo jedes einzelne System alle Fragen entscheidet) gegeben. Man beginnt mit dem *Initial*-System und hält jedes System so lange fest, als es nicht widerlegt ist (dann das nächste). In *Praxi* ist zuerst eine Anordnung [26] der Sätze nach »Wichtigkeit« gegeben und das *Initial*-System, dann werden bei jeder Widerlegung eines Systems möglichst unwichtige Sätze geändert. Gewisse Sätze werden überhaupt nie geändert (die Glaubensartikel). Das sind »unwiderlegbare« Sätze.

Wie gesagt, zeigen die zitierten Maximen unter anderem, inwiefern der Begriff ›Vollkommenheit‹ oder ›Vervollkommnung‹, als ethische Pflicht verstanden,[44] die einzelnen philosophischen Notizbücher und darüberhinaus unterschiedliche Disziplinen verbindet. Zudem lassen sie bereits erkennen, inwiefern Gödel bei akademischen Disziplinen von einem vergleichbaren methodisch-systematischen Aufbau ausgeht. Dabei bezieht er die Theologie als Begriffssystem ein.

---

43 Siehe ›Maximen III‹, Maxime für Forschung, Manuskriptseite 32; in Verbindung mit Bemerkung 3 von Manuskriptseite 25f.
44 Auch Kant kennt die Pflicht zur Selbstvervollkommnung, deren Ausübung darin besteht, für sich Maximen aufzustellen, welche die Vervollkommnung der eigenen Fähigkeiten gewährleisten. Vgl. Immanuel Kant, ›Die Metaphysik der Sitten, Zweiter Theil. Metaphysische Anfangsgründe der Tugendlehre‹, §§ 19–22.

Formalisierbare und nicht formalisierbare Begriffssysteme

Die Frage der Formalisierbarkeit beziehungsweise Nicht-Formalisierbarkeit einer Disziplin war für Gödel nicht nur ein Thema der Mathematik und Logik, sondern auch hinsichtlich einer akademischen Disziplin wie der Theologie. Dies lässt sich mittels folgender Bemerkung in ›Maximen III‹, die Gödel nachträglich als eine zur Theologie ausgewiesen hat, zeigen:

> <u>Bemerkung</u> {*Theologie*}: Was sind die verschiedenen hauptsächlichsten 4 (oder 5) Weltbilder? Wissenschaft, *Astrologie*, formalisierte Theologie (*Manichäismus*), nicht formalisierbare christliche Theologie? Irgendeine *exoterische* und eine *esoterische* Form. Hauptunterschiede:
> 1.) Gibt es einen Gott? [87]
> 2.) Ist die Seele unsterblich?

Aus der Bemerkung ergibt sich nicht, was eine formalisierte Theologie sein soll. Für die Mathematik kann man sagen, dass sich durch die Einführung logischer Verknüpfungen alle mathematischen Aussagen in eine streng formale Form bringen lassen. Es müssen zudem Axiome und Schlussregeln angegeben werden, die sich allein auf die Form, nicht auf den Inhalt, beziehen. Mathematische Beweise lassen sich so als Folgen von Aussagen auffassen, die sich aus den Grundannahmen durch logisches Schließen ergeben. Die Richtigkeit eines Beweises festzustellen ist schließlich unter bestimmten Voraussetzungen nur noch eine syntaktische Aufgabe. Um mathematische Theorien rein syntaktisch zu begründen, müssen diese formalisiert werden, damit erhält man zunächst Systeme von Symbolen, die von jeglichem Inhalt (jeder Semantik) absehen. Die rein syntaktische Basis der Sprache lässt sich dann semantisch deuten.

Das lässt sich so nicht auf den in der Bemerkung als Beispiel für eine formalisierte Theorie angeführten Manichäismus übertragen. Das bereits bekannte Zitat aus Carnaps Tagebüchern mag allerdings hier ebenso helfen, diesmal, um den Ausdruck ›formalisierte Theologie‹ zu interpretieren. Die entsprechenden Zeilen bei Carnap lauten:

> [...] Gödel [...] kommt aber immer wieder darauf zurück, dass meine alte Formulierung in Wien, dass die Mathematik »leer« ist und »keine Objekte hat«,[45] falsch war.

Auch der Manichäismus wurde mitunter als ein inhaltsleeres System von »Formeln« kritisiert. Beim Manichäismus handelt es sich um eine spätantike dualistische gnostische Offenbarungslehre,[46] nach welcher einem Reich des Lichts bzw. des Guten eines der Finsternis bzw. des Bösen gegenübersteht. Mit »formalisierter Theologie« könnte auf Augustins Kritik am Manichäismus angespielt sein, nach welcher die manichäistische Lehre rein rationalistisch ausgerichtet sei, einem strikten Gut–Böse-Schema folge, wohingegen Religiosität und die Eigenständigkeit der geistigen Welt im Verhältnis zur materiellen im Manichäismus nicht vorkämen.

In den 1930er Jahren finden sich in der entsprechenden Forschung zudem Aussagen zu Manichäismus und formalisierter Theologie, die sich auf Strömungen innerhalb des Manichäismus

---

45 Siehe zu »leer« und »keine Objekte« folgendes Zitat aus »Is Mathematics Syntax of Language?«: »It can be shown [...] that the reasoning which leads to the conclusion that no mathematical fact exists is nothing but a petitio principii, i. e., »fact« from the beginning is identified with »empirical fact«, i. e., »synthetic fact concerning sensations«. In this sense the voidness of content of mathematics can be admitted, but it ceases to have anything to do with the philosophical question mentioned in §1, since also the Platonist should agree that mathematics has no content of this kind. For its content, according to Platonism, consists in relations between concepts or other abstract objects which subsist independently of our sensations, although they are perceived in a special kind of experience [...]«, in: ›Collected Works‹, Bd. III, S. 334–356, hier S. 351.

46 Gödel hat sich umfassend mit Gnosis beschäftigt; Erwähnung findet sie etwa auf einigen losen Blättern, die sich im Gödel-Nachlass in Behältnis 10b, Reihe V, Mappe 43, 44 und 46, ursprüngliche Dokumentennummern 050145, 050146, 050148, befinden. Auf einem Blatt in Mappe 43 erwähnt er unter »Gnostik« Marcion und Apelles, und in Mappe 46 erneut den Manichäismus. In Mappe 44 befindet sich ein Blatt, auf dem u. a. notiert ist: »gelesen: VI *Gnosticism*«. ›Manichäismus‹ und ›Gnosis‹ waren in den 20er und 30er Jahren des 20. Jahrhunderts viel beachtete Themen. So gab es Berichte über Manichäismus-Forschung und Gnosis in deutschsprachigen Tageszeitungen, also auch in Wiener Tageszeitungen. In ›Neues Wiener Journal‹ vom 31. März 1927 wird beispielsweise auf Seite 10 über Fundstücke der Turfan-Expedition und die Entschlüsselung einer manichäischen Schrift informiert. Artikel zu Gnosis und Theologie finden sich u. a. auch in den Wiener Tageszeitungen ›Reichspost‹, vom 8. März 1926, S. 5; ›Arbeiterzeitung‹ vom 28. März 1926, S. 19f.; ›Neues Wiener Journal‹ vom 6. September 1926, S. 8; ›Reichspost‹, vom 8. Februar 1927, S. 1f.; ›Reichspost‹, vom 22. Januar 1928, S. 19; ›Neue Freie Presse‹ vom 1. April 1928. S. 14; oder ›Neues Wiener Journal‹ vom 23. Januar 1929, S. 3.

beziehen. So äußert sich Hans-Jacob Polotsky 1933 zur iranistischen Arbeit in der Dogmatik kritisch, da sie sich »mit gewissen formalen Elementen der manich[äischen] Religionslehre« beschäftige, »seelenlose Formeln« behandele und die eigentlichen Grunddogmen der manichäischen Heilslehre und Weltdeutung übergehe.[47] Walter Bruno Henning schreibt in seinem Aufsatz »Zum zentralasiatischen Manichäismus« von 1934 Ähnliches.[48] Er verweist auf das Fehlen von Dogmen sowie die »sinnentleerten Formeln und erstarrten Symbole«, »ein Steckenbleiben im Formalen durch eine spitzfindige Dialektik und vor allem durch den fast völligen Verlust alles spezifisch Religiösen« der zentralasiatischen Dokumente des Manichäismus.[49] Diese Kritik bezieht sich allerdings auf einzelne Strömungen innerhalb des Manichäismus respektive der Manichäismus-Forschung dieser Zeit und nicht auf den Manichäismus als Ganzes, während sich Augustins Kritik auf den gesamten Mänichäismus als Glaubenslehre bezieht.

Gödel hatte ein besonderes Interesse am Manichäismus. So enthält die Titelseite von ›Die Bekenntnisse des heiligen Augustinus‹, das sich in seiner Privatbibliothek befindet, u. a. folgende Notiz Gödels: »*Manichäismus p. 66–69, 134*«. Des Weiteren enthält eine von ihm zusammengestellte Bibliographie zahlreiche detaillierte Einträge zu Manichäismus-kritischen Schriften Augustins sowie zu einschlägiger Forschungsliteratur zum Manichäismus.[50]

Im Notizbuch ›Max IV‹ findet sich eine weitere Bemerkung zu Manichäismus und formalisierter Theologie:

Bemerkung (*Philosophie*): Vielleicht gibt es eine konsequente Theologie [Wissenschaft des »Seins«[51] mit evidenten Axio-

---

47 Hans-Jacob Polotsky, »Manichäische Studien«, in: ›Le Muséon‹ 42 (1933), S. 247–271, dort S. 247 und 248.
48 Op. cit., in: ›Orientalische Literaturzeitung‹ 37, Sp. 1–11.
49 Ebd., Sp. 10 und Sp. 2.
50 Francis Crawford Burkitt, ›The Religion of the Manichees‹, Cambridge (Cambridge University Press) 1925; Gustav Flügel, ›Mani, seine Lehren und seine Schriften‹, Leipzig (Brockhaus) 1862 (Text der Schriften Manis nebst Übersetzung); Augustin (ed. Bened.) VIII, pp. 266–306 (Mauriner Ausgabe, Bd. 8, hrsg. v. François Delfau, Thomas Blampin u. a., Paris (Muguet) 1688; der Abschnitt enthält Auszüge aus Augustins ›Contra Faustum Manichaeum‹); Augustin, ›De moribus Manichaeorum‹; und Augustin, ›Contra epistulam fundamenti Manichaeorum‹.
51 Vgl. zum Begriff Gottes als des abstrakten Seins: Karl Rosenkranz, ›Encyclopädie der theologischen Wissenschaften‹, Halle (Schwetschke) 1845, 2. Aufl., S. 19.

Andere Lesart: statt ›69‹ ›64‹

men], in welcher ein Theorem ist: Es gibt nichts Böses. Welche also zwar die Empirie aufzubauen gestattet, aber falsch. Vielleicht liegt diese der griechischen Vorstellung Gottes »außerhalb« der Welt zugrunde und auch den biblischen Worten: *cognovit populum suum*,[52] *nunquam cognovi vos*,[53] *verba mea non transibunt*.[54] [265] Das ist also anscheinend die wahre Theologie (im Gegensatz zu den *Manichäern*).

Das Aufschlussreiche an dieser Bemerkung, die keine zur Theologie ist, sondern eine zur Philosophie, ist, dass die Idee einer formalen Theologie angesprochen ist, was dahingehend präzisiert ist, dass diese axiomatisch aufgebaut ist. Was hier als »wahre Theologie« bezeichnet wird, lässt sich eruieren, wenn man die Bibelzitate interpretiert, von denen bislang lediglich zwei sicher identifiziert sind: »nunquam cognovi vos« und »verba mea non transibunt«. »Nunquam cognovi vos« stammt aus Matthäus 7, 21–23, wo es in der deutschen Übersetzung der Luther-Bibel von 1936, die Gödel besessen hat, heißt: »Es werden nicht alle, die zu mir sagen: Herr, Herr! ins Himmelreich kommen, sondern die den Willen tun meines Vaters im Himmel. Es werden viele zu mir sagen an jenem Tage: Herr, Herr! haben wir nicht in deinem Namen geweissagt, haben wir nicht in deinem Namen Teufel ausgetrieben, und haben wir nicht in deinem Namen viele Taten getan? Dann werde ich ihnen bekennen: Ich habe euch noch nie erkannt; weichet alle von mir, ihr Übeltäter!«

---

52 Dem Satz »cognovit populum suum« konnte ich bislang keine Bibelstelle sicher zuordnen. Man kann ihn einfach mit »Er hat sein Volk erkannt« übersetzen. Vgl. aber auch ›Philosophie I Maximen 0‹, S. 97, Zeile 30–31, sowie die dazugehörige Anmerkung auf Seite 98, wo es heißt: »Er erkennt das für Israel erst im Augenblick seiner Errettung.« Diese Anmerkung Gödels bezieht sich auf Amos 3, 2: »Höret, was der HERR mit euch redet, ihr Kinder Israel [...]: Aus allen Geschlechtern auf Erden habe ich allein euch erkannt.«
53 »Ich kenne euch nicht« (Matthäus 7, 22–23). »Domine, domine, nonne in tuo nomine profetavimus et in nomine tuo daemonia eiecimus et in nomine tuo virtutes magnas fecimus? (23) respondendo eis eiiam cum iure iurando, quia numquam cognovi vos.« In der Luther-Übersetzung lautet das Zitat: »Es werden viele zu mir sagen an jenem Tage: Herr, Herr, haben wir nicht in deinem Namen geweissagt? Haben wir nicht in deinem Namen Teufel ausgetrieben? Haben wir nicht in deinem Namen viele Taten getan? Dann werde ich ihnen bekennen: Ich habe euch noch nie erkannt.«
54 »Caelum et terra transibunt verba autem mea non transibunt«, Markus 13, 31. In der Luther-Übersetzung: »Himmel und Erde werden vergehen; meine Worte aber werden nicht vergehen.«

Dieser Abschnitt lässt sich im weitesten Sinne so verstehen, dass das bloße Aufsagen von Gebetsformeln nicht ausreicht, um Gottes Gnade zu erlangen. Vielmehr muss die Bedeutung der Worte, »ihr Geist«, erfasst und in Taten umgesetzt werden.

Ähnlich verhält es sich mit der Wendung »verba mea non transibunt« aus Markus 13, 31. Die deutsche Übersetzung aus der Luther-Bibel von 1936 lautet für das vollständige Zitat: »Himmel und Erde werden vergehen; meine Worte aber werden nicht vergehen.« Diese Stelle lässt sich dahingehend interpretieren, dass Gottes materialisierte Schöpfung vergänglich ist, nicht aber der Sinn oder »Geist« seiner Worte. Eine »wahre« Theologie ist mithin eine rationale Theologie im Sinne einer »konsequenten« Theologie, falls sich eine solche aufbauen lässt, sie ist aber insbesondere eine, die im Sinne Augustins die Eigenständigkeit der geistigen Welt unabhängig von der materiellen beinhaltet.

Gödel hat Augustins Kritik am Manichäismus, nach welcher dieser dem Geistigen keine Eigenständigkeit zugesteht, dahingehend interpretiert, dass die Manichäer rein formalistisch vorgehen, ähnlich wie wenn man Mathematik lediglich als Syntax der Sprache versteht, wohingegen die christliche Theologie (nicht formalisierbare) Inhalte enthält, wie sie Gödel auch für mathematisches Denken annimmt. Hätte Mathematik keine Inhalte, ließe sie sich vollständig formalisieren und wäre reine Syntax, wie es Carnap einmal vorgeschwebt hat.

Psychologische und logische Begriffe

Die Bedeutung grundlegender oder einfacher Begriffe aus der Psychologie in Gödels Wissenschaftsverständnis wurde bereits erwähnt; sie klingt auch in Carnaps Tagebucheintrag an. Wie komplex die Thematik bei Gödel ist, zeigt unter anderem die folgende Bemerkung aus ›Maximen III‹ auf Manuskriptseite 142, die für Gödel zugleich eine zu Grundlagen (also zur Logik) und zu Psychologie ist:

> <u>Bemerkung</u> (*Grundlagen*, *Psychologie*): Unterschied zwischen dem Operieren mit $\varphi(x)$ und mit $(x)\varphi(x)$ [oder zwischen $a_0 + a_1 x + \ldots + a_n x^n$ und $\sum_{i=0}^{n} a_i x^i$:

Im ersten Fall operiert man gar nicht mit bestimmten Aussagen, sondern mit Aussagen-*Schemata* und stellt fest, dass die Schlüsse korrekt sind, wie auch immer die *Schemata* spezialisiert werden. Daher ist der Inhalt der Überlegung Metamathematik (bezieht sich auf Symbole), während er im anderen Fall inhaltlich sein kann (bezieht sich auf die Bedeutung der Symbole).

Warum diese Bemerkung auch eine zur Psychologie ist, ergibt sich im Zusammenspiel mit der im Notizbuch folgenden Bemerkung. Sobald die Überlegungen auch inhaltlich sind, das heißt, sich auf bestimmte Aussagen beziehen, sind sie »wirkliches« Denken und damit Gegenstand der Psychologie und nicht der Metamathematik, welche sich nicht mit Bestimmtem befasst, sondern mit allgemeingültigen Schemata.

Auch hier sei nochmals an das Zitat aus Carnaps Tagebuch erinnert:

Er glaubt, dass Newtons großer Schritt der Systematisierung der Erkenntnis vielleicht durch Anstöße von Leibniz kam. Leibniz' Charakteristika müsse psychologische, [...] nicht physikalische Begriffe zugrunde legen; dann könne man zu einer neuen Welterklärung kommen. [...] Die Psychologie (und Biologie?) wird nicht aus der Physik abgeleitet werden, wie der Materialismus meint, sondern umgekehrt.

Durch die zitierte Bemerkung Gödels zu Grundlagen und Psychologie ergibt sich in Verbindung mit dem Carnap-Zitat folgende Frage, die zukünftige Forschung zu beantworten haben wird: Inwiefern eignen sich für Gödel Grundbegriffe der Psychologie, die sich nicht auf Bestimmtes beziehen (ähnlich wie es Newtons Kraft-Begriff auch nicht tut), als Grundbegriffe für alle Wissenschaften? Und was ist Gödels Motivation für einen Wechsel von grundlegenden physikalischen Begriffen, wie sie dem Wiener Kreis für eine Einheitswissenschaft vorgeschwebt haben, zu psychologischen Begriffen? Es liegt die Vermutung nahe, Gödel habe eine nicht-physikalistische Reduktion der Wissenschaften im Sinn gehabt, und er sei davon ausgegangen, dass die Grundbegriffe der Psychologie sich dafür eignen. Einen Hinweis darauf gibt Gödel in ›Maximen III‹ auf Manuskriptseite 149:

> *Bemerkung*: Nächstes Ziel für *Lektüre* & *Arbeit Unmathematisches* sollte sein: Die Grundbegriffe der *Psychologie* in Ordnung bringen [derart, dass man alle beschreibt und zumindest die »möglichen« Gesetze sieht, analog zu den kinematischen und Kraftbegriffen in der Physik]. Die Rechtfertigung dafür ist:
> 1.) Anwendungen für Grundlagen (*Intuitionismus* ist eine schematisierte *Psychologie*).
> 2.) Günstige Wirkung auf die Klarheit meines Denkens, die Arbeitseinteilung, Sprachbeherrschung, Arbeits*Maximen* ganz im Allgemeinen.
> 3.) Das ist wahrscheinlich eine Voraussetzung und ein Weg, zur Metaphysik und zu einer »Weltanschauung« zu kommen. Und zwar solltest du es systematisch tun.

Daraus ergibt sich nicht nur, dass Gödel die für die Psychologie analogen Grundbegriffe zu Newtons Grundbegriffen in der Physik identifizieren möchte, sondern zudem, dass er auch den disziplinären grundlegenden Begriffen und nicht nur den einfachen oder primitiven Begriffen eine wichtige Rolle für die Ausformulierung einer Metaphysik zuschreibt.

Neben den ›Grundbegriffen‹ kennt Gödel auch ›oberste‹ Sätze einer Wissenschaft sowie ›zentrale‹ (wichtige) Begriffe. Die obersten Sätze und Begriffe einer Wissenschaft sind Gegenstand der Wissenschaftslehre oder Wissenschaftstheorie. Klar ist, dass Grundbegriffe einer Disziplin deren Formalisierung erlauben sollen und Grundbegriffe, die den Verstand bilden, Ableitungen nicht nur innerhalb einer Disziplin erlauben sollen, sondern für das gesamte Denken.

Der Begriff ›Gott‹

Verschiedentlich ist bereits die Bedeutung »einfacher« Begriffe[55] für eine Scientia generalis zur Sprache gekommen, aber auch von

---

[55] Hier und im Folgenden ist von ›einfachen‹ Begriffen die Rede, ohne dass damit ein abschließendes Urteil darüber getroffen ist, in welchem Verhältnis einfache Ideen und einfache Begriffe bei Gödel stehen. Es ist jedoch festzuhalten, dass Gödel primitive (oder sehr einfache) Ideen und Begriffe erwähnt, und auch einfache Ideen. In ›Philosophie I Maximen 0‹ benützt Gödel die Ausdrücke ›wenige primitive Ideen‹, ›sehr einfache Ideen‹, ›einfache, aber sehr hohe Ideen‹ (S. 78f.; 82, Zeile 8; 84, Zeile 27), ›einfache Begriffe, die in uns sind‹, d. h. angeboren (›Philosophie I Maximen 0‹, S. 87, Zeile 1–13), sowie

»grundlegenden« metaphysischen Begriffen war die Rede. Einer dieser Begriffe könnte für Gödel der Begriff ›Gott‹ sein, und zwar sowohl als einfacher (metaphysischer) Begriff als auch als zentraler disziplinärer Begriff der Theologie.[56] Und obgleich eine umfassende Erörterung und Einordnung des Begriffes ›Gott‹ auf Grundlage der Philosophischen Notizbücher Gödels künftiger Forschung vorbehalten sein muss, sei hier bereits darauf hingewiesen, dass Gödel ›Gott‹ nicht nur als einfachen Begriff, sondern auch im Sinne einer transzendentalen Idee bei Kant verwenden könnte (und folglich mit Bezug auf etwas jenseits dessen, was wir erkennen können)[57] sowie im Sinne eines disziplinären Begriffes, der für uns allerdings, wie zu sehen sein wird, kein adäquater sein kann.[58]

Der Begriff ›Gott‹ findet sich jedoch nicht in allen Listen einfacher Begriffe, die Hao Wang von Gödel anführt.[59] Dort wird Gödel wie folgt zitiert:

›einfache und wichtige Begriffe‹ (›Philosophie I Maximen 0‹, S. 103, Zeile 23; S. 104, Zeile 4). Es sei in diesem Zusammenhang auch darauf hingewiesen, dass in Hao Wangs Schriften, denen Gespräche mit Gödel zugrunde liegen, stets von ›primitive concepts‹ oder ›primitive terms‹ die Rede ist.

56 Daneben finden sich allerdings weitere Verwendungen des Begriffs im Gödel-Nachlass. So heißt es auf einem losen, undatierten Blatt mit der Überschrift »Einwände gegen den Materialismus«: »Gott ist ein spezieller Fall von Geist überhaupt.« Das Blatt befindet sich in Behältnis 10b, Reihe V, Mappe 43, ursprüngliche Dokumentennummer 050145.

57 Kant führt drei transzendentale Ideen an, die, insofern sie als foci imaginarii außerhalb der Grenzen möglicher Erfahrung liegen, lediglich eine regulative Funktion für das Denken haben: Seele, Welt, Gott. Über den »Vernunftbegriff von Gott« als »Ursache aller kosmologischen Reihen« heißt es bei Kant: »dass die Vernunft gebiete, alle Verknüpfungen der Welt nach Prinzipien einer systematischen Einheit zu betrachten, mithin als ob sie insgesamt aus einem einzigen allumfassenden Wesen, als oberster und allgenugsamer Ursache, entsprungen wären. [...] Die Voraussetzung einer obersten Intelligenz, als der alleinigen Ursache des Weltganzen, aber freilich bloß in der Idee, kann also jederzeit der Vernunft nutzen und dabei doch niemals schaden« (KrV B 714–715). Den Hinweis auf Kants transzendentale Ideen im Zusammenhang mit Gödels Verwendung des Begriffs ›Gott‹ verdanke ich Leon Horsten.

58 Ein zumindest vergleichbarer zweifacher Begriffsgebrauch lässt sich bei Gödel etwa auch bezüglich des Begriff der Menge feststellen, der von ihm sowohl im Sinne einer primitiven Idee verwendet wird als auch als disziplinärer Begriff. Mit der primitiven Idee der Menge knüpft er an Kants transzendentale Kategorie eines Gegenstandes überhaupt an; davon unterscheidet er den mathematischen »gegenständlichen« Begriff der Menge. Siehe Merlin Carl und Eva-Maria Engelen, »Einige Bemerkungen Kurt Gödels zur Mengenlehre«, in: ›SieB – Siegener Beiträge zur Geschichte und Philosophie der Mathematik‹ 11 (2019), S. 143–169.

8.6.17 A concept is a whole composed of primitive concepts such as negation, conjunction, existence, universality, object, the concept of concept, the relation of something falling under some concept (or of some concept applying to something), and so on.

Oder:

9.1.26 Concepts. A concept is a whole—a conceptual whole—composed out of primitive concepts such as negation, existence, conjunction, universality, object, (the concept of) concept, whole, meaning, and so on. We have no clear idea of the totality of all concepts [...]

Hao Wang weist sogar explizit darauf hin, dass Gödel kundgetan habe, er wisse nicht, was die (richtige) Liste der einfachen Begriffe sei.[60] Hao Wang führt dann allerdings später doch noch eine weitere an, in der auch der Begriff ›Gott‹ vorkommt:[61]

Gödel did not think that he himself had come close to attaining the ideal of an axiomatic theory of metaphysics. He said several times that he did not even know what the primitive concepts are. [...] Nonetheless, in some of the shorthand notes [...], he does give what appears to be a tentative list:
9.1.18 The fundamental philosophical concept is cause. It involves: will, force, enjoyment, God, time, space. Will and enjoyment: hence life and affirmation and negation. Time and space: being near is equivalent to the possibility of influence.[62]

---

59 Hao Wang, ›A Logical Journey‹, 1996, S. 277 und S. 295. In Hao Wang, ›From Mathematics to Philosophy‹, 1987, S. 192 lautet die Liste: »object, concept, substance, cause, and sometimes a few others.«
60 So auch auf S. 120 von ›A Logical Journey‹, wo es heißt: »In his discussions with me in the seventies, Gödel said on several occasions that he was not able to decide what the primitive concepts of philosophy are.«
61 Wang schildert in ›A Logical Journey‹ auf Seite 120f. seine Schwierigkeiten mit Gödels Gottesbegriff und beklagt, dass dieser nicht den Spinozistischen aufgegriffen habe.
62 Hao Wang, ›A Logical Journey‹, S. 294. Hao Wang gibt wie zitiert an, es handele sich um eine Liste aus den Kurzschrift-Notizen, aber nicht, woher er sie kennt. Nehmen wir Hao Wang beim Wort, wird hier keine Unterscheidung zwischen primitiven Ideen, absolut einfachen Begriffen, einfachen Ideen und einfachen Begriffen vorgenommen.

Im Nachlass befinden sich zudem die folgenden beiden Listen von Gödels Hand in Langschrift:

Unity, Causation, harmony, predication, real–conceptual, (existence/nature or quality), Negation, Relation.[63]

Sowie:

<u>Phil. Bem.</u>
reason, cause, substance, accidens, necessity (conceptual), harmony {value} (positiveness), God (= last principle), cognition, force, volition, time, form, content, matter, life, truth, class {= absolute}, concept {das Allgemeine und Einzelne}, idea, reality, possibility, irreducible, Many & one, Essenz.[64]

Keine dieser Listen ist allerdings mit der Überschrift »einfache Begriffe« versehen,[65] vielmehr ist letztere mit »Philosophische Bemerkung« beziehungsweise »Philosophie, Bemerkung« betitelt.

Wie zu lesen war, wird ›Gott‹ hier mit dem metaphysischen Prinzip des zureichenden Grundes gleichgesetzt. In einem Brief an seine Mutter macht Gödel zudem deutlich, dass dieses Prinzip mit demjenigen vergleichbar ist, dass alles eine Ursache hat, worauf letztlich die Wissenschaften beruhen:

> Was ich theologische Weltanschauung nenne, ist die Vorstellung, dass die Welt u[nd] alles in ihr Sinn u[nd] Vernunft hat, u[nd] zwar einen guten u[nd] zweifellosen Sinn. [...] Die Vorstellung, dass alles in der Welt einen Sinn hat, ist übrigens

---

63 Gödel-Nachlass, Behältnis 10b, Reihe V, Mappe 44, ursprüngliche Dokumentennummer 050146.
64 Die Liste befindet sich im Gödel-Nachlass in Behältnis 11b, Reihe V, Mappe 15, ursprüngliche Dokumentennummer 060168, und ist auf Englisch und Deutsch verfasst, meist in Langschrift, nur die Einfügung »das Allgemeine und Einzelne« ist in Gabelsberger geschrieben und demzufolge auf Deutsch. Bei dieser Liste ist bemerkenswert, dass sie mit dem Prinzip des zureichenden Grundes ein metaphysisches Prinzip einschließt; allerdings ist bei Kant, wie oben bereits erwähnt, ›Gott‹ als transzendentale Idee die absolute Einheit der Reihe der Bedingungen der Erscheinung.
65 Beispiele für einfache Begriffe bei Leibniz sind etwa ›Existenz‹, ›Individuum‹, ›Ego‹, ›Identität‹, ›Möglichkeit‹. Für ihn sind einfache (primitive) Begriffe undefinierbare Begriffe, die nur durch sich selbst erkannt werden. Vgl. »Generales inquisitiones de analysi notionum et veritatum [1686]« in: Couturat, ›Opuscules et fragments inédits de Leibniz‹, S. 360.

genau analog zu dem Prinzip, dass alles eine Ursache hat, worauf die ganze Wissenschaft beruht.[66]

Gödel setzt den Begriff ›Gott‹ aber nicht nur mit dem Prinzip des zureichenden Grundes gleich, sondern in ›Maximen III‹ zudem mit ›Allmenge‹, und stellt somit in Cantorscher Tradition[67] einen direkten Bezug zur Mengenlehre her:

> Die Unzahl von »Automorphismen« oder »Fast-Automorphismen« des formalen Begriffssystems macht viele Identifizierungen möglich [...]
> Dass das Wesen der Erkenntnis darin besteht, erklärt 1.) der Genuss, der darin liegt, »Erscheinungen des Alltags« theoretisch zu erklären, 2.) der in der Mathematik so häufig vorkommende Schluss: Alle Dinge von dieser Art befriedigen diese oder jene Bedingungen und das sind auch die einzigen [47] Beispiele [...]. Nämlich, um ein Ding {a} zu erkennen, muss ich haben: 1.) gewisse fundamentale Zuordnungen gewisser empirischer Dinge (vielleicht beginnen mit Gott = Allmenge*; Teufel = ein unwiderlegbares falsches System (oder leere Menge); Mensch = ω_1 ; Tier = ω (*oder richtiges ethisches und theoretisches System); Zeit = reelle Zahl ≥ 0) . 2.) Gewisse *empirische* Sätze, welche das Verhältnis von a zu Dingen, welche ich schon zugeordnet habe, bestimmen.

Eine logische Folge von Leibniz' oder Gödels Gottesbeweis wäre, dass ein einziges, gegebenes Universum V aller Mengen tatsächlich existiert. Interessant ist in Zusammenhang mit dem Begriff ›Gott‹ aber auch die Erwähnung eines »adäquaten Begriffs Gottes« in ›Maximen III‹, weil sie zeigt, dass Gödel (wie auch Leibniz) durchaus bewusst ist, dass wir in diesem Fall über keinen adäquaten Begriff verfügen (können):

---

66 Auszug aus einem Brief Kurt Gödels an seine Mutter, Marianne Gödel, vom 6. Oktober 1961, Wienbibliothek im Rathaus, I. N. 213. 296, Manuskriptseite 6; abgedruckt in: Kurt Gödel, ›Collected Works‹, Bd. IV, S. 436-438, hier S. 438.
67 Für Cantor ist das mengentheoretische Universum mit Gott gleichzusetzen; dabei handelt es sich allerdings um ein »Objekt«, das wir mit unserem menschlichen Verstand nicht verstehen können. Es kommt zu Paradoxien, wenn wir es als Gegenstand behandeln.

Bemerkung: Es ist klar, dass wir keinen adäquaten Begriff Gottes haben, sondern [54] nur *Approximationen*. Aus der Annahme des Gottesbegriffes folgen wahrscheinlich die Existenz und andere Sätze mit Notwendigkeit, ähnlich wie beim Begriff der reellen Zahlen.

Auch in den theologischen Lexika der Zeit, welche Gödel gekannt hat, ist festgehalten, dass wir keinen adäquaten Begriff Gottes haben können, weil die Erkenntnis Gottes nur mittelbar und in Analogie zu anderen Erkenntnisgegenständen erfolgen kann.[68] Für einen adäquaten Begriff Gottes müsste es jedoch zudem gelingen, eine Konjunktion möglicher rein positiver Eigenschaften als ein konsistentes Ganzes zu formulieren – eine konsistente Menge göttlicher Vollkommenheiten. Die Schwierigkeit, eine solche Menge anzugeben, wird offensichtlich, wenn man sich verdeutlicht, dass es fast unmöglich ist, ein Beispiel für eine rein positive Eigenschaft anzugeben.[69] Gödel ist sich daher selbstverständlich darüber im Klaren, dass wir von diesem einfachen Begriff nur Approximationen haben können.

Der Begriff ›Teufel‹

Interessant ist der Begriff ›Teufel‹, weil sich daran exemplarisch zeigen lässt, wie Gödel mit Begriffen verfährt, die für zwei oder mehrere akademische Disziplinen eine Bedeutung haben. Zwar handelt es sich hier nicht um ein Beispiel für einen einfachen Begriff, er eignet sich jedoch, um darzulegen, inwiefern sich Gödel in seinen Philosophischen Notizbüchern immer wieder mit Begriffen befasst, die nicht nur in einer, sondern in zweien oder mehreren

---

68 ›Wetzer und Welte's Kirchenlexikon‹, Bd. 5, 1888, Artikel ›Gott‹, Sp. 861–891, hier Sp. 864. Siehe auch Michael Buchberger, ›Lexikon für Theologie und Kirche‹, Bd. 4, 1932, Sp. 599–608, hier Sp. 599. Gödel notiert ›Wetzer und Welte's Kirchenlexikon‹ beispielsweise in einer Bibliographie theologischer Lexika, die sich im Gödel-Nachlass in Behältnis 6a, Reihe III, Mappe 51, ursprüngliche Dokumentennummer 030074 befindet.
69 Siehe: André Fuhrmann, »Existenz und Notwendigkeit. Kurt Gödels axiomatische Theologie«, in: Wolfgang Spohn, Peter Schröder-Heister, Erik J. Olsson (Eds.), ›Logik in der Philosophie‹, Heidelberg (Synchron Wissenschaftsverlag der Autoren) 2005, S. 349–374. Als Beispiel, um zu zeigen, wie schwierig es ist, eine rein positive Eigenschaft zu benennen, wählt Fuhrmann ›rot‹, das ›nicht grün‹ impliziert. Ebd., S. 351–352 und S. 367–368.

akademischen Disziplinen eine zentrale Rolle einnehmen. Darin zeigt sich der interdisziplinäre Ansatz der Notizbücher, in denen sich Gödel, wie ausgeführt, mit von ihm als solchen ausgemachten einfachen Begriffen des Denkens beschäftigt, mit grundlegenden Begriffen einer Disziplin, aber auch mit solchen, die für mehrere Disziplinen relevant sind.

So wird der Begriff ›Teufel‹ von Gödel als theologischer Begriff[70] erwähnt und darüber hinaus im Kontext von Erkenntnisfragen. Meist setzt er den Teufel mit der Instanz gleich, die für die Irrtümer des Menschen steht, sei es in praktischen Angelegenheiten, im Umgang mit anderen Menschen oder auch beim Erkennen theoretischer Zusammenhänge. Der Teufel ist bei Gödel häufig diejenige Instanz, die das Denken und Erkennen des Menschen erschwert oder verunmöglicht.

Um einordnen zu können, inwieweit Gödel sich dem Konzept ›Teufel‹ als theologischem Begriff nähert und inwieweit im Kontext zu Fragen des Erkennens, muss man sich nicht nur einige seiner Bemerkungen ansehen, in denen er ihn verwendet, sondern zudem wieder einige katholische Standarddogmatiken des 19. und frühen 20. Jahrhunderts.[71]

Im ›Handbuch der katholischen Dogmatik‹ von Matthias Joseph Scheeben wird der Teufel im zweiten Band als Lügner und Grund für den Tod der Menschen beschrieben.[72] In ›Biblisches Wörterbuch‹ von Joseph Franz Allioli wird der Teufel unter anderem als »Lügner«, »Vater der Lüge« und »der Böse« bezeichnet. Er

---

[70] Im Notizbuch ›Theologie 3‹ (Behältnis 7a, Reihe III, Mappe 108, ursprüngliche Dokumentennummer 030130) hält Gödel auf Manuskriptseite 17 unter dem Stichwort ›Teufel‹ fest:
Apokalypse 12, 9 Schlange = Verführer der Welt, der Satan oder Teufel heißt.
Sapientiae 2, 24 Tod kommt durch den Neid des Teufels in die Welt.
Esra Der erste Schriftgelehrte (noch mit Jurist in einer Person).
Ein Jurist ist kundig im Gesetz Moses. Als Schriftgelehrter gehört er zur Beamtenschaft, von der es in Matthäus 23, 33 heißt: »Ihr Schlangen, ihr Otterngezüchte! Wie wollt ihr der höllischen Verdammnis entrinnen?« Schlangen und Otterngezüchte sind die Brut des Teufels, seine Nachkommen. Da die Schriftgelehrten mit Schlangen verglichen werden, hat Gödel die Textstelle wohl als eine Art Scharnierstelle zwischen den Textstellen zu ›Teufel‹ und denen zu ›Schriftgelehrten‹ gesehen.

[71] Im Vergleich mit den Dogmatiken jener Zeit spielt das Konzept des Teufels in der heutigen christlichen Theologie nur noch eine untergeordnete Rolle.

[72] Matthias Joseph Scheeben, ›Handbuch der katholischen Dogmatik‹, Bd. 2, Freiburg i. Brsg. (Herder) 1933 (unveränderter Nachdruck der Ausgabe von 1887), S. 589. Wie sich aus der bibliographischen Liste im Gödel-Nachlass, Behältnis 10b, Reihe V, Mappe 47, ursprüngliche Dokumentennummer 050149, ergibt, kannte Gödel diese Bände.

ist die Instanz, die Irrlehren über den Glauben verbreitet und auch sonst den Irrtum fördert.[73] Nach einem verbreiteten ›Lehrbuch der Dogmatik‹ von Joseph Pohle ist der Teufel nicht nur der Vater der Lüge, sondern auch der Urheber des Todes und die Macht des Bösen.[74]

In der folgenden Bemerkung aus ›Maximen III‹ ist es vor diesem Hintergrund leicht zu sehen, inwiefern es sich um eine Bemerkung zur Theologie handelt.[75] Der Teufel wird als »Urheber des Todes« angesprochen:

> Bemerkung {(Theologie)}: Die Menschen verdanken ihr Leben der Tatsache, dass der Teufel es vorzog, sie langsam sterben zu lassen.[76]

Anders verhält es sich mit dem Teilzitat aus der oben angeführten Bemerkung, die eine zur Philosophie ist:

> Teufel = ein unwiderlegbar falsches System (oder leere Menge).[77]

Auch wenn man hier eine gewisse Parallele zum Teufel als Vater des Irrtums sehen mag, gehört der Gedanke eines unwiderlegbar falschen Systems doch zum Gebiet der Logik und Mathematik.

Wieder anders ist es in den verschiedenen Bemerkungen aus ›Maximen III‹, in denen der Teufel als diejenige Instanz thematisiert wird, die das Erkennen der Welt verunmöglicht. Dabei kann es sich zum einen um Bemerkungen zur Philosophie handeln, zum anderen allerdings auch um solche zur Theologie:

---

73 Joseph Franz Allioli, ›Biblisches Wörterbuch‹, S. 251 und 288; Gödel hat am 1. März 1938 einen Bestellschein dafür ausgefüllt. Wie sich aus ›Zeiteinteilung (Maximen) II‹ ergibt, kannte Gödel von Allioli wohl auch die Bände ›Allgemeines Wörterbuch der Heiligen Schrift‹. Siehe Erläuterung oben.
74 Joseph Pohle, ›Lehrbuch der Dogmatik in sieben Büchern. Für akademische Vorlesungen und zum Selbstunterricht‹, Bd. 1, Paderborn (Schöningh), 1914, 6. Aufl., S. 132, 573, 547, 546.
75 Rekurriert wird hier ausschließlich auf Dogmatiken, die Gödel zur Verfügung standen. Es werden keine Aussagen dazu getroffen, wie die hier erörterten Themen in der gegenwärtigen Theologie behandelt werden.
76 Manuskriptseite 5.
77 Manuskriptseite 47.

Bemerkung:[78] Eine Idee des Teufels, die Welt unverständlich zu machen, ist, die prästabilierte Harmonie[79] zwischen Welt und Verstand zu zerstören (nichteuklidische Geometrie, nicht-aristotelische Logik *etc.*), so dass der Verstand nicht mehr zur Welt passt.

Bemerkung Theologie:[80] *Augustin* behauptet in *Bekenntnisse* X, 40,[81] dass es gar nicht die Kraft des Verstandes ist, welche uns zu irgendeiner Wahrheit führt, sondern Gott selbst. Vielleicht ist das so zu verstehen, dass der Teufel unseren Verstand schon zu weit zerstört hat und dass uns in der Idee Gottes ein Ersatz geboten ist, welcher zwar zu keinem »Wissen« führt (wie der Verstand), aber doch zur Erkenntnis der Wahrheit. (Das ist das, was nach dem Sündenfall von außerhalb der Welt kam, aber doch in dieser Welt schon vorgebildet ist; sogar im Reich der Ideen.) Und diese Ideen führen uns trotz unserer Sünde zu demselben, wozu uns die Verstandeskraft geführt hätte, und dies noch besser. [Das ist die Vernunft im Gegensatz zum Verstand.] [102] Der Anfang davon ist wahrscheinlich eine ethische Erkenntnis (gut und böse).

Philosophiehistorisch unvorbereitet mögen die Bemerkungen Gödels zum Begriff des Teufels absonderlich erscheinen, man sollte sich aber vor Augen führen, dass der Teufel als Genius malignus auch in der Philosophie eine Denkfigur ist. So führt bekanntlich René Descartes in seinen ›Meditationes de prima philosophia‹ den bösen Dämon ein, um den methodischen Zweifel auf die Prinzipien der Erkenntnis auszuweiten: »So will ich denn annehmen, nicht der allgütige Gott, die Quelle der Wahrheit, sondern irgendein böser Geist [genium malignum], der zugleich allmächtig und

---

78 Manuskriptseite 44, Bemerkung 2.
79 In der Konzeption der prästabilierten Harmonie von Gottfried Wilhelm Leibniz verhalten sich Leib und Seele wie zwei synchron laufende mechanische Uhren, deren Synchronizität durch eine ideale Realisierung von Konstruktionsprinzipien prästabiliert ist. Darüber hinaus stehen die Monaden auch untereinander und mit der von ihnen gespiegelten Welt in prästabilierter Harmonie. Letzteres ist ein Ausdruck der Universalharmonie des Universums.
80 Manuskriptseite 101, Bemerkung Theologie.
81 In der Lachmann-Ausgabe von 1888 heißt es in Buch X, Kap. 40, auf Seite 277: »Nicht erforschte ich, als ich dies that, aus eigner Kraft, noch warst du die in mir thätige Kraft, denn du bist das ewig bleibende Licht, das ich bei allem befragte, ob es vorhanden sei, wie es sei, und wie hoch es zu schätzen sei: und ich hörte dich, der mich belehrte und mir gebot.«

verschlagen ist, habe all seinen Fleiß daran gewandt, mich zu täuschen.«[82] Da Gödel zahlreiche Werke Descartes', und auch Descartes ›Meditationes‹, genau studiert hat,[83] ist davon auszugehen, dass er diese Stelle kannte.

Der böse Dämon ist zudem in den Schriften zur Hexenverfolgung und Dämonologie ein Thema, wo Teufel und Dämonen den Menschen falsche und irreführende Sachverhalte vorspiegeln. Mit diesen Schriften hat sich Gödel, wie man in ›Zeiteinteilung (Maximen) I und II‹ nachlesen kann, gleichfalls befasst.[84]

Die exemplarisch ausgewählten Beispiele aus ›Maximen III‹ mögen nicht nur die Komplexität der Bemerkungen und ihre Bezüge zu Gödels bereits bekannten philosophischen Annahmen vor Augen führen, sondern zudem verdeutlichen, inwiefern seinen Philosophischen Notizbüchern zum einen das Muster einer Scientia generalis zugrunde liegt und sie zum anderen ein Versuch sind, eine axiomatisch aufgebaute Metaphysik zu entwerfen.

Literatur

Joseph Franz Allioli, ›Allgemeines Wörterbuch der Heiligen Schrift. Ein Supplementband zu allen Bibelausgaben nach der Vulgata, besonders aber zur Heiligen Schrift‹, 2 Bände, Regensburg (Manz) 1837–1838.

Joseph Franz Allioli, ›Biblisches Wörterbuch. Zugleich Register über die sämtlichen Ausgaben der Heiligen Schrift des Alten und Neuen Testaments‹, München (Vogel'sche Buchhandlung) 1856. Gödel hat am 1. März 1938 einen Bestellschein für diesen Band ausgefüllt.

Aurelius Augustinus, ›Opera‹, Bd. 8 (Mauriner Ausgabe), hrsg. v. François Delfau, Thomas Blampin u. a., Paris (Muguet) 1688.

---

82 René Descartes, Meditatio I, Abs. 12, in: ›Meditationes de prima philosophia‹; Übers. v. Artur Buchenau von 1915.

83 Gödels diesbezügliche Exzerpte aus einer französischen Ausgabe befinden sich im Gödel-Nachlass in Behältnis 10b, Reihe V, Mappe 46, ursprüngliche Dokumentennummer 050148. Die Exzerpte sind teilweise auf Briefpapier des Institute for Advanced Study notiert.

84 Siehe zu ›Dämonologie‹: ›Zeiteinteilung (Maximen) I‹, S. 110, Z. 18; zu Hexenwesen ›Zeiteinteilung (Maximen) II‹, S. 148, Z. 7; S. 201, Z. 12.

Aurelius Augustinus, ›Die Bekenntnisse des heiligen Augustinus‹, übers. v. Otto Lachmann, Leipzig (Reclam) 1888.

Bernard Bolzano, ›Wissenschaftslehre. B. Bolzanos Wissenschaftslehre. Versuch einer ausführlichen und grösstentheils neuen Darstellung der Logik mit steter Rücksicht auf deren bisherige Bearbeiter‹, Bde. 1–4, Sulzbach (Seidel) 1837.

Bernard Bolzano, ›Wissenschaftslehre‹, Bd. 1, hrsg. v. A. Höfler, Leipzig (Meiner) 1914, Nachdruck der Ausgabe von 1837.

Bernard Bolzano, ›Philosophie der Mathematik‹, hrsg. v. H. Fels, Ferdinand Schöninghs Sammlung philosophischer Lesestoffe, Bd. 9, Paderborn (Schöningh) 1926.

Francis Crawford Burkitt, ›The Religion of the Manichees‹, Cambridge (Cambridge University Press) 1925.

Rudolf Carnap, ›Tagebücher 1936-1970‹, hrsg. v. Christian Damböck, unter Mitarbeit von Brigitta Arden und Brigitte Parakenings, Hamburg (Meiner), Entwurffassung einer später erscheinenden Edition.

Louis Couturat, ›Opuscules et fragments inédits de Leibniz. Extraits des manuscrits de la Bibliothèque royale de Hanovre‹, Paris (Alcan) 1903.

René Descartes, ›Meditationes de prima philosophia‹, übers. v. Artur Buchenau, Leipzig (Meiner) 1915.

Gustav Flügel, ›Mani, seine Lehren und seine Schriften‹, Leipzig (Brockhaus) 1862.

André Fuhrmann, »Existenz und Notwendigkeit. Kurt Gödels axiomatische Theologie«, in: Wolfgang Spohn, Peter Schröder-Heister, Erik J. Olsson (Eds.), ›Logik in der Philosophie‹, Heidelberg (Synchron Wissenschaftsverlag der Autoren) 2005, S. 349–374.

Kurt Gödel, ›Max X‹, in: Gödel-Nachlass (C0282), Behältnis 6b, Reihe III, Mappe 70, ursprüngliche Dokumentennummer 030096.

Kurt Gödel, ›Max XI‹, in: Gödel-Nachlass (C0282), Behältnis 6b, Reihe III, Mappe 70, ursprüngliche Dokumentennummer 030097.

Kurt Gödel, Notizbuch ›Protokoll‹, in: Gödel-Nachlass (C0282), Behältnis 6c, Reihe III, Mappe 81, ursprüngliche Dokumentennummer 030114.

Kurt Gödel, Notizbuch ›Theologie 3‹, in: Gödel-Nachlass (C0282), Behältnis 7a, Reihe III, Mappe 108, ursprüngliche Dokumentennummer 030130.

Kurt Gödel, [Bemerkungen zur Theologie], in: Gödel-Nachlass (C0282), Behältnis 6a, Reihe III, Mappe 51, ursprüngliche Dokumentennummer 030074.

Kurt Gödel, [Bibliographie Theologische Lexika], in: Gödel-Nachlass (C0282), Behältnis 6a, Reihe III, Mappe 51, ursprüngliche Dokumentennummer 030074.

Kurt Gödel, [Fragen und Bemerkungen zur Psychologie], in: Gödel-Nachlass (C0282), Behältnis 6a, Reihe III, Mappe 51, ursprüngliche Dokumentennummer 030074.

Kurt Gödel, [Exzerpte zu: Otto Neurath, ›Einheitswissenschaft und Psychologie‹ von 1933; sowie Hans Hahn, ›Logik, Mathematik und Naturerkennen‹ von 1933], in: Gödel-Nachlass (C0282), Behältnis 10b, Reihe V, Mappe 46, ursprüngliche Dokumentennummer 050148.

Kurt Gödel, [Exzerpte zu Descartes ›Meditationes‹], in: Gödel-Nachlass (C0282), Behältnis 10b, Reihe V, Mappe 46, ursprüngliche Dokumentennummer 050148

Kurt Gödel, [Bibliographie Literatur Psychologie und Psychiatrie], in: Gödel-Nachlass (C0282), Behältnis 9b, Reihe V, in den Mappen 5 und 6, ursprüngliche Dokumentennummern 050024 und 050025.

Kurt Gödel, [Bibliographie Literatur Theologie], in: Gödel-Nachlass (C0282), Behältnis 10b, Reihe V, Mappe 47, ursprüngliche Dokumentennummer 050149.

Kurt Gödel, »Einwände gegen den Materialismus«, in: Gödel-Nachlass (C0282), Behältnis 10b, Reihe V, Mappe 43, ursprüngliche Dokumentennummer 050145.

Kurt Gödel, [Erwähnungen der Gnosis], in: Gödel-Nachlass (C0282), Behältnis 10b, Reihe V, Mappe 43, 44 und 46, ursprüngliche Dokumentennummern 050145, 050146, 050148.

Kurt Gödel, ›Collected Works, Bd. IV. Correspondence A–G‹, hrsg. v. Solomon Feferman, John W. Dawson, Jr., Warren Goldfarb, Charles Parsons, Wilfried Sieg, Oxford (Clarendon Press) 2003.

Kurt Gödel, ›Philosophische Notizbücher, Bd. 1: Philosophie I Maximen 0 / Philosophical Notebooks, vol 1: Philosophy I Maxims 0‹, hrsg. v. Eva-Maria Engelen, übers. v. Merlin Carl, Berlin (De Gruyter) 2019.

Kurt Gödel, ›Philosophische Notizbücher, Bd. 2: Zeiteinteilung (Maximen) I und II / Philosophical Notebooks, vol. 2: Time Management (Maxims) I and II‹, hrsg. v. Eva-Maria Engelen, übers. v. Merlin Carl, Berlin (De Gruyter) 2020.

Kurt Gödel, »Is Mathematics Syntax of Language?«, in: ders., ›Collected Works‹, Bd. III, hrsg. v. Solomon Feferman, John W. Jr. Dawson, Warren Goldfarb, Charles Parsons, Robert Solovay, Oxford (Oxford University Press) 1995, S. 334–362.

Natascha Gruver und Cornelius Zehetner, »Ad feliciam publicam: Leibniz' ›Scientia Generalis‹ – Momente einer Wissenschaftskonzeption und deren gegenwärtige Relevanz«, in: ›Für unser Glück oder das Glück anderer. Vorträge des X. Internationalen Leibniz-Kongresses‹, hrsg. v. Wenchao Li et al., Hildesheim/Zürich/New York (Olms) 2016, S. 499–512.

Walter Bruno Henning, »Zum zentralasiatischen Manichäismus«, in: ›Orientalische Literaturzeitung‹ 37 (1934), Sp. 1–11.

Immanuel Kant, ›Die Metaphysik der Sitten. Metaphysische Anfangsgründe der Tugendlehre‹, in: ders., ›Werke in zehn Bänden‹, Bd. 7, Schriften zur Ethik und Religionsphilosophie. Zweiter Teil‹, hrsg. v. Wilhelm Weischedel, Darmstadt (Wissenschaftliche Buchgesellschaft) 1983, S. 503–634.

Immanuel Kant, ›Kritik der reinen Vernunft‹, in: ders., ›Werke in zehn Bänden‹, Bd. 3 und 4, hrsg. v. Wilhelm Weischedel, Darmstadt (Wissenschaftliche Buchgesellschaft) 1983.

Gottfried Wilhelm Leibniz, ›Die philosophische Schriften von Gottfried Wilhelm Leibniz‹, Bd. VII, hrsg. v. Carl Immanuel Gerhardt, Berlin (Weidmannsche Buchhandlung) 1890.

Gottfried Wilhelm Leibniz, ›Sämtliche Schriften und Briefe, Bd. VI, 4, Teilband A, Philosophische Schriften‹, hrsg. v. Heinrich Schepers, Martin Schneider, Gerhard Biller, Ursula Franke und Herma Kliege-Biller, Berlin (De Gruyter) 1999.

Arnaud Pelletier, »Scientia Generalis and Encyclopaedia«, in: ›The Oxford Handbook of Leibniz‹, hrsg. v. Maria Rosa Antognazza, Oxford (Oxford University Press) 2018, S. 162–176.

Joseph Pohle, ›Lehrbuch der Dogmatik in sieben Büchern. Für akademische Vorlesungen und zum Selbstunterricht‹, Bd. 1, Paderborn (Schöningh) 1914, 6. Aufl.

Hans-Jacob Polotsky, »Manichäische Studien«, in: ›Le Muséon‹ 42 (1933), S. 247–271.

Hans Poser, »Leibniz und die Einheit der Wissenschaften«, in: ›Vision als Aufgabe. Das Leibniz-Universum im 21. Jahrhundert‹, hrsg. v. Martin Grötschel, Eberhard Knobloch, Juliane Schiffers,

Mimmi Woisnitza und Günter M. Ziegler, Berlin (Berlin-Brandenburgische Akademie der Wissenschaften) 2016, S. 17–31.

Karl Rosenkranz, ›Encyclopädie der theologischen Wissenschaften‹, Halle (Schwetschke) 1845, 2. Aufl.

Matthias Joseph Scheeben, ›Handbuch der katholischen Dogmatik, Bd. 2, Gotteslehre, oder die Theologie im engeren Sinne‹, Freiburg i. Br. (Herder) 1933, Nachdruck der Ausgabe von 1873–1887.

Heinrich Schepers, »Scientia generalis«, in: ›Historisches Wörterbuch der Philosophie‹, Bd. 8, hrsg. v. Joachim Ritter und Karlfried Gründer, Basel (Schwabe & Co.) 1992, Sp. 1504–1507.

Heinrich Schepers, »Gedanken zu den Philosophischen Schriften«, in: ders, ›Leibniz. Wege zu seiner reifen Metaphysik‹, Berlin (Akademie Verlag) 2014, S. 110–152.

Hao Wang, ›From Mathematics to Philosophy‹, London (Routledge & Kegan Paul) 1974.

Hao Wang, ›A Logical Journey. From Gödel to Philosophy‹, Cambridge, Mass./London (MIT Press) 1996.

›Wetzer und Welte's Kirchenlexikon oder Encyklopädie der katholischen Theologie und ihrer Hülfswissenschaften‹, Bd. 5, hrsg. v. Joseph Hergenröther und Franz Kaulen, Freiburg i. Br. (Herder) 1888, 2. Aufl.

›Wetzer und Welte's Kirchenlexikon oder Encyklopädie der katholischen Theologie und ihrer Hülfswissenschaften‹, Bd. 11, hrsg. v. Joseph Hergenröther und Franz Kaulen, Freiburg i. Br. (Herder) 1899, 2. Aufl.

Max III

Handschriftenbeschreibung
Rotbraunes Notizbuch der Reihe »The Paragon Series Note Book No. S-6468«, Ringbuchheftung, Metallspirale, abgerundete Ecken der Seiten nach außen hin, Notizbuchumschlag ist von Gödel mit ›Max. III‹ beschriftet. Die ersten fünf Notizbuchseiten (Manuskriptseiten 1–10) sind lose eingelegt. Gödel hat bis Seite 32.1 nur die geraden Seiten paginiert, ab Seite 33 nur die ungeraden, ab 75 bis 77.1 die geraden und die ungeraden und ab Seite 78 wieder nur die geraden mit Ausnahme von 122 und 123 sowie 136 und 137; ab Seite 151 erfolgt keine Paginierung mehr. Gelbliches Papier, hellblau liniert, Höhe 20,3 cm, Breite 12,5 cm. Schreibwerkzeug: Bleistift und roter Buntstift. Sprache: Deutsch; Schrift: Kurzschrift Gabelsberger, gelegentlich Langschrift.

Entstehungszeitraum von ›Max III‹
1940–1941; konkrete Angaben von Daten: 4. September 1940; Anfang Oktober 1940; 1. Januar 1941; 18. Januar 1941; 21. Januar 1941; 5. Februar 1941; 12. Februar 1941; 20. April 1941; 15. Mai 1941.

[1]
Maximen Heft III
Die Tätigkeiten werden eingeteilt in folgende:
I.
1. Forschungsarbeit (samt Aufschreiben der Resultate für mich).
2. *Publikations*arbeit (samt Abfassen im Unreinen und Diktieren in die Maschine und Korrekturlesen).
   Auch Vorbereitung von Vorträgen.
3. *Mathematische Lektüre* (Grundlagen und andere, samt *Excerpte* machen, laufende Zeitschriften, Literaturverzeichnisse anlegen, Bibliothek durchsehen, Separata durchlesen).

---

19 **Tätigkeiten werden eingeteilt:** Gödel verweist auf Manuskriptseite 2 dieses Heftes selbst auf entsprechende Stellen in ›Zeiteinteilung (Max) I‹ durch Angabe von Seitenzahlen. Wenn der edierte Text gedruckt vorlag, wird dieser mit ausführlichem Titel und Seitenzahl des jeweiligen Bandes zitiert, wenn nicht, wird Gödels abgekürzter Titel mit Manuskriptseite zitiert. Auch wenn auf Manuskripte der Philosophischen Notizbücher Bezug genommen wird, werden Gödels Kurztitel zitiert.
27 **Separata:** Separata sind Sonderdrucke.

II.

$\left\{\vphantom{\begin{array}{c}a\\a\\a\end{array}}\right.$ 4. *Prakt*ische Tätigkeiten (Post, *Budget*, Wohnung und Haushalt, Kleidung, Passangelegenheiten, Zeitung lesen, Besorgungen, *Hygiene*).

III.

$\left\{\vphantom{\begin{array}{c}a\\a\\a\\a\\a\end{array}}\right.$ 5. Tätigkeiten, die ich als Vergnügen oder (und) allgemeine Weiterbildung betrachte (Literatur, *Theol*ogie, *Phil*osophie, Sprachen, *Psychol*ogie, Kino, Lernen durch *exp*erimentieren oder das Leben, Geschichte?, *Jurisprud*enz (*Ethik*), *Bibliogr*aphieren und *Bibli*othekskunde, Zerstreuung, mit Adele beschäftigen.)

[2]
{IV.}

$\left\{\vphantom{\begin{array}{c}a\\a\end{array}}\right.$ 6. Eigenes Leben, Einteilung (*Maxi*men, nachdenken über eigenes Leben, oberste Ziele, fragen, was soll ich tun).

Wesentliche Einteilung der Tätigkeiten auch:
A. solche, die ich gerne tue.
B. solche, die ich mit Hemmungen tue.

Quelle für Zeiteinteilung:
1. *Max H*eft *p.* 48, *p.* 43–46, *p.* 36–38, *p.* 31.

[3]
*Maxi*me: Die Aufteilung der Zeit unter diese Tätigkeiten und innerhalb hat auf Grund des zu erreichenden Zwecks zu erfolgen.

*Maxi*me: Oft am Zettel in der Brieftasche über allgemeines Verhalten nachschauen.

---

14 **Eigenes Leben, Einteilung**: Andere Lesart: Eigene Lebenseinteilung
22 **p. 31**: p. 31 steht in einer neuen Zeile unter ›p. 48‹
28 **am**: Für ›auf dem‹

4 **Hygiene**: Siehe zum Begriff der Hygiene die Einleitung zu ›Zeiteinteilung (Maximen) I und II‹, S. 31–38; sowie die ausführliche Erläuterung zur Heftumschlaginnenseite von ›Zeiteinteilung (Maxims) I‹, S. 53f. Nach ›Hygiene‹ sind zwei Zeilen freigelassen, mutmaßlich um die Liste bei Bedarf fortsetzen zu können.
22 **1. Max Heft**: Es handelt sich hier um ›Zeiteinteilung (Max) I‹, das Gödel offenbar von hinten her durchgesehen hat, um die korrespondierenden Stellen zu notieren.
25 **Aufteilung der Zeit**: Vgl. den Titel ›Zeiteinteilung (Maximen) I und II‹.
28 **Zettel in der Brieftasche**: Vgl. ›Zeiteinteilung (Maximen) II‹, S. 200, Z. 32; sowie Addendum IIIa, 1, S. 231, Z. 4.

Maxime: Schlaf, Verdauung, Essen, Ruhe und Zerstreuung, Bewegung.

Maxime: Bei der Zeiteinteilung ist die ungefähre Wocheneinteilung (mit Zielen) das Wichtigste. Ferner auch ganz große Zeiteinteilung für mehrere Jahre (mit anderen Zwecken).

Maxime: Beim Lesen dieses *Maximen*-Heftes immer einen Zweck verfolgen. Nämlich: 1. Bei Urteilen nach Wichtigkeit und Richtigkeit; [2. Einteilung nach: *Praktisch, theoretisch* und den verschiedenen Wissenschaften]; 3. Langsam lesen, jeden Tag nur etwas. Fortsetzung *p.* 27.

[4] [Diese Seite ist im Manuskript nicht beschrieben.]

[5]
Bemerkung {(*Psychologie*)}: Kinder sind klüger als Erwachsene, weil sie ihren Verstand noch nicht so viel »missbraucht« haben. Der Grund, weswegen ich bei allem nur eine gewisse (ziemlich niedrige) Stufe erreiche und dann stehenbleibe, liegt vielleicht darin, dass man vielleicht für jede Sache eine gewisse Quantität Befähigung mitbekommen hat, welche bei richtiger Verwendung gerade ausreicht, um die Sache vollkommen zu beherrschen, aber ich verwende sie nicht richtig.

Bemerkung {(*Theologie*)}: Die Menschen verdanken ihr Leben der Tatsache, dass der Teufel es vorzog, sie langsam sterben zu lassen.

1 **Schlaf, Verdauung, Essen, Ruhe und Zerstreuung, Bewegung**: All diese Punkte gehören zum Thema ›Hygiene‹ oder ›Dietätik‹.
4 **Wocheneinteilung**: Vgl. insbesondere ›Zeiteinteilung (Maximen) I‹, S. 87, Z. 5-14; aber auch: S. 55, Z. 5; 58, Z. 6; 69, 22-24; 85, Z. 4-10; 89, Z. 5-12; 91, Z. 7 und 93f., Z. 22-28 und Z. 1; 96, Z. 3-4; 97, Z. 12-15; 113f., Z. 26-29 un 1-10; 117, Z. 12-24; 123, Z. 11f.; Addenda IV, 1, S. 248, Z. 2; VI, 1, S. 254, Z. 6; VII, 3, S. 256, Z. 18-20.
6 **mehrere Jahre**: Vgl. insbesondere ›Zeiteinteilung (Maximen) I‹, S. 69, Z. 29f.; 72f., Z. 4ff.; 395, Z. 17-20; 96, Z. 4; 97, Z. 12-13; aber auch S. 55, Z. 7-9.; 58, Z. 6; 89, Z. 31f.; 94, Z. 10f.
9 **Urteilen nach Wichtigkeit**: Vgl. ›Zeiteinteilung (Maximen) II‹, S. 213, Z. 20-25.
18 **»missbraucht«**: Vgl. zum Missbrauch dessen, was man bei der Geburt mitbekommen hat, auch die nachfolgende Bemerkung (Theologie).
27 **Teufel**: Häufig wird der Begriff ›Teufel‹ von Gödel als theologischer Begriff gebraucht. Siehe aber auch Manuskriptseite 19, Bemerkung 1. Im Groben lässt sich festhalten, dass er für die Irrtümer des Menschen steht, sei es in prakti-

Man bekommt bei der Geburt ein gewisses Kapital an: Kraft, Zeit, Geld, welches offenbar gerade ausreicht (bei richtiger Verwendung), das Wesentliche zu erreichen (aber es wird »missbraucht«).

P <u>Maxime</u>: Achtgeben, dass es beim Schlafen nicht zu kalt ist (nur, wenn es wirklich sehr heiß ist, im Luftzug und ohne Unterkleider schlafen.

[6]
P <u>Maxime</u>: Beim Einkauf von Büchern durch »Aussuchen« im Geschäft:
1. Nur gewisse Bücher einfach so kaufen; 2. vorher in Worten überlegen, welche Erfordernisse das zu kaufende Buch erfüllen muss.

P <u>Maxime</u>: Ein Abführmittel ersetzt scheinbar teilweise den Schlaf. Es erzeugt trotz schlechtem Schlaf ein Gefühl der Frische. Ich sollte vielleicht regelmäßig eines nehmen.

<u>Maxime</u> {(Grundlagen)}: Man soll für ›Resultate Grundlagen‹ auch das Falschliegen von Ideen mit Begründung eintragen.

---

schen Angelegenheiten, sei es beim Erkennen theoretischer Zusammenhänge, sei es im Umgang mit anderen Menschen. Vgl. die Manuskriptseiten 8, Bemerkung 1; 44, Bemerkung 2; 47; 60, Bemerkung Theologie, Pkt. 3 und 8; 63, Bemerkung 2; 64, Bemerkung 1, Pkt. 2; 73, Bemerkung 2; 101f., Bemerkung Theologie; 121, Bemerkung Theologie 2; 122f., Bemerkung Theologie; 154, Pkt. 6.

3 **»missbraucht«**: Vgl. zum Missbrauch dessen, was man bei der Geburt mitbekommen hat, auch die vorangegangene Bemerkung (Psychologie).

5 **P**: ›P‹ steht hier und im Folgenden für ›Praktisches‹ oder für ›Persönliches‹ bzw. ›Privates‹.

6 **ohne Unterkleider schlafen**: Auch dieser Punkt gehört zum Thema ›Hygiene‹ bzw. ›Diätetik‹.

10 **Einkauf von Büchern**: Vgl. ›Zeiteinteilung (Maximen) I‹, S. 56, Z. 6f.; 65, Z. 21-24; 75, Z. 35.

16 **Ein Abführmittel**: Es handelt sich um ein Thema der ›Hygiene‹ bzw. ›Diätetik‹.

20 **›Resultate Grundlagen‹**: Im Gödel-Nachlass (Behältnis 6c, Reihe III, Mappe 83-86, ursprüngliche Dokumentennummer 030116-030119) befinden sich vier Notizhefte, die mit »Resultate Grundlagen« betitelt sind sowie ein Index zu diesen Heften (Behältnis 6c, Reihe III, Mappe 82, ursprüngliche Dokumentennummer 030115).

Bemerkung: Wenn man keine Lust hat, etwas zu lesen oder zu machen, hilft es oft, es in verkehrter Reihenfolge durchzugehen.

Bemerkung {*Psychologie*}: Arbeiten = etwas Un|angenehmes tun, weil als richtig erkannt. (Meist stellt sich, wenn man es wählt, heraus, dass es gar nicht so unangenehm ist)*.

Bemerkung {*Psychologie*}: Zusammenhang zwischen Faulheit und Unentschlossenheit: Wenn man oft das als richtig Erkannte wegen Unannehmlichkeit nicht tut (was dadurch geschieht, dass man [7] das Urteil »es ist richtig« nicht anerkennt und zu entkräften sucht), so hat das den Erfolg, dass man überhaupt nicht mehr an seine eigenen Werturteile glaubt (durch Erziehung, indem man den mit Recht gefällten Urteilen widerspricht (insbesondere auch den sinnlichen)).

Bemerkung {*Maxime*}: Haupt*Maxime* beim Unterrichten: Man darf den Schüler nicht hetzen (Beispiel: *Adele* Englisch lernen).

Bemerkung {*Maxime*}: Wenn man etwas so liest, dass man »jedes Wort liest«, (so wie die Bibel), so ist das vielleicht für eine Spracherweiterung das Richtige, und auch sonst.

Bemerkung {*Grundlagen*}: Gewisse Teile der Mathematik scheinen nur »Werkzeuge« zu sein (z. B. das Hahnbuch enthält nur Werkzeuge, insbesondere z. B. peinlich genaue *Definition* der Indizes Borelscher Mengen). Der Unterschied zwischen Werkzeug und Nicht-

* [7] Daher wäre die Unannehmlichkeit ein Kriterium der Richtigkeit (*Descartes* verkehrt: Er sagt, die Leidenschaften dienen dazu, zum Nützlichen zu veranlassen). Anm. E.-M. E.: Vgl. René Descartes, ›Les Passions de l'âme‹, Paris (Henry Le Gras) 1649, insbesondere Art. 52, aber etwa auch Art. 137–139, 175–176, 180–181, 206.

1 **keine Lust**: Vgl. die zahlreichen Textstellen zu Lust und Unlust in ›Zeiteinteilung (Maximen) I und II‹ sowie in den dazugehörigen Addenda die Anmerkung ebd., S. 82.
9 **Unentschlossenheit**: Dieses Thema wird hier von einem rein psychologischen Standpunkt aus betrachtet, an anderen Stellen aber auch von einem philosophischen oder theologischen. Vgl. ›Zeiteinteilung (Maximen) II‹, S. 154, Z. 34f.; 176, Z. 7–14; 191, Z. 28–38; Addendum II, 6, S. 222, Z. 19–22.
18 **Schüler nicht hetzen**: Vgl. ›Zeiteinteilung (Maximen) II‹, Addendum IIIb, 2v, S. 241, Z. 13f.
25 **Hahnbuch**: Hans Hahn, ›Theorie der reellen Funktionen‹, Berlin (Springer) 1921. Gödel hat 1933 in ›Monatshefte für Mathematik und Physik‹ 40, S. 20–22, die Neuauflage von Hahns ›Theorie der reellen Funktionen‹ von 1932 besprochen. Wiederabdruck in: Kurt Gödel, ›Collected Works‹, Bd. I, S. 332–336. Vgl. auch ›Zeiteinteilung (Maximen) II‹, Addendum IIIb, 2v', S. 245, Z. 30.
25 **Werkzeuge**: Vgl. Addendum IIIb, 2v', S. 245, Z. 27–29.
26 **Definition der Indizes Borelscher Mengen**: Hans Hahn, ›Theorie der reellen Funktionen‹, S. 341.

4: ›ga‹ von der Editorin gelöscht
18 **lernen**: Hier anderer Ausdruck für ›lehren‹

Werkezeug fällt vielleicht zusammen mit dem Unterschied zwischen (objektiv) trivialer Konstruktion und mathematischem Gehalt.

[8]

Bemerkung: Die Sprachen sind vom Teufel so erschaffen (oder verdorben) worden, dass die verschiedenen Regeln (konsequent durchgeführt) einander widersprechen, sodass ein schwankendes (daher unangenehmes) Sprachgefühl entsteht (insbesondere die Mischsprachen, z. B. die englischen Betonungsregeln).

Bemerkung: Die englische Sprache ist anscheinend die einzige Mischsprache zwischen weit auseinanderliegenden Sprachen.

Bemerkung {_Maxime_}: Jede kleinste Frage, die man sich stellt, erfordert zu ihrer Behandlung »_lege artis_« unglaublich viel Zeit und Mühe (_lege artis_ bedeutet unter anderem, man muss sie so behandeln, als ob nichts anderes vorhanden wäre. Ferner: Man muss sie in Teile zerlegen und jeden Teil entweder vollkommen oder gar nicht lösen). Daher:

9: ›Missprachen‹ Gödel hat sich hier wohl verschrieben und wollte nicht ›Miss‹, sondern wie in der nachfolgenden Bemerkung ›Mischsprache‹ schreiben. Von der Editorin verbessert in ›Mischsprachen‹

5 **Teufel:** Der Teufel als diejenige Instanz, die das Denken und Erkennen des Menschen erschwert oder verunmöglicht. Vgl. zum Begriff des Teufels die Manuskriptseiten 5, Bemerkung Theologie; 8, Bemerkung 1; 44, Bemerkung 2; 47; 60, Bemerkung Theologie, Pkt. 3 und 8; 63, Bemerkung 2; 64, Bemerkung 1, Pkt. 2; 73, Bemerkung 2; 101f., Bemerkung Theologie; 121, Bemerkung Theologie 2; 122f., Bemerkung Theologie; 154, Pkt. 6.

8 **Mischsprachen:** Eine Mischsprache besteht aus mindestens zwei Sprachen; bei ihr stammen sowohl das Vokabular als auch die Grammatik in beträchtlichem Umfang aus verschiedenen Sprachen.

12 **Mischsprache:** Ob Englisch eine Mischsprache ist, ist fraglich. Bei Ernst Windisch 1897 heißt es jedoch auf S. 118: »Ich verzichte darauf, eine scharf abgrenzende, für alle Fälle passende Definition der vollendeten Mischsprache zu geben. [...] [D]agegen hat das Englische schon den Charakter einer Mischsprache angenommen.« Ernst Windisch, »Zur Theorie der Mischsprachen und Lehnwörter«, in: ›Berichte über die Verhandlungen der Sächsischen Gesellschaft der Wissenschaften zu Leipzig‹, Phil.-hist. Klasse 49 (1897), S. 101–126.

15 **Behandlung »lege artis«:** Vgl. ›Zeiteinteilung (Maximen) II‹, Addendum IIIa, 1, S. 231, Z. 1.

18 **in Teile zerlegen:** Descartes hat im ›Discours de la méthode‹ die sogenannte Regel der Analyse formuliert: »Die zweite Regel lautete, jede der Schwierigkeiten, die ich untersuchen würde, in so viele Teile zu zerlegen, wie es möglich und erforderlich wäre, um sie am besten zu lösen.« »Le second, de diviser chacune des difficultés que j'examinerais, en autant de parcelles qu'il se pourrait, et qu'il serait requis pour les mieux résoudre.« AT VI, 18 (= Charles Adam, Paul Tannery (Hrsg.), ›Œuvres de Descartes‹, Paris (Léopold Cerf) 1902); Pléiade, S. 138.

Maxime: Man überlege sich genau, bevor man in die wirkliche Behandlung einer Sache eintritt.

[9]
Maxime: Auch bei Dingen, die zum Vergnügen (oder mit Genuss) gemacht werden, muss man das Prinzip anwenden: Nicht alles an einem Tag, gewisse Stunden ohne Rücksicht auf Erfolg verbringen.

Bemerkung {*Grundlagen*}: Verschiedene Steigerungen der Lösbarkeit jedes Problems:
1. Jedes Problem ist lösbar.
{1.' Für jedes Problem gibt es einen Weg, die Lösung zu finden.}
2. Jedes kurz formulierbare Problem ist kurz lösbar*.
3. Zu jedem kurz formulierbaren Problem gibt es einen kurzen Weg, auf dem man die Lösung finden kann.
4. Es gibt ein Verfahren mittels dessen man für jedes kurz formulierbare Problem den Weg zur kurzen Lösung tatsächlich auffinden kann.

* »Kurz« bedeutet: Für Menschen tatsächlich formulierbar.

[10]
Bemerkung {*Grundlagen*}: Das »Verfahren«, von dem in der vorigen *Bemerkung* die Rede ist, kann sein entweder:
1. *physiologisch* (Kaffee trinken, in ein dunkles, geräuschloses Zimmer sich einsperren, die Atmung behindern *etc.*).
2. *Psychologisch* (in der Richtung des größten (oder kleinsten) Widerstandes arbeiten, wenn dir etwas interessant (nicht trivial, aber lösbar) vorkommt, dann in dieser Richtung weiterarbeiten *etc.*) Man nehme etwas an, was evident ist.
3. *Mathematisch* (Man suche das Theorem abzuschwächen, man gehe von der Negation aus *etc.*) (*Und überlege dann, was am Beweis das Wesentliche ist.)

Bemerkung {*Maxime*}: Der Wert der Bücher ist umgekehrt *proportional* der Schwierigkeit, sie zu bekommen.

---

30 **Theorem abzuschwächen**: Vgl. ›Zeiteinteilung (Maximen) II‹, Addendum IIIb, 2v', S. 245, Z. 16.
34 **umgekehrt proportional der Schwierigkeit, sie zu bekommen**: Vgl. Addendum, 2, Axiom 1.

Insbesondere:
1. In der Auswahl ist nur das Schlechte, in Übersetzung ist nur das Schlechte zu haben.
2. In Bibliotheken sind die guten Bücher entweder nicht vorhanden oder gestohlen oder durch Fehler der Beamten nicht zu haben oder dauernd entliehen.

[11]

<u>Bemerkung</u> {*Philologie*}: Beim Lernen einer Sprache ist Folgendes wichtig:

0. Die »Verbindungsworte« lernen, das heißt: *Präpositionen*, *Conjunktionen*, *Pronomen*, *Adverben*.
1. Die häufig verwendeten Worte und *Phrasen* in entsprechender Wiederholung, insbesondere in immer anderer Verwendung lernen.
2. »Geist« der Grammatik (d. h. viele Beispiele für Grundregeln der *Syntax*, aus denen sich die anderen ergeben).
3. Regeln der Wortbildung (Zusammenhang zwischen *Substantiven* und entsprechenden *Verben*, *Adjektiven*).
4. Zusammenhang mit anderen Sprachen (*Lautverschiebungen*).

<u>Bemerkung</u> {*Psychologie*}: Für jeden Satz gibt es eine richtige »*Aufklammerung*«, das heißt, eine Art und Reihenfolge, wie die Worte aufgefasst werden (gegeben durch die richtigen *Pausen* beim Diktieren).

<u>Bemerkung</u> {(*Psychologie*)}: Bei einer Feststellung, ob irgendeine Wahrnehmung nahe der Empfindungsschwelle auf Wahrheit beruht, ist es am verlässlichsten, sich auf den ersten Eindruck zu stützen (bevor noch die Aufmerksamkeit bewusst darauf konzentriert wird).

---

9 **Lernen einer Sprache:** Mit dem Lernen einer Sprache befasst sich Gödel in unterschiedlichen Kontexten. So etwa in ›Philosophie I Maximen 0‹ auf S. 102f., Z. 35–10; S. 104, Z. 17; ›Zeiteinteilung (Maximen) I und II‹, S. 56, Z. 11–13; 95, Z. 20; 97, Z. 33; 126, Z. 5; 132, Z. 1–4; 145, Z. 4f.; 150, Z. 2–4; 193, Z. 19f.; 200, Z. 12; 203, Z. 1; 207, Z. 23–25; sowie Addenda II, 5, S. 221, Z. 17; II, 13, S. 228, Z. 26–28; IIIa, 1, S. 231, Z. 21–23; IIIa, 2, S. 234, Z. 4–6; IV, 1, S. 248, Z. 18; XIII, 1v, S. 269, Z. 5f.

14 **Verwendung:** Andere Lesart: Verbindung

23 **»Aufklammerung«:** Vgl. für den Begriff der Aufklammerung im Zusammenhang mit Satz und Satzverständnis ›Philosophie I Maximen 0‹, S. 118, Zeile 2f.

[12]

<u>Bem</u>erkung {Psychologie}: Mir fallen oft Worte ein (beim Englisch-Sprechen), ohne dass aber das Sprachgefühl mir sagt, dass sie die richtigen sind (ähnlich wie Lähmung der sensiblen, aber nicht der motorischen Nerven) und ohne dass ich *abstrakt* weiß, dass sie richtig sind. Soll ich diese verwenden?

<u>Bem</u>erkung {Psychologie}: Es ist vielleicht ein Charakteristikum eines falschen Entschlusses (besonders eines in sehr hohen Handlungs- beziehungsweise Gehirn-*Sphären* gelegenen), dass er sich der Ausführung widersetzt. Die Ausführung gibt keine Befriedigung, wird daher oft unterlassen, man verhält sich, als ob der Entschluss nicht gefasst wäre. (Beispiel: Aufteilung meiner Tätigkeit in 2, zum einen Theologie und zum anderen Mathematik.)

<u>Bem</u>erkung {(Psychologie)}: Beim Italienisch-Lernen: In der Zeit bemerke ich, dass ich mich unbewusst viel mit der Sprache beschäftige (verdaue). [13] Später nicht. Ferner: In der ersten Zeit kommt es mir komisch vor, wie eine Kunstsprache (oder die Deutschland-Sprache). Später nicht. (Ich habe das Gefühl, dass das irgendwie mit dem Lesestück »Columbus« in *Sauer* zusammenhängt, seitdem habe ich auch die Lust daran verloren.)

<u>Bem</u>erkung {(Philosophie)}: Warum bedeutet »ein Wort unter Anführungszeichen schreiben«, dass das Wort in einer bestimmten *präzisen* Bedeutung gemeint ist?

---

3 **Sprachgefühl:** Vgl. zu ›Sprachgefühl‹ ›Philosophie I Maximen 0‹, S. 102, Z. 22; 106, Z. 23–25; 118, Z. 31; sowie Manuskriptseiten 20 und 146, Pkt. 3 in diesem Band.

16 **Beim Italienisch-Lernen:** Vgl. zum Italienisch-Lernen: ›Zeiteinteilung (Maximen) II‹, S. 203, Z. 1; Addendum II, 5, S. 221, Z. 17.

18 **verdaue:** Im Sinne von ›geistig verarbeiten‹ zu verstehen.

19 **Kunstsprache:** Auch Rudolf Carnap hatte großes Interesse an Kunstsprachen und hat schon im Alter von 14 Jahren Esperanto gelernt.

19 **Deutschland-Sprache:** Gemeint sein könnte das sogenannte Kolonialdeutsch, das 1917 von dem Chemiker Wilhelm Ostwald entwickelt wurde. Es handelt sich hierbei um eine Plan- oder Kunstsprache.

21 **»Columbus« in Sauer:** Carl Marquard Sauer, »Christóforo Columbo«, Lesestück Nr. 71, S. 219f., in: ›Neue italienische Conversations-Grammatik‹, Heidelberg (Julius Groos) 1874, 5. Auflage.

14: ›einem‹ von der Editorin verbessert in ›einen‹. Andere Lesart: 2 Zweige

Maxime {_Philologie_}: Beim Sprache-Lernen nach _Mertner_: Immer einen Satz lesen und verstehen und dann aus dem Gedächtnis aufschreiben.

Frage: Wie lernt man Sprachen vom Standpunkt der psychologischen Theorie der Mittel und Zwecke? (Überhaupt ist alles Lernen darin enthalten?)

Gibt es auch eine ähnliche _Maxime_ für Mathematik-Lernen?

Bemerkung: Vielleicht ist der Grund, warum ich bei allem Lernen nur bis zu einem gewissen Grad und nicht weiter komme, der, dass ich immer mit der ähnlichen Methode weiterlerne, während es das Richtige ist, in einem gewissen Zeitpunkt [14] die Methode zu erschweren. Zum Beispiel: Beginnen aus dem Deutschen ins Englische zu übersetzen, oder einen ganzen Abschnitt aus dem Gedächtnis nachschreiben, schneller lesen _etc._.

Merkwürdigerweise lernt man auch die Dinge, für welche anscheinend die erste Methode richtiger ist (z. B. Vokabeln), besser, wenn man die höhere Methode anwendet (den Satzbau lernt). Das heißt:

Bemerkung {_Psychologie_, _Maxime_}: Um das Einfachere wirklich gut zu können, muss man das Kompliziertere* lernen; zum Beispiel auch: Um die Faulheit zu überwinden, muss man lernen, sehr unangenehme Dinge zu tun. Dieses Prinzip ist in gewissem Sinn das Gegenteil der mathematischen Methode: erst eine Abschwächung des Satzes zu beweisen (Bescheidenheit). Hier handelt es sich darum, eine Verschwerung des »Satzes« zu finden.

Bemerkung Programm: Man sollte einmal systematisch die Zusammenhänge zwischen äußerer [15] Erscheinung und innerer Bedeutung untersuchen. Zum Beispiel: 1. bei Menschen, 2. bei politischen und religiösen Systemen, 3. bei Ländern und Sprachen, 4. bei der Technik. Das Bestehen eines solchen genauen Zusammen-

* Etwas Schwierigere.

---

1 **Sprache-Lernen nach Mertner:** »Sprache lernen nach Mertner« kommt bereits in ›Philosophie I Maximen 0‹ auf S. 103, Z. 5 vor. Des Weiteren wird Mertner in ›Zeiteinteilung (Maximen) II‹ auf den Seiten 202, Z. 7; S. 203, Z. 1; sowie S. 207, Z. 24, erwähnt.

24 **mathematischen Methode:** Vgl. zur Methode der Mathematik: ›Zeiteinteilung (Maximen) II‹, S. 175, Z. 21–26; S. 208, Z. 7–9; S. 209, Z. 35–39; S. 212, Z. 13–18; Addendum IIIb, 3v, S. 243, Z. 1–3; sowie insbesondere Addendum IIIb, 2v', S. 245f.

26 **Verschwerung:** Altertümlicher Ausdruck für ›schwerer werden‹.

hangs bewirkt: 1. dass sich das Böse auch äußerlich verrät, 2. dass der Böse »warnen« muss, bevor er handeln kann, 3. dass das materialistische Weltbild doch in irgendeinem Sinne »wahr« ist.

Bemerkung {*Grundlagen*}: Ein Kriterium, dass man sich auf dem richtigen Weg in der Mathematik befindet, ist, dass auch die Widerlegungen der allgemeinen Sätze nicht trivial werden.

Bemerkung {*Psychologie*}: Eine Hemmung (oder ein Trieb) kann von zweierlei Art sein:
1. mit Bewusstsein des Grundes (Angst vor etwas oder erwartete Lust von etwas);
2. unbestimmte Angst oder Lust (kommt oft bei mir vor und macht den Eindruck, als ob ich nicht frei wäre*);
3. bloße Hemmung ohne Angst (kommt oft bei mir vor und macht den Eindruck, als ob ich nicht »frei« wäre**).

Ebenso bei der »Stimme des Gewissens«:
1. bloß das Gefühl: Ich sollte es tun;
2. Bewusstsein der Gründe, warum.

* Wenn in Konflikt mit »Gesetz« oder »Gewissen« (z. B. Amerika-Visum).
** Wenn in Konflikt mit »Gesetz« oder »Gewissen« (z. B. Amerika-Visum).

[16]
P *Bemerkung*: Beim Bett kommt es anscheinend hauptsächlich darauf an, dass es gegen die Füße zu etwas abschüssig ist.

P *Maxime*: Zum Nachtmahl sehr wenig essen (Tee mit Buttersemmel alleine).

---

9 **Hemmung:** Vgl. zu ›Hemmung‹: ›Philosophie I Maximen 0‹, S. 94, Z. 20f.; 117, Z. 11; ›Zeiteinteilung (Maximen) I und II‹, S. 122, Z. 16–21; S. 122, Z. 24f.; S. 123f., Z. 32ff.; S. 124, Z. 20–25; S. 142, Z. 6f.; S. 144, Z. 9f.; S. 155, Z. 5f.; S. 162, Z. 25f.; S. 168, Z. 4–33; S. 171, Z. 5–8; S. 184, Z. 11–14; S. 199, Z. 7–9; Addenda II, 7, S. 223f., Z. 28ff.; II, 10, S. 225f., Z. 38ff.; IIIa, 3, S. 236, Z. 7f.; XIV, 18r, S. 272, Z. 2–4; XV, 1, S. 274, Z. 13.
9 **Trieb:** Siehe zu ›Trieb‹ ›Philosophie I Maximen 0‹, S. 84, z. 16; 87, Z. 25; sowie in diesem Band die Manuskriptseiten 36, Frage; 57f., Bemerkung Psychologie, Ethik; 119; 124, Bemerkung Psychologie, Pkt. 1; 127f., Bemerkung Psychologie; sowie 130, Bemerkung 1.
22 **Bett:** Vgl. ›Zeiteinteilung (Maximen) II‹, Addendum IIIa, 1, S. 231, Z. 7 und Fn.; sowie Addendum VII, 2v, S. 256, Z. 16. Theodor Schreger rät in seinem Artikel »Diätetik« auf S. 432 der ›Allgemeinen Encyklopädie der Wissenschaften und Künste‹ von 1833 dazu, auf ein passendes Bett zu achten.
25 **Zum Nachtmahl sehr wenig essen:** Vgl. ›Zeiteinteilung (Maximen) II‹, Addendum VII, 2v, S. 256, Z. 15.

10 zweierlei: 2. und 3. gehören zusammen, was durch Akkolade rechts, die 2. und 3. umfasst, angezeigt wird, daher ist ›zweierlei‹ richtig
22 P: ›P‹ steht hier und im Folgenden für ›Praktisches‹, ›Persönliches‹ oder ›Privates‹

Bemerkung {*Psychologie*}: Um das Gedächtnis und die anderen Fähigkeiten zur Arbeit anzuregen, ist es notwendig, »ein Motiv zu schaffen«. Beispiel: Ich merke mir Vokabeln wegen Adele.

Bemerkung: Am 4./IX. 1940 morgens scheint alles einen Sinn zu haben, was anscheinend damit zusammenhängt, dass Adele lieb zu mir ist (2 Briefe von zu Hause, und sie fühlt sich besser, und ich habe Halsschmerzen). In diesem Zustand verschwindet insbesondere die Hast, welche ich sonst bei allem habe.
{18./IV 1941 morgens ähnliche *Psyche*}

Bemerkung: Durch ein Wort ist es manchmal möglich, eine ganze Wissenschaft zu begründen. Für die *Psychologie* heißt dieses Wort »*Finis*«.

Bemerkung {*Psychologie*}: Modelle für die Art und Weise, wie durch das Gedächtnis (als [17] physikalische Hirnfunktion betrachtet) es ermöglicht wird, dass vernünftige Entschlüsse nur auf das Augenblickliche, Gegenwärtige gegründet werden: Jede Rasierklinge genau 2 Tage zu verwenden wird dadurch erzwungen, dass ich am 2ten Tag die Rasierklinge herausnehme und den Apparat leer in die Schachtel gebe und dass ich das Papier, in dem die neue Klinge eingewickelt ist, am Waschtisch (bis zum Ende des Rasierens) liegen lasse |.

Frage: Gibt es ein Buch in irgendeiner Sprache, das nur aus (grammatisch) richtigen Sätzen besteht? Wo ist dieses zu finden? Wie ist »richtig« definiert (analog zu logistischer Symbolik)?

Maxime: Auch eine Form der Bescheidenheit: Nicht das genau Richtige tun (wenn es zu schwierig ist), sondern einen Ersatz, wel-

---

23: ›‹ von der Editorin gelöscht
26 **Wie ist »richtig« definiert**: Andere Lesart: Wie »richtig« definieren?

1 **Gedächtnis**: Vgl. dazu ›Mnemonik‹: ›Zeiteinteilung (Maximen) II‹, S. 150, Z. 3f.; und 202, Z. 6.
5 **scheint alles einen Sinn zu haben**: Gödel verwendet diese Formulierung in verschiedenen Zusammenhängen. Vergleichbar mit dieser Stelle sind: ›Zeiteinteilung (Maximen) I und II‹, S. 95, Z. 35f.; S. 146, Z. 8–10; und S. 193, Z. 7–12.
14 **»Finis«**: Der Terminus ›finis‹ für ›Ziel‹, ›Zweck‹, ›Absicht‹ wird insbesondere in der Literatur zu Thomas von Aquins Psychologie und den sich daran anschließenden mittelalterlichen Traktaten zur Psychologie verwendet, wenn es um das Wollen und den Willen geht.
29 **Bescheidenheit**: Vgl. zum Begriff der Bescheidenheit im Allgemeinen ›Zeiteinteilung (Maximen) I und II‹, S. 129, Z. 20–22; 214, Z. 24; Addenda IIIa, 2, S. 234, Z. 11–14; IIIa, 3, S. 236, Z. 18f.; IV, 1, II, S. 248, Z. 5–14; sowie in diesem Band Manuskriptseiten 78 oben; und 151, Pkt. 7.

cher vom Leichtesten ein kleines Stück in der Richtung zum Richtigen liegt (z. B.: statt Arbeit über Kontinuum zu schreiben, Grundlagenarbeiten anderer lesen).

Bemerkung: Bei Lektüre von mathematischen Arbeiten ist oft das, was scheinbar nicht das Wesentliche ist (schon bekannte Sachen, Sachen, die zum Beweisen nicht unbedingt nötig sind, [18] sondern nur Nebenbemerkungen sind, doppelter Beweis derselben Sache), sehr wichtig zum Verständnis. Die Ursache ist vielleicht: Die Kost darf nicht zu konzentriert sein, es muss Ruhepausen geben, das Verständnis von etwas steigert die Lust und Fähigkeit des Weiterkommens (_vgl._ das »jedenfalls gilt«), man muss in einer Vorlesung Dinge 2mal einschalten und auch Unnötiges sagen, man muss dieselbe Sache von verschiedenen Seiten betrachten, um sie zu verstehen, man muss die Lektüre einer Arbeit auf mehrere Tage aufteilen (an einem Tag nur so lange lesen, als es leicht geht).

Bemerkung: Es ist für mich nicht möglich, die richtige _psychologische_ Theorie (Schuld und Strafe) zu finden, weil meine Sünde, meine Freude und mein Leiden so gering ist, dass meistens nicht feststellbar ist (für mich), ob + oder –.

Frage {_Psychologie_}: Wenn jemand einen unklaren Begriff hat, bedeutet das, dass er einen bestimmten Begriff sieht, aber nicht deutlich, oder dass der Begriff, welchen er sieht, noch gar nicht eindeutig bestimmt ist?

Bemerkung: Durch absichtliches Auf-sich-Nehmen von etwas Unangenehmem kann man [19] vielleicht die Dauer der Strafe abschwächen und dadurch auch den absoluten Betrag der Strafe, weil dadurch weniger Anlass zum Sündigen in der Zukunft gege-

---

2 **Kontinuum:** Vgl. ›Zeiteinteilung (Maximen) I und II‹, S. 98, Z. 14; 102, Z. 13f.; ebd., Z. 17 und 18f.; 108, Z. 24; 114, Z. 7f.; 115, Z. 2–5; und 116, Z. 3–6; 117, Z. 10 und Z. 15; 122, Z. 13f.; 123, Z. 14f.; 124, Z. 13 und 126, Z. 27f.; 138, Z. 1f.; 141, Z. 20 und 142, Z. 4; 155, Z. 20f.; 160, Z. 12–17; 161, Z. 9–10; 181, Z. 7f. und 12f.; 186, Z. 10; 188, Z. 14; Addendum XIII, 1, S. 267, Z. 26.

3 **Grundlagenarbeiten anderer:** In den Programmpunkten in ›Zeiteinteilung (Maximen) I und II‹ listet Gödel eine große Menge zu lesender Autoren und Literatur auf.

12 **»jedenfalls gilt«:** Vgl. ›Zeiteinteilung (Maximen) I und II‹, S. 128, Z. 28; und 129, Z. 7; Addendum IIIb, 2v, S. 240, Z. 13f.; und S. 241, Z. 22f.

ben ist. 1. Weil die Dauer der *corruptio naturae* (Gedächtnis *etc.*) ebenfalls kürzer wird; 2. weil das Leiden an sich eine Versuchung zum Weitersündigen sein kann. Daher ist es vielleicht das Richtige, den Tag mit etwas sehr Unangenehmem anzufangen (sich kalt waschen *etc.*).

Bemerkung: In der *Psychologie* ist es ähnlich wie in der Physik. In Fällen der *Stumpfheit* des inneren Sinns sieht man die Erscheinungen nur im Groben (ebenso wie die Körper). Die Theorie ergänzt die Atome, aber vielleicht sind diese sowohl in der *Physik* als in der *Psychologie* ein teuflischer Betrug.

Bemerkung {(*Philologie*)}: Das Geheimnis, wieso man 8 Jahre Latein lernt und doch nicht kann, hat wahrscheinlich folgende Lösung: Die Texte sind *system{atisch}* so verdorben und die Übersetzungen systematisch so falsch, dass fortwährend widersprechende Regeln gelernt werden. Widersprechend nicht direkt, sondern in ihren natürlichen Folgerungen, sodass kein [20] konsistentes »Sprachgefühl« entstehen kann (das ist nur bei einer toten Sprache möglich, und noch besser bei einer, von der man zugleich mehrere geschichtliche Perioden lernt).

P *Maxime*: Möglichst wenig ungünstige Äußerungen tätigen, auch über Sachen, weil dies ungünstige Äußerungen über Personen *impliziert*.

Bemerkung: Mundi corde videbunt Deum – »reinen Herzens« bedeutet insbesondere: 1. Alles entweder ganz oder gar nicht tun, das

---

23 **P:** ›P‹ steht hier und im Folgenden für ›Praktisches‹, ›Persönliches‹ oder ›Privates‹

1 **corruptio naturae:** Die menschliche Natur ist durch die Sünde verdorben. Vgl. etwa Thomas von Aquin, ›Summa theologiae‹ I-II, q85 a1.
11 **teuflischer Betrug:** Der Teufel verleitet den Menschen laut Gödel auch beim Erkennen theoretischer Zusammenhänge zum Irrtum. Vgl. insbesondere Manuskriptseite 5, Bemerkung Theologie.
18 **»Sprachgefühl«:** Vgl. Manuskriptseite 12, Bemerkung 1, in diesem Band; dort auch weitere Angaben.
27 **Mundi corde videbunt Deum:** Das vollständige Zitat aus Matthäus 5, 8 lautet: »Beati mundo corde quoniam ipsi Deum videbunt« (Selig sind, die reinen Herzens sind; denn sie werden Gott schauen). ›Corde‹ kann sowohl Dativ Singular sein (dann auch ›cordi‹ möglich) als auch Ablativ Singular, in letzterem Fall wäre wie folgt zu übersetzen: Durch das reine Herz werden sie Gott schauen. Im Neutrum kann ›mundi‹ allerdings nur Genitiv Singular sein. Daher wäre der Satz wie folgt zu verbessern: Mundo corde videbunt Deum.

heißt, bei jedem gewählten Ziel soll folgen entweder die Erreichung des Ziels oder die *explizite* Aufgabe (auch bei den ohne Überlegung gewählten Zielen). Denn bevor das Ziel erreicht oder aufgegeben ist, steht man (nach der Wahl desselben) unter seiner »Herrschaft«, das heißt, die mit dem Ziel zusammenhängenden Dinge sind bewusstseinsnah (*sensibilisiert*), die anderen bewusstseinsfern (*gehemmt*). Dieser Zustand erschwert das Einstellen auf ein anderes Ziel (das erfordert eine größere Anspannung, um den vorhergehenden Zustand zu »überdecken«). Das behindert einerseits das Zustandekommen der Wahl, andererseits das Wahrnehmen der Mittel. Das Aufschieben halb erledigter Probleme (d. h. zumindest vorläufige Aufgabe des Ziels) gehört daher [21] zur geistigen Hygiene |. 2. kann »reinen Herzens« bedeuten aufrichtig gegen sich selbst sein (insbesondere seine Schwächen und Unkenntnisse sich eingestehen).

Bemerkung: Nach dem Prinzip, mit dem Leichtesten zu beginnen, soll man die Tugend mit »*Temperantia*« anfangen (*Modestia*).

Bemerkung {(*Philosophie*)}: Die schopenhauerische (indische) Philosophie (ich = du) besteht zum großen Teil aus einer Reihe von »*Intuitionen*« (d. h. in reinen Begriffen (ohne Worte) erschaute Sachverhalte), welche sich in Nichts auflösen, sobald die Formulierung in Worte versucht wird. Daher gibt Schopenhauer zugleich das Mittel zum Glauben an seine Philosophie mit, nämlich:

---

12 **geistigen Hygiene:** Siehe die ausführliche Erläuterung zur Liste auf der Umschlaginnenseite von ›Zeiteinteilung (Max) I‹. Dort auch weitere Textstellen zu ›geistige Hygiene‹. Vgl. auch Manuskriptseite 124, Bemerkung 1, in diesem Notizheft.

18 **Tugend:** Siehe zum Begriff der Tugend auch Manuskriptseite 105, Bemerkung 1 unten.

18 **Modestia:** Sowohl ›temperantia‹ als auch ›modestia‹ werden mit ›Selbstbeherrschung‹, ›Mäßigung‹ übersetzt.

21 **ich = du:** Siehe: Arthur Schopenhauer, ›Die Welt als Wille und Vorstellung II‹, Viertes Buch, Kapitel 47, drittletzter Absatz: »In Folge dieses Egoismus ist unser Aller Grundirrthum dieser, daß wir einander gegenseitig Nicht-Ich sind. [...] Dass die Metempsychosenlehre, ›Du wirst einst als Der, den du jetzt verletzest, wiedergeboren werden und die gleiche Verletzung erleiden‹, identisch ist mit der oft erwähnten Brahmanenformel ›Tat twam asi‹, ›Dies bist Du‹. – Aus der unmittelbaren und intuitiven Erkenntniß der metaphysischen Identität aller Wesen geht [...] alle echte Tugend hervor.«

13: ›‹ von der Editorin gelöscht

1. Hass gegen Mathematik (insbesondere Hinstellen der Mathematiker als Geister »niederen« Rangs).
2. Er berief Worte des Denkers ins Bild (*Genies* denken in Bildern).

Bemerkung: Meine geänderte Weltanschauung (Glaube an Theologie) hat zur Folge, dass die Ereignisse sich viel mehr nach den »Rechtsverhältnissen« richten müssen (als ich früher glaubte). Die »objektiven« Rechtsverhältnisse sind (neben der Weltanschauung der handelnden Personen) [22] der »Mechanismus« der sozialen Erscheinungen. Daher ist es sehr wichtig, die Quellen des objektiven Rechts (*inclusive* Durchführungsgepflogenheiten, Geschäftsordnungen *etc.*) zu kennen; zum Beispiel auch *Statuten* der *Institutss*tiftung. Sind diese öffentlich? (Inwieweit überhaupt öffentlich, und gedruckt?). Zuerst wäre aber ein gewisses Maß von juristischer Kenntnis erforderlich, um diese Quellen zu verstehen. Die Quellen sind: Verordnungen und Gesetzesblätter, Sitzungs-*Protokolle* von Versammlungen.
{*etwa Anfang October* 1940}

Bemerkung {*Mathematik*, *Maxime*}: Die fruchtbare Art, über mathematische Dinge nachzudenken, besteht darin, dass man mit Muße (ohne Eile) darüber nachdenkt; das heißt, bei jeder noch so trivialen Sache so lange verweilt, | als es erforderlich ist (bis man ihrer überdrüssig ist), das heißt, bis man sie vollkommen durchschaut

---

3 **berief:** Andere Lesart: befiehlt
3 **Denkers:** Andere Lesart: Denkens
7 **als ich früher glaubte:** Andere Lesart: als in früherem Glauben
18 **etwa Anfang October 1940:** Diese Einfügung ist im Manuskript eingerahmt
23: | bis

1 **Hinstellen der Mathematiker als Geister »niederen« Rangs:** Siehe folgende Anmerkung.
3 **Genies denken in Bildern:** Siehe: Arthur Schopenhauer, ›Die Welt als Wille und Vorstellung II‹, Erstes Buch, Kapitel 7, erster Absatz: »Alles Urdenken geschieht in Bildern: darum ist die Phantasie ein so nothwendiges Werkzeug desselben, und werden phantasielose Köpfe nie etwas Großes leisten, – es sei denn in der Mathematik.«
5 **Glaube an Theologie:** »Glaube an Theologie« verweist darauf, dass Gödel Theologie als akademische Disziplin anerkennt. Vgl. zum Begriff der Weltanschauung ›Philosophie I Maximen 0‹, S. 43, Z. 22. Vgl. auch die Bemerkung zum Glauben an die Bibel auf Manuskriptseite 124, Bemerkung Psychologie 1, in diesem Band.
7 **»Rechtsverhältnissen«:** Siehe zur Verschränkung von Theologie und Jurisprudenz die Ausführungen zu Hexenprozessen in ›Zeiteinteilung (Maximen) I und II‹, S. 110, Z. 18; S. 148, Z. 7f.; S. 201, Z. 12f.; S. 203, Z. 7f.; sowie Addendum XIII, 1v, S. 269, Z. 3f. Siehe zudem S. 204, Z. 2f.
12 **Institutsstiftung:** Gemeint sind die Statuten des Institute for Advanced Study.
21 **mit Muße (ohne Eile):** Vgl. ›Zeiteinteilung (Maximen) II‹, Addendum IIIb, 2v, S. 240, Z. 16f.

hat. Das ergibt sich von selbst, wenn man »zum Vergnügen« Mathematik betreibt (weil sonst hat man kein Vergnügen).
Insbesondere handelt es sich um: [23]

1. Betrachtung ausgearteter Fälle und der ihnen zunächst liegenden (d. h. einfache Beispiele).
2. (Was aus 1. folgt) vollkommene Exaktheit der Begriffe auch für ausgeartete Fälle. Eventuell eigene *explizite Definition* für diese Fälle.
3. Vollkommene Aufklärung von eventuellen Einwendungen, insbesondere solchen von der Art: Es muss etwas falsch sein, weil sonst (durch leichte Modifikation) diese oder jene falschen Theoreme beweisbar wären.
4. Insbesondere ergibt sich auf diese Weise oft die Entscheidung, welche *Definition* oder welcher Beweis »besser« ist, und das ist entscheidend für Verallgemeinerungen.

Bemerkung: Was aus praktischen Gründen das Richtige ist, ist auch aus theoretischen Gründen so. Beispiele:
1.) *Statistische* Betrachtung in klassischer Physik und Quantenphysik.
2.) Eine Konstruktion ist am leichtesten zu verallgemeinern in der Form, wie sie [24] in einzelnen Beispielen am leichtesten zu berechnen ist [*vgl.* Verallgemeinerung von *Herbrand* auf *Gentzen*].

Maxime: Einen Brief ins Reine schreiben: Nicht auf den letzten Moment liegen lassen, weil dabei oft noch irgendetwas neu einem einfällt, was einem beim Schreiben ins Unreine nicht eingefallen ist.

Bemerkung: Richtige Reihenfolge im Studium der Wissenschaften: Es muss nach einem teilweisen Studium einer anderen Wissen-

---

17 **Was aus praktischen Gründen das Richtige ist, ist auch aus theoretischen Gründen so.**: Vgl. ›Zeiteinteilung (Maximen) II‹, Addendum IIIb, 3v, S. 241, Z. 28–30.

23 **Verallgemeinerung von Herbrand auf Gentzen**: Herbrand hat in seiner Dissertation ›Recherches sur la théorie de la démonstration‹ von 1930 ein Theorem (heute Satz von Herbrand) bewiesen, das eine Reduktion der Logik erster Stufe auf Aussagenlogik erlaubt. Gentzen ist in seiner Arbeit davon ausgegangen, dass sein verschärfter Hauptsatz eine Erweiterung davon sei und Herbrands Satz nur ein spezieller Fall.

25 **Brief ins Reine schreiben**: Vgl. ›Zeiteinteilung (Maximen) I‹, S. 58, Z. 2f.; 135, Z. 30–34.

4 **ausgearteter Fälle**: Andere Lesart: aus geratenen Fällen
7 **ausgeartete Fälle**: Andere Lesart: aus geratenen Fällen
29: ›.‹ von der Editorin verbessert in ›:‹

schaft wieder zur ersten zurückgekehrt werden [insbesondere Abwechslung zwischen Logik und Wirklichkeit; *vgl.* die verschiedenen Richtungen der *Contemplation* bei *Thomas*.]

Bemerkung {*Grundlagen*}: Die 3-Dimensionalität des Raumes spiegelt vielleicht auf der *primitivsten* Stufe die Tatsache, dass die materiale Welt ein unendlich kleiner Teil der Wirklichkeit ist (auf einer höheren Stufe die Verschiedenheit der Mächtigkeit des Kontinuums und des Absoluten).

[25]
Bemerkung: Damit man das auch wirklich ausführt, was man beschlossen hat, ist es notwendig, dass man:
1.) Genau beschließt, was zu tun ist (auch in allen eventuellen Fällen), das heißt, dass man eine »Verhaltungsweise« genau beschließt.
2.) Dass man sich klar macht, dass diese allen anderen Verhaltungsweisen vorzuziehen ist (das Ausschließen der anderen ist besonders wichtig).

Bemerkung: Die Exaktheit ist ungeheuer fruchtbar (nicht nur in der Mathematik, sondern auch sonst, z. B., um zu einem Entschluss zu kommen).

11 [25]: Wie zuvor, ungerade Zahlen sind nicht von Gödel paginiert

2 **die verschiedenen Richtungen der Contemplation bei Thomas:** Thomas von Aquin unterscheidet in den ›Summa theologiae‹ II-II, q180 a3 drei Stufen der Kontemplation: (1) die Annahme von Prinzipien (acceptio principiorum), (2) die Deduktion von Prinzipien (deductio principiorum), (3) die Kontemplation der Wahrheit (contemplatio veritatis). In den ›Summa contra gentiles‹, die sich in Gödels Privatbibliothek befinden, wird das in III, 37 anders ausgedrückt. Dort wird hervorgehoben, dass die Kontemplation, die im Verstehen der Prinzipien besteht, oder diejenige, die die Beschäftigung mit den Wissenschaften umfasst, nicht zur Glückseligkeit führt. Das ist der Kontemplation Gottes vorbehalten. In ›Summa theologiae‹ II-II, q182 a3, wird zudem festgehalten, dass das tätige Leben, dem kontemplativen dienlich sein kann.
8 **Mächtigkeit des Kontinuums:** Vgl. ›Zeiteinteilung (Maximen) I‹, S. 98, Z. 14.
9 **Absoluten:** Vgl. zum Begriff des Absoluten ›Zeiteinteilung (Maximen) II‹, S. 141, Z. 23.
21 **Exaktheit:** Vgl. ›Philosophie I Maximen 0‹, S. 99, Z. 23; 101, Z. 1-8 und 11-14; S. 114, Z. 14; ›Zeiteinteilung (Maximen) I‹, S. 114, Z. 55; 117, Z. 2; 126f., Z. 23ff.; 129, Z. 34-36; 136, Z. 1f.; ›Zeiteinteilung (Maximen) II‹, S. 139, Z. 8-10; 163, Z. 31-35; 180, Z. 2, Marginalie; 185, Z. 11f.; 190, Z. 15f.; 193, Z. 30-33; 214, Z. 31-33; Addenda II, 10, S. 226, Z. 11f.; IIIa, 3, S. 236, Z. 23-25; IIIb, 1v, S. 239, Z. 14f.; IIIb, 2v, S. 241, Z. 10 und 12f.; IIIb, 2v', S. 245, Z. 10-14; IIIb, 4v, S. 244, Z. 18-20; XV, 1, S. 273, Z. 21f.; ›Max IV‹, Manuskriptseiten 166, Bemerkung 2;

Bemerkung: Die Religion befiehlt, Annahmen zu machen (Du sollst glauben), die natürliche Vernunft ebenfalls (z. B., weil eine Annahme *A* bei der Feststellung, was das Richtige zu tun ist, wieder hinausfallen kann).

Vielleicht ist das richtige Prinzip zum Handeln und Glauben folgendermaßen: Es ist eine Anordnung sämtlicher *Hypothesen-Systeme* (wo jedes einzelne System alle Fragen entscheidet) gegeben. Man beginnt mit dem *Initial*-System und hält jedes System so lange fest, als es nicht widerlegt ist (dann das nächste). In *Praxi* ist zuerst eine Anordnung [26] der Sätze nach »Wichtigkeit« gegeben und das *Initial*-System, dann werden bei jeder Widerlegung eines Systems möglichst unwichtige Sätze geändert. Gewisse Sätze werden überhaupt nie geändert (die Glaubensartikel). Das sind »unwiderlegbare« Sätze.

Bemerkung: Auch eine prinzipiell unwiderlegbare Theorie kann von großem Nutzen sein, indem sie das Verhältnis der Sätze zueinander bestimmt (z. B. ist die Logik eine solche Theorie).

Bemerkung {*Psychologie*}: Es gibt zu allem 2 Zugänge: einen empirischen und einen *apriori*schen. Beispiele:
1.) Erfahrene Menschen haben Kenntnisse, die auch *a priori* erwerbbar sind (z. B. über richtige Wohnung, richtige Möbel, richtige Lebensweise *etc.*).
2.) Die einfachen Gesetze der Physik (Trägheitsgesetz, zureichender Grund *etc.*). Im Sinne eines »schwächeren« *a priori* überhaupt Ableitung aus einer physikalischen Theorie.

178, Bemerkung 2; 232f., Bemerkung (Grundlagen) 2; 246, Bemerkung (Grundlagen) 2.

1 **Religion**: Vgl. zu ›Religionsunterricht‹ ›Zeiteinteilung (Maximen) II‹, Addenda II, 11, Z. 26; XI, 1v, Z. 17.

18 **z. B. ist die Logik eine solche Theorie**: Logische Sätze gelten auf Grund ihres tautologischen Charakters als unwiderlegbar.

25 **Trägheitsgesetz**: Nach dem ersten Newtonschen Gesetz, auch Trägheitsgesetz genannt, bleibt ein Körper in Ruhe oder in gleichförmiger geradliniger Bewegung, solange die Summe der auf ihn wirkenden Kräfte null ist. Formal lässt sich das Trägheitsgesetz aus dem Newtonschen Grundgesetz ableiten.

25 **zureichender Grund**: Leibniz formuliert in seiner ›Monadologie‹ in § 32 den zureichenden Grund als ein Prinzip, »kraft dessen wir annehmen, dass sich keine Tatsache als wahr oder existierend, keine Aussage als richtig erweisen kann, ohne dass es einen zureichenden Grund dafür gäbe, weshalb es eben so und nicht anders ist«. Als Satz vom zureichenden Grund des Werdens fasst Arthur Schopenhauer das Prinzip von Ursache und Wirkung als eines der phy-

3.) Theologie durch Offenbarung und natürliche Theologie.
4.) Im Begriffsraum Beziehung zwischen formalen und empirischen Begriffen einerseits und »Wahrnehmung« der empirischen Begriffe andererseits.
Vielleicht auch
5.) Erkennen eines Theorems durch *Intuition* und Zugang mit [27] einem formalen Beweis (insbesondere rekursive Beweise, Treppenverstand)

Prinzipiell ist der empirische Zugang immer überflüssig (ebenso wie die Sprache zum Erkennen prinzipiell überflüssig ist). Er ist die Krücke für den Schwachen (daher für Menschen überhaupt).

<u>Bemerkung</u>: Das Schöne an der Darstellung einer Sache ist, zunächst allgemeine Begriffe (abstrakte) und eventuell ihre Theorie zu geben und <u>dann</u> die Anwendung auf die *Empirie*. (Sehen der Dinge durch Gott) [Beispiel: *Orographie*. Man kann rein theoretisch definieren: Gipfel, Sattel, Täler, Kessel, »Gebiet« eines Gipfels, Wasserscheide, ferner eine Beziehung zwischen den Gipfeln, welche diese in einem Verzweigungsschema anordnen, wobei jede Trennung den Satteln entspricht]. Dasselbe ist der Grund dafür, dass das Schöne an der Physik die Erklärung der alltäglichen Erscheinungen ist. Daher auch der Name »Erkennen«.

---

sikalischen Ebene. Ders., ›Über die vierfache Wurzel des Satzes vom zureichenden Grunde‹, § 20.

1 **Theologie durch Offenbarung:** In der Offenbarungstheologie ist die Offenbarung Gottes die Quelle der Gotteserkenntnis. Der Inhalt einer durch Gott geoffenbarten Wahrheit ist Gegenstand des Glaubens.

1 **natürliche Theologie:** In der natürlichen Theologie wird davon ausgegangen, dass man ohne Hilfe von Offenbarung, auf Grund sogenannter »natürlicher« Quellen, etwas über Gott sagen kann. Dabei werden sowohl die Vernunft als auch die Schöpfung als Quelle der Gotteserkenntnis erwogen.

6 **Intuition:** Vgl. Gödels Verwendung des Begriffs ›Intuition‹ in ›Philosophie I Maximen 0‹, S. 79, Z. 19–21, wo er ihn mit ›Gefühl‹ gleichsetzt.

7 **rekursive Beweise:** Bei einem sogenannten rekursiven Beweis wird eine Behauptung bewiesen, indem man sie im Rückgriff auf andere, bereits bekannte Fälle als bereits bewiesen voraussetzt. Es handelt sich um Beweise für Allaussagen, bei denen jeder Einzelfall durch Rückgriff auf bereits bekannte Fälle derselben Aussage gezeigt wird. Es sind Beweise durch vollständige Induktion.

8 **Treppenverstand:** Vgl. ›Philosophie I Maximen 0‹, S. 89, Z. 3. Dedekind verwendet den Ausdruck ›Treppenverstand‹ in ›Was sind und was sollen die Zahlen?‹. In Gödels Privatbibliothek befindet sich die fünfte Auflage diese Buches.

21 **alltäglichen Erscheinungen:** Andere Lesart: Alltagserscheinungen

16 **Orographie:** Orographie ist die beschreibende Darstellung des Reliefs der Erdoberfläche, des Verlaufs von Gebirgen und der Fließrichtungen und des Fließverhaltens von Gewässern.

Bemerkung {*Psychologie*}: Die 2 Zugänge, welche man zu allem hat (die empirischen und die *a priori*schen) entsprechen vielleicht: Seele und Körper. Etwas durch die Seele (= *Intellect*) erkennen heißt, die Begriffe sehen, welche das Objekt der *intellectuellen* Betrachtung sind, ebenso wie die körperlichen Dinge für die Augen.

[28]
Bemerkung: Dass die Seele (der Verstand) ein *immaterielles* Organ ist, kann vielleicht dadurch bewiesen werden, dass er sowohl nach Quantität (Anzahl der Begriffe) als nach Qualität (Struktur der Teile) nicht in den Raum »hineingeht«.

Frage: Es wäre vielleicht ein guter Anfang, sich zu überlegen: Welche Begriffe sehe ich klar (so, dass ich ihr Verhältnis unmittelbar und genau erkenne). Darunter auch vielleicht fremd*psychische*: der Zorn, die Verständnislosigkeit *etc.* des anderen.

Bemerkung Mathematik: Wichtige Tätigkeiten des Mathematikers:
1. Generalisieren (Satz) = überlegen, was in einem Beweis wesentlich ist.
2. Präzisieren (eines anschaulichen Begriffs).
3. Kontinuisieren = Verteilen von kontinuierlichen Werten an ursprünglich diskrete Variablen.
3.1 Generalisieren (Begriffe) = Definieren von Begriffen in einem weiteren Bereich.

---

3 **Intellect:** Vgl. zum Verhältnis von ›Seele‹ und ›Intellekt‹ ›Philosophie I Maximen 0‹, S. 87, Z. 23f.
8 **Seele (der Verstand):** Siehe zum Verhältnis von ›Seele‹ und ›Verstand‹ ›Philosophie I Maximen 0‹, S. 87, Z. 19–28; zur Unterscheidung in ›vernünftige‹ und ›sinnliche Seele‹ ›Philosophie I Maximen 0‹, S. 110, Z. 11ff. Siehe zum Begriff des Verstandes auch ›Philosophie I Maximen 0‹, S. 98, Z. 20; sowie ›Zeiteinteilung (Maximen) II‹, S. 191, Z. 29f. Vgl. zum Verhältnis Seele und Vernünftigkeit ›Max III‹, Manuskriptseite 36, Frage 1; und zum Verhältnis von Seele und Urteilen: ›Max III‹, Manuskriptseiten 60, Bemerkung Theologie, Pkt. 10; sowie 89, Bemerkung Psychologie 3.
14 **Begriffe sehe ich klar:** Vgl. zum Klarmachen von Begriffen ›Zeiteinteilung (Maximen) I‹, S. 130, Z. 18–22, ›Zeiteinteilung (Maximen) II‹, Addendum IIIb, 2v', S. 245, Z. 10–14; zu Begriffsklarheit: ›Zeiteinteilung (Maximen) I‹, S. 114, Z. 15–20; ›Zeiteinteilung (Maximen) II‹, S. 177, Z. 6–8; zur Unklarheit eines Begriffes: ›Zeiteinteilung (Maximen) II‹, S. 211, Z. 6. Vgl. zum Klarwerden von Ideen: ›Philosophie I Maximen 0‹, S. 79, Z. 11f.; und zur Klarheit bzw. Unklarheit von Vorstellungen: ›Philosophie I Maximen 0‹, S. 115, Z. 22f. Siehe auch Manuskriptseite 29, Bemerkung 2 unten.
15 **fremdpsychische:** Vgl. ›Philosophie I Maximen 0‹, S. 78, Z. 7; sowie S. 79, Z. 15.

14 **so, dass ich ihr Verhältnis unmittelbar und genau erkenne:** Andere Lesart: so, dass ihr Verhältnis unmittelbar und klar erkannt wird

4. *approximieren* von Begriffen (durch einfachere) und von Sätzen durch schwächere.
5. *extensionalisieren*: Übergang von *intensionalem* zum *extensionalen* mit Weglassung gewisser Eigentümlichkeiten [29] (Beispiele: konstruierbare Menge, Ersetzungsaxiom, *Fregesche* Formalisierung des Aussagenkalküls).
6. Kalkularisieren = Aufsuchen von Operationen, mit denen man »rechnen« kann; das heißt, welche gewissen *Kommutativitäten* genügen.
4.1. Spezialisieren (Beweis eines allgemeinen Satzes zunächst in einem Spezialfall erbringen). Sehr oft wird dieser Spezialfall durch Anschauung gefunden; dann abstrakt beweisen und dann präzisieren 1. für den allgemeinen Fall; *vgl.* unten.
{7. Elegantisieren (von Beweisen und *Definitionen*) = *simplifizieren* {vgl. 1.}.}
{8. Sich den »Sinn« eines Satzes überlegen (um den Beweis zu finden).}
{9. Konstruktivisieren (von nichtkonstruktiven Beweisen), das heißt Hinuntersteigen zu niederen Typen.}
{*Fortsetzung p.* 30}

Bemerkung: Fruchtbares Prinzip für den Beweis eines Satzes: Wie kann man die Voraussetzungen möglichst einfach und elegant formulieren.

---

13 **vgl. unten**: Bezieht sich auf die hier nachfolgenden, aber im Manuskript am unteren Rand der Seite eingefügten drei Punkte
14 **7. Elegantisieren (von Beweisen und Definitionen) = simplifizieren {vgl. 1.}**: Am unteren Rand der Seite eingefügt
16 **8. Sich den »Sinn« eines Satzes überlegen (um den Beweis zu finden).**: Am unteren Rand der Seite eingefügt
19 **niederen**: Andere Lesart: anderen
19 **9. Konstruktivisieren (von nichtkonstruktiven Beweisen), das heißt Hinuntersteigen zu niederen Typen.**: Andere Lesart: anderen Typen.: Am unteren Rand der Seite eingefügt
20 **Fortsetzung p. 30**: Am unteren Rand der Seite eingefügt

3 **extensionalisieren**: Vgl. in diesem Heft, Bemerkung Mathematik, Manuskriptseiten 31, Pkt. 10; 32.1, Bemerkung 1, Pkt. 1; sowie Manuskriptseite 81, Bemerkung 3; außerdem ›Max IV‹, Manuskriptseite 208, Bemerkung 1; Manuskriptseiten 215 und 216, Bemerkungen Grundlagen. Auf Manuskriptseite 215 werden Fälle aufgezählt, wo in der Mathematik ein Rückgriff auf »*Intensionales*« nötig sein könnte. Die Bemerkung Grundlagen auf Manuskriptseite 216 liest sich wie folgt: »*Bemerkung* (*Grundlagen*): Der Aufbau der Mathematik mit Benutzung meiner *Hypothese A* ist der *extensionale* (von unten rauf) [beginnend mit Nichts],[1] der gewöhnliche Aufbau der Mathematik ist der *intensionale* (von oben runter), beginnend mit dem ›*Chaos*‹.« Der Unterschied zwischen der Arbeit des Mathematikers und demjenigen, der sich auf die empirische Welt bezieht, zeigt sich im Vergleich mit Bemerkung 1 in ›Philosophie I Maximen 0‹, S. 113, Z. 18ff.
3 **Übergang von intensionalem zum extensionalen**: Gödel gibt in ›Max IV‹ auf Manuskriptseite 208 ein eingängiges Beispiel dafür: *Bemerkung* (*Grundlagen*): Der Übergang von Menge und Relationen zu »Struktur« [z. B. abstrakte Gruppe] ist ein ähnlicher Schritt wie der von Begriff zu Menge (Extensionen).
5 **Ersetzungsaxiom**: Es werden neue Mengen konstruiert, indem in einer gegebenen Menge alle Elemente durch eindeutig zugeordnete andere Elemente ersetzt werden. Vgl. Manuskriptseite 54, Bemerkung 1 in diesem Band.

Bemerkung: Für den *Gentzenschen* Widerspruchsfreiheitsbeweis und zusammenhängende Fragen scheint es wirklich so zu sein, dass das »Klarmachen der Begriffe« für den Beweis hinreicht.

[30]
Bemerkung: Die Sünde zerfällt in 3 Gruppen: Irrtum, Schwachheit und Bosheit. Irrtum = Sünde in der Wahl der Mittel. Bosheit = Sünde in der Wahl des Endzwecks. Beide im Falle vollkommener »Freiheit« (d. h. Nichtbestehen von Leidenschaften). Schwachheit = Sünde in einer Wahl, während welcher eine Leidenschaft besteht.

Bemerkung: Leidenschaften bestimmen zur Wahl des Endzwecks, und Wahrnehmungen zur Wahl der Mittel [wenn genügend stark, so in beiden Fällen unwiderstehlich]. In beiden Fällen unter Umständen von sich selbst voraussagbar, was man wählen wird [sodass in gewissem Sinn keine Freiheit besteht, man kann nicht wählen, was man wählen wird].

Bemerkung Mathematik: Wichtige Tätigkeiten des Mathematikers: (*Fortsetzung*)
10. *Eliminieren*: von Begriffen (Beispiel *Desarguesscher* Satz, Einbettbarkeitsbedingungen für Riemannsche Räume). Über-

---

1 **Gentzenschen Widerspruchsfreiheitsbeweis:** Vgl. ›Zeiteinteilung (Maximen) II‹, S. 192, Z. 14; 193, Z. 31f.
3 **Klarmachen der Begriffe:** Siehe in diesem Band Manuskriptseite 28 oben.
6 **Sünde:** Vgl. ›Philosophie I Maximen 0‹, S. 92, Z. 5; 93, Z. 35; 113, Z. 7f.; 115, Z. 33; ›Zeiteinteilung (Maximen) II‹, S. 149, Z. 3; 158, Z. 28f.; 163, Z. 7–9; 168, Z. 31f.; 171, Z. 19; 176, Z. 11–14; 190, Z. 2–5; 191, Z. 1–22; 202, Z. 3f.; 210, Z. 15–19; 213, Z. 10; 215, Z. 3; Addendum II, 7–8, S. 223f, Z. 28ff.; Addendum II, 11, S. 227, Z. 3f.; Addendum II, 13, S. 228, Z. 26f.
12 **Leidenschaften:** Vgl. ›Philosophie I Maximen 0‹, S. 77, Z. 27; S. 94, Z. 14f.; sowie S. 94, Z. 20; ›Zeiteinteilung (Maximen) II‹, Addendum II, 6, S. 222, Z. 20f.; XV, S. 274, Z. 14; ›Max III‹, Manuskriptseiten 30, Bemerkung 1 und 2; 48, Bemerkung 3; 52, Frage; 57f, Bemerkung 3; 81, Bemerkung 1 und 2; 82, Bemerkung 1; 88, Bemerkung (Psychologie) und Frage; 98f., Bemerkung (Psychologie); 100, Bemerkung 1.
20 **Fortsetzung:** Fortsetzung von Manuskriptseite 28 ff. »wichtige Tätigkeiten des Mathematikers«. Gödel verweist in ›Zeiteinteilung (Maximen) II‹, Addendum IIIb, 2v', »Mathematische Methode«, S. 245, Z. 2 auf diese Bemerkung.
21 **von Begriffen:** Vgl. Manuskriptseite 34, Bemerkung Tätigkeit des Mathematikers, Pkt. 15.
21 **Desarguesscher Satz:** Nach dem Satz von Desargues aus der projektiven Geometrie liegen die Schnittpunkte korrespondierender Seiten zweier Dreiecke auf einer Geraden, wenn sich die Verbindungsgeraden korrespondierender Eckpunkte in einem Punkt schneiden (und umgekehrt). In David Hilberts Vorlesungen zu den Grundlagen der Geometrie heißt es: »Satz 35. Es seien in

haupt: das Angeben von »*independenten*« Bedingungen für etwas, was auf einem Umweg durch eine Zwischenkonstruktion erreicht wurde; zum Beispiel *Defintion* »mathematisch erreichbare« Mengen durch Invarianz gegen Gruppen → [31] {und sogar » *definiert aus* ..« gruppentheoretisch definiert. Das ist zugleich ein Beispiel für *extensionalisieren*.}

[11. <u>Analogisieren</u> | von Fällen, die man übersieht auf Fälle, die man [31] nicht übersieht: zum Beispiel Verständnis des 4-dimensinalen Raums durch 2-dimensionale Wesen oder der Abzählbarkeit der ganzen Mathematik durch Abzählbarkeit der auf gewisse Typen beschränkten *Intuitionen*. (vgl. 3.1)]

12. <u>Beweise von Sätzen</u> folgender Art: Die offensichtlichen Ausnahmen sind die einzigen. Die auf der Hand liegenden Beispiele (Modelle) für eine Aussagefunktion φ(x) sind die einzigen. Das heißt: Hinreichende Bedingungen als notwendig erweisen (und notwendige als hinreichend), wobei die eine Hälfte meistens trivial ist.

13. *Konstruieren*: Für jeden mathematischen (im Gegensatz zum logischen) Beweis sind Konstruktionen erforderlich. Das Wesentliche ist festzustellen: *a*.) Wo hat die Konstruktion anzusetzen? (Das heißt, welche ∃-Zeichen sind zu konstruieren?) *b*.) Wie sieht die Konstruktion aus? – Eventuell vorher: Wie ist der Satz überhaupt logisch aus Existenzsätzen (aus welchen?) abzuleiten? – Der Unterschied zwischen logischer Umformung

---

7: ›(‹ von der Editorin gelöscht
22: ›.‹ von der Editorin verbessert in ›–‹
24 –: Im Manuskript ein Punkt in Gabelsberger-Notation

einer ebenen Geometrie die Axiome I 1–2, II, III erfüllt: dann ist die Gültigkeit des Desarguesschen Satzes die notwendige und hinreichende Bedingung dafür, dass diese ebene Geometrie sich auffassen lässt als ein Teil einer Geometrie, in welcher die sämtlichen Axiome I, II und III erfüllt sind. Der Desarguessche Satz kennzeichnet sich so gewissermaßen für die ebene Geometrie als das Resultat der Elimination der räumlichen Axiome«. Siehe David Hilbert, ›David Hilbert's Lectures on the Foundations of Geometry 1891–1902‹, Berlin/Heidelberg (Springer) 2004, hrsg. v. Michael Hallett und Ulrich Majer, S. 505.

21 **Einbettbarkeitsbedingungen für Riemannsche Räume:** Das könnte sich auf die Bedingung für den Einbettungssatz von Hassler Whitney beziehen, wonach jede *n*-dimensionale differenzierbare Mannigfaltigkeit eine Einbettung in $\mathbb{R}^{2n}$ hat, wenn gilt, dass jede Mannigfaltigkeit eine höchstens abzählbare Basis der Topologie hat.

6 **extensionalisieren:** Vgl. Manuskriptseite 28f., Bemerkung Mathematik, Pkt. 5; 32.1, Bemerkung 1, Pkt. 1; sowie Manuskriptseite 81, Bemerkung 3.

7 **Analogisieren:** Vgl. zur Methode der Analogiebildung in der Mathematik ›Zeiteinteilung (Maximen) I‹, S. 119, Z. 24; ›Zeiteinteilung (Maximen) II‹, Addendum IIIb, 2v', S. 245, Z. 18; ›Max III‹, Manuskriptseite 36', Bemerkung 1 und 2.

7 **übersieht:** Im Sinne von ›überblickt‹.

und Konstruktion ist der Unterschied zwischen »objektiv« trivialen und »objektiv« nichttrivialen Beweisschritten. [32]
{14. *Infinitisieren* (= der leichteren Übersicht wegen zu Unendlichem übergehen, statt zu einer großen und wechselnden endlichen Anzahl). *Fortsetzung p. 34.*}

<u>Maxime</u> für Forschung: Zunächst die allgemeinen ethischen und theologischen Grundsätze für Mathematik *präzisieren* (ebenso die rein mathematischen Vermutungen, welche ich habe) und ihr gegenseitiges logisches Verhältnis (Ableitbarkeit, Widerspruch *etc.*) untersuchen [d. h. Formalisierung der Metaphysik der Mathematik].

<u>Maxime</u>: Um einen Beweis zu durchblicken (und eventuell zu vereinfachen), ist es das Richtige {1.) ihn genau durchzuführen}, 2.) einzelne (möglicherweise vollkommen unwichtige) Fragen über Einzelheiten zu beantworten (und genau samt Beweis zu beantworten). Auswahlkriterium dieser Fragen: Sie dürfen nicht zu leicht und nicht zu schwer sein.

<u>Bemerkung</u>: Es ist vielleicht sehr fruchtbar, die Psychologie »endlicher« Wesen* hinsichtlich des mathematischen Erkenntnisvermögens zu untersuchen. Analog wie die Dimensionen > 3 durch Analogie der 2-dimensionalen Wesen verstanden werden.

<u>Maxime</u>: Bevor man sich in eine Forschungsrichtung verbohrt, soll man einen schriftlichen [32.1] Überblick über die möglichen Be-

* 666 ist die Zahl eines Tieres nach der *Apokalypse*. [Anm. E.-M. E.: Im Manuskript steht ›606‹, in der »Apokalypse« (13, 18) wird jedoch die 666 als die Zahl des bösen Tieres genannt. Der Text ist dahingehend verbessert.]

---

7 **ethischen und theologischen Grundsätze für Mathematik:** Bei »ethischen Grundsätzen für Mathematik« kommen etwa Vervollkommnungspflichten des Mathematikers in Bezug auf mathematisches Denken in Frage, aber auch ganz allgemein »Regelwerke« für mathematisches Arbeiten. Vgl. auch ›Zeiteinteilung (Maximen) II‹, Addendum IIIb, 2v', S. 246, Z. 5–7, zur Ethik der Mathematik. Bezüglich »theologischer Grundsätze der Mathematik« ist etwa an Gödels Ausführungen in der Bemerkung auf Manuskriptseite 25f. zu denken. Man geht von einem System von Sätzen aus, die nie geändert werden, anderen, bei denen das nur geschieht, wenn sie widerlegt werden. Die Sätze, die nie geändert werden, werden »geglaubt«. Vgl. auch Manuskriptseiten 33f., Bemerkung 1.
20 **Psychologie »endlicher« Wesen:** Anders Edmund Husserl und L. E. J. Brouwer, die genau das zurückgewiesen haben.
25 **verbohrt:** Vgl. ›Zeiteinteilung (Maximen) I‹, S. 112, Z. 6; S. 69, Z. 14–17; ›Zeiteinteilung (Maximen) II‹, Addenda IIIb, 2v, S. 241, Z. 1–3, sowie VIII, 1v, S. 258, Z. 31.

3 14. Infinitisieren (= der leichteren Übersicht wegen zu Unendlichem übergehen, statt zu einer großen und wechselnden endlichen Anzahl). Fortsetzung p. 34.: Am oberen Rand der Seite eingefügt
25 **Maxime:** Im Manuskript viermal unterstrichen

weisideen machen und Betrachtungen (philosophisch, in Worten und möglichst exakt) darüber anstellen, welche Idee am ehesten Aussicht hat, zur Lösung zu führen (besser gesagt, »am leichtesten«, und dabei ist ein Gesichtspunkt: möglichst höhere Typen).

<u>Bemerkung</u>: Wenn es so scheint, als ob man mit einem unübersehbaren *Process* etwas beweisen könnte (falls man ihn übersieht), so gibt es 2 Methoden:
1. *Extensionalisieren*,
2. Betrachtung eines Abschnitts.

<u>Maxime</u>: Bei Programm in Grundlagenforschung ist es wichtig, die Dinge in richtiger Reihenfolge (nach Wichtigkeit) zu machen und nichts ganz zu vernachlässigen.

<u>Bemerkung</u> {*Grundlagen*}: Was wir unmittelbar erfassen, sind nicht Begriffe, sondern »Begriffsschemata« (Menge, $\exists$ etc.), mit deren Hilfe wir unübersehbar viele Begriffe definieren können (durch »Selbstanwendung«).

[33]
<u>Bemerkung</u>*: Um mathematisch fruchtbar arbeiten zu können, ist es nötig:

* *vgl. p.* 109.

a.) zu sagen, in welcher Richtung überhaupt ein Weiterkommen möglich ist (d. h. nicht trivial beweisbare Theoreme, oder: Wo genügt das Sich-Klar-Machen der Begriffe zur Entscheidung);
b.) zu sagen, in welcher Richtung muss man arbeiten »auf ein bestimmtes Problem hin« (d. h., man muss »zielen« können).

Die Arbeit vollzieht sich dann so, dass man durch Arbeiten in dieser Richtung zunächst ein neues Theorem findet (das entspricht einem »Gipfel«). Von dort sieht man weiter als vorher in derselben Richtung. Das führt zum nächsten Gipfel *u. s. w. in transfinitum*. Das »Zielen« und »Weiterarbeiten« vollzieht sich auf verschiede-

21 [33]: Ab hier bis Seite 77.1 stammt die Paginierung der ungeraden Seitenzahlen von Gödel
28 **zielen:** Andere Lesart: zählen
28 **können:** Die entsprechende Gabelsberger-Sigle ist hoch geschrieben; wäre sie auf der Linie geschrieben, wäre wie folgt zu lesen: »Ziele« kennen
33 **Zielen:** Andere Lesart: Zählen

9 **Extensionalisieren:** Vgl. Manuskriptseite 28f., Bemerkung Mathematik, Pkt. 5; sowie Manuskriptseiten 31, Pkt. 10; und 81, Bemerkung 3 in diesem Band.
17 **»Begriffsschemata« (Menge, etc.):** Vgl. ›Philosophie I Maximen 0‹, S. 109, Z. 11–15. Kants a priori gegebene Schemata der Ideen sind für diese Formulierung ein Vorbild.

nen Stufen (Zahlentheorie, Analysis, *Absolutum*). Auf der höchsten Stufe kommen vielleicht ethische Fragen und *Maximen* hinein. Eine Lösung auf einer hohen Stufe ermöglicht wahrscheinlich, dann auf eine niedere Stufe hinunterzusteigen. Auf den höheren Stufen ist eine Lösung wahrscheinlich leichter. Oberste Stufe ist vielleicht auch die, dass die verschiedenen auf *p.* 30 [34] angegebenen Tätigkeiten abwechselnd angewendet werden.

Bemerkung: Tätigkeiten des Mathematikers:
15. (wichtiger Spezialfall von 1.) methodenrein machen (Begriffselimination):
(Beispiel: Endlichkeitsbeweis in der Theorie der quadratischen Form.) Es wird etwas mit Hilfe anschaulicher (oder analytischer) Begriffe bewiesen. Dieser Beweis führt (durch Feststellung, dass diese Begriffe nur *heuristisch* sind, nicht wesentlich eingehen) zu einem zahlentheoretisch (methodenreinen) Beweis* und dieser lässt sich verallgemeinern (z. B. auf *Quaternionen*-Gitter).
{vgl. *p.* 71}

* Es handelt sich dabei darum, die analytischen Begriffe irgendwie zu definieren (oder zu ersetzen) durch zahlentheoretische.

Bemerkung: Woher kommt es, dass ich keinen Genuss bei mathematischer Lektüre habe oder auch beim Arbeiten (aber z. B. bei Furtwänglers Vorlesungen)?:

---

1 **Absolutum:** Gödel unterscheidet hier nicht zwischen ›Absolutum‹ und ›Infinitum‹. Georg Cantor unterscheidet zwischen einem ›Infinitum aeternum sive Absolutum‹, das sich auf Gott und seine Attribute bezieht, und einem ›Infinitum creatum sive Transfinitum‹, das sich auf ein Aktualunendliches bezieht. Siehe auch unten Manuskriptseite 47 zum Begriff Gottes als Allmenge.
2 **ethische Fragen und Maximen:** Vgl. Manuskriptseite 32, Maxime 1 in diesem Notizbuch.
6 **p. 30:** Die Liste der Tätigkeiten des Mathematikers auf Manuskriptseite 30 umfasst Eliminieren und Analogisieren. Die Liste wird auf Manuskriptseite 31 fortgesetzt.
10 **15.:** Fortsetzung von Manuskriptseite 30f. »wichtige Tätigkeiten des Mathematikers«.
10 **Begriffselimination:** Vgl. Manuskriptseite 30, Bemerkung Mathematik, Pkt. 10.
17 **Quaternionen-Gitter:** Quaternionen sind eine Verallgemeinerung komplexer Zahlen. Fasst man die komplexe Zahlenebene als reellen Vektorraum auf, lässt sich von Gittern in der komplexen Zahlenebene sprechen.
18 **vgl. p. 71:** Auf Manuskriptseite 71 wird zu dieser Liste Punkt 16 hinzugefügt.
22 **Furtwänglers Vorlesungen:** Vgl. ›Zeiteinteilung (Maximen) I‹, S. 82, Z. 20.

10 **Spezialfall:** Andere Lesart: spezieller Fall

Mögliche Gründe:

A.) Man sieht nicht die mathematischen Objekte selbst, sondern isomorphe (*symbolische* oder *psychologische* Bilder), aber zugleich unvollständige Bilder [isomorphe Bilder aus Dreck]. Bei einer Vorlesung sieht man aber die Bilder des Vortragenden, welche in beiden Hinsichten besser sein können.

B.) Das Wahrnehmungsorgan (der Verstand) ist [35] irgendwie geschädigt (Schwachsinn) und Vorlesung hören ist »leichter«, besonders wenn es eine gute Vorlesung ist.

C.) Ich verhalte mich irgendwie (ethisch) nicht richtig beim Lesen und Arbeiten. Beim Hören ist man aber mehr passiv und das Verhalten ist durch das Verhalten des Vortragenden bestimmt.

C'.) Vielleicht sogar in der gefühlsmäßigen Einstellung (durch *suggestive* Übertragung des Genusses, *Erstaunens etc.*)

<u>Bemerkung</u>: Dass die ganze Welt irgendwie bereits in jeder einzelnen Sache vollkommen drinsteckt, ist vielleicht auch in dem Sinn wahr, dass, wenn man irgendeine Sache vollkommen versteht, man den vollkommenen Genuss kennenlernt (weil jede Sache an sich vollkommen gut ist).

<u>Bemerkung</u>: Die Mathematik steht in einem Missverhältnis zum gegenwärtigen Zustand des Menschen und das Erkennen unabzählbar vieler Begriffe in einem Missverhältnis zum Menschen überhaupt [zu seiner physiologischen Beschaffenheit, z. B. das Auge].

---

3 **isomorphe:** Hier in der Bedeutung von ›gleiche Gestalt‹ oder ›gleiche Struktur‹.

7 **Wahrnehmungsorgan (der Verstand):** Siehe zu Verstand als Wahrnehmungsorgan der Begriffe ›Philosophie I Maximen 0‹, S. 88, Z. 13f.; vgl. auch ebd. S. 97, Z. 26–28.

17 **die ganze Welt irgendwie bereits in jeder einzelnen Sache vollkommen drinsteckt:** Nach Leibniz ist jede Substanz ein Ausdruck der Welt, jede Monade ein lebendiger Spiegel des Universums. Vgl. etwa Leibniz, ›Monadologie‹, § 56.

25 **Missverhältnis zum Menschen:** Der Mensch als endliches Wesen vermag unabzählbar viele Begriffe zu erkennen.

[35']

Bemerkung: Eine Richtung, in der man in den Grundlagen sicher »arbeiten« kann, ist die, dass man überlegt, welche Ordinalzahlen in welchen Systemen formalisierbar sind (oder, was dasselbe ist, welche rekursive *Definition*) in konstruktiven und nicht-konstruktiven Systemen (d. h. starkes Verhältnis der verschiedenen Systeme zueinander). Überhaupt, was wo formalisierbar ist. Ebenso Aufbau der wachsenden Folge konstruktiver und nicht-konstruktiver Systeme.

Bemerkung: Wenn man etwas in der Mathematik mit schwächeren Ideen zu beweisen sucht, so werden die Beweise zunächst praktisch unmöglich (weil zu kompliziert) sein und später tatsächlich unmöglich. Die entsprechenden Beweise mit stärkeren Ideen sind allerdings meistens weniger »konstruktiv«.
Beispiel: Widerspruchsfreiheitsbeweis der Analysis mit Ordinalzahlmethode.

Bemerkung: Zeitweise habe ich das Gefühl, »ich habe zu nichts Zeit« {= Hemmung, sich Zeit zu nehmen und irgendetwas »fertig« zu machen = Tendenz, Ziele rasch aufzugeben}. Das hat zur Folge,

---

3 **Ordinalzahlen:** Eine Ordinalzahl gibt den Stellenwert eines Elements in einer Reihenfolge an; sie beschreibt den Ordnungstypus einer wohlgeordneten Menge. Nach einem Vorschlag von John von Neumann wird jede Ordinalzahl als die Menge ihrer Vorgänger definiert, die schon definiert sind. Dabei erklärt man die leere Menge als die Null der natürlichen Zahlenfolge, die eine speziell ausgezeichnete und nicht explizit definierte Zahl ohne Vorgänger ist.

5 **rekursive Definition:** In der Mathematik wird eine rekursive oder induktive Definition verwendet, um die Elemente einer Menge mittels der durch die Definition bereits erfassten Elemente der Menge zu definieren.

15 **Widerspruchsfreiheitsbeweis der Analysis:** Die Widerspruchsfreiheit der klassischen Analysis wurde erst 1951 durch Paul Lorenzen bewiesen. In einem Vortrag von Gerhard Gentzen heißt es jedoch: »Zum Abschluß noch ein paar Worte über den Zusammenhang des Widerspruchsfreiheitsbeweises mit der transfiniten Induktion: In meinem Beweis werden die zahlentheoretischen ›Beweise‹, deren Widerspruchsfreiheit nachgewiesen werden soll, in eine Reihe geordnet, derart, daß jeweils die Widerspruchsfreiheit irgend eines ›Beweises‹ in der Reihe aus der Widerspruchsfreiheit der vorangegangenen ›Beweise‹ folgt. Diese Reihe läßt sich unmittelbar auf die Reihe der transfiniten Ordnungszahlen bis zu der Zahl ε_0 abbilden. Daher ergibt sich die Widerspruchsfreiheit aller »Beweise« durch eine transfinite Induktion bis zur Zahl ε_0. Es liegt nahe, anzunehmen, daß ein entsprechendes Verfahren auch für umfassendere Theorien, wie etwa die Analysis, anwendbar sein wird.« Gerhard Gentzen, »Unendlichkeitsbegriff und Widerspruchsfreiheit der Mathematik«, in: ›Actualités scientifiques et industrielles‹ 535 (1937), S. 201–205, hier S. 205.

15 **Ordinalzahlmethode:** Hier ist wohl die in der Erläuterung zu der vorangegangenen Bemerkung angeführte Bestimmung von Ordinalzahlen durch John von Neumann gemeint.

1 [35']: Paginierung nicht von Gödel

dass ich alles nur flüchtig (*provisorisch*) machen kann, ähnlich wie wenn ich nach einigen Minuten eine Besorgung zu machen hätte. Wirkt stärker für Theologie als für Mathematik und verschwindet, wenn ich ein Resultat gefunden oder etwas »verstanden« habe, manchmal durch Spazierengehen. [36] Jedenfalls verschwindet es oft sehr rasch (innerhalb einer halben Stunde), und macht eventuell dem gegenteiligen Gefühl Platz. (Hängt auch von meinem augenblicklichen Einvernehmen mit Adele ab.) Hängt auch von der Verdauung ab (oder umgekehrt?). Das gegenteilige Gefühl ist das »Sinngefühl«. Die Annahme, dass die Gefühle vernünftig sind (ebenso wie die Reaktionen des Körpers bei Krankheiten), scheint zu implizieren, dass das mangelnde Sinngefühl bedeutet: Es ist etwas Wichtigeres zu erledigen! (Daher insbesondere dann, wenn man nicht ganz entschlossen ist, etwas zu tun, weil dann der Entschluss wichtiger ist, sonst droht möglicher Zeitverlust.)

Frage: Sind die Reaktionen der Pflanzen- und der Tierseele immer vollkommen vernünftig?* (Auch im Falle der Krankheit?) Das heißt, hat die Tier- und die Pflanzenseele keine »Sünde«, sondern nur »äußere« Schädlichkeiten?

 * Von ihrem Standpunkt aus, das heißt, unter alleiniger Berücksichtigung der Umstände, welche sie »wissen kann«. Ihre Wirkungen hat sie | teils auf unter ihr Liegendes [Materie], teils auf über ihr Liegendes. Erzeugung von Wahrnehmungen, Gefühlen, Trieben, hervorgerufen durch ihre Wahrnehmungen.

---

17 **Frage:** Im Manuskript fett unterstrichen
23: ›(‹ von der Editorin gelöscht

10 **Sinngefühl:** Vgl. zu Sinngefühl ›Zeiteinteilung (Maximen) I‹, S. 97, Z. 35f.; ›Zeiteinteilung (Maximen) II‹, S. 146, Z. 8f.; 153, Z. 30; 193, Z. 7–12; 199, Z. 19–22; sowie Notizbuch ›Protokoll‹, Manuskriptseite 15.
17 **Pflanzen- und:** Die Begriffe ›Tier- und Pflanzenseele‹ sind vor allem aus der aristotelischen Tradition bekannt. Die Seele ist dort Form, Wesen, Entelechie des organischen Körpers. Während Tiere über Tast- und Geschmackssinn, Schmerz- und Lustempfinden, Vorstellungskraft, Vergegenwärtigungsfähigkeit früherer Wahrnehmungseindrücke und teilweise auch über Erinnerungsvermögen verfügen, fehlt ihnen die Vernunftfähigkeit. In ›Physik‹, 199a 20–32, fragt Aristoteles, wie es sein kann, dass Tiere, und auch Pflanzen, für sie nützliche Verhaltensweisen oder Vorgänge zeigen. Geht das mit Hilfe des Verstandes oder anderweitig vonstatten? Er spricht sich dafür aus, dass das auf Grund von Naturanlagen so sei, nicht auf Grund von Verstandesfähigkeit.
17 **Tierseele:** Vgl. ›Philosophie I Maximen 0‹, S. 101, Z. 26f.
24 **Trieben:** Siehe für weitere Belegstellen zu ›Trieb‹ die Angaben auf Manuskriptseite 15, Bemerkung Psychologie in diesem Band.

Frage: Wie wirkt die menschliche Seele umgekehrt auf Untergeordnetes? (Direkt oder sozusagen »*politisch*«, d. h. durch Betrug?)

[36']
Bemerkung: Vielleicht kann man das Auffinden eines Beweises ähnlich behandeln wie das Lösen der *Anker* richtiger zusammenliegender Aufgaben. Es handelt sich darum, ein endliches Ding zu finden. Man hat zunächst einen Beweisplan; dieser bestimmt insbesondere, an welchen Stellen die Konstruktionen einsetzen, welche Hilfssätze verwendet werden (diese sind entweder bewiesene Sätze oder Analoga zu solchen). Die Methode bestünde darin, alle möglichen Beweispläne zu untersuchen, in endlich viele Gruppen einzuteilen und zu unterteilen und gewisse Gruppen auszuscheiden, weil die nötigen Hilfssätze falsch sind (oder weil die Voraussetzungen nicht verwendet würden). Schließlich, wenn alle Beweisschemata ausgeschlossen sind, ergibt das vielleicht einen Beweis für die Negation.

Bemerkung: Die am häufigsten verwendete Methode zum Auffinden neuer Theoreme ist die »Analogie«, das heißt richtige Verallgemeinerung der Begriffe und Theoreme auf ein weiteres Gebiet. (Beispiele suchen und analysieren.)

Bemerkung: Beispiel, wo die Frage »Was sind 2 und was ist Eines?« (»Was ist dasselbe?«), zur Klärung der Begriffe nötig ist: $x_1 + 2x_2$ und $x_2 + 2x_1$ ist dieselbe Form? [37] Das beweist, dass man sich unter abstrakten Dingen (z. B. Form) konkret auf das Papier geschriebene Symbole mit einer »Gleichheits-*Definition*« vorstellt (*Reismus* ist *psychologisch* richtig).

---

19 **Analogie:** Vgl. zu ›Analogie‹ in der Mathematik: ›Zeiteinteilung (Maximen) I‹, S. 119, Z. 24; ›Zeiteinteilung (Maximen) II‹, Addendum IIIb, 2v', S. 245, Z. 18.

19 **Verallgemeinerung der Begriffe und Theoreme:** Vgl. zu Verallgemeinerung von Begriffen (und Theoremen): ›Zeiteinteilung (Maximen) I‹, S. 80f., Z. 29ff.; ›Zeiteinteilung (Maximen) II‹, S. 212, Z. 4–8; Addendum IIIb, 2v', S. 246, Z. 1–3.

28 **Reismus:** ›Reismus‹ bezeichnet die von Tadeusz Kotarbiński entwickelte metaphysische Theorie des Realismus, nach der es nur Dinge (und Lebewesen) gibt, aber keine abstrakten oder psychischen Gegenstände. Kotarbińskis, der der Lemberger Schule angehörte, greift für seine Lehre auf die von Stanisław Leśniewski entwickelte Mereologie zurück. Kotarbiński nennt auch Ideen von Gottfried Wilhelm Leibniz und Franz Brentano als Vorläufer seiner Theorie.

4 **[36']:** Paginierung nicht von Gödel.

6 **richtiger zusammenliegender Aufgaben:** Andere Lesart: ; richtiger: Zusammenlegen der Aufgaben

9: ›Einsetzung‹ von der Editorin verbessert in ›einsetzen‹

13: ›unterzuteilen‹ von der Editorin verbessert in ›zu unterteilen‹

24 **ist::** ›ist‹ und ›:‹ von der Editorin vertauscht

Bemerkung {*Grundlagen*}: Konvergenz einer Reihe entspricht: Widerspruchsfreiheit eines formalen Systems.
Konvergenz gegen die entwickelte Funktion: Wahrheit der Sätze des Systems.
Semikonvergenz wäre: ein widerspruchsvolles System, das aber sehr weitgehend (bevor der Widerspruch erreicht wird) wahr ist.

Frage: Kann jedes mathematische Problem (das überhaupt gelöst werden kann) mit einem gleichmäßig beschränkten Komplikationsgrad für das unmittelbar zu Erfassende gelöst werden (sagen wir, 10 für alle denkbaren Probleme) oder gibt es Beweise, die irreduzibel kompliziert sind?

Bemerkung: Meine Menschenscheu beruht vielleicht darauf, dass ich mich nicht benehmen kann (nicht einmal in Dingen wie Mantelanziehen, Niedersetzen *etc*.). Alles, was man nicht kann, tut man ungern. Kann man das durch Training lernen oder ist es hoffnungslos?

[38]
Bemerkung: Die »Stellungen« bilden das abstrakte Gerüst des Staates (welches mit lebenden Personen ausgefüllt wird). Eine Stellung beinhaltet Pflichten [legal und moralisch, theoretisch und praktisch wirklich vorkommend]. Die Stellungen sind eine geordnete Menge nach Wichtigkeit für die Allgemeinheit [Umfang der nötigen Vorkenntnisse*, und Quotient Gehalt durch Arbeit]. Frage: Sind immer genau so viele Stellungen wie Personen vorhanden? Eine Stellung wird frei durch Tod, freiwilligen Stellungswechsel und neue Wohnung oder Neugründung. Wird jede freiwerdende Stellung durch den besetzt, welcher für sie am besten geeignet ist

* Anzahl der Personen, welche sie ausfüllen können.

---

1 **Konvergenz einer Reihe:** ›Konvergenz‹ ist ein grundlegender Begriff der Analysis. Eine Reihe bzw. Folge hat einen Grenzwert a, wenn die Reihen- bzw. Folgenglieder beliebig nahe an a gehen. Eine Reihe bzw. Folge heißt konvergent, wenn sie einen Grenzwert besitzt. Wenn eine Reihe bzw. Folge den Grenzwert a besitzt, sagt man auch, dass sie gegen a konvergiert. Konvergenz einer Reihe bedeutet so viel wie, dass der Grenzwert der unendlichen Summenfolge endlich ist.

3 **Wahrheit der Sätze des Systems:** Vgl. die Ausführungen Carl Gustav Hempels in: »Eine rein topologische Form nichtaristotelischer Logik«, in: ›Erkenntnis‹ 6 (1936), S. 436–442; bzw. in »A Purely Topological Form of Non-Aristotelian Logic«, in: ›The Journal of Symbolic Logic‹ 2 (1937), S. 97–112.

21 **Stellungen:** Vgl. ›Zeiteinteilung (Max) I‹, Umschlaginnenseite; S. 80, Z. 25; sowie ›Zeiteinteilung (Maximen) II‹, Addendum XV, 1v, S. 275, Z. 2.

16 **Niedersetzen:** Andere Lesart: einander Siezen
20 **[38]:** Paginierung nicht von Gödel

unter denen, die im Augenblick verfügbar und für keine höhere freiwerdende Stellung geeignet sind?* Die, welche für eine Stellung geeignet (ihr gewachsen) sind, können sie sabotieren oder nicht. Frage: Kann jemand, der eine Stellung schlecht ausfüllt, sie dauernd behalten? Stellungen zerfallen in dauernde und zeitlich beschränkte. Wird eine zeitlich beschränkte Stellung am Ende wieder von dem besetzt, der dann am besten geeignet ist? Die Stellungen, denen ein Mensch im Laufe des Lebens gewachsen ist, bilden eine Teilmenge mit weiten Sprüngen (umso weiter, je mehr er spezialisiert ist).

* Nach Fähigkeiten, nicht moralisch.

Die Stellungen zerfallen nach den Berufen in:
I. Herstellung und Beschaffung materieller Güter aus:
A.) Urproduktion: Ackerbau, Fischzucht, Bergbau;
B.) Industrie; inklusive Ärzte, Barbiere
C.) Handel und Verkehr.
II. Herstellung und Beschaffung geistiger Güter:
A.) ausübende Künstler und wissenschaftliche Forscher {und Priester};
B.) Lehrer.
III. Tätigkeit im Rahmen der Verwaltung und Leitung des Staatswesens: Militär, Polizei, Richter, Rechtsanwälte, Bürgermeister, Parlamentsmitglieder.

Die Güter sind in einem Schema der Überordnung, insofern jedes Gut meist zugleich Ursache zur Produktion [39] neuer Güter ist. Insofern ist III übergeordnet I und II, weil nur im Rahmen von III die Produktion von I und II stattfindet. Anderseits ist II übergeordnet I, insofern Wissenschaft neue Möglichkeit für Güterproduktion gibt (und sogar III, insofern es eine Methode der staatlichen Verwaltung gibt etc.) und insofern durch Unterricht die Produzenten von I herangebildet werden.**

** Es kommen noch die »Wohlfahrts«stellungen hinzu (das sind die, bei denen keine Leistung verlangt wird (z. B. Unterstützung | für arbeitslose | Personen)). Bekommt auch die immer der Bedürftigste?

Topologie der Berufe vom Gesichtspunkt:
1.) Welche Berufe kommen oft kombiniert vor?
2.) Welche Berufe kommen oft in denselben Familien vor?
3.) Welche Berufe haben eine ähnliche Tätigkeit und ähnliche Vorbildung?

Bemerkung: In jedem Fall, um irgendwie eine richtige (d. h. natürliche) Einteilung zu finden, hat man so vorzugehen, dass man zu-

33: ›‚‹ von der Editorin gelöscht
34: ›‚‹ von der Editorin gelöscht

nächst eine Topologie oder Metrik einführt und dann zusammenhängende offene Teilmengen bestimmt (dadurch wird verhindert, dass weit entfernte Dinge in dieselbe Klasse kommen und sehr ähnliche in verschiedene). Die Topologie wird bestimmt durch gewisse Relationen des Entferntseins, welche irgendwie der Δ-Ungleichung genügen sollen.

[40]
Bemerkung: Wenn man beim Sprechen mit jemandem nicht sehr achtgibt, dass alles, was man sagt, vernünftig begründet ist, besteht die Gefahr, dass man ganz unbegründeterweise lügt und Unpassendes sagt, welches den anderen dazu veranlassen kann, ein ganz falsches Bild zu bekommen, indem er glaubt, man wolle ihm irgendetwas andeuten, man wisse etwas, man verfolge bestimmte Zwecke *etc.* (ähnlich wie im Falle Wagner die Bemerkung seines Freundes »das weiß ich wohl«). Das heißt, man kann auf diese Weise leicht ein Unglück anrichten. Ähnlich, wenn man auf der Straße jemandem ohne jede Absicht ins Gesicht lacht oder ihn anschaut. (Dirigierung des Unabsichtlichen durch fremde Mächte in einer solchen Weise, dass falsche Theorien in anderen Personen erzeugt werden.)

{*Psychologie*} *Bemerkung*: Was bei der Transformation der Schlussregel in den Begriff der unmittelbaren Folgerung verlorengeht, ist die Frage des »*Acceptierens*« eines formalen Systems (es bleibt nur die Beschreibung übrig). Es *Acceptieren* bedeutet: Es zum *Maximen*-System seiner Annahmen und Handlungen zu machen. Das ist verschieden von »daran glauben« in dem Sinne, dass jeder Satz eine objektive Realität darstellt und dass man diese objektive Rea-

---

8 [40]: Paginierung nicht von Gödel
12 **kann:** ›können‹ von der Editorin verbessert in ›kann‹

1 **Topologie:** In der (mengentheoretischen) Topologie wird der Begriff der Nähe so bestimmt, dass statt der Abstandsfunktion nur noch die Umgebungen der Punkte eines Raumes betrachtet werden. Die Folge x_n konvergiert gegen y; das bedeutet, für jede (noch so »kleine«) Umgebung U von y gilt: Es gibt eine Zahl N, so dass für alle Indizes $n > N$ gilt: x_n ist in U. Vgl. Manuskriptseite 50, Bemerkung 2; sowie Manuskriptseite 56, Bemerkung 1 in diesem Band.
1 **Metrik:** Eine Metrik ist eine Abstandsfunktion auf einem metrischen Raum, die je zwei Elementen des Raumes einen nicht-negativen reellen Wert zuordnet. Ein metrischer Raum ist eine Menge, auf der eine Metrik definiert ist.
5 **Δ-Ungleichung:** In jedem metrischen Raum gilt per definitionem die Dreiecksungleichung, nach welcher die direkte Verbindung zwischen zwei Punkten stets höchstens so lang ist wie eine indirekte.
15 **Falle Wagner die Bemerkung seines Freundes »das weiß ich wohl«:** Die Anekdote ließ sich nicht recherchieren.

lität sehen (wahrnehmen) kann, und ist verschieden von dem Glauben an die Widerspruchsfreiheit. Andere mögliche »Einstellungen«: glauben, dass jede [41] kontrollierbare Folgerung wahr, *provisorisch* akzeptiert ist.

Ein anderes Verhältnis von Schlussregel zu unmittelbarer Folgerung ist das der beiden *Definitionen* des Menschen.

<u>Maxime</u> {Formalisierung der *Philosophie*}: Ich sollte mich einmal entschließen, welches philosophische, *psychologische* System ich *accepieren* will und in welchem Sinn ich es *accepieren* soll. Dann habe ich bei einer *Diskussion* zuerst die Frage in mein System zu übersetzen [eventuell erst durch Fragen den genauen Sinn feststellen, wenn mehrere Übersetzungen möglich sind]; und dann die möglichen Wege zur Antwort durch Kenntnis von *Axiomen* und Theoremen, Beweismethoden dieses Systems oder die endgültige Antwort zu produzieren. Oder, wenn jemand etwas behauptet, die Widerlegung aus den Axiomen meines Systems (nach Feststellung des Sinns) zu bringen. Bei Fragen der Sinnklärung muss man aber nur solche Terme verwenden, die allgemein und intersubjektiv gleich verstanden werden.*

<u>Bemerkung</u>: Der Begriffsraum hat unendlich viele *Automorphismen* oder besser *Holomorphismen*, was die Fruchtbarkeit der »Gleichnisse« [42] und Parabeln erklärt und auch, dass alles sich in allem in mehr oder weniger vollkommener Weise spiegelt.

* [42] Dabei ist wichtig, dass nicht einmal der Sinn der Worte »wenn«, »wahr«, »v« klar ist (siehe auch *p. 42*). Anm. E.-M. E.: ›v‹ ist das logische Symbol für ›oder‹.

---

6 **der beiden Definitionen des Menschen:** Thomas von Aquin unterscheidet zwischen ›vernunftbegabtem Lebewesen‹ und ›Körper mit vernünftiger Seele‹. Einmal ist der Ausgangspunkt der Definition die Seele, einmal der Körper.

22 **Automorphismen:** In der Mathematik wird ein Isomorphismus eines mathematischen Objekts auf sich selbst ein Automorphismus genannt. Ein Isomorphismus ist eine Abbildung zwischen zwei mathematischen Strukturen, durch die die Objekte, Funktionen und Beziehungen der einen Struktur umkehrbar eindeutig auf entsprechenden Objekte, Funktionen und Beziehungen einer anderen abgebildet werden.

23 **Holomorphismen:** Eine auf einem Gebiet (= nicht-leere offene und zusammenhängende Menge) der komplexen Zahlenebene definierte, komplexwertige und komplex differenzierbare Funktion oder Abbildung bezeichnet man als holomorph. Die Funktion ist hier eine spezielle Abbildung, die komplexe Zahlen auf komplexe Zahlen abbildet.

24 **alles sich in allem in mehr oder weniger vollkommener Weise spiegelt:** Vgl. Manuskriptseite 35, Bemerkung 1; sowie Manuskriptseite 154, Pkt. 4.

16 **zu:** Andere Lesart: darauf

Bemerkung {Formalisierung der *Diskussion*}: In einer vernünftigen *Diskussion* muss die Frage festgehalten werden (das entspricht dem Festhalten der Wortbedeutung in der Mathematik, dem Festhalten der Entschlüsse, dem Festhalten von Annahmen im Leben, dem Festhalten von Beweisideen bis zu ihrer Widerlegung) und es muss der Sinn der Frage geklärt werden. Das führt dann zur untersten Stelle, wo die Ansichten auseinandergehen. Dann wird es aber (wenn einer von beiden in allem die Wahrheit behauptet) klar, dass der andere unrecht hat, weil der Übergang zur »nächsten« Wahrheit immer evident ist (d. h. *Metaphysik* ist eine *demonstrative* Disziplin). Selbst wenn jemand nichts behauptet, kann er dann widerlegt werden. Um die Entstehung der wahren Metaphysik zu verhindern, muss man das Festhalten der Fragen und der *Termini* verhindern. (Das tun die *Positivisten*. Und auch die anderen Philosophen?).

[43]
Bemerkung: Der Logiker sagt, strikte *Implikation* ist unsinnig, der *Lewis*-Anhänger, dass materiale *Implikation* unsinnig ist. Beide sind im Unrecht. So ist es sehr oft, wenn scheinbar 2 entgegengesetzte Meinungen gegeben sind, denn jede ist in ihrem Feld berechtigt.
{*Maxime:*} (Die Wahrheit hat verschiedene Seiten.)

Bemerkung: Auffassung der Eigenschaften, welche den Dingen in verschiedenen Graden zukommen, als Funktionen $f(x)$ mit kontinuierlich vielen Werten (also sozusagen mehrwertige Logik).

Bemerkung: Die Idee des Punktes | in der Geometrie ist etwas Ähnliches wie der Begriff der beliebigen Menge natürlicher Zahlen. Man kann untersuchen, wie weit man ohne diese Begriffe kommt, und diese Begriffe konsequent vermeiden.

3: ›das‹ von der Editorin verbessert in ›dem‹
4: ›das‹ von der Editorin verbessert in ›dem‹
4: ›das‹ von der Editorin verbessert in ›dem‹
14 Das tun die Positivisten. Und auch die anderen Philosophen?: Andere Lesart: Das tun die Positivisten und auch die anderen Philosophen?
20 denn: Andere Lesart: dann
28: ›ist‹ von der Editorin gelöscht

17 **strikte Implikation**: Bei der strikten Implikation, welche von C. I. Lewis 1918 so benannt wurde, werden die materiale Implikation und der modallogische Notwendigkeitsoperator kombiniert. Für jede der beiden Aussagen p und q besagt die Formel $p \rightarrow q$, dass p q material impliziert., während $\Box(p \rightarrow q)$ besagt, dass p q strikt oder notwendig impliziert.
18 **Lewis-Anhänger**: Anhänger von C. I. Lewis' Formulierung der strikten Implikation.
18 **materiale Implikation**: Logische Verknüpfung zweier Aussagen, die dann und nur dann falsch ist, wenn die erste der beiden verknüpften Aussagen wahr und die zweite falsch ist.

Bemerkung {*Grundlagen*}: Die *Intuitionisten* haben den Begriff der Wahrheit nicht.

Bemerkung: Der tatsächliche Fortschritt in Mathematik und Philosophie besteht darin, dass man zuerst einige wenige unscharfe Begriffe hat. Indem man diese irgendwie gegeneinander wirken lässt und aufeinander anwendet, werden sie schärfer und erzeugen neue unscharfe [44] Begriffe, welche in derselben Weise behandelt werden *etc.*

Bemerkung: Es scheint so, als hätte die Wissenschaft seit *Newton* und *Leibniz* keine wirklichen Fortschritte gemacht. Das heißt, es gibt eine Grenze, deren sämtliche Punkte von der Wahrheit gleich weit entfernt sind, welche schon *Newton* erreicht hat, diesseits welcher aber noch unendlich viel zu »entdecken ist«.

Bemerkung: Eine Idee des Teufels, die Welt unverständlich zu machen, ist, die prästabilierte Harmonie zwischen Welt und Verstand zu zerstören (nicht-euklidische Geometrie, nicht-aristotelische Logik *etc.*), so dass der Verstand nicht mehr zur Welt passt.

---

1 **Intuitionisten:** In dem von L. E. J. Brouwer begründeten mathematischen Intuitionismus wird alle mathematische Erkenntnis auf Konstruktion zurückgeführt. Auch Beweise für eine Existenzaussagen sind nur ein Mittel, um die gedankliche Konstruierbarkeit eines Gegenstandes zu sichern, dessen Existenz behauptet wird.

17 **Teufels:** Vgl. in diesem Band die Manuskriptseiten 5, Bemerkung (Theologie); 8, Bemerkung 1; 44, Bemerkung 2; 47; 60, Bemerkung (Theologie), Pkt. 3 und 8; 63, Bemerkung 2; 64, Bemerkung 1, Pkt. 2; 73, Bemerkung 2; 101f., Bemerkung (Theologie); 121, Bemerkung (Theologie) 2; 122f., Bemerkung (Theologie); 154, Pkt. 6.

18 **prästabilierte Harmonie:** In der Konzeption der prästabilierten Harmonie von Gottfried Wilhelm Leibniz verhalten sich Leib und Seele wie zwei synchron laufende, mechanische Uhren, deren Synchronizität durch eine ideale Realisierung von Konstruktionsprinzipien prästabiliert ist. Darüber hinaus stehen die Monaden auch untereinander und mit der von ihnen gespiegelten Welt in prästabilierter Harmonie. Letzteres ist ein Ausdruck der Universalharmonie des Universums. Vgl. auch ›Max X‹, Manuskriptseite 42f., wo Gödel ausführlich auf Leibniz' Begriff der prästabilierten Harmonie eingeht.

19 **nicht-euklidische Geometrie:** In nicht-euklidischen Geometrien gilt das Parallelenaxiom nicht; es wird dort weggelassen oder abgeändert.

19 **nicht-aristotelische Logik:** Der Ausdruck ›nicht-aristotelische Logik‹ kommt bspw. in Edgar Zilsels Monographie ›Das Anwendungsproblem: Ein philosophischer Versuch über das Gesetz der grossen Zahlen und die Induktion‹, Leipzig (Barth) 1916, auf den Seiten 149f. vor. Es handelt sich allerdings lediglich um den Vorschlag das principium contradictionis, also den Satz vom Widerspruchs aufzugeben. Eine formale Theorie wird nicht aufgestellt. Der Ausdruck kommt auch in dem Aufsatz, »A Purely Topological Form of Non-

20: ›Wert‹ von der Editorin verbessert in ›Welt‹

Bemerkung: In der mehrwertigen Logik ist der Wahrheitswert von q < als die Wahrheitswerte von *p*, *p* ⊃ *q*. Das heißt (wenn durch »Klarheit« interpretiert), nach endlich vielen Schlüssen hört jeder Grad von Klarheit auf. Das heißt, man sieht nichts mehr. Das deutet darauf hin, dass, um weitergehende Folgerungen zu erzielen, man versuchen muss, die einfachen Dinge vollkommen klar zu sehen. Das gibt vielleicht auch eine natürliche Reihenfolge der Wissenschaften. Nämlich: Zuerst die Fundamente aller Wissenschaften, dann das Kompliziertere aller Wissenschaften *etc.* (harmonische Ausbildung).

[45]

Bemerkung: Es ist möglich, dass wir »sehen«: Es ist möglich, dass alles, was wir »sehen« falsch ist [aber nicht: Es ist wirklich, …]. »Sehen« bedeutet verstehen mittels des »angeborenen Ideenschemas«, also insbesondere der gewöhnlichen klassischen Logik. Das heißt, es gibt eine Theorie im Rahmen* des Ideenschemas, aus welcher das folgt. In dieser Theorie »passt« unser Auge gar nicht zur Wirklichkeit [wenigstens hinsichtlich der höheren Ideenschemata].

* Eines Teils des Ideenschemas.

Aristotelian Logic« von Carl G. Hempel vor, der in ›The Journal of Symbolic Logic‹ 2 (1937), S. 97–112, abgedruckt ist, bzw. in »Eine rein topologische Form nichtaristotelischer Logik«, in: ›Erkenntnis‹ 6 (1936), S. 436–442. Hempel versteht unter nicht-aristotelischen Logiken, so wie Gödel hier auch, solche, die nicht syllogistisch verfahren. In Gödels Privatbibliothek befindet sich das Buch von Gotthard Günther ›Idee und Grundriss einer nicht-Aristotelischen Logik‹, Band 1, Hamburg (Meiner) 1959.

1 **mehrwertigen Logik:** Zu den mehrwertigen Logiken gehört jedes logische System, in dem es mehr als zwei Wahrheitswerte gibt. Gödel hat 1932 gezeigt, dass das intuitionistische Aussagenkalkül nicht mit Matrizen mit endlich vielen Werten auskommt. Zugleich definiert er eine Familie n-wertiger Gödel-Systeme. Siehe: Kurt Gödel, »Zum intuitionistischen Aussagenkalkül«, in: ›Anzeiger. Akademie der Wissenschaften Wien‹, mathematisch-naturwissenschaftliche Klasse, 69 (1932), S. 65f.; nachgedruckt in: Kurt Gödel, ›Collected Works‹, Bd. I, S. 222–225.

15 **angeborenen Ideenschemas:** Vgl. ›Philosophie I Maximen 0‹, S. 109, Z. 11–15, wo es heißt: »Die Kantische Auffassung, dass die Erkenntnis in der Einordnung der sinnlichen Gegebenheiten in ein *a priori* gegebenes Schema von Ideen besteht, sollte wahrscheinlich auf alle Ideen ausgedehnt werden [es gibt keine Ideen, die durch ›Abstraktion‹ aus den Sinnesdaten gewonnen werden].«

16 **gewöhnlichen klassischen Logik:** Bezeichnung für Logiken, für die das Zweiwertigkeitsprinzip gilt, wo also jede Aussage genau einen von zwei Wahrheitswerten hat und der Wahrheitswert jeder zusammengesetzten Aussage eindeutig durch die Wahrheitswerte ihrer Teilaussagen bestimmt ist.

2 <: Zu lesen als ›kleiner als‹

Bemerkung {_Philosophie_}: Erkenntnis besteht darin, dass die empirisch gegebenen Dinge* (Einzeldinge und Begriffe**) identifiziert werden mit gewissen formalen Begriffen (also Zahlen im weitesten Sinne).*** Beispiel: Zunächst ist _a priori_ die Struktur der Zeitalter gegeben, und es handelt sich darum, den eigenen Ort in ihnen zu bestimmen. Es können in einem bestimmten Stadium der Erkenntnisse mehrere verschiedene _Identifizierungen_ möglich sein, wobei eventuell bei 2 verschieden aufeinander abgebildet wird: Jahr → Jahrhundert, Christus → jüdischer Messias, Antichrist → Vorläufer von ihm.

* Insbesondere auch ich selbst.
** Beispiel auch: kst = 4×10^{-8} cm.
*** Vielleicht auch auf die Sterne.

Durch mehr und mehr Erfahrungen und eigene »Entscheidungen« (im Sinne von Handlungen im Leben) werden [46] die _Identifizierungen_ immer genauer (immer mehr eindeutig) bis sie schließlich ganz eindeutig sind. In diesem Sinn »baut« sich jeder sein Schicksal und bestimmt sogar selbst das Zeitalter, in dem er lebt† (entweder durch einen Entschluss, dessen »Bedeutung« er zur Zeit des Entschlusses noch nicht kennt, oder durch einen, dessen Bedeutung er kennt). Die Unzahl von »Automorphismen« oder »Fast-Automorphismen« des formalen Begriffssystems macht viele Identifizierungen möglich (wenn man mit irgendeiner anfängt, kann man sie vielleicht _successive_ verbessern durch neue empirische Tatsachen, die Bibel {vielleicht auch die Sterne} gibt dabei | gewisse Identifizierungen durch Angabe der Struktur der Zeitalter und der Verhältnisse in ihnen und zwischen ihnen). »Ich weiß nicht, wer ich bin« bedeutet: Ich habe mich nicht richtig identifiziert.

† Daraus folgt auch, dass in jedem Zeitalter nur Menschen leben, die in irgendwelchen Dingen dieselben Entscheidungen treffen (Geist der Zeit).

Dass das Wesen der Erkenntnis darin besteht, erklärt 1.) der Genuss, der darin liegt, »Erscheinungen des Alltags« theoretisch zu erklären,‡ 2.) der in der Mathematik so häufig vorkommende Schluss: Alle Dinge von dieser Art befriedigen diese oder jene Bedingungen und das sind auch die einzigen [47] Beispiele (0-Stellen der _ζ-Funktion_). Nämlich, um ein Ding {a} zu erkennen, muss ich haben: 1.) gewisse fundamentale Zuordnungen gewisser empirischer Dinge (vielleicht beginnen mit Gott = Allmenge*; Teufel =

‡ Siehe nächste Seite!

---

18 **Automorphismen**: Ein Automorphismus ist ein Isomorphismus eines mathematischen Objekts auf sich selbst. Siehe auch Manuskriptseite 41, Bemerkung 1 in diesem Band.

32 **ζ-Funktion**: Es besteht eine sehr enge und nicht offensichtliche Beziehung zwischen der Lage der Nullstellen der Zeta-Funktion und den Primzahlen. Vgl. zur Zeta-Funktion auch die Manuskriptseiten 56, Bemerkung Mathematik; sowie 133, Bemerkung Grundlagen in diesem Band.

8 **wobei eventuell bei 2 verschieden aufeinander abgebildet wird**: Andere Lesart: wobei eventuell bei 2 verschiedenen aufeinander abgebildet wird
23: | ge

* Oder stimmen niemals *Differential*-Funktionen? Überhaupt alle »Ausnahmen« (die wieso, durch was *etc.*).

ein unwiderlegbar falsches System* (oder leere Menge); Mensch = ω_1; Tier = ω (*oder richtiges ethisches und theoretisches System); Zeit = reelle Zahl ≥ 0). 2.) Gewisse *empirische* Sätze, welche das Verhältnis von *a* zu Dingen, welche ich schon zugeordnet habe, bestimmen.

Einschub: Wenn aus einer Theorie, in der ich vorkomme, folgt, dass ich etwas Bestimmtes tun werde, und ich glaube an diese Theorie, hat das einen ganz ähnlichen Effekt, als wenn ein Engel mir sagt: Du wirst das und das tun, oder, wenn Du es nicht tust, wirst Du sterben. Daher hat die Beschäftigung mit formalen Theorien der Wirklichkeit eine ganz ähnliche Wirkung wie die Teilnahme an spiritistischen Sitzungen. Man kommt in die Gewalt einer »Theorie«, und diese ist in gewissem Sinn unendlich stärker (sie weiß, was du unter gegebenen Umständen tun wirst).

3.) **Ein Theorem:** Es gibt nur ein Ding im Begriffsraum, welches diese Beziehung zu den schon zugeordneten Begriffen hat.

{+ 3.) Ferner das Gefühl der Tiefe bei der Unterscheidung *empirisch*, *a priori*.}
{4.) Bei allem, was mit »*Automorphismen*« zu tun hat (Ununterscheidbarkeit) → →} [48]
{→ 5.) Das Gefühl der Tiefe bei *e*, π. Das sind Zahlen, welche sich einfach charakterisieren lassen und daher auch fundamentalen Dingen in der *Empirie* entsprechen müssen.}

1: ›differential‹ von der Editorin in ›Differential‹ verbessert
4 a: Andere Lesart: ω
23 →: Pfeil zeigt auf Punkt der folgenden Manuskriptseite 5
23 →: zweiter Pfeil zeigt auf den Satz der folgenden Manuskriptseite, der mit »Das Wesen ...« beginnt

34 **Allmenge:** Eine logische Folge von Leibniz' oder Gödels Gottesbeweis wäre, dass ein einziges Universum V aller Mengen tatsächlich existiert. Vgl. aber ›adäquater Begriff Gottes‹ auf Manuskriptseite 53f., Bemerkung 2, sowie dazugehörige Erläuterung.
34 **Teufel:** Vgl. in diesem Band die Manuskriptseiten 5, Bemerkung Theologie; 8, Bemerkung 1; 44, Bemerkung 2; 47; 60, Bemerkung Theologie, Pkt. 3 und 8; 63, Bemerkung 2; 64, Bemerkung 1, Pkt. 2; 73, Bemerkung 2; 101f., Bemerkung Theologie; 121, Bemerkung Theologie 2; 122f., Bemerkung Theologie; 154, Pkt. 6.
3 **reelle Zahl:** Die Menge der reellen Zahlen $\mathbb{R}$ besteht aus der Menge der rationalen und der Menge der irrationalen Zahlen. Mit den rationalen umfasst sie auch die ganzen und natürlichen Zahlen.
22 **Automorphismen:** Vgl. Erläuterung auf Manuskriptseite 46.
24 **e:** Eulersche Zahl $e = 2{,}718\,281\,828\,459\,045\,235\,360\,287\,471\,352\ldots$
24 **π:** Kreiszahl $\pi = 3{,}141\,592\,653\,589\,793\,238\,46\ldots$

{→ Das Wesen der Erkenntnis besteht selbst in einem *Isomorphismus* zwischen »Welt« und »Verstand«.}

[48]
Bemerkung: Diese Identifizierung des Niederen durch ein Höheres (welches das Wesen der Erkenntnis ausmacht) vollzieht sich in vielen Stufen: 1.) Die Einzeldinge werden durch empirische Begriffe erkannt. 2.) Die empirischen Begriffe werden durch formale Begriffe erkannt (in der Physik). 3.) Die formalen Begriffe werden durch höhere formale Begriffe erkannt. Zum Beispiel: Wenn man die richtige *Definition* der natürlichen Zahlen durch höhere Begriffe hätte, so würde man wahrscheinlich die zahlentheoretische Gesetzmäßigkeit ebenso übersehen, wie man durch die richtige *Definition* der Farbe durch Wellenlänge (und *Undulations*theorie) die optischen Gesetze übersieht|.* Diese richtige *Definition* der Zahl ist vielleicht *analytisch* (durch analytische Funktionen). Das ergibt auch die Richtigkeit des Satzes, dass die Heiligen (oder Engel) alles »durch Gott« erkennen. Jeder höheren Stufe gegenüber erscheint die untere als zufällig (sie geben einen Überblick, wie es auch anders sein könnte).**

* Oder haben wir diese Ideen gar nicht?

** Bei der höchsten Stufe (Logik) muss man zur untersten Stufe (Symbole) gehen, um zu sehen, wie es auch anders sein könnte.

Bemerkung: Gegengründe dagegen, dass deine Vorlesungen für jeden uninteressant sind:
1.) Du kennst nicht das Weltbild der Hörer (sie könnten gerade nicht wissen, was du weißt, [49] oder an der Art deiner Darstellung interessiert sein).
2.) Selbst wenn man etwas weiß, kann eine Darstellung anregend wirken.

Bemerkung {*Psychologie*}: Es gibt eine {Willens}freiheit, wenn nicht alle Individuen bei gleicher »Evidenz« und gleicher »Leidenschaft« gleich »handeln«.***

*** Konkrete Beispiele für *Macro*- und *Micro-Psychologie*!!

---

14 **Undulationstheorie:** Nach der Undulations- oder Wellentheorie des Lichts ist Licht eine Welle. In der physikalischen Optik wird Licht als elektromagnetische Welle aufgefasst, mit ihr lassen sich Eigenschaften wie Farbe, Beugung, Interferenzfähigkeit und Polarisation erklären.
30 **{Willens}freiheit:** Vgl. zu ›Willensfreiheit‹ Bemerkung 1 in ›Zeiteinteilung (Maximen) I‹, S. 126, Z. 16f. Dort wird das Kriterium der Willensfreiheit daran festgemacht, ob man bei einem Entschluss aktiv oder passiv ist.

4 [48]: Paginierung nicht von Gödel
15: ›)‹ von der Editorin gelöscht
19 **sie geben:** Andere Lesart: sie gibt
25: ›in‹ von der Editorin verbessert in ›an‹

Bemerkung: Bei der »Erkenntnis« einer Sache, das heißt, Einordnung in die nächst höhere *Sphäre*, gilt die Regel, dass man von den Dingen, welche gewisse rohe Eigenschaften des Dinges abspiegeln, das einfachste wählt, weil nämlich Einfachheit auch eine Struktureigenschaft ist, die auf den höheren Bereich mit abgebildet werden muss, und weil bei der natürlichen Reihenfolge der Zuordnung die Dinge, denen zugeordnet wird, auch allmählich an Kompliziertheit zunehmen (daher genügt es, solch »rohe« Eigenschaften zu nehmen, welche das zu erkennende Ding von allen vorhergehenden unterscheiden).

Bemerkung {*Psychologie*}: Die Töne und Tonkombinationen sind in ähnlichem Sinn »Dinge« wie bestimmte räumliche Gegenstände (in mehreren genau gleichen *Exemplaren*). Die Stufenfolgen vom Speziellen zum Allgemeinen (durch welches das Spezielle erkannt wird) [50] sind folgende:
1. Einzeldinge,
2. Typen von Einzeldingen (in allen *Details* bestimmt),
3. empirische Begriffe der einzelnen Sinne (rot, süß *etc.*),
4. empirische Raum- und Zeitbegriffe,
5. formale Begriffe der unteren Stufe (natürliche Zahlen *etc.*),
6. abstrakte formale Begriffe.

Bemerkung: Es wäre möglich, dass jede mathematische Theorie entweder zwecklos oder widerspruchsvoll ist. Das heißt, jede der heute aufgestellten Theorien über das Unendliche führt zum Widerspruch. Jede ist den Menschen nur darum plausibel, weil sie ein »funkionales Bett« (Denkökonomie) ist. Um die Wahrheit zu erkennen, muss man alles wirklich »durchkonstruieren«, was aber praktisch vielleicht fast immer unmöglich ist. Das würde heißen, jede Theorie ist eine so schlechte *Approximation* an die Wirklichkeit, dass sie nur endlich viele Schlüsse durchhält. Die Wahrheit ist überhaupt nicht formalisierbar, sondern kann nur durch fortwährendes lebendiges Denken erkannt werden. Jedes Symbol (samt Gebrauchsregel) ist ungeeignet, einen Begriff wirklich darzustellen. Trotzdem wäre die widerspruchsvolle Theorie nützlich,

---

31 **Approximation**: Unter ›wichtige Tätigkeiten des Mathematikers‹ nennt Gödel auf Manuskriptseite 28, Bemerkung 2, Pkt. 4 in diesem Band, auch das Approximieren von Begriffen (durch einfachere) und von Sätzen durch schwächere.

ähnlich wie die evident falsche *Euler*sche Annahme, dass alle Reihen konvergieren. Die *Euler*sche Stellung zur mathematischen Exaktheit wäre dann die im *Princip* Richtige.

Bemerkung: Erkenntnis wird hauptsächlich gefördert durch Zusammenbringen *heterogener* Dinge (das heißt, solcher, deren Theorien weitgehend unabhängig voneinander entwickelt werden können). Zum Beispiel: Algebra und *Topologie*, Zahlentheorie und Logik.* Auch in empirischen Wissenschaften: Beziehung der Geschichte der verschiedenen Länder: Griechen und Juden, römische und griechische (gleichzeitig).

* Zahlentheorie und Geometrie.

[51]
Bemerkung: Das erste Jahr in *Princeton* (besonders *Fine Hall*) ist eine undefinierbare neue *psychische* Qualität (Prüfungsangst mit einem bestimmten Geruch gemischt).

---

1 **Reihen konvergieren:** Konvergenz einer Reihe (unendliche Summierung) bedeutet im heutigen Sinn, dass der Wert einer unendlichen Summenfolge endlich ist. Leonhard Euler hat einen anderen Begriff von Konvergenz. Bei Euler sind Reihen konvergent, wenn ihre Glieder beständig kleiner werden und endlich völlig verschwinden. In Eulers Wortlaut liest sich die Definition von konvergenter Reihe allerdings zunächst so, als ob jede in seinem Sinne konvergente Reihe eine endlich Summe habe, auch solche, die keine endliche Summe haben: »Convergentes autem series dicuntur, quarum termini continuo fiunt minores atque tandem penitus evanescuat, cuiusmodi est haec $1+\frac{1}{2}+\frac{1}{4}+\frac{1}{8}+\frac{1}{16}+\frac{1}{32}+$ *etc.*, cuius summa quin sit = 2, dubitari nequit. Quo plures enim terminos actu addideris, eo propius ad 2 accesseris; ita centum terminis additis defectus a binario valde parva erit particula, fractio nempe, cuius denominator ex 30 notis constat numeratore existente 1.« Leonhard Euler, »De seriebus divergentibus«, in: ders., ›Opera Omnia‹, Reihe 1, Bd. 14, S. 585–617, hier S. 586. Vgl. auch Detlef D. Spalt, ›Eine kurze Geschichte der Analysis für Mathematiker und Philosophen‹, Heidelberg (Springer Spektrum) 2019, dort S. 99–102.
8 **Topologie:** Gebiet der Mathematik, das einen verallgemeinerten Raumbegriff zum Gegenstand hat. Vgl. Manuskriptseite 39, Bemerkung 1; sowie Manuskriptseite 56, Bemerkung 1 in diesem Band.
14 **Fine Hall:** Die Fakultät für Mathematik der Universität Princeton war von 1931 an in der Fine Hall untergebracht. Heute ist das Gebäude nach Thomas Jones benannt, weil die Fakultät für Mathematik in ein neu gebautes Gebäude umgezogen ist, das nun gleichfalls Fine Hall heißt. Henry Fine (1858–1928), nach dem die Gebäude benannt wurden, war Mathematiker und Wissenschaftsorganisator. Die ursprüngliche Fine Hall ist ein dreistöckiges Gebäude mit eichenvertäfelten Innenräumen, Bleiglasfenstern und einem Innenhof. Der Gemeinschaftsraum war mit Ledersesseln, Schachbrettern und einer beweglichen Schreibtafel ausgestattet. Nach 1933 waren für einige Jahre auch die Mitglieder der School of Mathematics des Institutes for Advanced Study in der Fine Hall untergebracht.

8: ›kann‹ von der Editorin verbessert in ›können‹
16 **Geruch gemischt:** Andere Lesart: Geruchsgemisch

Bemerkung: Um sich den Sinn der Theoreme klar zu machen, ist es wichtig, zu sehen, dass und warum sie mit gewissen leicht modifizierten Begriffen nicht mehr gelten.

Frage: Bilden die unmittelbar erfassbaren Begriffe (in unserem jetzigen Zustand) eine konstante Menge, oder kann sie durch Übung wachsen, und ist ein Erfassen in verschiedenen Graden möglich?

Maxime: Die beste Erholung ist es, seine Pflicht getan zu haben.

Bemerkung {*Psychologie*}: Das Gewissen ist das Bewusstsein (die Evidenz) des Richtigen und Falschen | in moralischer und sachlicher Hinsicht. Es gibt zugleich die Gründe dafür. Es ist selbst ein Objekt seiner selbst. (Frage: Ist es evident, dass alles, was evident ist, auch wahr ist?) Es kann daher angezweifelt (abgelehnt) werden, und zwar auch im Falle, dass die Frage *positiv* [52] beantwortet wird (das heißt, bloß in diesem Fall wäre es ein noch stärkerer Betrug).

Die Sünde besteht darin,* dass entweder: 1.) Das Gewissen nicht anerkannt wird (a.) in moralischer, b.) in sachlicher Hinsicht).** Das heißt, es wird die Negation des Evidenten als richtig angenommen oder zumindest das Evidente nicht angenommen. 2.) Es wird anerkannt, aber trotzdem das Falsche getan (z. B. aus Schwäche, und zwar ohne »Beraubung« der Vernunft).

(*Frage*: Kommt das 2te überhaupt vor?*** Motiv für 1. ist, dass es nicht den Wünschen entspricht (daraus entsteht die Vermutung »vielleicht ist es falsch«, die sonst, | im Falle der Gleichgültigkeit hinsichtlich der Wünsche, nicht aufgetreten wäre).

Wirkungen der Sünde:

1.) Das Gewissen wird weniger deutlich, 2.) es wird widerspruchsvoll, {3.) es entsteht »falsche« Evidenz}. (Im krassesten Fall: Die vernünftigen Gründe halten bei jeder Entscheidung einander das Gleichgewicht.)

Auch zum Beispiel die Antinomie der Mengenlehre kommt nur dadurch zustande, dass man sich mit etwas beschäftigt, bevor

---

* [53] Es werden entweder Begriffe oder Sätze über sie nicht anerkannt (z. B. der Begriff des Vernünftigen).
** [53] Die *spezifisch* moralischen Evidenzen sind die von der Gleichberechtigung aller (vgl. *Lectüre Unmathematisches*, p. 12 No 33). Anm. E.-M. E.: Vgl. für *Lectüre Unmathematisches* ›Philosophie I Maximen 0‹, S. 76, Zeile 3 und Fußnote; sowie Manuskriptseite 149 in vorliegendem Notizbuch. In Gödels Nachlass ist kein solches Notizbuch auffindbar.
*** 2.) bedeutet bloß die Nicht-Anerkennung des → [53] Gewissens »unter dem Druck« der Leidenschaften. Das heißt im Zustand teilweiser Unfreiheit.

7 **wachsen,**: Andere Lesart: wechseln
12: | ist
26: ›‹ von der Editorin gelöscht
30 **3.) es entsteht »falsche« Evidenz**: Im Manuskript als Fußnote

33 **Antinomie der Mengenlehre**: Vgl. ›Zeiteinteilung (Maximen) II‹, S. 146, Z. 2f.; sowie Addendum IIIb, 1v, S. 238, Z. 6–8. Bildet man wie Bertrand Russell die Klasse *K* aller Klassen, die sich nicht selbst als Element enthalten, stellt sich die Frage, ob sich *K* selbst als Element enthält oder nicht.

man dazu reif ist. Sowie man zuerst hinreichend andere Mathematik betrieben hätte, würde die Antinomie erst auftreten, wenn man die ganze Einstellung (Theorie), [53] auf der sie beruht, bereits überwunden hätte (sie mittels einer anderen Theorie vollkommen übersieht). [Das heißt, es ist zwar möglich, dass man in einem bestimmten Zustand eine falsche Theorie mit gutem Gewissen *acceptiert*, aber dies führt erst zu Widersprüchen, bis man sich zur nächsten Theorie erhoben hat, welche diese Widersprüche nicht mehr in sich hat, *etc.*] Ein Grund, warum das Nicht-Anerkennen der Evidenz auf jeden Fall eine Sünde ist: Man hat nichts anderes als die Evidenz, wonach man sich richten kann (oder ist die »Bewährung« etwas anderes?).

Bemerkung: Besteht die »Rechtfertigung« durch Jesus Christus vielleicht darin, dass gezeigt wird: Auch wenn jemand das vollkommen Richtige tut, hilft es ihm nichts. Also hat der Mensch recht, nicht das vollkommen Richtige zu tun.

Bemerkung: Es ist klar, dass wir keinen adäquaten Begriff Gottes haben, sondern [54] nur *Approximationen*. Aus der Annahme des Gottesbegriffes folgen wahrscheinlich die Existenz und andere Sätze mit Notwendigkeit, ähnlich wie beim Begriff der reellen Zahlen.

Bemerkung: Alles, was irgendwie eingesehen werden kann, ist entweder:
1. vollkommen klar (das, was man wissen kann) – *analytisch*,
2. einigermaßen klar (Ersetzungsaxiom) – *analytisch*,
3. plausibel, das heißt, annehmbar aus *aesthetischen*, Vollständigkeits-Gründen *etc.*

---

11 **oder ist die »Bewährung« etwas anderes?**: Vgl. für »Bewährung von Theorien« Karl Popper, ›Logik der Forschung. Zur Erkenntnistheorie der modernen Naturwissenschaft‹ von 1934, und Manuskriptseite 54 unten. Nach Popper hält eine Theorie, die sich bewährt, Falsifikationen stand.
19 **Gottes**: Für einen adäquaten Begriff Gottes müsste es gelingen, eine Konjunktion möglicher rein positiver Eigenschaften als ein konsistentes Ganzes zu formulieren – eine konsistente Menge göttlicher Vollkommenheiten.
22 **reellen Zahlen**: Die Menge der reellen Zahlen ℝ besteht aus der Menge der rationalen und der Menge der irrationalen Zahlen, mit den rationalen umfasst sie auch die ganzen und natürlichen Zahlen.
28 **Ersetzungsaxiom**: Vgl. Erläuterung von Manuskriptseite 29, oben.

1 **andere**: Andere Lesart: niedere

Fragen:
1. Kann das Plausible analytisch gemacht werden mittels der Vollkommenheit Gottes?
2. Kann alles Erkennbare (auch das *synthetische* und empirische) plausibel gemacht werden? Oder gibt es wahre Theorien, die nur eine »Bewährung« haben?

Bemerkung: In der wahren Theorie der Welt (in der alles auf Formales abgebildet wird) ist vielleicht Zeit und Raum ganz unhomogen (Anfangspunkt, Mittelpunkt, absolute Einheit *etc.*). Die wahre Theorie der Mathematik (vielleicht) ergibt sich daraus, dass in der wahren Theorie der Welt auch die Zahlen auf etwas abgebildet werden.*

* Ähnlich wie die falsche Theorie der Welt auch eine Anwendung (Wahrscheinlichkeit) auf die Zahlentheorie hat.

Bemerkung {*Grundlagen*}: Wegen ›jedes abzählbare *Problem*‹ ist zu entscheiden:
1.) Die *Analysis* ist eine entscheidbare *Disciplin*. [55]
2.) Alles Zahlentheoretische {zahlentheoretische Funktionen} kann durch Analysis beliebig genau {↑ insbesondere durch »fast alle«} *approximiert* werden.
3.) Jede zahlentheoretische Frage kann durch hinreichende *Approximationen* entschieden werden.

Bemerkung: Auf Grund der vorhergehenden *Bemerkung* folgt, dass der richtige Weg, ein Mathematiker zu werden, der ist, angewandte Physik (mit tatsächlichen Berechnungen) zu studieren. Die dabei entwickelten Methoden können dann auch auf die »Berechnung« zahlentheoretischer Funktionen angewandt werden.

Bemerkung {*Physik*}: Das Problem der Quantenmechanik ist die *Definition* »analytische Funktion« für *Operatoren*** als Variablen (dann könnte man immer die | Gleichungen der klassischen Me-

** Wobei die Operatoren die Wahrscheinlichkeiten der Größen ebenso bestimmen, wie die früheren Variablen die »Werte«.

2 **Vollkommenheit Gottes:** Vgl. erläuternden Kommentar oben.
6 **»Bewährung«:** Vgl. Manuskriptseite 53 oben.
14 **Problem‹:** Ein Problem ist eine Fragestellung. Ein Beispiel dafür ist etwa die Frage, ob eine bestimmte Eigenschaft auf ein bestimmtes Objekt o zutrifft oder nicht. Betrachtet werden Objekte aus einer Grundmenge O. Abzählbar heißt das Problem, wenn die Grundmenge O abzählbar ist.
20 **Approximationen:** Vgl. etwa Bemerkung 1 auf Manuskriptseite 50.
30 **Operatoren:** Ein Operator ist eine Regel, welche einer gegebenen Funktion $\psi(q)$ eine andere Funktion $\chi(q)$ zuordnet. In der Quantenmechanik werden die Operatoren aus zwei elementaren Operatoren aufgebaut, dem Differentialquotienten $\frac{\delta}{\delta_q}$ und der Multiplikation mit q.

18 ↑: Pfeil zeigt von ›genau‹ nach oben auf ›insbesondere durch fast alle‹
31: ›g‹ von der Editorin gelöscht

chanik eindeutig fortsetzen für Operatoren; die *statistische* Mechanik ist auch eine Fortsetzung, aber eine falsche [triviale]).

Um diesen Begriff »*analytisch*« definieren zu können, müsste man den gewöhnlichen Begriff ›analytisch‹ »erkannt« haben. Das heißt, *Definition* in höheren Begriffen und [56] Aufklärung der Fruchtbarkeit dieses Begriffes für Zahlentheorie, Algebra etc.

Bemerkung {*Mathematik*}: Die Einführung höherer Transzendenten (z. B. ϑ-Funktion) sollte durch folgende Gesichtspunkte geregelt sein. Sie sollen liefern:

A.) geschlossene *Integration* (auch von *Differential*-Gleichungen) der früheren Funktionen {↑ mit möglichst wenig (Reduktion)};*

B.) leichte und schnelle Berechenbarkeit;

C.) vollkommene Übersicht sämtlicher analytischer Beziehungen (d. h. Gleichungen, auf deren beiden Seiten »*Terme*« stehen);

D.) Übersicht des Verhaltens im Großen (*Singularitäten* und *Topologie*).

* Eventuell geschlossene »*Inversion*« für Ausdrücke, die aus den früheren Funktionen bestehen.

---

4 ›**analytisch**‹: Carnap hat sich seit 1931 um eine Definition von ›analytisch‹ bemüht, die es ermöglichen sollte, als Kriterium von Wahrheit zu fungieren, das sich von dem für Beweisbarkeit unterscheidet. Gödel und Carnap haben zu Beginn der dreißiger Jahre des 20. Jahrhunderts ausführlich Rudolf Carnaps Begriff ›analytisch‹ diskutiert. Gödel hat Carnaps diesbezügliche Versuche stets als fehlerhaft kritisiert. Nach Gottlob Frege betrifft die Unterscheidung analytisch-synthetisch den Grund, »woher wir die Berechtigung für unsere Behauptung nehmen« (Frege, ›Die Grundlagen der Arithmetik‹, § 3).

8 **Transzendenten:** In der Mathematik wird eine Reihe oder Funktion transzendent genannt, wenn sie nicht algebraisch ist, d. h. wenn sie nicht die Lösung einer Polynomgleichung mit Polynomkoeffizienten in Bezug auf ihre Argumente ist. Transzendente Ausdrücke sind durch Gottfried Wilhelm Leibniz in die Mathematik eingeführt worden. Sie werden durch unendliche Reihen gegeben. Er bezeichnete die Integral- und Differentialrechnung auch als »Analyse des transcendantes«. Vgl. auch Manuskriptseite 137, Bemerkung 1 in diesem Band.

9 **ϑ-Funktion:** Carl Gustav Jacob Jacobi hat die unendlichen Produkte, durch deren Quotienten die elliptischen Funktionen dargestellt wurden, als selbstständige Transzendenten in die Analysis eingeführt. Er stellte diese Produkte in Reihenform dar. Die unendlichen Reihen, zu denen er dadurch gelangte, sind als Theta-Reihen (ϑ-Reihen) oder Theta-Funktionen (ϑ-Funktionen) einer Veränderlichen bekannt.

11 **geschlossene Integration:** Geschlossene Integration ist die Integration entlang einer geschlossenen Kurve.

16 **Singularitäten:** Je nach mathematischem Teilgebiet werden sehr unterschiedliche »Objekte« als singulär bezeichnet. In der Topologie heißt ein Punkt $x \in M$ Singularität, wenn M bei x (in einer beliebig kleinen Umgebung von x) keine Mannigfaltigkeit ist.

16 **Topologie:** In der mathematischen Topologie befasst man sich mit einem verallgemeinerten Raumbegriff. Die Topologie ist aus Konzepten der Geometrie und der Mengenlehre hervorgegangen. Ein topologischer Raum besteht aus einer Menge R von Punkten, wobei jedem Punkt x in R eine Menge von Teil-

1: ›,‹ von der Editorin verbessert in ›;‹

12 **mit möglichst wenig (Reduktion):** Am oberen Seitenrand eingefügt, Pfeil zeigt von ›Funktionen‹ auf diese Einfügung

Analytische Sätze sind Gleichungen oder eventuell Ungleichungen von Termen. Die ζ-Funktion ist wahrscheinlich von diesem Standpunkt nicht einzuführen (sie löst nicht Probleme, sondern stellt Probleme und ist außerdem nicht rein *analytisch* definiert, durch eine Summe statt einem *Integral*).

[57]
Frage: Welche *Integral*- und Eliminationsprobleme kann man auf endlich viele analytische Funktionen zurückführen (wie z. B. die elliptischen *Integrale*)? Welche auf abzählbar viele mit vollkommener Entscheidbarkeit der Gleichungen zwischen *Termen*? (Vgl. vorhergehende *Bemerkung*.)

Bemerkung: Ein Existenzbeweis ist eine *Approximation* zur Konstruktion des Seins. Ungeschickte Modelle (wie z. B. der mathematische Formalismus der verschiedenen Stufen oder die *positivistischen* Modelle der Wissenschaften) sind eine *Approximation* an die wirklichen Systeme und die wirklichen Wissenschaften.

Bemerkung: Der Grund dafür, dass ich mir vor einer anderen Person nichts überlegen kann, ist wahrscheinlich, dass ich früher oft aus Eitelkeit verheimlicht habe, dass ich etwas nicht verstehe (und auch jetzt noch so tue, was die Sache noch mehr verschlimmert). Was ist aber der Grund, dass ich auch im privaten Denken gehemmt bin?

11: ›v‹ von der Editorin verbessert in ›V‹

mengen von R, den ›Umgebungen‹ von x, zugeordnet ist, die die Umgebungsaxiome der Topologie erfüllen. Vgl. Manuskriptseite 39, Bemerkung 1; sowie Manuskriptseite 50, Bemerkung 2 in diesem Band.

2 **ζ-Funktion:** Die Riemannsche Zeta-Funktion ist definiert als
$$\zeta(s) = 1 + \frac{1^s}{2} + \frac{1^s}{3} + \frac{1^s}{4} + \frac{1^s}{5} + \ldots = \sum_{n-1}^{\infty} \frac{1^s}{n},$$
wobei s eine komplexe Zahl aus ihrem Definitionsbereich ist. Es gilt: $\zeta(1) = \infty$. Vgl. auch Manuskriptseiten 47, oben; und 133, Bemerkung Grundlagen.

10 **elliptischen Integrale:** Ein elliptisches Integral ist ein Integral eines bestimmten Typs, das bei der Berechnung des Umfangs einer Ellipse auftritt. Elliptische Integrale lassen sich in der Regel nicht durch allgemeine Funktionen darstellen, aber durch Umformung in eine Summe von elementaren Funktionen und Integralen überführen.

14 **Existenzbeweis ist eine Approximation zur Konstruktion des Seins:** Vgl. ›Zeiteinteilung (Maximen) II‹, Addendum IIIb, 3v, S. 242, Z. 21f., wo es heißt: »Das Falsche ist eine Approximation ans Richtige, der Existenzbeweis an die Konstruktion.« Siehe auch Manuskriptseite 85, Bemerkung 4.

Bemerkung {*Psychologie, Ethik*}: Obwohl Leidenschaften (Trieb, Lust, Leiden) an und für sich keine Sünde sind (sondern höchstens Strafe oder Locken oder Gnade), [58] so besteht doch eine Zuordnung zwischen sündigen Leidenschaften,* und sündigen *Acten* (insbesondere sündigen Trieben), weil diese die Ursache der Akte sind. Daher, um die Sünde einzuteilen und zu verstehen, sind die sündigen Verlangen einzuteilen und zu verstehen (Abbildung).** Vielleicht sind überhaupt die Leidenschaften die einzige Möglichkeit, sich (seinen Willen) kennenzulernen. In der psychologischen Entwicklung des Menschen ist die Stärke (Klarheit) des Gewissens in jedem Moment *proportional* mit der Stärke der Leidenschaften (oder zumindest der *Differenz* zwischen guten und bösen Leidenschaften). Sonst wäre man (da das Gewissen nur eine endliche Stärke, d. h. Sicherheit, hat) im Recht, einer sehr starken Leidenschaft gegen das Gewissen zu folgen. Je öfter man die falsche Entscheidung (gegen das Gewissen) gemacht hat, desto größer wird die *Differenz* und desto undeutlicher und schwächer das Gewissen.

* Sündiges Leiden = Neid.

** Also ⊃-Frage: Das Verlangen wonach ist *legitim* beziehungsweise nicht legitim?

[59]
Bemerkung: Der richtige Beginn für das Lernen einer jeden Sache ist eine Wiederholung und ein Überblick über das schon Gewusste, und selbständiges Stellen weiterer Fragen, und mit konkreten Fragen (welche womöglich eine »weltanschauliche« Bedeutung haben) ans Thema herantreten.

Bemerkung: Das Problem, sich selbst zur Arbeit zu zwingen, besteht darin, die Situation: »Jetzt soll ich arbeiten, habe aber gar keine Lust dazu« zu ersetzen durch eine Reihe von Situationen, welche schließlich zum Beginn der Arbeit hinführen|, und in denen | die Unlust (Hemmung) klein ist [und die Erkenntnis, dass es das Richtige ist, groß] (z. B. wäre das Lesen der Arbeits-*Maximen* in *Arbeits*Heft 6, *p*. 1 eine solche Zwischenschaltung).

---

1 **Trieb**: Siehe für weitere Belegstellen zu ›Trieb‹ die Angaben auf Manuskriptseite 15, Bemerkung Psychologie in diesem Band.
32 **Arbeits-Maximen in ArbeitsHeft 6, p. 1**: Im ›Arbeitsheft 6‹ hat Gödel zwischen die Manuskriptseiten 64 und 65 ein Blatt mit Maximen eingelegt, das recto und verso beschrieben ist. Ediert ist dieses Blatt als Addendum XV in Band 2 von Gödels ›Philosophischen Notizbüchern‹.

29: ›(‹ von der Editorin verbessert in ›,‹
30: ›)‹ von der Editorin gelöscht
31: ›jede‹ von der Editorin gelöscht

Maxime (*Mathematische* Forschung):
1. Zunächst wird das fragliche Theorem präzise formuliert (selbst mit anscheinenden Willkürlichkeiten).
2. Dann wird gefragt, ob alle einfachen Fragen bereits entschieden sind.

[60]
Bemerkung: Ein *Aspect* des Erbarmens Gottes ist, dass es unvernünftig* ist, ohne Ruhe und Zerstreuung zu arbeiten.

* Oder sogar unmöglich ist.

Bemerkung Theologie : Beispiele für die Zahl 5 (beziehungsweise 4):
1.) Jahreszeiten (Vorfrühling entspricht dem Reich Gottes, Spätherbst dem Antichrist).
2.) Weltreiche.
3.) Werke der 6 Tage (Firmament = Teufel, Elemente + Himmel (erster Tag) entspricht dem Reich Gottes).
4.) Reguläre Körper.
5.) 5 Finger und 5 Zehen.
6.) 5 Hauptteile des Körpers: Kopf, Brust, Bauch, Hände, Füße.
7.) Farben (Rot, Gelb, Blau, Grün, Weiß, Schwarz).
8.) Tageszeiten: Vormittag, Nachmittag, Abend, Nacht (Morgen = Reich Gottes, Abend = Reich des Teufels). [61]
9.) 5 Sinne.
10.)? 5 Haupttätigkeiten der menschlichen Seele: Wahrnehmen, Denken (Urteilen), Fühlen, Begehren, Wollen.

15 **Firmament =**: In Valentin Weigels ›Das Geheimnis der Schöpfung‹, Amsterdam (Betkio) 1701, heißt es auf S. 91 etwa: »[...] zudem ist auch das Firmament eine Scheidung zwischen den heiligen Engeln und verdammten Teuffeln, denn die Engel seynd über dem vergänglichen Himmel, aber die Teuffel seynd unter dem vergänglichen Himmel, müssen also eingeschlossen bleiben in die 4 Elementa biß an den Jüngsten Tag.«
15 **Teufel**: Vgl. die Einleitung zu diesem Band sowie die Manuskriptseiten 5, Bemerkung Theologie; 8, Bemerkung 1; 44, Bemerkung 2; 47; 60, Bemerkung Theologie, Pkt. 3 und 8; 63, Bemerkung 2; 64, Bemerkung 1, Pkt. 2; 73, Bemerkung 2; 101f., Bemerkung Theologie; 121, Bemerkung Theologie 2; 122f., Bemerkung Theologie; 154, Pkt. 6.
17 **Reguläre Körper**: Reguläre Körper sind platonische Körper, also Tetraeder, Würfel, Oktaeder, Dodekaeder, Ikosaeder.
20 **Weiß, Schwarz**: Weiß und Schwarz sind im eigentlichen Sinn keine Farben.

11.) **?** 4 Arten des Urteilens (*a e i o*) (oder eigentlich 6).
12.) Die 4 Dimensionen der Welt, zu der als 5te (zeitähnliche) wahrscheinlich die Reihenfolge der Dinge im göttlichen Schöpfungsplan dazukommt. (Es gibt eine subjektive und eine objektive Zeit, und die objektive Zeit der Physik ist nicht die subjektive Zeit Gottes.)
13.) **?** Die 4 Elemente + *quinta essentia* (oder Licht).

Zwischen den 4 Dingen besteht eine Struktur:
1.) 2 sind gut und 3 schlecht (oder umgekehrt). 2.) 1 besonders gut und das 6te besonders schlecht. 3.) Es besteht eine komplementäre Relation wie bei den regulären Körpern durch Vertauschung der Ecken und Seiten Fläche zu erhalten.

14.) 4 Evangelien + *Apostelgeschichte*.
15.) 4 *Propheten* + *Baruch*.
16.) 5 Bücher *Mosis*.
17.) 5 verschiedene Kategorien von Dingen (Unbelebtes, Pflanzen, Tiere, Menschen, Geister).
18.) 4 Lebensalter: Kind, Knabe, Jüngling, Mann, Greis. [62]
{19.) 4 Arten von Toden im Gleichnis vom *Sämann*.}

---

1 **a e i o**: In der Syllogistik wird von vier Arten von Urteilen ausgegangen: *a* steht für »alle S sind P«, *e* für »kein S ist P«, *i* für »einige S sind P«, sowie *o* für »einige S sind nicht P«.
1 **eigentlich 6**: Gödel könnte hier darauf anspielen, dass es zu den vier Grundfiguren in der Syllogistik jeweils sechs gültige Syllogismen gibt.
7 **4 Elemente**: In antiker Tradition sind die vier Elemente Feuer, Luft, Wasser, Erde.
7 **quinta essentia**: Die sogenannte Quintessenz, auch spiritus genannt, ist der Äther.
15 **4 Evangelien**: Die vier Evangelien sind die nach Matthäus, Markus, Lukas und Johannes im Neuen Testament der Bibel.
15 **Apostelgeschichte**: Die Apostelgeschichte folgt im Neuen Testament dem Evangelium nach Johannes. Ihr Verfasser ist der Überlieferung nach der Evangelist Lukas, Autor des Evangeliums nach Lukas.
16 **4 Propheten**: Die großen Propheten des Alten Testaments sind Jesaja, Jeremia, Ezechiel und Daniel.
16 **Baruch**: Das Buch ›Baruch‹ ist eine griechische Pseudepigraphie, die Baruch, dem Sekretär des Jeremia, zugeschrieben wurde.
17 **5 Bücher Mosis**: Die fünf Bücher des Pentateuch, nämlich Genesis, Exodus, Levitikus, Numeri und Deuteronomium, werden auch als die fünf Bücher Mose bezeichnet.
20 **Kind, Knabe**: Meist werden diese beiden Aspekte zu ›Kindesalter‹ zusammengefasst.
21 **19.) 4 Arten von Toden im Gleichnis vom Sämann**: Am oberen Rand der Seite eingefügt. Nach Markus, 4, 3–7, fällt Samen, den der Sämann ausstreut,

Maxime: Notwendige Bedingungen für vernünftiges Arbeiten (in jedem Gebiet):
→ 1. Man muss entschlossen sein, es zu tun (man muss sich hinreichend Zeit nehmen).
2. Äußere Bedingungen: Bei Tage und beim Schreibtisch.
→ 3. Ziele und ganzen Verlauf der Überlegung in Worte formulieren. Sich nicht in Allgemeinheiten und »Philosophie« verlieren.
4. Die vorhandene Literatur hinreichend studieren.

Maxime: Zum wirklichen Ausruhen [d. h. auch nicht an Theologie, *Psychologie*, Philosophie, eigenes Leben *etc.* denken] muss man sich ebenso zwingen wie zur Arbeit [nämlich zur nützlichen Arbeit]. Eventuell *Augustins* Bekenntnisse oder eine Dichtung lesen. Eine Erholung ist das Schöne.

1./I 1941
Bemerkung: Die geistige »Blindheit« wird vielleicht einfach dadurch behoben, dass man »die Augen öffnet«, das heißt, eine geistige Anstrengung in einer Richtung macht, die bisher der Wahrnehmung entgangen ist. Daher ist ein Weg dahinzukommen, die systematische Erforschung aller »Richtungen« des psychologischen Raumes. Insbesondere: Was gehorcht unmittelbar meinem Willen? Das ist wahrscheinlich der Übergang vom Knaben- zum Jünglingsalter. Daher *Augustins* Bekenntnisse lesen.

[63]
Bemerkung: Beispiel, wo unsere »*a priori*sche« Denkform in Widerspruch steht mit der Wirklichkeit: »Die Zeit hat keinen Anfang« scheint *a priori* evident zu sein. Ist es nicht ähnlich mit der Aussage: »Die Zahlenreihe hat kein Ende«? Wenn die Denkform mit der Wirklichkeit in Widerspruch steht, so steht sie wahrscheinlich auch mit sich selbst im Widerspruch. {*vgl.* auch *p.* 65 unten}

---

10 **Maxime:** Im Manuskript viermal unterstrichen
14 **Eine Erholung ist das Schöne:** Andere Lesart: Eine Erholung ist das schon.
30: ›.‹ von der Editorin verbessert in ›?‹

so auf den Boden, dass er (1) gefressen wird, (2) durch die Sonne verbrennt, (3) ohne Wurzeln vertrocknet, (4) »erstickt« wird. In manchen Übersetzungen werden die Punkte (3) und (4) getrennt, in anderen erscheint es so, als wären sie einer.

13 **Augustins Bekenntnisse:** In Gödels Privatbibliothek befindet sich folgende Ausgabe: ›Die Bekenntnisse des heiligen Augustinus‹, übers. v. Otto F. Lachmann, Leipzig (Reclam) 1888. Vgl. folgende Bemerkung sowie Manuskriptseite 146, Bemerkung Psychologie; sowie 129, Bemerkung 1; des Weiteren ›Philosophie I Maximen 0‹, S. 112, Fn.

Bemerkung: Letzte Ursache der Machtlosigkeit der Menschen ist ihre Unentschlossenheit [denn das Wählen einer Sache »vom ganzen Herzen« ist das ganze Geheimnis des Erfolgs und der Macht]. Ursache der Unentschlossenheit ist vielleicht, dass wir (unser Wille) teilweise gut und teilweise schlecht sind. Der Wille Gottes ist immer gut, der des Teufels immer schlecht. Daher kommt ihre Macht.

Frage: Kann die Unentschlossenheit auch den Grund haben, dass »wir nichts wissen«, das heißt, die zu wählenden Objekte nicht vollständig (samt allen Folgerungen) uns gezeigt werden? Anscheinend ist das unmöglich, denn es wird doch etwas Bestimmtes gezeigt (wenn auch etwas unscharf). Aber es könnte den Grund haben, dass von einem Moment zum anderen [64] immer etwas anderes gezeigt wird (allerdings müsste dann dieser Wechsel wahrgenommen werden, also wieder etwas Bestimmtes).

Bemerkung: Es gibt 3 verschiedene Arten von Reichtum (und Armut):
1. von Gott (d. h. die Möglichkeit, viel mit Recht zu haben und das Wissen darum);
2. vom Teufel (d. h. die Möglichkeit, viel mit Unrecht zu haben und das Wissen darum);
3. das tatsächliche Haben von viel Gutem.

3 kann ohne 1. und 2. sein {(*A paupertate et divitiis preserva me*)}.

Bemerkung: Die 4 »Reiche« bestehen wahrscheinlich auch gleichzeitig in jedem Zeitalter, in dem verschiedene Menschen in verschiedenen Reichen (unter anderen Gesetzen und Bedingungen) leben (z. B. die katholischen Priester im Goldenen *etc.*). Die Aus-

---

6 **des Teufels**: Vgl. die Einleitung zu diesem Band, sowie die Manuskriptseiten 5, Bemerkung Theologie; 8, Bemerkung 1; 44, Bemerkung 2; 47; 60, Bemerkung Theologie, Pkt. 3 und 8; 64, Bemerkung 1, Pkt. 2; 73, Bemerkung 2; 101f., Bemerkung Theologie; 121, Bemerkung Theologie 2; 122f., Bemerkung Theologie; 154, Pkt. 6.

25 **A paupertate et divitiis preserva me**: Bei diesem Satz handelt es sich nicht um klassisches Latein. Auf Deutsch lautet er: Bewahre mich vor Armut und Reichtümern.

27 **4 »Reiche«**: Nach dem Buch Daniel gehen dem Ende der Zeit und dem Reich Gottes vier Reiche voran.

30 **im Goldenen**: Der Mythos vom Goldenen Zeitalter ist antiken Ursprungs und verweist auf einen paradiesischen Idealzustand.

1 **Bemerkung**: Im Manuskript viermal unterstrichen
5: ›ist‹ von der Editorin verbessert in ›sind‹

sage: »Jetzt herrscht jenes Zeitalter« wäre also nur *statistisch* zu verstehen.

Bemerkung: Woher kommt es, dass die Wahrnehmung gewisser Dinge (Bücher, Theaterstücke, wissenschaftliche Abhandlungen) zur Folge hat, dass einem alles einen Sinn zu haben scheint [dass man darauf Lust hat], und bei anderen das Gegenteil (z. B. die reißerische Abhandlung über Widerspruchsfreiheit)?

[65]
Bemerkung: Jedes Buch (jede Abhandlung *etc.*) hat einen »Mittelpunkt«, von wo aus das Ganze zu verstehen ist (mit diesem sollte man eigentlich die Lektüre beginnen).

Bemerkung: Beispiele von Fragen, die im strengen Sinne »keinen Sinn« haben, aber doch eine ganz eindeutige Antwort:
1.) Was ist die Summe aus 2 rationalen Zahlen (nach *Definition* für ganze Zahlen)?
2.) Was ist die richtige *Definition* der *Dimension* oder des Maßes?
3.) Wie viele Arten von psychischen Geschehnissen gibt es und wie viele geschichtliche Zeitalter? In wie viele »Teile« zerfallen diese oder jene Brüche? [Jeder Teil hat einen Mittelpunkt.]

Überhaupt allgemein: Die zugehörigen *species* sind für jedes *genus* eindeutig bestimmt, und ebenso die Verallgemeinerungen von *Definitionen* auf einen größeren Bereich.

Maxime: Die beste Methode, irgendwie einen Satz einzusehen, ist, ihn zu negieren.

Bemerkung: Andere Beispiele für Widersprüche mathematischer Denkformen:
1. Jedes stetige Bild einer Menge vom Maß 0 sollte das Maß 0 haben [vielleicht ist die *Definition* der *Stetigkeit* falsch].

[66]
{Vorschweben}

---

7 **reißerische:** Da sich kein Mathematiker mit dem Familiennamen Reißer, Reisser oder Reiser ausmachen lässt, der zu diesem Thema gearbeitet hat, liegt es nahe hier ›reißerisch‹ zu lesen

36 **Vorschweben:** Am oberen Rand des Blattes eingefügt

36 **Vorschweben:** Auf ›Vorschweben‹ geht Gödel auf Manuskriptseite 67 in der ersten Bemerkung ein.

Bemerkung: Weswegen ist es wichtig, vor jeder Tätigkeit das Folgende in Worten zu formulieren?
1. Das fernliegende Ziel.
2. Das nächste Ziel (und dass es geeignet für das fernerliegende).
3. Die Zeit, welche man auf dies nächste Ziel verwenden will.
1. und 2., damit ein wirklicher »Entschluss« zustande kommt. 3., weil sonst im Unbewussten* die Ansicht entsteht: <u>Es muss alles (*inclusive* das fernerliegende Ziel) heute erledigt werden.</u>

* unfehlbar

Bemerkung: Für das Gedeihen der Arbeit ist es am besten, wenn man entweder sehr viel oder sehr wenig Zeit hat [aber sehr viel ist besser].

Frage: Was sind die kleinsten {Stücke} bei der Arbeit (und auch sonst), welche man entweder ganz oder gar nicht machen soll?

Maxime: Beim Arbeiten, wo es möglich ist, alles gleich ins Heft eintragen, und auf Zettel nur ganz Vorübergehendes und kurze Sachen (welche dann in den Papierkorb kommen). [Das sichert das Nachdenken in Worten und vermeidet das Phantasieren.]

[67]
Bemerkung: Wenn einem etwas vorschwebt (z. B. eine Beweisidee), was sich nachher als undurchführbar erweist, so ist doch immer etwas daran durchführbar und man hat bloß verkannt, was dieses Etwas ist. Oder zumindest ist etwas Ähnliches durchführbar (in einer anderen Sache).

Bemerkung: Gutes Beispiel für falsche Identifizierung, welche im Unterbewusstsein schlummert (und vielleicht Schaden bei *Intuitionen* anrichtet) und welche erst durch Formalisierung behoben wird: Koordinatensystem = wachsende Folge von linearen Teilräumen (in einem linearen Raum). Beispiele für schlummernde falsche Evidenz: $A \cdot B = B^n \cdot A^m$ in einer Gruppe → jedes Element der Gruppe $\{A, B\}$, darstellbar in Form $B^k \cdot A^l$.

Maxime: Vor dem Beginn der Arbeit (in jedem Gebiet) jeden Tag klären:

33 $A \cdot B = B^n \cdot A^m$: Hier und im Folgenden ist der Punkt das logische Zeichen für Konjunktion.

3 **fernliegende Ziel.**: Punkt 1. und 2. sind am linken Rand durch eine Akkolade verklammert
7* **unfehlbar**: Andere Lesart: und fehlbar
33 **{A, B}**: Die geschwungenen Klammern sind hier nicht als Einfügung zu lesen
36 **Maxime:** Im Manuskript dreifach unterstrichen, davon zweimal mit dickem roten Buntstift

1. Was ist das nächste Ziel?
2. Überblick über das bisher Gemachte und
3. das an diesem Tag zu Machende.

[68]

Bemerkung: Fehler bei mathematischer Forschung: Um festzustellen, ob eine Idee geht, sind die Fragen *A*, *B*, *C* zu entscheiden. *A* ist schwer zu entscheiden und man plagt sich damit lange herum, obwohl *B* ganz leicht negativ zu entscheiden ist.

Bemerkung: Prinzip bei Durchführung einer mathematischen Idee: Wenn nicht ganz klar ist, wie, so zuerst an einfachen Beispielen ausprobieren (insbesondere, wenn es eine Induktion ist, zuerst an 1, 2 *etc.*).

|*Maxime*: Bei der mathematischen Arbeit immer alles schreiben (und ordentlich schreiben) und nichts auf Schmierzettel.

|*Bemerkung*: Meine Langsamkeit in der Durchführung richtiger Ideen ist zurückzuführen, teilweise auf Ermüdung, teilweise auf Mangel an Übung und Mangel an »Wissen«.

|*Maxime*: Bei der Arbeit *explicit* sich überlegen, welche Ideen man gerade verfolgt, ob sie Aussicht auf Durchführbarkeit haben, und wie man sie durchführen soll, und ob sie das Richtige für den höheren Zweck sind.

[69]

Bemerkung: Hauptfehler bei der Arbeit: Einerseits entschließe ich mich fast nie ganz, eine Idee zu probieren (weil zu wenig vorher über Zweckmäßigkeit und Durchführbarkeit nachgedacht). Andererseits verbohre ich mich zu viel in aussichtslose Ideen.

Bemerkung: Anderer Fehler bei der mathematischen Arbeit: Bevor ich die ursprüngliche Beweisidee noch durchgeführt habe, stelle ich irgendwie fest, was das »Wesentliche« an dem Beweis ist, und arbeite jetzt das Wesentliche heraus in der Erwartung, dass man auf diesem Wege »von selbst« (sozusagen »blind«) zum gesuchten *Theorem* kommen muss (zunächst überzeugend beweisen, bevor elegant beweisen).

---

6 **Bemerkung**: Im Manuskript viermal unterstrichen
20: ›und‹ von der Editorin verbessert in ›auf‹
21 **Mangel an Übung**: Andere Lesart: auf Unmenge an Übungen
23 **Maxime**: Im Manuskript sechsfach unterstrichen
29: ›.‹ von der Editorin verbessert in ›:‹
35: ›.‹ von der Editorin verbessert in ›,‹
39 **überzeugend beweisen**: Andere Lesart: überzeugender Beweis
40 **elegant beweisen**: Andere Lesart: eleganter Beweis

Bemerkung: Das Verhalten eines vollkommen vernünftigen Wesens muss darin bestehen, dass es solange nichts tut (keinen Akt vollführt, d. h. kein Ziel setzt), bis es erkannt hat, was das richtige und zuerst zu wählende Ziel ist. Dann solange, bis es erkannt hat, was das richtige und zuerst zu wählende Mittel für dieses Ziel ist und so weiter, bis es ins Gebiet des »Durchführbaren« kommt, dann muss es dieses durchführen *u. s. w.* Das Wichtige ist, dass es jederzeit unter der Herrschaft genau eines Zieles steht. [70] (Das beruht auf der Theorie, dass das Beste jederzeit vollkommen eindeutig ist.)

Dieses Programm ist an sich richtig, muss aber an die Schwäche des Menschen angepasst werden (*vgl. Descartes' Provisorische Regel*).

Bemerkung: Die Frage, in welcher Richtung kann man in der Mathematik arbeiten, ist dieselbe wie: Welche *Fragen* lassen sich bloß durch »Klarmachen« der Begriffe lösen? Oder: Welche *Probleme* lassen sich bloß durch natürliche Vernunft (oder durch die *mathematische Methode, lege artis* angewandt) lösen?

Bemerkung: Bei Lösungen mathematischer Probleme ist (unter den Lösungen, welche keine logischen Fehler oder Lücken enthalten) noch immer zu unterscheiden zwischen »richtigen« und »falschen« Lösungen. Beispiele: 1.) Darstellung von Zahlen durch quadratische Formen ; *a.*) durch »Abschrankung«; *b.*) durch Äquivalenztheorie. 2.) Zurückführen der reellen Funktionen auf

---

11 **Descartes' Provisorische Regel:** Descartes' sogenannte provisorische Moral findet sich in Teil drei seines ›Discours de la méthode‹. Die dort angegebenen Maximen sind Regeln dafür, im täglichen Leben handeln zu können, auch wenn man noch keine Vernunftgründe dafür hat.
22 **Darstellung von Zahlen durch quadratische Formen:** Die Darstellung der natürlichen Zahlen durch ganzzahlige quadratische Zahlen ist ein Thema der Zahlentheorie. ›Darstellung von Zahlen durch quadratische Formen‹ ist auch der Titel einer Monographie von Heinrich Jung aus dem Jahr 1936. Hier aber wohl kein Hinweis auf diesen Titel durch Gödel.
23 **Abschrankung:** Als ›Abschrankung‹ wird das Absperren durch eine Schranke bezeichnet. In der Mathematik spricht man von oberen und unteren Schranken, also von Werten, die von einer Funktion nicht über- bzw. unterschritten werden, bzw. von nach oben oder unten beschränkten Funktionen, wenn es eine Zahl gibt, die von einer Funktion nicht unter- bzw. überschritten wird.
23 **Äquivalenztheorie:** Äquivalente quadratische Formen repräsentieren dieselben Zahlen.
24 **der reellen Funktionen:** Eine reelle Funktion *f* ist eine Abbildung von den reellen Zahlen in die reellen Zahlen. Vgl. Erläuterung zu Manuskriptseite 47.

22: ›:‹ von der Editorin verbessert in ›.‹

ganzzahlige Funktionen; *a.*) durch Werte für rationale Punkte, *b.*) durch *Fourierkoeffizienten*. 3.) Fruchtbarmachung der höheren Typen; *a.*) durch Wahrheitsbegriff; *b.*) durch Theorie der *Funktionale* und Funktionenraum. 4.) »berechenbare« und *intuitionistische* Funktion. [71] 5.) Richtige und falsche *Definition*.

Bemerkung: Kann man auch lügen, indem man die Wahrheit sagt, und umgekehrt?

Bemerkung: 16. Den »Gesichtspunkt« ändern, zum Beispiel: Übergang von Koordinaten- zu Punkttransformationen oder *Weyl*sche Art, die Reduktion zu behandeln, oder die Art, wie Teilformeln

1 **ganzzahlige Funktionen:** Eine Funktion mit ausschließlich *ganzzahligen* Koeffizienten ist eine ganzzahlige Funktion.
1 **rationale Punkte:** Die Gruppe der rationalen Punkte besteht aus den Punkten des Einheitskreises, deren Koordinaten positiv und rational sind.
2 **Fourierkoeffizienten:** Hat man eine reellwertige Funktion *f*, erhält man reellwertige Fourierkoeffizienten. Fourierkoeffizienten sind Entwicklungskoeffizienten in einer Fourierreihe. Als Fourierreihe wird die Reihenentwicklung einer periodischen, abschnittsweise stetigen Funktion in eine Funktionenreihe aus Sinus- und Kosinusfunktionen bezeichnet.
3 **Funktionale:** Funktionale sind mathematische Objekte, die Funktionen als Argumente haben. Hier geht es um Funktionen, die wiederum Funktionen abbilden, also um Funktionen oder mathematische Objekte eines höheren Typus. Gödel verwendet den Ausdruck ›Funktional‹ noch 1958 in seinem Aufsatz »Über eine bisher nicht benützte Erweiterung des finiten Standpunktes«, wiederabgedruckt in: Kurt Gödel, ›Collected Works‹, Bd. II, S. 240–250, hier S. 244, Fn. 5.
4 **Funktionenraum:** Ein Funktionenraum ist eine Menge von Funktionen, die mit einer topologischen Struktur versehen ist.
4 **berechenbare:** Der Begriff der effektiv berechenbaren Funktion ist ein informaler Begriff, der durch die formalen Begriffe der rekursiven Funktion und der Turing-berechenbaren Funktion formalisiert wird. In der klassischen rekursiven Mathematik werden die berechenbaren reellen Zahlen untersucht, in der konstruktiven rekursiven Mathematik werden rekursive Funktionen auf Teilmengen der natürlichen Zahlen angewendet und die reellen Zahlen daraus konstruiert.
4 **intuitionistische Funktion:** Bei der Lesart »intuitionistische« Funktion wäre der Ausdruck im Sinne der in der vorangegangenen Bemerkung erwähnten konstruktiven rekursiven Mathematik zu verstehen. Die Lesart »interne« Funktion, die zunächst näher zu liegen scheint, scheidet aus, da dies ein Begriff der Nichtstandardanalysis ist, die erst 1961 von Abraham Robinson begründet wurde.
10 **16.:** Fortsetzung von Manuskriptseite 34 »wichtige Tätigkeiten des Mathematikers«
11 **Koordinaten-:** Bei einer Koordinatentransformation werden Koordinaten eines Punktes oder einer Punktmenge von einem Koordinatensystem in solche bezüglich eines anderen Koordinatensystems übertragen.
11 **Punkttransformationen:** Bei einer Punkttransformation werden nicht die Koordinaten transformiert, sondern die Punkte. Das Koordinatensystem bleibt fest.

und Formeln definiert werden, sodass es gleichgestaltete verschiedene Formeln gibt. *Vgl. p. 73.*

<u>Maxime</u>: Der Entschluss (am Anfang der Arbeit), was zu geschehen hat am heutigen Tag, hat genau zu sein* (insbesondere auch, was Länge der Zeit der Arbeit betrifft). Und nachdem das Ziel erreicht ist, hat ein neuer Entschluss über das weiterhin zu Machende gefasst zu werden. Überhaupt, eventuell (sagen wir alle Stunde) Arbeit unterbrechen und überlegen: Was ist getan, was ist zu tun?

* Das heißt, so, dass feststellbar ist, wann das Ziel erreicht ist.

<u>Bemerkung</u> (*Psychologie*): Die psychischen Objekte (sowohl Wahrnehmungen als Akte = Entschlüsse {= Zielsetzungen}) sind etwas ganz Bestimmtes und Präzises (sodass von je 2 feststeht, ob sie gleich oder verschieden sind *etc.*). Aber unsere Wahrnehmung von ihnen ist teils unvollständig und teils falsch.** Da [72] wir aber das falsche Axiom haben: »Wenn wir *A* wahrnehmen (oder tun), so wissen wir auch, dass wir es wahrnehmen (tun), und wenn nicht, so nicht«, so folgt, da wir oft nicht wissen, ob wir *A* wahrgenommen haben oder nicht, dass wir es weder wahrgenommen noch nicht wahrgenommen haben. Das heißt, dass die Wahrnehmungen (oder Handlungen) nichts Bestimmtes (etwas Unpräzises) sind.***

** Das ist der Sinn des Wortes ›unpräzise‹.

*** Diese falsche Ansicht schließt sofort jede Theorie der psychischen Erscheinung aus (und das ist wahrscheinlich ihr Sinn).

<u>Bemerkung</u> {*Psychologie*}: In Wirklichkeit ist also jedes Zeitintervall mit einer objektiv ganz genauen und in allen Eigenschaften bestimmten Folge von Wahrnehmungen und Entschlüssen (bzw. Mangel von Entschlüssen) ausgefüllt. Es wäre sehr wichtig, dass ich diese Kette einmal wirklich und in allen *Details* herstellen würde. <u>Zum Beispiel, indem ich immer nach jeder Stunde Arbeit eine Stunde auf die Beschreibung der bisherigen Arbeit verwende.</u> Der Hauptfehler (Sünde), den ich dabei entdecken würde, wäre wahrscheinlich, dass ich zu wenig auf mich selbst schaue (weil die *Mikrowelt* die *Makrowelt* abspiegelt und in der Mikrowelt (des Psychischen) dies mein Hauptfehler ist).

---

11 **Weylsche Art, die Reduktion:** Siehe etwa: Hermann Weyl, »Theory of Reduction for Arithmetical Equivalence«, in: ›Transactions of the Amererican Mathematical Society‹ 48 (1940), S. 126–164.
32 **Mikrowelt die Makrowelt:** Gödel versteht unter einer Mikrowelt hier die psychische Innenwelt eines Menschen, während die Makrowelt die ihn umgebende Welt ist. Vgl. auch Manuskriptseite 49, Bemerkung 1 in diesem Band.

2 73: ›3‹ von Gödel verbessert aus ›2‹. Auf Manuskriptseite 73 wird die Liste mit den Punkten 17. und 18. in Bemerkung 3 fortgesetzt
18: ›.‹ von der Editorin verbessert in ›,‹

[73]

Bemerkung: Der Satz $a = b \vee a \neq b$ ist das richtige Kriterium dafür, dass a, b Objekte sind* (d. h. »etwas Bestimmtes« sind, im Gegensatz zum Unpräzisen oder Unbestimmten). Das ist wahrscheinlich die oberste »Denkform«, welche | aller Theoriebildung zugrunde liegt.

* Nicht, dass überall $a = a$ ist, welches zu ersetzen ist durch $(x) [a = x \vee a \neq x]$; oder durch $(\varphi) [\varphi(a) \vee \sim\varphi(a)]$.

Bemerkung: Ist es dem Teufel gelungen, etwas »Unbestimmtes« zu erschaffen (d. h. etwas, was kein Ding ist), oder gelingt es ihm bloß, die Täuschung zu erwecken, als habe er so etwas erschaffen? [Die freien Variablen in einer Beweisführung bezeichnen vielleicht etwas Derartiges.]

Bemerkung:

17. Definitionen so, dass nur sinnvoll, wenn wirklich sinnvoll.
18. Einen Überblick gewinnen, das heißt, eine überschaubare {motivierte!} Struktur daraus machen und dadurch im Gedächtnis behalten.

vgl. p. 131

Bemerkung: Vielleicht ist schon die Einführung der negativen Zahlen falsch.** Das wird plausibel durch: [74]

1. Fast alle Beweise verwenden die Relation $>$, das heißt, $\exists$ eine + Zahl.
2. Bei Beweisen für negative Zahlen werden sehr oft Fallunterscheidungen (in + und –) vorgenommen.

** Das heißt, unzweckmäßig für Lösung der elementaren Probleme.

---

8 **Teufel:** Vgl. in diesem Band Manuskriptseiten 5, Bemerkung Theologie; 8, Bemerkung 1; 44, Bemerkung 2; 47; 60, Bemerkung Theologie, Pkt. 3 und 8; 63, Bemerkung 2; 64, Bemerkung 1, Pkt. 2; 101f., Bemerkung Theologie; 121, Bemerkung Theologie 2; 122f., Bemerkung Theologie; 154, Pkt. 6.

9 **ihm bloß, die Täuschung zu erwecken:** Siehe René Descartes, ›Meditationes de prima philosophia‹, wo Descartes den bösen Dämon (genius malignus) einführt, um den methodischen Zweifel auf die Prinzipien der Erkenntnis auszuweiten. Der böse Dämon ist aber auch in den Schriften zur Hexenverfolgung und Dämonologie ein Thema, wo Teufel und Dämonen den Menschen falsche und irreführende Sachverhalte vorspiegeln. Der Teufel kann nichts erschaffen, sondern lediglich etwas vortäuschen. Siehe zu Dämonologie ›Zeiteinteilung (Maximen) I‹, S. 110, Z. 18; zu Hexenwesen ›Zeiteinteilung (Maximen) II‹, S. 148, Z. 7; S. 201, Z. 12f.

5: ›r‹ von der Editorin gelöscht

15 **Definitionen**: Andere Lesart: Definieren

23 **das heißt, eine + Zahl:** Andere Lesart: das heißt $\exists$, –, +, Zahl

15 **17.:** Fortsetzung von Manuskriptseite 71, Bemerkung 2 (»wichtige Tätigkeiten des Mathematikers«).

19 **vgl. p. 131:** Auf Manuskriptseite 131 folgt Punkt 19 der »wichtigen Tätigkeiten des Mathematikers«.

3. In der Geometrie sind vielleicht Polarkoordinaten das Richtige (*Astrologie* und Mittelpunkt der Welt).
4. Die δ-Funktion (δ(x+1) = x   δ(0) = 0 scheint vernünftig definiert zu sein).
5. Bei der Maßfunktion ist die Annahme ≥ 0 wesentlich.

Bemerkung: Die Unterscheidung in Theorie und Anwendung ist irgendwie absolut in der Mathematik (bildet eine Hierarchie der Typen). Die untersten Schichten sind die *Diophantischen* Probleme* und die elementaren geometrischen Probleme (= physikalische Probleme). Die Grundlagen bilden in dieser Hierarchie die Spitze.

* = kombinatorische Probleme.

Bemerkung: Arbeiten, wo Entschlüsse nötig sind (wo ich noch gar nicht weiß, wie es geht) und wozu ich keine Lust habe, nicht zu viel und liegend angehen. Gegensatz *Heyting*-Kalkül.

Maxime: Nicht zu viel schreiben bei der Arbeit (richtige Begriffe), sonst [75] besteht die Gefahr, dass das Denken verschwindet. Insbesondere bevor dem Schreiben soll man suchen, einen Überblick zu gewinnen (über den Satz und die involvierten Begriffe), am besten am Sofa.

---

1 **Polarkoordinaten:** In einem Polarkoordinatensystem ist jeder Punkt in einer Ebene durch den Abstand *r* von einem vorgegebenen Koordinatenursprung (Pol) und durch Winkel φ zu einem vorgegebenen Strahl durch den Pol (Polachse) festgelegt. *r*/φ sind die Polarkoordinaten.
5 **Maßfunktion:** Eine Maßfunktion wird auch ›Mengenfunktion‹ oder kurz ›Maß‹ genannt. Ein Maß ist eine Funktion, die Teilmengen einer Grundmenge (nicht-negative, reelle) Maßzahlen zuordnet, die deren Größen beschreiben.
9 **Diophantischen Probleme:** Beim griechischen Mathematiker Diophant (lebte vermutlich um 250 v. Chr., in Alexandria) finden sich Rechenvorschriften zur Erzeugung pythagoreischer Zahlentripel aus drei natürlichen Zahlen, weswegen Probleme, bei denen es um ganzzahlige Lösungen von Gleichungen geht, auch als diophantische Probleme bezeichnet werden.
15 **Heyting-Kalkül:** Arend Heyting ist es 1930 gelungen, ein intuitionistisches Kalkül zu formulieren, das sowohl den formalen Anforderungen Hilberts als auch den intuitionistischen Vorstellungen Brouwers entspricht. Siehe Arend Heyting, »Die formalen Regeln der intuitionistischen Logik«, in: ›Sitzungsberichte der Preußischen Akademie der Wissenschaften, physikalisch-mathematische Klasse‹, Berlin 1930, S. 42–56. Vgl. dazu Gödels frühe Arbeiten zu Heytings Aussagenkalkül: ders., »Zum intuitionistischen Aussagenkalkül« 1932; ders., »Zur intuitionistischen Arithmetik und Zahlentheorie« 1933; ders., »Eine Interpretation des intuitionistischen Aussagenkalküls« 1933, wiederabgedruckt in: Kurt Gödel, ›Collected Works‹, Bd. I, S. 222–224, 286–294, 300–302.

Bemerkung {*Philosophie*}: Gibt es eine eindeutige »Sinntransformation«, welche auf der untersten Stufe, der körperlichen, eindeutig abbildet auf das Seelische *etc.*, und welche es ermöglicht, aus jeder *exoterischen* Lehre die entsprechende *esoterische* eindeutig zu konstruieren? (Oder vielleicht auch innerhalb des Körperlichen; Rücken = Flucht *etc.*) Welche ist die Theorie der »richtigen« Wortbildung (sowohl Worte für abstrakte Begriffe aus Worten für konkrete | als auch vielleicht Worte für zusammengesetzte Begriffe aus einfachen)? Wenn ganz durchgeführt, ergibt das wahrscheinlich die »richtige« Sprache (*vgl. p.* 17 unten).

Programm {(*Psychologie*)}: Analyse der bisherigen *psychologischen* Bemerkungen mit Hilfe der bisher erlangten *psychologischen* Begriffe und der Annahme, dass die psychischen Geschehnisse immer »objektiv bestimmt« sind.

[76]
Bemerkung: Die Bibel sollte man vielleicht auswendig lernen, selbst wo man sie nicht versteht, ähnlich wie man zuerst die Laute wiederholt, bevor man eine Sprache lernt.

Bemerkung: Das Evidenzgefühl (oder das Gefühl, das ist besser als jenes) ist vielleicht eine (wenn auch unvollkommene) Wahrnehmung der Sache. Der Beweis aber ist gar keine Wahrnehmung der Sache (sondern die symbolische Konstruktion), daher ist er im Prinzip weniger vollkommen.

Bemerkung: Bei gewissen Dingen besteht die Tendenz, sie in ihrer Bedeutung (und Kompliziertheit) zu unterschätzen.* Zum Beispiel: Eine einzige neue *Definition* (oder neues Zeichen) bedeutet ungeheuer viel, eine einzige höhere *Dimension* bedeutet ungeheuer viel, eine einzige Formel ist | einem ganzen Land gleich in ihren inneren Beziehungen, ein einziger Quantor mehr gibt eine neue »Unendlichkeitsstufe« mit einem neuen Wahrheitsbegriff, ein {einziger} Beweis ist etwas Ungeheures und Wunderbares, eine neue undefinierte »Idee« ebenfalls.

---

* Das hat zur Folge, dass man sich zuwenig Zeit nimmt, sie zu betrachten.

2 **der körperlichen**: Andere Lesart: das Körperliche
8: ›(‹ von der Editorin gelöscht
10: ›4‹ von der Editorin verbessert in ›7‹
17 [76]: Paginierung von Gödel
32: ›ein‹ von der Editorin gelöscht
36 **undefinierte**: Andere Lesart: und definierte

22 **Evidenzgefühl**: Vgl. zu ›Evidenz‹: ›Philosophie I Maximen 0‹, S. 81f.; ›Zeiteinteilung (Maximen) II‹, S. 179, Z. 13–16.

Bemerkung: Das Anhören ist eine Vorstufe des Annehmens.

[77]
Bemerkung: Was sind die »Kategorien« und das »Zauberwort« der Geschichtswissenschaft (ähnlich wie *Actus*, *Passio*, *Finis*, *Objekt* und *Tätigkeit* in der Psychologie)?: »Die Macht geht über auf ...«.

Bemerkung: Die Reden Jesu Christi einteilen nach denen, zu denen er gesprochen hat (Volk, Pharisäer, Einzelpersonen, einzelne Städte *etc.*).

Frage: Was ist der Mittelpunkt des Evangeliums?

Bemerkung: Der Anfang des Gebets ist Furcht (oder Dankbarkeit und Glück).

Bemerkung: Vielleicht sollte man nach jedem Absatzlesen eine Ruhepause einschalten (oder den Inhalt überlegen oder nochmals dasselbe lesen), denn ich lese mit Verständnis und Genuss immer nur den ersten Absatz.

Bemerkung: Bei der Forschungstätigkeit gibt es 3 verschiedene Tätigkeiten:
1. neue Resultate erreichen (Fragen lösen, die bisher noch nicht gelöst sind, oder [77.1] Dinge definieren, die noch nicht definiert sind).
2. Die alten Resultate in eine bessere Form bringen (d. h. einfachere und elegantere Beweise und *Definitionen*, Weglassen des Unwesentlichen und Herausstellen des wesentlichen mathematischen Gehaltes). Das ist die Tätigkeit, die ein Mathematiker verstehen soll (das ist *Mathematik lege artis*).
3. Publikation bisher erreichter Resultate mit den bisher gefundenen *Definitionen* und Beweisen (eventuell unwesentliche Verbesserungen) oder Zusammenstellung dieser Resultate für mich

---

5 **Actus, Passio**: Vgl. auch ›Philosophie I Maximen 0‹, S. 77f., Zeilen 31ff. plus Erläuterungen.
5 **Finis**: Vgl. Erläuterung zu Bemerkung 4 auf Manuskriptseite 16.
22 **Forschungstätigkeit**: Vgl. zu Forschungstätigkeit auch ›Zeiteinteilung (Maximen) I und II‹, S. 128f., Z. 12ff.; sowie S. 209, Z. 17–28; Addendum IIIb, 4v, S. 244, Z. 1f.

8: ›dem‹ von der Editorin verbessert in ›denen‹
25 77.1: Paginierung von Gödel

selbst mit exakter Formulierung (wenn auch nicht ganz durchgeführte Beweise).

Bemerkung: Vielleicht sollte ich zuerst lernen, etwas vernünftig zu tun,* bevor ich lerne, das Vernünftige zu tun, was für den gerade erstrebten Zweck das Richtige ist (denn wenn etwas vernünftig getan ist, so steigt die Lust zur Arbeit und dann ist mit Überlegung vielleicht das Vernünftige zu tun möglich (das ist eine Anwendung des Prinzips der [78] Bescheidenheit und der *Approximation*).

* Das, wozu ich gerade am meisten Lust habe.

Bemerkung: Das Konstruieren von Existenzaussagen ist das einzige, was zur Lösung jeden Problems nötig ist.

Bemerkung {(*Psychologie*)}: Charakteristische Arten und Weisen, wie die Sünde im Bewusstsein erscheint: »Nur noch diesmal«, »nur heute noch nicht«, »das ist falsch, aber von keiner Bedeutung (gleich erledigt)«, »einmal ist keinmal«.

Bemerkung (Eintrag ins Heft *Psychologie*): Die Ziele zerfallen in 2 Klassen: äußere und innere (ein inneres Ziel ist es, eine Wahrnehmung zu haben). Der reguläre Prozess des Handelns geht so vor sich, dass auf die Wahl eines Ziels die Wahrnehmung eines möglichen Mittels erfolgt. Dieses wird entweder angenommen oder zurückgewiesen (oder keines von beiden, was einer Zurückweisung gleichkommt). Darauf tritt ein anderes Mittel (für das derzeit »unterste Ziel«) ins Bewusstsein, wobei aber jeweils das »unterste« Ziel mit ins Bewusstsein tritt (Nicht-aus-dem-Auge-Verlieren des Ziels). Nach einiger Zeit tritt dann als Mittel für das unterste Ziel die gewünschte Wahrnehmung ein. [79] Darauf wird diese mit dem jeweils untersten Ziel weitergeschleppt, so dass die Wahl der Mittel jeweils erfolgt aus dem Dargebotenen mit Rücksicht auf das unterste Ziel und das zuletzt »Erreichte« (die Rücksicht darauf geht sowohl der Wahrnehmung des Dargebotenen als der nächs-

---

4 **vernünftig**: Andere Lesart: Vernünftiges
6 **vernünftig**: Andere Lesart: Vernünftiges
11 **Bemerkung**: Im Manuskript viermal unterstrichen
14 **Bemerkung**: Im Manuskript viermal unterstrichen
19 **Bemerkung**: Im Manuskript viermal unterstrichen

11 **Konstruieren von Existenzaussagen**: Vgl. ›Zeiteinteilung (Maximen) II‹, Addendum IIIb, 3v, S. 242, Z. 21f.; Addendum IIIb, 4v, S. 244, Z. 4–6; Addendum VII, 1, S. 255, Z. 15–18.
19 **Heft Psychologie**: Ein solches Heft ist im Nachlass nicht auffindbar. Vgl. auch Erläuterung zu S. 144, Z. 1 von ›Zeiteinteilung (Maximen) II‹. In Gödels Nachlass befinden sich lediglich Bibliographien zur Psychologie in Behältnis 9b, Reihe V, Mappe 5, ursprüngliche Dokumentennummer 050024, sowie ebd. in Mappe 6, ursprüngliche Dokumentennummern 050025–050027.

ten Wahl des Mittels voraus). Es kann auch das unterste Ziel aufgegeben werden auf Grund irgendwelcher Wahrnehmungen, die anlässlich seiner »Bestrebung« sich eingestellt haben.

Frage: Welche Anomalien dieses Prozesses können eintreten einerseits von Seiten der Wahlakte (Sünde), anderseits von Seiten der Wahrnehmungsakte (Strafe)? Wenn jemand etwas falsch macht, ist es oft schwer zu entscheiden, ob das wegen der Wahrnehmung oder der Wahlakte geschieht (ob das »seine Schuld« ist); *vgl.* p. 79 oben.

Bemerkung: Eine Formel ist abstrakt gesehen ein Strukturschema, dessen Elemente die Teilformeln und dessen Grundrelationen die »Verknüpfungen« sind. Unter der »Realisierung dieses Strukturschemas« (entsprechend den verschiedenen euklidischen Räumen) befindet sich insbesondere auch die durch die Formel bezeichnete Sache (d. h. sie ist das »Allding« für die entsprechende Realisierung).

[80]
Bemerkung: Es wäre doch möglich, dass es Wahrnehmungen von »Unbestimmtem« gibt (obwohl nicht unbestimmte Wahrnehmungen), nämlich dann, wenn entweder »*intensionales* Objekt« keine richtige *psychologische* Kategorie ist oder es *psychologische* Geschehnisse ohne *intensionale* Objekte gibt und vielleicht alle unsere so

---

8 **vgl. p. 79 oben:** Da dies Seite 79 ist, ist anzunehmen, dass Gödel sich hier verschrieben hat. Als Referenzstelle kommt Manuskriptseite 97, Bemerkung Psychologie 1, in Betracht.
13 **euklidischen Räumen:** Ein euklidischer Raum ist ein Raum, für den die Axiome der euklidischen Geometrie gelten. Das kann sich auf David Hilberts Axiomatisierung der euklidischen Geometrie beziehen oder auf einen Vektorraum über dem Körper der reellen Zahlen mit einem Skalarprodukt, den euklidischen Punktraum oder auf den Koordinatenraum $\mathbb{R}^3$ mit Standardskalarprodukt.
21 **intensionales Objekt:** Vgl. ›Philosophie I Maximen 0‹, S. 81, Z. 7–10; ebd., S. 102, Z. 18–33; ebd., S. 110, Z. 7–8; ebd., S. 116, Z. 19–21; und ebd., S. 119, Z. 5–8. ›Intensional‹ wird meist rein negativ als nicht-extensional charakterisiert. Was die Intension eines Terms oder eines Satzes konkret in den Sprachphilosophien von Autoren wie Frege, Russell oder Husserl ist, die Gödel rezipiert hat, ist jeweils allerdings durchaus unterschiedlich. Das intentionale Objekt ist hingegen das, wovon ein geistiger Zustand handelt, worauf er gerichtet ist. Gödel verwendet sowohl den Begriff des intensionalen als auch den des intentionalen Objektes. Letzteres in ›Max IV‹ auf den Manuskriptseiten 279f., insbesondere Manuskriptseite 280, Bemerkung Philosophie 1: »Das *intentionale* Objekt ist nichts anderes, als ein der Seele zukommendes, Leiden ausdrückendes *Prädikat*.«

6: ›.‹ von der Editorin verbessert in ›?‹

sind (aber der Irrtum anscheinend entsteht, als hätten sie ein solches Objekt).*

* Diese Theorie jedoch ist unwahrscheinlich, weil sonst die Welt nach dem Sündenfall sich vollkommen geändert haben müsste.

Es ist aber auch möglich, dass jede Wahrnehmung ein ganz bestimmtes *intensionales* Objekt hat, aber wir oft nicht wissen, was dieses Objekt ist, beziehungsweise wir eine falsche Meinung darüber haben. [Zum Beispiel: Wir glauben, dass irgendeine Idee *intensionales* Objekt ist, während in Wirklichkeit es bloß ein Symbol ist. Zum Beispiel die Zahl 100 kann nie *intensionales* Objekt sein, sondern nur ein Symbol dafür oder auch eine gleich bedeutende »Ideenkombination« derart, dass die einzelnen Ideen wahrnehmbar sind.]

Frage: Wenn man einer Rede zuhört, sind die Worte Teil des *intensionalen* Objekts oder nur ihr Sinn? [Allgemein nur das, worauf die Aufmerksamkeit gerichtet ist oder auch alles Übrige?] Wenn das Erstere, so ist es möglich, mittels des Gedächtnisses Dinge wahrzunehmen, die niemals direkt wahrgenommen werden. Die gegenteilige Annahme verleitet zur Vermutung, dass in jedem Augenblick das *intensionale* Objekt und unendlich viele Dinge bestehen, welche aber »verschieden hell« sind. (Es gibt ein *Maximum* der Helligkeit, und die Struktur ist die eines Berges.)

Alle diese Teile [81] der Wahrnehmung werden aber nie bewusst (und können nie bewusst werden). Das heißt, es kann niemals wahrgenommen werden, dass sie wahrgenommen werden. (Leibnitz' Theorie der unendlich vielen verworrenen Wahrnehmungen** und die Theorie, dass wir immer etwas wahrnehmen.)

** Unbewusste Wahrnehmungen.

Bemerkung: *Frage*: Kann man jemanden auch vermittels seines Gewissens dazu veranlassen, dass er Falsches tut? (Wofür er dann büßen muss.) Das heißt, er tut dann etwas, was er nicht gern tut (also gegen seine Leidenschaften) aus »Pflichtgefühl«. Aber es ist falsch (das Pflichtgefühl ist falsch, weil er früher dem richtigen Pflichtgefühl nicht gefolgt ist).

Beispiel: Wenn jemand für sein Brot arbeitet, obwohl er lieber nach der Wahrheit suchen sollte (Bergpredigt). Vielleicht ist das

18 **und unendlich viele Dinge bestehen**: Andere Lesart: aus unendlich vielen Dingen besteht
29: ›).‹ von der Editorin verbessert in ›.)‹

24 **verworrenen Wahrnehmungen**: Die petites perceptions bei Leibniz sind unbewusste, unbestimmte Wahrnehmungen, die sich aus unscharfen Empfindungen ergeben. Sie können bei Leibniz allerdings zur bewussten Apperzeption werden, wenn sie eine bestimmte Bewusstseinsschwelle überschreiten. Daneben gibt es bei Leibniz auch die Perzeption als vage, unscharfe Vorstufe des Denkens.

die Methode, mittels welcher die »Edlen« das Volk zur Arbeit für sich veranlassen?*

* Das heißt, sie machen die Taten Christi sich alleine zu Nutzen.

Bemerkung: Das Pflichtgefühl (ebenso wie die Freude am Schönen und Wahren) gehört zu den | Leidenschaften, für welche nicht ein »Akt« die Ursache ist, sondern welche uns »geschenkt« sind.

Bemerkung: »Formalisieren« und »_extensionalisieren_« sind beides Spezialfälle des Übergehens von _Intension_ zu _Extension_. (Was ist aber das Umgekehrte?).

[82]
Bemerkung: Vielleicht besteht die einzige Freiheit des Menschen im Machen von Annahmen (indem aus dem Glauben** bei jedem Menschen sich das Handeln bei jedem Menschen eindeutig bestimmt). Oder sogar bei jedem Wesen?

** Und den Leidenschaften.

Bemerkung: Direkte Übertragung vom Geist einer Sache:
1.) _Garden Theatre_, Bild.
2.) Vermutung, dass alle ihre Meinung über mich geändert haben.
3.) »Flüche« _Aflenz_.

---

34 **Bergpredigt:** Die Bergpredigt Jesu steht in Matthäus 5, 5–7. Dort heißt es in 5, 6 in der Luther-Übersetzung: »Selig sind, die da hungert und dürstet nach der Gerechtigkeit; denn sie sollen satt werden.« In der entsprechenden Stelle in Johannes 6, 35 heißt es: »Jesus aber sprach zu ihnen: Ich bin das Brot des Lebens. Wer zu mir kommt, den wird nicht hungern; und wer an mich glaubt, den wird nimmermehr dürsten.«
8 **Formalisieren:** Vgl. zu ›formalisieren‹ und ›Formalisierung‹: ›Philosophie I Maximen 0‹, S. 91, Marginalie; ›Zeiteinteilung (Maximen) II‹, Addendum IIIb, 1v, S. 239, Z. 24–26; Addendum IIIb, 3v, S. 242, Z. 29f. und S. 243, Z. 17–19.
8 **extensionalisieren:** Vgl. Manuskriptseite 28f., Bemerkung Mathematik, Pkt. 5; sowie Manuskriptseiten 31, Pkt. 10; und 32.1, Bemerkung 1, Pkt. 1.
9 **Übergehens von Intension zu Extension.:** Vgl. Erläuterung zu Bemerkung Mathematik auf Manuskriptseite 28, Pkt. 5. Gödel gibt in ›Max IV‹ auf Manuskriptseite 208 ein eingängiges Beispiel: »_Bemerkung_ (_Grundlagen_): Der Übergang von Menge und Relationen zu ›Struktur‹ [z. B. abstrakte Gruppe] ist ein ähnlicher Schritt wie der von Begriff zu Menge (_Extensionen_).«
19 **Garden Theatre:** Das Garden Theatre ist ein (historisches) Kino in der Nassau Street in Princeton, New Jersey, das heute der Princeton University gehört.
21 **Aflenz:** Gödel war vom 17. bis zum 29. August, vom 2. bis zum 24. Oktober und vom 31. Oktober bis zum 21. November 1936 in Aflenz, einem Kurort, den er früher bereits mit seinen Eltern besucht hatte. Vgl. Dawson, ›Kurt Gödel. Leben und Werk‹, S. 97. In Aflenz hat er 1936 ein Notizbuch angelegt, das den Titel ›Aflenz 1936 (Analysis, Physik)‹ trägt, welches aber auch einige Bemerkungen zur Philosophie enthält.

5: | Dingen
9 **Spezialfälle:** Andere Lesart: spezielle Fälle
21 **Flüche:** Andere Lesart: flüchtig

4.) Erscheinungen von Bekanntem in meinem Geist, die gewisse Fragen beantworten oder, die mir anscheinend etwas eingegeben haben.

5.) {Wirrnis beim Tod eines Menschen und Veränderung des Bildes von ihm (verschwindet nach dem Begräbnis)}.

Mögliche Erklärungen:

1. Durch unbewusste *Analyse* wahrnehmbarer Merkmale.
2. Durch direkte Einwirkung auf den Geist.
A. Mit zufällig bestehenden wahrnehmbaren Merkmalen.
B. Ohne solche {vgl. Philosophie Heft, p. 36 und dieses Heft p. 97}.
{Bis hierher.}

<u>Bemerkung</u>: Der ganze Inhalt meiner | *Maximen*-Hefte und der *Bemerkungen*, Rubriken des Generalregisters müssen nicht notwendig »aufgearbeitet werden«. Sie können auch als Arbeitshefte aufgefasst werden (nur wegen der Formulierung aufgeschrieben).

[83]

<u>Bemerkung</u> (*Maxime*): Vielleicht: 1. Zu einem Entschluss kommen bedeutet, es erscheint mir A entschieden besser als $\sim A$. Vielleicht während der Arbeit vor jeder Sache wenigstens 5 Minuten nachdenken. Wenn dann kein Entschluss zwischen A und B und zu keinem Entschluss über das Mittel, welches den Entschluss herbeiführen könnte, dann eines von beiden probieren.

---

1 **Bekanntem**: Andere Lesart: Bekannten
4 **Wirrnis beim Tod eines Menschen und Veränderung des Bildes von ihm (verschwindet nach dem Begräbnis)**: Der Text, nicht die Ziffer, ist als Fußnote am unteren Rand der Seite eingefügt
14: | Bem

10 **vgl. Philosophie Heft, p. 36 und dieses Heft p. 97**: In ›Philosophie I Maximen 0‹, S. 88, Z. 1–2, heißt es dazu: »Bei all diesen Dingen kommt es aber anscheinend ›auf den Geist‹ an, der sich irgendwie unmittelbar überträgt.«
15 **Generalregisters**: Ein Generalregister ist im Gödel-Nachlass nicht nachweisbar. Die Register für Gödels Arbeitshefte sowie für die Hefte zu Logik und Grundlagen sind in englischer Übersetzung in Dawson und Dawson, »Future Tasks for Gödel Scholars«, auf den Seiten 27–31 und 40–42 abgedruckt. Vgl. auch die Hinweise auf das Generalregister in Gödel, ›Zeiteinteilung (Maximen) I‹, S. 83, Z. 1; sowie Register im Allgemeinen und Generalregister in ›Zeiteinteilung (Maximen) I‹, S. 90, Z. 23–25; ›Zeiteinteilung (Maximen) II‹, S. 200, Z. 9; 204, Z. 2; 211, Z. 15f.; Addendum II, 6, S. 222, Z. 7–11.
16 **Arbeitshefte**: Gödel hat verschiedene Arbeitshefte angelegt. Siehe ›Arbeitshefte 1–16‹ zur Mathematik in Behältnis 5c, Reihe III, Mappen 12–28, ursprüngliche Dokumentennummern 030016 bis 030034.

Bemerkung: Unterschied zwischen »alle« und »jedes einzelne«:
$(\exists F)(x)(\alpha)(xF(x))$ $(x)(\exists y)(\alpha)(xy)$.

Bemerkung: Die Ziele bei der Arbeit zerfallen in 2 Gruppen:
A.) Solche, von denen man im Voraus weiß, dass man sie erreichen kann (z. B. einen Beweis (irgendwie) im *Detail* (mit vorgeschriebenen *Details*) ausführen oder eine (gute) Arbeit lesen), und wo man im Voraus sogar ungefähr die Zeit abschätzen kann.
B.) Solche, von denen man das nicht weiß: 1.) Frage entscheiden, 2.) Beweis auf die einfachste (befriedigende, richtige) Form bringen, 3.) schlechte und unvollständige Arbeiten lesen und ergänzen.
(Bei 2.) ist kein scharf definiertes Ziel formuliert, daher ist es besonders gefährlich, sich ins Uferlose zu verlieren.)

[84]
Bemerkung: In der Eigenschaft der »Schwäche« sind Sünde und Strafe in unentwirrbarer Weise miteinander vermischt. Die Strafe besteht darin, dass das Gewählte nicht geschieht [weil früher nicht das Richtige gewählt wurde]. Die Sünde besteht darin, dass das Richtige nicht gewählt wird, weil in kurzsichtiger Dummheit, das kleinere gegenwärtige Gut, dem größeren späteren Gut vorgezogen wird.

Bemerkung: Sich bemühen etwas zu erreichen, bedeutet: Immer wieder dasselbe Ziel wählen, obwohl man bisher erfolglos war (und vielleicht sogar negativer Erfolg erzielt wurde, nämlich Leiden).

1 **Bemerkung:** Vgl. ›Zeiteinteilung (Maximen) II‹, Addendum IIIb, 4v, S. 244, Z. 6.
1 **Unterschied zwischen »alle« und »jedes einzelne:** Auf den Unterschied zwischen ›all‹, ›every‹, etc. geht Bertrand Russell in ›Principles of Mathematics. Part I: The Indefinables of Mathematics‹, Cambridge (Cambridge University Press) 1903 auf den Seiten 61f. in Nr. 62 ein; Brouwer in seiner Dissertation ›Over de grondslagen der wiskunde‹, Amsterdam/Leipzig (Maas & van Suchtelen) 1907 auf S. 135.
18 **Sünde und Strafe:** Das Verhältnis von Sünde und Strafe thematisiert Gödel des Öfteren, so in ›Zeiteinteilung (Maximen) II‹, S. 210, Programm Psychologie, Marginalie: »Die Strafe ist von derselben Kategorie wie die Sünde«; sowie auf der Manuskriptseite 215, Z. 3; in vorliegendem Band: Manuskriptseiten 18f., Bemerkungen 1 und 2; Manuskriptseite 57, Bemerkung Psychologie, Ethik; Manuskriptseite 79, Frage; Manuskriptseite 152, Axiome.

23 **dem größeren späteren Gut vorgezogen wird:** Andere Lesart: dem größeren später vorgezogen wird

Bemerkung Grundlagen: Wenn man irgendeinen, dem Mathematiker ganz geläufigen Beweis genau analysiert, so wundert man sich über die ungeheure Kompliziertheit, die der Sache zu Grunde liegt. Die Möglichkeit der Bewältigung hängt davon ab, dass man den richtigen »Gesichtspunkt« hat [z. B. $\mathcal{U} + \mathcal{V}$ definiert durch $+\mathcal{V}''\mathcal{U}$ und nicht durch $\varphi \,\varepsilon\, \mathcal{U} + \mathcal{V} \equiv \varphi - \mathcal{V}\,\varepsilon\,\mathcal{U}$] oder ob man eine neue Sprache n' für $F(k(n))$ einführt.

Anderes Beispiel: Existenz nicht *primitiv-rekursiver* Funktionen und unentscheidbare Sätze ohne Wahrheitsbegriff. {vgl. p. 87}

[85]
Bemerkung: Das vollkommene Durchblicken des Einfachen *impliciert* automatisch das Durchblicken des Komplizierteren.

Bemerkung {*Grundlagen*}: Es gibt vielleicht *primitive* Ideen, ähnlich dem Begriff der »absoluten Beweisbarkeit«, welche der Mathema-

---

6 ε: ε ist ein mathematisches Zeichen, mit dem angegeben wird, dass ein Objekt ein Element einer Menge ist. Das Zeichen ε (Abkürzung für ›esti‹ im Griechischen) bedeutet ›ist‹ oder ›ist ein Element von‹. Verbreitung fand diese Verwendung über Ernst Zermelos Arbeit sowie über die ›Principia Mathematica‹ von Whitehead und Russell.

8 **primitiv-rekursiver Funktionen**: Das sind totale Funktionen, die sich rekursiv aus einer Reihe primitiver Elementarfunktionen (wie der Nullfunktion, der Nachfolgerfunktion oder der Projektion auf ein Argument) durch Komposition und die sogenannte primitive Rekursion gewinnen lassen. Der Ausdruck ›primitiv-rekursive Funktion‹ findet sich noch nicht in Gödels Arbeit von 1931 (»Über formal unentscheidbare Sätze der ›Principia Mathematica‹ und verwandter Systeme I«), obgleich primitiv-rekursive Funktionen dort der Sache nach eine wichtige Rolle spielen. Zum ersten Mal wird der Begriff in einer Arbeit von Stephen C. Kleene aus dem Jahr 1936 (»General recursive functions of natural numbers«, in: ›Mathematische Annalen‹ 112, S. 727–742) verwendet. Den Ausdruck ›primitive Rekursion‹ verwendet zuerst die ungarische Mathematikerin Rósza Péter 1934 in ihrer Arbeit »Über den Zusammenhang der verschiedenen Begriffe der rekursiven Funktionen«.

9 **unentscheidbare Sätze ohne Wahrheitsbegriff**: Gödel hat in seiner Arbeit von 1931 seinen ersten Unvollständigkeitssatz nicht auf den Wahrheitsbegriff gestützt. Dies wohl unter anderem deshalb, weil, in Gödels Worten, »ein Konzept der objektiven mathematischen Wahrheit … mit größtem Misstrauen betrachtet und in weiten Kreisen als bedeutungsleer zurückgewiesen wurde.« Vgl. John W. Dawson Jr., ›Kurt Gödel. Leben und Werk‹, S. 51.

15 **primitive Ideen**: Vgl. zu ›primitiven Ideen‹ ›Philosophie I Maximen 0‹, S. 78, Z. 11, bis S. 79, Z. 19.

16 **absoluten Beweisbarkeit**: Vgl. zum Zusammenhang zwischen ›primitiven Ideen‹ und ›absoluter Beweisbarkeit‹ ›Philosophie I Maximen 0‹, S. 78, dort Erläuterung zu Zeile 11; und insbesondere Hao Wang, ›A Logical Journey‹, S. 268, Nr. 8.4.21: »Absolute demonstrability and definability are not concepts but inexhaustible Kantian ideas. We can never describe an idea in words exhaustively or completely clearly.«

tik zu Grunde liegen, aber in den Beweisen ängstlich vermieden werden (ähnlich wie wenn man die Farbbezeichnung vor einem Kind ängstlich vermeiden würde). Vielleicht ist die Idee der »richtigen Bezeichnung« (oder der »Bedeutungsrelation«) eine solche.

Bemerkung: Wichtiges Beweisprinzip: Induktiven Beweis dadurch zustande bringen, dass die Voraussetzungen hinreichend vermehrt werden.

Bemerkung: Die leere Menge (der leere Raum) ist ein *Amphibium* zwischen Nichts und Etwas. Ebenso ist ein negatives Theorem zwischen einem Theorem und keinem Theorem (daher ist es eine *Approximation* an die Erkenntnis ebenso wie ein reiner Existenzsatz eine Approximation an eine Konstruktion ist.)

[86]
Bemerkung {*Psychologie*}: Vorlesung Kottler zu wählen (im Gegensatz zu Furtwängler) ist objektiv richtig und subjektiv nicht richtig. Nur wegen vorhergehender falscher Entscheidungen (nämlich: nicht mitschreiben, nicht rechtzeitig aufstehen, nicht zu *Smekal*, aber zu Ehrenhaft, keine vernünftige Zeiteinteilung).

---

6 **Induktiver Beweis:** Das Beweisverfahren der vollständigen Induktion wird im Wesentlichen verwendet, um zu zeigen, dass die Aussage $P(n)$ für alle natürlichen Zahlen $n = 0, 1, 2, 3, 4, \ldots$ gilt. Da die Gesamtaussage eine Folge unendlich vieler Fälle umfasst, kann nicht jeder einzelne bewiesen werden. Daher wird zunächst gezeigt, dass eine Aussage für einen Anfangswert, bspsw. $n = 0$, gilt und dann, dass sie auch für $n + 1$ gilt, wenn sie für ein n gilt.

11 **negatives Theorem:** Ein negatives Theorem ist das Theorem, das die Unmöglichkeit einer Behauptung eines Sachverhaltes ausdrückt.

13 **Existenzsatz eine Approximation an eine Konstruktion ist:** Vgl. Manuskriptseite 57, Bemerkung 1: »Ein Existenzbeweis ist eine Approximation zur Konstruktion des Seins.«

17 **Kottler:** Theoretischer Physiker. Friedrich Kottler war Privatdozent und ab 1923 Professor an der Universität Wien. 1938 musste Kottler Österreich verlassen.

18 **Furtwängler:** Philipp Furtwängler. Deutscher Mathematiker, lehrte in Wien. Gödel bezeichnet ihn als seinen Lehrer.

20 **Smekal:** Adolf Smekal. 1920 habilitierte er sich für Physik an der Universität Wien und wechselte 1921 an die TH Wien. Hier erhielt er 1921 einen Lehrauftrag. 1927 wurde er zum außerordentlichen Professor an der Universität Wien ernannt, 1928 nahm er einen Ruf an die Universität Halle an.

21 **Ehrenhaft:** Felix Ehrenhaft, Physiker, 1905 Habilitation in Wien; 1912 wurde er außerordentlicher Professor, 1920 ordentlicher Professor und Vorstand des neu gegründeten III. Physikalischen Instituts der Universität Wien. Seine Vorlesungen waren sehr populär. 1938 musste Ehrenhaft Österreich verlassen.

6: ›r‹ von der Editorin verbessert in ›n‹

Bemerkung {*Theologie*}: Die 4 Elemente könnten sein: Licht, Materie, *positive* und *negative Elekt*rizität. Das 5te wäre der leere Raum.

Bemerkung {*Theologie*}: Vielleicht ist es der Vernunft möglich, alles unter ihr Liegende zu verstehen (Raum, Zahl, Materie, Tiere), aber nicht sich selbst und das über ihr Liegende (Engel und höhere Typen).

Bemerkung {*Theologie*}: Was sind die verschiedenen hauptsächlichsten 4 (oder 5) Weltbilder**?** Wissenschaft, *Astrologie* , formalisierte Theologie (*Manichchäismus*), nicht formalisierbare christliche Theologie**?** Irgendeine *exoterische* und eine *esoterische* Form. Hauptunterschiede:
1.) Gibt es einen Gott? [87]
2.) Ist die Seele unsterblich?

Bemerkung: Ein wichtiges Prinzip der richtigen Bezeichnung ist: Dinge, die sehr ähnlich sind (oder in der Überlegung dieselbe Rolle spielen (strukturähnlich sind)), dürfen sich auch symbolisch nicht viel unterscheiden (z. B.: a', $\bar{a}$, $\mathring{a}$). Im natürlichen Denken wird häufig zwischen diesen Dingen überhaupt kein Unterschied gemacht. Beispiel: Teilformel und Gestalt dieser Teilformel, Teilformel von A als Teil von A betrachten oder als Teil einer Teilformel von A betrachten, eine Teilformel von A und die »entsprechende« Teilformel von Sb (A_y^x), die beiden Arten von *Substitionen*.

---

2 **Elektrizität**: Andere Lesart: Elektronen

10 **formalisierte Theologie (Manichchäismus)**: Der Manichäismus ist eine spätantike dualistische gnostische Offenbarungslehre, nach welcher einem Reich des Lichts bzw. des Guten eines der Finsternis bzw. des Bösen gegenübersteht. Mit »formalisierter Theologie« könnte auf Augustins Kritik am Manichäismus angespielt sein, nach welcher die manichäistische Ontologie rein kosmologisch und ihre Lehre rein rationalistisch ausgerichtet sei, wohingegen Religiosität und Eigenständigkeit der geistigen Welt im Manichäismus nicht vorkämen. In den 1930er Jahren gab es zudem Äußerungen zu Manichäismus und formalisierter Theologie, die sich auf Strömungen innerhalb des Manichäismus und seiner Erforschung bezogen. Vgl. dazu die Einleitung zu diesem Band. Gödel hatte ein besonderes Interesse am Manichäismus. So enthält die Titelseite von ›Die Bekenntisse des heiligen Augustinus‹, das sich in seiner Privatbibliothek befindet, auf der Titelseite u. a. folgende Notiz Gödels: »Manichäismus p. 66–69, 134«. Des Weiteren enthält eine von ihm zusammengestellte Bibliographie einige Einträge zum Manichäismus; vgl. auch dazu die Einleitung zu diesem Band. Siehe zu Manichäern und formalisierter Theologie auch ›Max IV‹, Manuskriptseite 264f., in diesem Band in der Einleitung abgedruckt.

Bemerkung (*Grundlagen*): Ein wichtiges Prinzip, um eine Übersicht in einer Sache zu gewinnen, ist: Man *simplifiziert* künstlich (in Nicht-Übereinstimmung mit den Tatsachen). Das heißt, man nimmt Sätze als richtig an, die nicht richtig sind (aber beinahe richtig sind), und man macht keinen Unterschied zwischen Dingen, die nicht dasselbe sind (aber beinahe dasselbe). Nachdem man so das »Grundgerüst« gewonnen hat, feilt man dann die *Details* aus. [88] Das ist umso leichter, je mehr die Bezeichnung der vorhergehenden Bemerkung genügt.

Bemerkung (*Psychologie*): Die Leidenschaften sind teilweise eingeschränkt (Liebe zum Guten, Schönen, Wahren und Pflichtgefühl und Gewissen), teils das Resultat von Wahlakten (insbesondere alles Schlechte). Die Voraussage dessen, was die Menschen tun und ihre Lenkung (ähnlich der Bestrebung eines *Infusoriums*) haben so zu geschehen, dass man weiß:
1. Welche Akte treten bei gegebenen Leidenschafts-*Dispositionen* (empirische *Charaktere*) ein.*
2. Wie ändert sich der empirische Charakter durch gegebene Wahlakte? Und welches ist die Anfangs-*Disposition*?

* Der empirische Charakter ist vergleichbar mit der Richtung einer Kreiselachse.

Frage: Kann man Arbeiten lernen nur unter dem | äußeren Zwang, das heißt, Nutzbarmachung von schlechten Leidenschaften (z. B. menschliche **Furcht**, materielles Fortkommen, Ehrgeiz, Selbstgefälligkeit, Eitelkeit)? Oder genügt unter Umständen das Pflichtgefühl und die Liebe zum Wahren?

[89]
Bemerkung: Wenn man eine Sache lernen will, muss man die Aufmerksamkeit abwechselnd auf die Sache und auf die Einhaltung der betreffenden *Maximen* richten (Sprache lernen). Insbesondere auch beim Arbeiten-Lernen handelt es sich um Erzeugung von Gewohnheiten.

Bemerkung: Auch die vorläufigen Überlegungen (z. B. Wahl einer *Definition* oder eines Systems) sind in Worten zu formulieren [und ordentlich zu schreiben] (Überlegungen 2ter Stufe).

---

15 **Infusoriums**: Aufgusstierchen, Infusorium (einzelliges Wimpertierchen).

22: | Zwang von schlecht
24 **menschliche Furcht**: Andere Lesart: Menschenfurcht

Bemerkung {(*Psychologie*)}: Ist Verstehen = Unterscheiden? (= Wiedererinnern nach Plato)

Bemerkung (*Psychologie*): Kann man eine Wahrnehmung (in der Erinnerung) wahrnehmen, ohne das Objekt der Wahrnehmung mit wahrzunehmen? Die Wahrnehmung ist in dem Objekt | irgendwie strukturgleich (oder ist das Objekt ein Teil der Wahrnehmung?) (2 Wahrnehmungen sind gleich, wenn das Objekt gleich ist, und umgekehrt.)

Bemerkung (*Psychologie*): Der Prozess des Erkennens (äußerer Dinge) ist ähnlich dem des Essens und Verdauens. Die sinnlichen Erinnerungsbilder verschwinden nach einiger Zeit, | werden vergessen |, aber das Produkt daraus (gewisse Urteile) wird der Seele dauernd einverleibt.

Bemerkung (*Psychologie*): Welche Dinge sind eigentlich in mir und von welchen sind nur [90] Bilder in mir? : Zum Beispiel Freude ist wirklich in mir (aber nicht bei erinnerter Freude). Ideen sind wirklich in mir,* aber es sind nur Bilder körperlicher Dinge** in mir. Ist das *intensionale* Objekt immer ein Bild von etwas? (Nein.)
Besteht die Erinnerung im Zurückrufen desselben*** Objektes oder im Hervorrufen eines Bildes dieses Objektes? (Oder der Wahrnehmung dieses Objektes?)

Bemerkung (*Psychologie*): Art und Weise des Zustandes kommt von Sünde: Zuerst wird etwas im richtigen Licht gezeigt, aber die richtige Wahl wird nicht gemacht (sondern keine Wahl getroffen). Darauf wird es im falschen Licht gezeigt (jedoch so, dass man selbst dann nicht die falsche Wahl machen sollte, sondern »mehr Licht« verlangen sollte), und dann erfolgt die falsche Wahl.

---

* Aber auch Ideen kann man von verschiedenen Seiten sehen (verschiedene *Definitionen* oder strukturgleiche Realisierungen).
** Denn man kann einen Tisch von verschiedenen Seiten sehen.
*** intensionalen.

6: | vern
12: | (
13: |)
20 **intensionale**: Die Auflösung dieser Abkürzung ergibt sich aus der Annotation zu dem folgenden Satz außerhalb der Klammer
25 **Bemerkung**: Im Manuskript fett unterstrichen

1 **Verstehen = Unterscheiden? (= Wiedererinnern nach Plato):** In der platonisch-aristotelischen Philosophie wird Denken von den Unterscheidungsakten her verstanden, bei Platon, um angeben zu können »was etwas ist«, Aristoteles hingegen spricht von einer Methode der Zergliederung allgemeiner Begriffe in spezifische, um Definitionen zu finden. Bei Verstehen im Sinne von Lernen stößt Platon auf ein Problem, das sich durch die eristische These von der Unmöglichkeit des Lernens stellt. Er löst es durch die Annahme von wiedererinnerbarem Vorwissen.
20 **Objekt:** Vgl. Erläuterung auf Manuskriptseite 80, Bemerkung. Vgl. zum Begriff des intensionalen Objektes auch ›Philosophie I Maximen 0‹, S. 81, Z. 7–10; S. 84f., Z. 8f. und 1–7; 102, Z. 11–16 und 18–33; 110, Z. 7–10; 115, Z. 15–20; 116, Z. 10–13; 119, Z. 5–8.

Bemerkung (*Grundlagen*): »a« würde bedeuten »Zeichen für«, wenn die Bezeichnung eineindeutig wäre.

[91]
Maxime: Wecker auch zum Schlafengehen einstellen (zum Auslöschen des Lichts).

Bemerkung (*Psychologie*): Es gibt folgende Möglichkeiten bezüglich einer »Ansicht« über eine Sache:
1. Man hat *explizit* darüber nachgedacht, aber ohne endgültiges Resultat.
2. Man hat *explizit* darüber nachgedacht, aber mit endgültigem Resultat.
3. Man hat nicht darüber nachgedacht, hat aber eine Meinung gefasst.
4. Man hat nicht darüber nachgedacht, hat aber eine Meinung (ohne sie je gefasst zu haben).
5. Man hat keine Meinung darüber, glaubt aber eine zu haben.
6. Man hat keine Meinung darüber, und weiß nicht, ob man eine hat.
7. Man hat keine Meinung darüber, und weiß, dass man keine hat.

Wenn man seiner Meinung über etwas Ausdruck geben will, kann es vorkommen, dass es nicht gelingt (d. h. dass man etwas sagt, was das Gegenteil der Meinung widergibt).

Bemerkung {*Psychologie*}: Es ist zwar unglaublich, was alles von den eigenen psychischen Geschehnissen (Akte und Wahrnehmungen) man nicht weiß. Aber es ist doch so, dass man in den meisten Fällen »es feststellen kann«, wenn man will, und dass das Nichtwissen [92] also gewissermaßen meine Schuld ist.

Bemerkung: Invarianz ist eine Art von *Distributivität*.

---

5 **Schlafengehen:** Vgl. ›Zeiteinteilung (Maximen) II‹, Addendum IIIa, 4, S. 237, Z. 22.
32 **Invarianz:** Invarianz ist die Unveränderlichkeit einer Größe (Invariante) durch bestimmte Transformationen.
32 **Distributivität:** Verknüpfbarkeit nach einem Distributivgesetz. Distributivgesetze sind mathematische Regeln, die angeben, wie zwei zweistellige Verknüpfungen bei Auflösung der Klammern miteinander verträglich sind (also etwa $a \times (b + c) = (a \times b) + (a \times c)$), wobei ›Verträglichkeit‹ ein in der Mathematik verwendeter intuitiver Begriff ist.

8 **Bemerkung:** Im Manuskript fett unterstrichen

Bemerkung (*Philologie*): Um verstehen zu lernen, soll man etwas zuhören, wobei einen nur bestimmte Dinge (Antworten auf konkrete Fragen), nicht jedes Wort, interessieren müssen, und darauf ist die Aufmerksamkeit zu richten.

Bemerkung (*Grundlagen*): Auflösung der Paradoxien:
1.) Durch eine Art doppelter Wahrheit (*theologisch* und *philosophisch*).
2.) Es gibt nur eine Ausnahme (ähnlich der 0). Vielleicht: Nur die mit der Wahrheitsrelation »isomorphe« existiert nicht. Oder: Nur die die diagonale Folge (bis auf endlich viele Werte) definierende (in der *Antinomie Richards*) existiert nicht (das setzt voraus, dass man nicht Funktionen, sondern Relationen in der Sprache hat).

Die Typentheorie* wäre dann aufzufassen als *successive Approximation* an die »Wahrheit« [die Wahrheit ist, dass alle »Begriffe« existieren, aber sie ist widerspruchsvoll]. Ebenso wie die richtige Aussage der *DifferentialRechnung* durch *successive Approximation* an die 0 [93] erreicht wird (die 0 selbst aber ist widerspruchsvoll).

Bemerkung (*Psychologie*): Die Sünde zerfällt in *omission* & *commission* (*consent* ist eine Art Mittelding, nämlich entweder: »unterlassen, etwas zu *stoppen*« (dann *omission*) oder »beschließen, etwas nicht zu tun« dann *commission*). Die Tatsünde zerfällt in äußere und innere (*makro* und *mikro*).

---

* Oder die wahre typenlose Logik.

---

6 **Auflösung der Paradoxien:** Vgl. ›Zeiteinteilung (Maximen) II‹, S. 146, Z. 2f. Ausführlicher äußert sich Gödel 1944 in seinem Aufsatz »Russell's Mathematical Logic« dazu; vgl. ders., in: ›Collected Works‹, Bd. II, S. 119–141, hier 124.
11 **die diagonale Folge (bis auf endlich viele Werte) definierende (in der Antinomie Richards):** Die nach Jules Richard (1862–1956) benannte Antinomie (bzw. Paradoxie) hat dieser in seiner Abhandlung »Les Principes des mathématiques et le problème des ensembles« in der ›Revue générale des sciences pures et appliquées‹ 1905 veröffentlicht (S. 541–543). Er benützte eine Version des Cantorschen Diagonalverfahrens, um eine endlich definierte Zahl zu konstruieren, die in der Menge aller endlich definierten Zahlen nicht enthalten ist. Gödel betrachtete seinen Unentscheidbarkeitssatz als Analogon zur Richardschen Antinomie. Vgl. Manuskriptseite 149, Bemerkung Grundlagen.
15 **Typentheorie:** Ein Typentheorie ist in formales System, in dem jeder Term einen Typ hat und Operationen auf bestimmte Typen beschränkt sind. Die Typen bilden eine evtl. beschränkte Hierarchie mit einer untersten Stufe.
21 **omission:** Hier ›Unterlassung‹.
21 **commission:** Hier ›Vollzug‹, ›Verübung‹.
22 **consent:** Hier ›Zustimmung‹, ›Einverständnis‹.
24 **Tatsünde:** In der christlichen Sündenlehre wird zwischen ›peccatum actuale‹ (Tatsünde) und ›peccatum originis‹ (Erbsünde) unterschieden.

2: ›einem‹ von der Editorin verbessert in ›einen‹
12 **in der:** Andere Lesart: hier
17 **sie:** Andere Lesart: Sinn

Die Struktur meiner Sünde ist hauptsächlich folgendermaßen: Ich unterlasse, etwas zu wählen, was ich wählen sollte (wähle auch nicht das Gegenteil). Darauf geschieht etwas,* ich lasse es geschehen und habe nachher die falsche Evidenz, dass ich es getan habe.**

(_Frage_: Wird auch _omission_ durch omission bestraft, und _commission_ durch _commission_?)

Viele Sünden der _omission_ führen wahrscheinlich schließlich zu einer _Situation_, in welcher eine _commission_ begangen wird. Das Nichtwählen muss aber nicht immer Sünde sein. Es kommt auch vor, dass irgendwie etwas schief (von der Seite) zwischen mich und die Wahl tritt (oder zwischen mich und [94] das Wahrnehmungsobjekt) welches einerseits:

1.) mir das Licht nimmt (dass ich die Situation nicht mehr sehe);
2.) das Verständnis nimmt (d. h. ich sehe nicht mehr die »wirklichen« Dinge, sondern Abbilder davon, insbesondere verschwinden die Relationen zwischen den Dingen und Gut und Böse);
3.) die Wahl unmöglich macht (d. h. mich irgendwie »erstickt«);
4.) die Wahl hemmt (durch eine Gegenkraft).

Bemerkung {Psychologie}: Um von diesen Dingen ein Verständnis zu gewinnen,*** denke man an konkrete Situationen, insbesondere an die Zeit im _März_ 1937, wo ich 1.) wieder zum Beruf zurückgekehrt bin (Vorlesung); 2.) mich nicht von ihr getrennt habe (sogar eventuell mit ihr zusammenwohnen wollte); 3.) die Beziehungen mit Amerika wieder aufgenommen habe; 4.) mich zu wenig mit _Theologie_ beschäftigt habe, und nicht mich nach den Worten gehalten habe: Du sollst nicht sagen, dass du etwas bist.

* Das heißt, etwas anderes wählt für mich.
** Und überhaupt erscheint nachher die Situation in einem falschen Licht.
*** Und auch aus anderen Gründen.

---

23 **März 1937:** Gödel beendete seinen Aufenthalt am IAS in Princeton nach einem psychischen Zusammenbruch im Herbst 1935 und setzte seine Arbeit erst im März 1937 wieder fort.
24 **Vorlesung:** Gödels Vorlesung über axiomatische Mengenlehre im Sommersemester 1937 fand ab Mai wöchentlich statt. Die Notizen dazu befinden sich in Kurzschrift in Gödels Nachlass Behältnis 7b, Reihe IV, Mappe 36, ursprüngliche Dokumentennummern 040139 und 040140.
24 **ihr:** Gemeint ist Adele Nimbursky, geb. Porkert. Siehe zur Frage, wann Gödel und Adele zusammengezogen sind: Dawson, ›Kurt Gödel. Leben und Werk‹, S. 97.
26 **zu wenig mit Theologie beschäftigt:** Gödel hat im Wintersemester 1937/38 ab Anfang Oktober zahlreiche Theologievorlesungen besucht. Die diesbezüglichen Mitschriften befinden sich im Gödel-Nachlass in ›Theologie 1. Nur Vorlesungen‹, Behältnis 7a, Reihe III, Mappe 107, ursprüngliche Dokumentennummer 030129.

2 **sollte:** Andere Lesart: wollte
5: ›ommission‹ von der Editorin verbessert in ›omission‹
28: ›was‹ von der Editorin verbessert in ›dass‹

* Und was unterlassen.

Ferner analysiere man auch, was ich eigentlich im Jahre 1923–26 bezüglich Liese beschlossen und wieder umgestoßen* habe, und aus welchen Gründen [und ebenso bezüglich meiner beruflichen Studien. Ferner auch bis Lilli].

Bemerkung (*Grundlagen*): Es gibt 2 Wege, Ideen zu verstehen:
1. indem man solange mit den einzelnen Dingen (Beispielen) arbeitet, bis einem die Ideen »aufgehen«;
2. indem jemand einem die abstrakte *Definition* der Idee sagt (eventuell auch ein Geist) und ferner einige Beweise aus dieser *abstrakten Definition*. [95]

Der erste Weg gibt ein viel besseres Verständnis. Der 2te ist gewissermaßen eine Verletzung des Prinzips, dass zuerst das Einfache erledigt sein muss, bis man zum Komplizierten geht (es ist ein Tun, bevor man dazu reif ist), denn die Beispiele sind einfacher als die Idee (das Maß dafür, wieweit man das Einfache verstehen muss, bis es richtig ist, zum Komplizierten überzugehen, ist eben das »Von selbst«-Aufgehen der Ideen). Der erste Weg ist der mühsamere, andererseits können die Beispiele nachgeholt werden und können vielleicht besser verstanden werden mit der allgemeinen Idee.

Bemerkung (*Psychologie*): Was ist der Tag, an dem ich die »Wahrheit« kennenlernte (das Wort ›wahr‹ verstand)? Und welches Erlebnis bedeutet das? (War diese erste Wahrheit schön?) Hängt das mit einer bestätigten Erwartung zusammen (oder der Bestätigung dessen, was jemand anderer sagte)?

9: ›einen‹ von der Editorin verbessert in ›einem‹
14 **Tun:** Andere Lesart: Nichten
24 **Hängt:** Andere Lesart: Das hängt. Anmerkung E.-M. E.: Bei dieser Lesart ist am Ende des Satzes ein Punkt zu setzen, kein Fragezeichen

1 **1923–26:** 1923 besuchte Gödel noch das deutschsprachige Realgymnasium in Brünn und ab 1924 die Universität Wien.
2 **Liese:** Gödel soll schon während seiner Schulzeit für eine ältere Frau geschwärmt haben. Der Name der Frau ist jedoch nirgends genannt. Vgl. ›Zeiteinteilung (Maximen) II‹, Addendum II, 10, S. 226, Z. 16.
3 **bezüglich meiner beruflichen Studien:** Gödel hatte sich 1924 an der Universität Wien zunächst für Physik immatrikuliert und war 1926 zur Mathematik gewechselt.
4 **Lilli:** Die aus Wien stammende Alice (Lilly) Loewy Kahler, welche in Princeton mit ihrem Mann Erich Kahler von 1939 bis 1970 den Kahler-Kreis leiteten, kann hier nicht gemeint sein. Frau Kahlers früheste Erinnerung an eine Zusammenkunft mit Gödel ist, dass sie ihn gemeinsam mit Hermann Broch im Krankenhaus besuchte, als er dort wegen eines Magengeschwürs behandelt wurde. Das wäre 1951 gewesen.

Bemerkung (*Theologie*): Ist eine kleine Sünde oder eine große Versuchung, der ich wahrscheinlich (nach menschlichem Ermessen) nicht widerstehen werde, vorzuziehen?

[96]
Bemerkung (*Psychologie*): Bei gewissen Dingen genügt die bloße Wahrnehmung, um sie »zu werten«, zum Beispiel bei einer Melodie oder Farbe. Andere müssen »verstanden werden« (politische Systeme *etc.*). Das heißt, sie haben Teile, welche nicht mittels der Sinne, sondern mit dem Verstand wahrgenommen werden (also Sachverhalte, Ideen *etc.*).

Bemerkung (*Psychologie*): Was ist Wahrnehmung einer Gefahr? = Wahrnehmung, dass wir nicht wahrnehmen, dass etwas Böses geschehen wird?*

* Oder Wahrnehmung, dass das Böse möglich ist (sehr leicht möglich ist)?

Bemerkung (*Psychologie*): Sünde durch übermäßigen Zorn: Ich tue dem Betreffenden etwas Böses, obwohl ich sehe, dass es die Gefahr des Zuviel involviert (oder sehe, dass es zu viel ist). Schwächste Form ist diese: Ich lasse ihm etwas Böses geschehen, obwohl ich nicht wahrnehme, dass es adäquat ist.
(Am 21./I 1941 tat ich *Adele* ein solches Unrecht im Geiste.)

Bemerkung {(*Psychologie*)}: Vielleicht sind die Worte Gefahr, Möglichkeit, {Wahrscheinlichkeit} u. ä. Wahrnehmungskategorien, [97] welche keine objektive Bedeutung haben.

Bemerkung {(*Psychologie*)}: Jemandem Unrecht zu tun,** fesselt einen am meisten an ihn (um es gut zu machen).

** Durch eigene Schuld.

Bemerkung (*Theologie*): Das Geschlechtsvergnügen ist an sich vielleicht gar nicht schlecht, sondern der Fehler ist bloß, dass es zu gut ist (für diese Welt). Ebenso ist die Erkenntnis von Gut und Böse vielleicht die höchste Erkenntnis*** (und daher am meisten für den Menschen adäquat), aber eben deswegen zuviel, wegen der Sünde des Menschen. Das Zuviel hat zur Folge, dass wir alles übrige deswegen hintansetzen (ungerechterweise).

*** Daher der größte Genuss.

14: ›nicht‹ von der Editorin gelöscht
34: ›Geist‹ von der Editorin verbessert in ›meisten‹

Bemerkung: Übertragung vom Geist einer Sache: Wenn ich mit einem Glas den Waschtisch ausspüle, schmeckt mir das Wasser daraus weniger.

Bemerkung {*Psychologie*}: Die Freuden und Leiden der Seele zerfallen auch in solche ersten und zweiten Typus. Zum Beispiel eine Beleidigung verletzt 1. unmittelbar, 2. erregt sie Zorn darüber, dass sie [98] geschehen ist. Ebenso kann das Ertragen der Unbilden dieser Welt (welches ein Leiden ist) eine Freude 2ter Stufe werden durch Religion (eine unmittelbaren Empfindens).

Bemerkung (*Theologie*): Die Sünde Adams ist irgendwie mehr als die *spezifische* menschliche Sünde (d. h. die, welche im Wesen des Menschen liegt, und wegen welcher der Genuss der Früchte des Baumes verboten wurde). Der Mensch Christus hatte sie nicht an sich (den Apfel nicht zu essen ist* möglich) [und mit Hilfe Christi auch tatsächlich möglich]. Aber die allgemeine menschliche Sünde nicht zu begehen ist für Menschen theoretisch unmöglich, und das Essen des Apfels ist die kleinste mehr als allgemeine menschliche Sünde.

* theoretisch.

Bemerkung (*Psychologie*): Das innerste Wesen (= *intelligibles* Ich) ist, was mit *Person* oder »Gefäß« {oder das »Wesen«} bezeichnet wird.** Dann folgt nach außen hin das von Gott Geschenkte (die Persönlichkeit), die *anima rationalis*, *anima sensitiva* (Sitz der Leidenschaften und der sinnlichen Erkenntnis) [99] (das Erste ist Sitz der »Wertungen« und der vernünftigen Erkenntnis) und der Körper (beziehungsweise die *anima vegetativa*).

** Hat die Person schon irgendwelche Charaktereigenschaften, durch die sie sich von anderen unterscheidet?

---

1 **Übertragung vom Geist einer Sache:** Vgl. oben, Manuskriptseite 82, Bemerkung 2.
6 **eine Beleidigung verletzt:** Vgl. ›Philosophie I Maximen 0‹, S. 87f, Zeile 19ff.
22 **intelligibles Ich:** Bei Heinrich Gomperz heißt es in ›Das Problem der Willensfreiheit‹, Jena (Diederichs) 1907, S. 44: »Nun muss jedoch der Mensch, wie jedes andere Ding, auch ein wahrhaftes Sein an sich selbst besitzen: dem empirischen muss ein intelligibles Ich zugrunde liegen. Dieses nun, da es nicht zur Erscheinungswelt gehört, kann jedenfalls nicht dem Kausalgesetz unterliegen, [...].«
25 **anima rationalis, anima sensitiva:** In der scholastischen Philosophie wird in anima rationalis (Geist- oder Vernunftseele) als Vernunftvermögen, anima sensitiva (Sinnenseele), als Vermögen zur Sinneswahrnehmung, und anima vegetativa (Pflanzen- oder Nährseele), als Vermögen zur Fortpflanzung, Wachstum und Stoffwechsel, unterschieden.

Die Letztere ist vielleicht |der Körper von innen gesehen|. Jede dieser Seelen hat vielleicht ein eigenes Gedächtnis (kann das Gedächtnis von allen auch »lernen«?).

Bemerkung (*Psychologie*): Bei raschen Entschlüssen (oder bei jedem Entschluss?) kann man sich nur nach dem richten, was einem im Augenblick so zu sein scheint, und das ist das »Wahrgenommene«, auch wenn es vielleicht nachträglich sich als falsch herausstellt.

Bemerkung (*Theologie*): Das Erschaffen der Person ist das Einzige, was Gott nicht »uns« getan hat (weil wir da noch nicht vorhanden waren). Das entspricht der »*Conception*«.

Bemerkung (*Psychologie*): Das Wissen ist eine Art der Wahrnehmung {(Erkenntnis)}, welche ihrem Wesen nach die Richtigkeit impliziert. (Aber kann man auch wissen, dass man etwas weiß?) Kann man überhaupt etwas wissen?

Maxime: Du sollst einen Einfall sofort eintragen, aber [1.) nur, wenn Gefahr des Vergessens besteht]; 2. nur soweit darüber nachdenken, als es zum Eintragen nötig ist, und eventuell eine gewisse Stunde zum Eintragen der nächtlichen Einfälle vorsehen.

[100]
Bemerkung: Zu beten macht unsere Vernichtung weniger »gerecht«. Zu einem gerechten Gott zu beten, ist Gerechtigkeit, zu einem ungerechten zu beten, ist Ungerechtigkeit, obwohl die Leidenschaft in beiden Fällen in gleicher Weise wirkt [Furcht vor der Macht, mich zu zerstören und leiden zu lassen].

Bemerkung: Ein Krieg bricht aus, wenn es viele Leute gibt, die ihn brauchen (einige, um getötet zu werden, andere um Stellungen zu bekommen, andere, um durch Leiden gebessert zu werden). Die ihn nicht brauchen, spüren nichts davon.

---

2 **Seelen**: ›animus‹ wird von Gödel hier, wie in der Zeit üblich, mit ›Seele‹ übersetzt.

1: ›(‹ von der Editorin gelöscht
1: ›)‹ von der Editorin gelöscht
6: ›einen‹ von der Editorin verbessert in ›einem‹

Bemerkung (*Psychologie*): Um seine Sünden einzusehen, muss zuerst das Interesse verschwinden, keine Sünde zu haben (und die Lust daran).
Ist es nicht eine Art großer Wahnsinn, ganz ohne Sünde sein zu wollen, und sieht man nicht an Christus, dass die Folgen umso ärger sind? Kann man aus {dieser} Demut eine Sünde begehen**?**

Bemerkung: Sich das als Sünde anrechnen, was keine ist, kann häufig dazu dienen, das sich nicht anzurechnen, was eine ist (Totlaufen des richtigen *Instinkts*).

[101]
Bemerkung Psychologie: Die Tatsache, dass wir unsere eigenen Sünden nicht kennen (die des vergangenen Lebens), ist wahrscheinlich nicht darauf zurückzuführen, dass wir gewisse triviale kombinatorische Schnitzer machen, als vielmehr darauf, dass wir alles »in einem falschen Licht« sehen. Das heißt, dass wir gleich bei Beginn unserer Ideenbildung über unser Selbst , *Psychologie*, Recht und Unrecht irgendeinen fundamentalen Fehler machen.

Bemerkung Theologie: *Augustin* behauptet in *Bekenntnisse* X, 40, dass es gar nicht die Kraft des Verstandes ist, welche uns zu irgendeiner Wahrheit führt, sondern Gott selbst. Vielleicht ist das so zu verstehen, dass der Teufel unseren Verstand schon zu weit zerstört hat und dass uns in der Idee ›Gott‹ ein Ersatz geboten ist, welcher zwar zu keinem »Wissen« führt (wie der Verstand), aber doch zur Erkenntnis der Wahrheit. (Das ist das, was nach dem Sündenfall von außerhalb der Welt kam, aber doch in dieser Welt schon vorgebildet ist; sogar im Reich der Ideen.) Und diese Ideen führen uns trotz unserer Sünde zu demselben, wozu uns die Verstandeskraft geführt hätte, und dies noch besser. [Das ist die Ver-

---

1 **Bemerkung:** Im Manuskript viermal unterstrichen
6: ›.‹ von der Editorin verbessert in ›?‹
8: ›kann‹ von der Editorin verbessert in ›keine‹
16: ›darin‹ von der Editorin verbessert in ›darauf‹

6 **ärger:** Österreichischer Ausdruck für ›schlimmer‹.
21 **X, 40:** In der Lachmann-Ausgabe von 1888 heißt es in Buch X, Kap. 40, auf Seite 277: »Nicht erforschte ich, als ich dies that, aus eigner Kraft, noch warst du die in mir thätige Kraft, denn du bist das ewig bleibende Licht, das ich bei allem befragte, ob es vorhanden sei, wie es sei, und wie hoch es zu schätzen sei: und ich hörte dich, der mich belehrte und mir gebot.«
24 **Teufel:** Vgl. in diesem Band die Manuskriptseiten 5, Bemerkung Theologie; 8, Bemerkung 1; 44, Bemerkung 2; 47; 60, Bemerkung Theologie, Pkt. 3 und 8; 63, Bemerkung 2; 64, Bemerkung 1, Pkt. 2; 73, Bemerkung 2; 121, Bemerkung Theologie; 122f., Bemerkung Theologie; 154, Pkt. 6.

nunft im Gegensatz zum Verstand.] [102] Der Anfang davon ist wahrscheinlich eine ethische Erkenntnis (Gut und Böse).

Bemerkung: Es gibt eine Art von rein sprachlichen Zusammenhängen, die wie Wortspiele anmuten, aber doch irgendwie stimmen (andererseits aber dumm aussehen). Zum Beispiel: Wenn man die Begründung der Mengenlehre mit Funktionen vergleicht mit dem »funktionentheoretischen Zugang zur Mathematik«, und die mathematischer Klassen mit dem »algebraischen« (Algebra der Klassen und Relationen). Oder, anderes Beispiel, welcher Buchstabe geht dem ›A‹ voraus? Kein Buchstabe (daher wird alphabetisch ›al‹ vor ›ala‹ geordnet).

Bemerkung: Ein Grund zur Nicht-Ausführung von Entschlüssen ist: Es erscheint überflüssig (z. B. täglich die *Maximen* der Arbeit zu lesen).

Bemerkung {*Grundlagen*}: Der Sinn einer Annahme ist es, wieder zerstört zu werden, wenn sie ihren Zweck erfüllt hat.

Maxime: Wenn dir, während du A erreichen willst, in den Sinn kommt, wie man etwas Schwächeres als A erreichen kann (insbesondere schwächer hinsichtlich Konstruktivität), [103] so hüte dich davor, es beiseite zu lassen, weil es »zuwenig« ist. Wenn während der Arbeit etwas sich zeigt, was nicht für das Ziel unmittelbar notwendig ist (wenn es auch vielleicht die Erreichbarkeit eleganter *etc.* macht), was aber an sich interessant ist, so notiere es zum Programm, ohne es sofort zu verfolgen.

Bemerkung {*Grundlagen*}: Es gibt 2 Arten der Abschwächung eines Resultates:
1. bezüglich des tatsächlichen Inhaltes [eventuell bis hinunter zu endlich vielen Beispielen für einen allgemeinen Satz];
2. bezüglich der Konstruktivität. Ein reiner Existenzbeweis scheint aber in dieser Hinsicht die oberste Grenze zu sein und nur nach unten hin kann man mehr und mehr konstruktiv werden.

Welche Abschwächung ist für die Forschung fruchtbar (d. h. führt allmählich zu den gewünschten Resultaten)?

21: ›du‹ von der Editorin verbessert in ›dir‹

Merkwürdigerweise ist auch immer eine Abschwächung des gesuchten Resultates im Sinne von 2.) beweisbar, nämlich wenn man den Satz A entscheiden will. Etwa der Satz: [104]
$(\exists n) [n = 1 . A \lor n = 0 . \sim A]$ (*extensionale* und *intensionale* Abschwächung).

Bemerkung {(*Grundlagen*)}: Abschwächung der Konstruktion einer Zahl: Angabe des Weges, auf dem sie konstruiert werden kann [z. B. durch Berechnung der Ordinalzahl des Schemas des Ausdrucks, welcher die Zahl definiert, oder durch den Beweis, dass es eine solche Ordinalzahl (bei einem gewissen Reduktionsverfahren) gibt]. Vielleicht kann man auf diese Weise jedem Problem ein »Lösungsverfahren« zuordnen (allerdings nicht in berechenbarer Weise).*

* Vielleicht kann man diese Verfahren iterieren: Weitere Abschwächung besteht darin, dass man ein Verfahren angibt, um ein Lösungsverfahren zu konstruieren *etc.*

Bemerkung (*Grundlagen*): Andere Abschwächung der Konstruktion einer Zahl: = Konstruktion einer Ordinalzahl. Wann gilt eine Ordinalzahl als »berechnet«?

[105]
Bemerkung (*Grundlagen*): Um der »Wahrheitsordnung« eines Ausdrucks der Zahlentheorie (im Sinne der Existenz einer Realisierung für die Negation von | α, aber von keiner kleineren Ordnung) einen objektiven Sinn zu geben [unabhängig von der Konstruierbarkeit von α], muss man den Ausdruck anders schreiben, nämlich in einer solchen Weise, dass unendlich viele Quantoren übereinander geschachtelt sein können (d. h. »richtig« schreiben). Denn bei endlichen, {n-fachen} Verschachtelungen gilt ja, dass die Wahrheitsordnung höchstens ω^n ist (vermutlich).

Bemerkung: Die 7 Tugenden haben die Eigenschaft, dass jede höhere die Frucht der niederen ist. Außerdem sind sie verschieden,

---

4 $(\exists n) [n = 1 . A \lor n = 0 . \sim A]$: Hier und im Folgenden ist der Punkt das logische Zeichen für Konjunktion.
7 **Abschwächung der Konstruktion einer Zahl:** Es wird ein bestimmter Weg angegeben, auf dem die Zahl konstruiert wird.
9 **Ordinalzahl:** Vgl. die Erläuterung zu Manuskriptseite 35', Bemerkung 1.
31 **7 Tugenden:** Die Liste der sieben Tugenden besteht aus Verstandestugenden und Charakter- bzw. ethischen Tugenden. Zu den ersteren gehören Weisheit (σοφία) und Klugheit/Wissen (φρόνησις), zu letzteren Tapferkeit (ἀνδρεία), Besonnenheit (σωφροσύνη), Gerechtigkeit (δικαιοσύνη), Freigiebigkeit (ἐλευθεριότης), Großzügigkeit (μεγαλοπρέπεια), Großgesinntheit (μεγαλοψυχία). Im Gödel-Nach-

12: ›)‹ von der Editorin verbessert in ›]‹
23: ›der‹ von der Editorin gelöscht

wenn auf einen verschiedenen Gegenstand (verschiedenes Ziel) angewendet. Insbesondere sind die 3 obersten (Wissen, Verstehen, Weisheit), wenn auf die Theologie angewendet, *fides*, *spes*, *caritas*. *Frage*: Was ist zum Beispiel Weisheit, auf die Mathematik angewendet?

[106]
Bemerkung: Es ist theoretisch möglich, nichts zu tun, ohne es vorher überlegt zu haben. Wenn nämlich die erste Tat der Entschluss ist, nichts ohne Überlegung zu tun (d. h. der Vernunft zu folgen), und jeder weitere Entschluss ein Mittel für den vorhergehenden ist (d. h. jedes Ziel mit Rücksicht auf ein vorher gewähltes gewählt wird).

Bemerkung: Die Tätigkeiten zerfallen in 2 Gruppen. Solche, die man »kann«, und solche, die man nicht »kann« [oder solche, von denen man glaubt, dass man sie »kann«, und solche, von denen man das nicht glaubt].* Ich verwende zuviel Zeit auf die der 2ten Art. Jedenfalls soll man sich vorher entschließen, ob Tätigkeiten erster oder 2ter Art vorzunehmen sind. Bei diesen kann man nur »nachsinnen«, aber nicht wirklich arbeiten (hier kann man sich »beeilen« und bemühen).

* Das ist der Unterschied des Arbeitens mit einer Idee und des Suchens nach einer Idee. Das → [107] richtige Mittel, um Ideen zu haben, ist, mit den Ideen, die man hat, zu arbeiten.

Bemerkung: »Er tut, was er kann« hat 2 Bedeutungen: 1.) Er tut alles, was er kann. 2.) Er tut nur das, was er kann. Diese beiden sind aber äquivalent. Wenn jemand nur das tut, was er kann, und immer etwas, so tut er alles, was er kann.

---

lass befinden sich in Behältnis 10b, Reihe V, Mappe 46, ursprüngliche Dokumentennummer 050148 insgesamt 12 Blätter mit Einteilungen zu verschiedenen Tugenden auf Englisch.
2 **Wissen, Verstehen, Weisheit**: Hier sind drei Verstandestugenden angeführt. Die Listen der Verstandestugenden (wie auch der anderen Tugenden) variieren. Es findet sich in der antiken Literatur auch die folgende für Verstandestugenden: Wissenschaft (επιστήμη), Geist (νοῦς), Weisheit (σοφία), Können (τέχνη), Klugheit (φρόνησις).
3 **fides, spes, caritas**: Gemeint sind hier die ersten drei der folgenden sieben Tugenden: Glaube (fides), Hoffnung (spes), Liebe (caritas), Gerechtigkeit (iustitia), Klugheit (prudentia), Tapferkeit (fortitudo) und Mäßigung (temperantia). Diese Liste besteht aus den drei sogenannten theologischen Tugenden aus dem Neuen Testament (Glaube, Hoffnung, Liebe) sowie den vier platonischen Kardinaltugenden (Klugheit, Tapferkeit, Besonnenheit, Gerechtigkeit). Zuerst wurde diese Liste so von Petrus Lomabardus angeordnet und später von Thomas von Aquin übernommen und kanonisiert.

20 **diesen**: Gemeint sind die Tätigkeiten der zweiten Art
21 **hier**: Gemeint sind die Tätigkeiten der ersten Art

Maxime (*Mathematik* Arbeit): Wenn man mit etwas nicht vorwärts kommt, ist das oft ein Beweis, dass etwas in den Vermutungen falsch ist oder dass die Sache von einem falschen Gesichtspunkt aus betrachtet wird.

[107]
Bemerkung: Fehler bei der jetzigen Zeiteinteilung (5./II 1941):
1.) Zuwenig Zeit für Tätigkeiten, die ich kann {sich freuen an hübschen Kleinigkeiten} (Publikationen, {*Résumé*}), und zuviel Zeit für neue Ideen (Nachdenken statt Arbeiten).
2.) Zuwenig Zeit für Lektüre* Mathematik und Grundlagen, Übersetzungen und *Excerpte*.
3.) Zuwenig Zeit für *Theologie*, Maximen (*Psychologie*), Zeiteinteilung.**
4.) Zuwenig Zeit für *Post* und praktische Besorgungen und nicht an der richtigen Stelle.
[5.) Mit nichts »fertig« werden während der Arbeit, und überhaupt furchtbar langsam sein.
6.) Nicht aufhören zu arbeiten um 1 | Uhr mittags und um 6 | Uhr abends, und oft noch zu Beginn des Nachmittages die Tätigkeit vom Vormittag fortsetzen (wegen 5.).]
7.) Herzschmerz, wenn den ganzen Tag sitzend verbracht und schon um die 3h im *Institut*. [108]
8.) Manchmal bei jedem Gegenstand auch das »größere« Programm überschauen.

* Guter Arbeiten (d. h. gut durchformalisierter oder doch leicht formalisierbarer).

** Hier sind folgende Gegenstände zu nennen: 1. | Lektüre *Theologie*, 1'. Lektüre anderer Wissenschaften als *Mathematik* und *Physik*; 2. Selbst nachdenken {und | Sprachen} (*Theologie*, *Psychologie*); 3. Zeiteinteilung und Arbeitsweise (d. h. genaue Verhaltungsweise).

13 **Zeiteinteilung**: Vgl. ›Zeiteinteilung (Maximen) I und II‹, S. 55, Z. 3–12; S. 58, Z. 6 und 12–14; S. 67, Z. 10; S. 68, Z. 5; S. 69, Z. 22ff.; S. 70, Z. 8–32; S. 71, Z. 1–3 und Z. 22–25; S. 72, Z. 4–19; S. 83, Z. 16–20; S. 85, Z. 4–10; S. 86, Z. 1–3 und Z. 9–12; S. 89, Z. 5–22, und Z. 31f.; S. 90, Z. 17–20; S. 93, 22–28; S. 96, Z. 3–5; S. 97, Z. 12–32; S. 99, Z. 23–30; S. 108, Z. 18; S. 110, Z. 12; S. 122, Z. 16–21; S. 123, Z. 10–12; S. 129, Z. 16f.; S. 134, Z. 24; S. 135, Z. 1–4, und Z. 27f.; S. 138; S. 145, Z. 4; S. 146, Z. 22f.; S. 147, Z. 6; S. 156, Z. 13f.; S. 157, Z. 1f., und Z. 4–6; S. 162f, Z. 12ff.; S. 164, Z. 1f.; S. 167, Z. 15–17; S. 174, Z. 6–15; S. 179, Z. 27–37; S. 183, Z. 19–23; S. 187, Z. 8–13; S. 189, Z. 7; S. 193, Z. 7–12; S. 194, Z. 11–18; S. 200, 32f.; S. 207, Z. 16f.; S. 209, Z. 20f.; S. 212, Z. 20f.; S. 214, Z. 23f.; Addendum IIIa, 1, S. 231, Z. 4f.; Addendum IIIa, 3, S. 236, Z. 7f.; Addendum IV, 1, S. 247, Z. 28–32; S. 248, Z. 2f.; Addendum VI, 1, S. 253, Z. 20; Addendum VIII, 1v, S. 258, Z. 26f.; Addendum XI, 1v, S. 264, Z. 12; Addendum XIII, 1v, S. 269, Z. 17–20.

15 **Post**: Vgl. ›Zeiteinteilung (Maximen) I und II‹, S. 55, Z. 8f.; S. 58, Z. 2; 63, Z. 2, und Z. 8; S. 68, Z. 2; S. 76, Z. 12f.; S. 86, Z. 10f.; S. 90, Z. 24; S. 92, Z. 9; 94, Z. 7; S. 96, Z. 3; S. 97, Z. 20; S. 99, Z. 28; S. 108, Z. 18, und 30; S. 110, Z. 12; S. 122, Z. 19; S. 124, Z. 15; S. 134, Z. 15; S. 138, Z. 6; S. 145, Z. 3; S. 157, Z. 28; S. 171, Z. 27f.; S. 195, Z. 12; S. 205, Z. 2; S. 216, Z. 18; Addendum IV, 1, IV, S. 248, Z. 30; Addendum VII, 2, S. 256, Z. 14; Addendum VIII, 1, S. 258, Z. 14, und 32; Addendum XI, 1v, S. 264, Z. 12; Addendum XIII, 1, S. 268, Z. 12–15.

8 **Zuwenig**: Akkolade links, um Punkt 1.) und 2.) zu verbinden
14**: ›‹ nach 1. von der Editorin gelöscht
14**: | Erwerb
17 [: Große eckige Klammer rechts und links um die Punkte 5. und 6.
19: ›.‹ von der Editorin gelöscht
19: ›.‹ von der Editorin gelöscht
23 **3h**: Hier ist nicht 3 Uhr gemeint, sondern drei Stunden.

Bemerkung {*Psychologie*}: Vielleicht bemühe ich mich zuviel? Zuviel Bemühen kann zur Folge haben, dass die Aufmerksamkeit statt auf das Ziel *A* auf das Ziel »ich erreiche *A*« gerichtet wird (außerdem bin ich vielleicht zu *skrupulös*). Das heißt, eine unsachliche Einstellung haben, zum Beispiel: Das Ziel lautet nicht: Ich will erkennen, ob dieser Satz wahr ist, sondern ich will erkennen, dass ich erkenne, ob dieser Satz wahr ist. [Eine andere Art der falschen Einstellung ist: Ich will erkennen, dass dieser Satz wahr ist.]

Bemerkung {(*Grundlagen*)}: Die *intuitive* Wahrheit ist ein Mittelding zwischen Wahrheit und Beweisbarkeit (also eine Verstärkung der Wahrheit). Man sollte eine Kette von Wahrheitsbegriffen finden, welche Wahrheit mit Beweisbarkeit verbindet* (das sind *intensionale* Verstärkungen der Wahrheit). Extensional muss man die Wahrheit abschwächen (»fast alle« und schwächere Theoreme).

* Und dann beweisen, dass längs dieser Kette die *Implikations*relation besteht.

[109]
Frage: Kann alles, was in irgendeinem Buch steht, durch triviale Transformationen in etwas grammatisch vollkommen Richtiges übergeführt werden?

Bemerkung {*Grundlagen*}: Die Annahme, dass man jedes Problem löst, führt wahrscheinlich zur Lösung jedes Problems: Anderes Beispiel ist die Einführung und das Festhalten eines bestimmten Namens für die Zahl π** und das Operieren mit dieser führt schließlich zu einer sehr einfachen und genauen Berechnungsmethode (magische Kraft der Zeichen). Oder: Die Annahme der Existenz Gottes führt wahrscheinlich zu seiner Erkenntnis.

** Ist $\pi = i\, log(-1)$ die »richtige« *Definition*?

Frage (*Theologie*): Sind die, durch welche jemandes Seele gerettet wird, immer schlechter als die, welche sie retten (durch ihren Tod, Leiden oder sonst wie)?

---

23 **Lösung jedes Problems**: Vgl. Manuskriptseite 78, Bemerkung 1, in diesem Band; sowie zur Idee und Methode zur Lösung jedes Problems ›Max IV‹. Manuskriptseiten 163f., Bemerkung Grundlagen 1 und 2; 221f., Bemerkung Grundlagen; 236 Bemerkung Grundlagen; 226, Bemerkung Philosophie, Pkt. 1.
28 **Existenz Gottes**: Vgl. Manuskriptseite 53f., Bemerkung 2, sowie ›Philosophie I Maximen 0‹, S. 92, Z. 6.

4 **Das heißt, eine unsachliche Einstellung haben, zum Beispiel**: Andere Lesart: Das heißt, eine unsachliche Einstellung ist zum Beispiel ….

* |

Bemerkung * (*Grundlagen*) {*Fortsetzung von p. 33*}: Andere Methode zur Lösung von Problemen: Man geht aus von dem zu lösenden Problem und »reduziert« es in dem Sinn, dass man es löst unter der Voraussetzung, dass andere Probleme gelöst sind [da jedes Problem auf eine »Berechnung« einer [110] Zahl hinausläuft, d. h. auf die Ausführung einer »Konstruktion«]. So läuft es darauf hinaus, den Ausdruck, welcher diese Zahl definiert, oder die Eigenschaft, welche sie definiert, äquivalent zu transformieren, das heißt, auf andere »Berechnungen« oder »Konstruktionen« zurückzuführen. Das Wesentliche ist also, zu sehen, in welcher »Richtung« der Transformation eine wirkliche »Reduktion« vorliegt, das heißt, die Aufgabe mehr und mehr ausführbar wird. [Im einfachsten Fall des *intuitionistischen* Funktionenkalküls besteht diese Richtung in der Ersetzung des *definiendums* durch das *definiens*. Ein gutes Beispiel ist auch die Auflösung von Gleichungen oder die Darstellung von Zahlen durch Reduktion der Form.]

Ein wirklicher Zirkel beweist meist, dass die Reduktion nicht richtig vorgenommen wurde, und manchmal gibt gerade ein Zirkel die Auflösung (vgl. *Pellsche* Gleichung). Zur Berechnung von *Integralen* hat man zuerst die Transformationsregel [Summe, *per partes*, *Substitution* {→ Vertauschung der *Integral*folge} und die Transformation des *Integranden* zur *Partial*bruchzerlegung].

Hier sieht man deutlich, dass ein gewisses System von Transformationsregeln nur die Reduktion gewisser Ausdrücke erlaubt; ebenso bei *Differentialgleichungen*. Es ist aber hier nicht ganz klar, wann der Ausdruck als »berechnet« gilt. {→ [111] Es gibt eine quantitative und eine qualitative Reduktion (Beweis durch Reduktion und z. B. die Herstellung einer Normalform mittels der elementaren Tei-

1*: vgl. p 33. Anm. der Editorin: Von Gödel ausradiert
10 **Richtung**: Andere Lesart: Rechnung
14 **Richtung**: Andere Lesart: Rechnung
17 **Ein wirklicher Zirkel beweist meist**: Andere Lesart: Ein wirklicher Zirkelbeweis ist meist...
19 (: Mit der runden Klammer ist eine eckige überschrieben
19): Mit der runden Klammer ist eine eckige überschrieben
22: ›zum‹ von der Editorin verbessert in ›zur‹

13 **Funktionenkalküls**: Anderer Ausdruck für ›Prädikatenkalkül‹.
19 **Pellsche Gleichung**: Nach John Pell (1611–1685) bezeichnet man eine diophantische Gleichung der Form $x^2 - dy^2 = 1$ mit positivem ganzzahligem d als Pellsche Gleichung.
19 **Integralen**: Das bestimmte Integral einer Funktion ordnet ihr einen konkreten Zahlenwert zu, das unbestimmte Integral einer Funktion ordnet ihr die Gesamtheit aller Stammfunktionen zu.
22 **Integranden**: Der Integrand ist die Funktion, die es zu integrieren gilt ($f(x)$).
22 **Partialbruchzerlegung**: Die Partialbruchzerlegung ist eine standardisierte Darstellung rationaler Funktionen, die u. a. zum Integrieren rationaler Funktionen benutzt wird.
25 **Differentialgleichungen**: Eine Differentialgleichung stellt eine Relation zwischen einer Größe und ihrer Änderungsrate her. Sie ist eine mathematische Gleichung, die eine gesuchte Funktion von einer oder mehreren Variablen mittels ihrer Werte und denen ihrer Ableitungen beschreibt.

lertheorie, wo die Normalform noch beliebig große Zahlen enthalten kann). Die quantitative ist schlecht. [Reduktion ist überhaupt etwas halb Empirisches, welches den Grund nicht zeigt.]} {*vgl. p. 135*}

[111]
Bemerkung (*Grundlagen*): Wenn man etwas »richtig« macht [z. B. *Definition* des »natürlichen« Logarithmus], so hat das zur Folge, dass man auch alle falschen Wege übersieht [z. B. $^{a}log\,b$], aber nicht umgekehrt.

<u>*Maxime*</u> (fundamentale *Maxime* des Lernens): Man lernt durch <u>Wiederholung</u>, beginnend mit dem Einfachen und aufsteigend zu Kompliziertem.

Bemerkung (*Theologie*): Der Heilige wurde zum Brot, die sündige Menschheit braucht Brot für Dämonen [in dieser Welt]. Oder: Sie wurden verwandelt aus einem Brot, das Verderben bringt, in ein Brot, das Heil bringt (weil freiwillig).

Bemerkung (*Psychologie*): Die Erkenntnis seiner selbst und des Wortes sind [112] vielleicht identisch, da: Seiner selbst = des Geistes, und Geist Gottes = Wort, und Mensch = Ebenbild Gottes.

Bemerkung (*Psychologie*): Eine Weise der Entschlusslosigkeit (der »äußeren«) ist beispielsweise: Ich verfolge die Ziele A, B [d. h., ich habe sie gewählt] und ich glaube, dass eine Tat T sehr gut für A und schlecht für B ist, und $\sim T$ sehr gut für B und schlecht für A ist. Dann bin ich »verpflichtet«, sowohl T als $\sim T$ zu tun. Die Befreiung aus diesem Zustand tritt ein, wenn entweder T oder $\sim T$ unmöglich wird oder schlecht ist für ein »übergeordnetes Ziel«.

---

3 **vgl. p. 135:** Auf Manuskriptseite 135 steht die Fortsetzung zu Manuskriptseite 109, das heißt, zu den Methoden zur Lösung von Problemen sowie zur Auflösung von Differentialgleichungen

15 **Heilige wurde zum Brot:** Ignatius von Antiochien (gest. 6. Juli 108 n. Chr.) schreibt in seinem vierten Brief von Smyrna aus an die Gemeinde in Rom, sie sollten nichts zu seiner Rettung unternehmen. Da er ein Weizen Gottes sei, wolle er durch die Zähne der wilden Tiere gemahlen werden zu reinem Brot.

16 **Brot für Dämonen:** Vgl. bzgl. Brotopfer für Dämonen etwa Richard Kühnau, ›Die Bedeutung des Backens und des Brotes im Dämonenglauben des deutschen Volkes‹, Paschkau (Hertwig) 1900, S. 6 und 24.

17 **aus einem Brot, das Verderben bringt, in ein Brot, das Heil bringt:** Siehe zur heilbringenden oder verderblichen Wirkung des Brotes gleichfalls Kühnau, op. cit., S. 20.

15 **Brot:** Andere Lesart hier und im Folgenden: ›Wort‹

24 **Weise:** Im Manuskript liest es sich wie ›Wesen‹

Diese Situation kann nicht eintreten, sobald nur ein »oberstes« Ziel besteht. Diese Situation ergibt eine Entschlusslosigkeit dadurch, dass etwas geglaubt wird, während eine andere Form der Entschlusslosigkeit die ist, dass weder A noch $\sim A$ geglaubt werden. Abstrakte Entscheidung: Wenn die »Wichtigkeit« des Zieles A a und die von B b ist und die Schädlichkeit (Nützlichkeit) von T für A (beziehungsweise B) ausgedrückt wird durch

$$t_A \quad t_B \quad \bar{t}_A \quad \bar{t}_B$$
$$>0 \quad <0 \quad <0 \quad >0,$$

[113]

dann ist die Frage: $at_A + bt_B \gtreqless a\bar{t}_A + b\bar{t}_B$?
{vgl. auch übernächste Bemerkung}

Bemerkung {(*Psychologie*)}: Es besteht eine Überordnung der {obersten} Ziele nach Wichtigkeit, sodass alle Handlungen, welche für die wichtigsten Ziele schädlich sind, von vornherein ausgeschlossen werden *etc.* – nach abwärts. Auch die unteren Ziele (welche als Mittel für die oberen gewählt wurden) haben dementsprechend eine Rangordnung nach der Wichtigkeit des Ziels, für das sie ein Mittel sind, und nach der »Stärke« der Verknüpfung mit diesem. Zum Beispiel: Was (wenn auch noch so gering) mit einem höheren Ziel verknüpft ist, hat eine höhere Rangordnung als was überhaupt mit keinem höheren Ziel verknüpft ist (wenn auch noch so stark mit einem anderen).

Bemerkung {(*Psychologie*)}: Daraus folgt, dass eine Situation, die günstiger ist für irgendein Ziel und ungünstiger für kein Ziel [bezüglich der Möglichkeit, diese Ziele zu fördern], doch »unangenehmer« ist, indem sie einen Verzicht in der Förderung eines Zieles nötig macht [und vielleicht nicht klar ist, welcher Verzicht der beste ist]. Die Situation kann aber unangenehmer sein aus 2 Gründen: *a*.) Ich will nicht verzichten; *b*.) ich weiß nicht, worauf ich verzichten soll. Vielleicht nur deswegen kein Wissen, worauf zu verzichten besser ist, weil man [114] nicht verzichten will? Also wird das Unangenehme lediglich durch die Unentschlossenheit hervorgerufen (wie in jedem anderen Fall, wo ich nicht weiß, ob A oder $\sim A$ besser ist).

Bemerkung (*Grundlagen*): Die *mathematische* Exaktheit ist bloß *extensional* und relativ zu sich selbst. Das heißt: 1.) Die Sätze sind bloß *extensional* klar [d. h., es ist nur klar, unter welchen Umstän-

---

28 **fördern**: Andere Lesart: fordern
29 **Förderung**: Andere Lesart: Forderung

den sie gelten und auf welche Weise sie bewiesen werden können], aber ihr »Sinn« ist gar nicht klar; {zum Beispiel: Was ist die Zahl 2?}. 2.) Die Beziehungen der mathematischen Begriffe zu außermathematischen (*psychologischen*, *philosophischen* etc.) ist nicht einmal *extensional* klar. Das heißt vielleicht: Das, was klar ist, ist vielleicht bloß die Möglichkeit der Folgerung aus gewissen Konventionen. Sind aber dann nicht doch gewisse Begriffe vollkommen klar, nämlich die über Anordnungen von Zeichen (oder über endliche Strukturen)? Überhaupt scheint das Wesen, zum Beispiel der Zahl 2 [d. h. der wirklichen Zahl 2] im Gegensatz zu ihren verschiedenen Realisierungen [als Klasse von Klassen, Funktion von Funktionen, Paar mit Gleichheits-*Definition* etc.] eine endliche Struktur zu sein. Aber was man klar sieht, das sind nur die Realisierungen, nicht die Struktur. Obwohl die Erkenntnis der Struktur das ist, was die *Definition* und das »Verständnis« verschiedener Realisierungen [115] gestattet [und die Beurteilung, ob eine *Definition* »richtig« oder »falsch« ist].

Was der mathematische Beweis zustandebringt, ist, etwas über Realisierungen einzusehen, ohne die Struktur selbst zu kennen [z. B. Isomorphismus zweier Realisierungen, ohne zu verwenden, dass beide Realisierungen derselben Struktur sind]; das heißt also, dasselbe, was beim »Elementarisieren« der Beweise geschieht. [Vielleicht ist aber die Zahl 2 in Wahrheit etwas ganz anderes als eine Struktur, indem eine Struktur selbst schon eine »Realisierung« für etwas noch Höheres ist.]

Vielleicht hätte die vollkommen klare Erkenntnis des Wesens der Zahl 2 die Beherrschung der ganzen *Mathematik* [oder zumindest der Zahlentheorie] zur Folge. Ist es für jeden Menschen möglich, diese Einsicht zu gewinnen, oder nur für gewisse Menschen? Was ist der Weg dazu?

Bemerkung: Die Ideen können nach »Stärke« angeordnet werden [insbesondere gibt es zu jeder Ordinalzahl eine gleich starke der 2ten Klasse]. Aber es gibt andere »Stärkehierarchien«, zum Beispiel Räume von immer höheren *Dimensionen,* oder das Quadratische

---

22 **Elementarisieren**: Anstatt einen Beweis mit »höheren« Methoden durchzuführen, werden lediglich elementare Methoden verwendet.

34 **Stärkehierarchien**: Beispiel für Stärkehierarchie: Wenn die Konsistenz einer von zwei Propositionen die der anderen impliziert, hat die erstere eine größere Konsistenzstärke.

22 **Elementarisieren**: Andere Lesart: Elegantisieren

ist stärker als das Lineare, die Idee der *orthogonalen* Transformation stärker als die der linearen *etc.* [116] Vielleicht führt das Arbeiten in Richtung *maximal* starken Wachstums zur Beherrschung der *Mathematik*.

Bemerkung (*Psychologie*): Ein Akt kann Gegenstand (Objekt) eines Aktes sein, wenn ich beschließe, dass ich dann und dann etwas tun werde.

Bemerkung (*Psychologie*): 1.) Beschreibung des vernünftigen Verhaltens mit Berücksichtigung der Unterbrechung der Verfolgung eines Ziels durch äußere Wahrnehmungen und durch Beschlüsse von der Art, das Ziel nur eine gewisse beschränkte Zeit hindurch zu verfolgen.
2.) Am 12./II 1941 nehme ich mir um 11h vor, *Ms Schm* zwischen 12 und ½1 anzurufen, lehne es aber ab (mit Unwillen), die Ausführung zu garantieren durch Auflage eines Zettels am Schreibtisch.
Frage:
A. Warum beschließe ich erst so spät anzurufen?
B. Warum lehne ich den Zettel ab, und warum mit Unwillen**?**
All das ist offenbar unvernünftig.

Bemerkung (*Grundlagen*): Zahlentheoretische und algebraische Sätze sind Sätze über Qualitäten (während die Analysis Sätze über Quantitäten enthält). Methode zur Lösung: *Approximation* der Qualitäten durch Quantitäten. Das heißt: Zunächst die Qualitäten (deren [117] Werte ganze Zahlen sind) so auf den weiteren Bereich von Dingen ausdehnen, dass auch nicht ganze Zahlen als Wert und in einer »berechenbaren« Weise vorkommen. Dann kann man so lange *approximieren* bis der Fehler < ½ ist**.**

---

3 **maximal starken Wachstums:** Andere Lesart: maximalen Stärkewachstums

15 **Ms Schm:** Andere Lesarten: Ms Schn, Ms Schw, Ms. Schm, Msi Schm, Msi Schn, Msi Schw, Msr Schm, Msr Schn, Msr Schw

30 < ½: Zu lesen als ›kleiner als einhalb‹

1 **orthogonalen Transformation:** In der Mathematik ist eine orthogonale Transformation eine lineare Abbildung zwischen zwei reellen Skalarprodukträumen, die das Skalarprodukt bewahrt. Da die Länge der Vektoren und die Winkel zwischen ihnen durch das Skalarprodukt definiert sind, sind orthogonale Transformationen stets längen- und winkelerhaltend. Orthogonale Transformation sind stets injektiv (linkseindeutig abbildend).

15 **Ms Schm:** Im Personenverzeichnis des Institute for Advanced Study findet sich für das Semester 1941/42 unter den Namen, die mit ›Sch‹ beginnen, lediglich der Name des Mathematikers Abraham Schwartz

30 **approximieren:** Vgl. ›Zeiteinteilung (Maximen) II‹, S. 169, Z. 5f.; Addendum IIIb, 3v, Z. 242, Z. 21f.; Addendum IIIb, 2v', S. 245, Z. 16.

[_Frage_: Sind nicht die reellen Zahlen vielleicht »Qualitäten« in Bezug auf die noch höheren Objekte (Mengenlehre)? Sodass man zur Lösung analytischer Probleme die reellen Zahlen durch Funktionen reeller Zahlen *etc.* »approximieren« muss?]

Das Wesentliche bei dieser Methode ist,

1.) dass jede nur für gewisse Argumente definierte Funktion in eindeutiger Weise auf beliebige Argumente ausgedehnt werden kann [in einer solchen Weise, dass sie irgendwie »steht« oder wenigstens alle Zwischenwerte annimmt];

2.) dass alle Funktionen, die man dabei zu verwenden hat, »berechenbar« sind (d. h. mit beliebiger *Approximation* berechenbar).

Aus 1.) würde insbesondere folgen, dass man Funktionen, deren Werte nur ganzzahlig sind (d. h., welche Qualitäten ausdrücken), so auf ein weiteres Gebiet ausdehnen kann, [118] dass die Werte alle reelle Zahlen (oder noch mehr) sind.

Bemerkung (*Psychologie*): Gewisse Dinge, die einen starken Affekt erregen (Furcht, Befriedigung, Schamgefühl *etc.*), insbesondere solche, welche mit menschlichen Relationen zu tun haben, bewirken automatisch eine ganz unzweckmäßige Konzentration der Aufmerksamkeit auf sie, nämlich bloß auf ihre Vorstellungen (ohne vernünftiges Nachdenken über sie zu einem vernünftigen Zweck), und machen eben dadurch sowohl vernünftiges Nachdenken über sie, und das Verhalten zu ihnen, als auch das Nachdenken und das vernünftige Verhalten hinsichtlich anderer Dinge unmöglich. [Lähmungserscheinung der Furcht und »auswärtige« Vorstellungen (Zwangsvorstellungen, {*Hypnose*}).

Merkwürdigerweise behindern diese Lähmungserscheinungen auch irgendwie die freie Wahl, aus ihnen herauszukommen. Das heißt, man kann irgendwie nicht einmal sich dazu entschließen, diese Vorstellungen von sich zu weisen (geschweige denn, diese Entschlüsse durchführen), weil irgendwie »keine Zeit« dazu ist. Das heißt, die Fähigkeit zu wählen ist irgendwie annulliert oder es ist irgendwie schon [119] gewählt worden an deiner statt. Und du stehst unter dem Einfluss dieser Wahl ebenso, wie du unter dem Einfluss eines eigenen Entschlusses stündest. Die Erscheinung hat verschiedene Grade und kann die Wahl mehr oder weniger erschweren oder ganz unmöglich machen.

18 **Bemerkung**: Mehrmals fett unterstrichen
20: ›.‹ von der Editorin verbessert in ›,‹

Was ist der Unterschied gegenüber einer Hemmung? (Ein Trieb treibt umgekehrt zu einer Wahl, aber nicht dadurch, dass das Objekt so »verlockend« ist.) Eine Hemmung bezieht sich nur auf eine gewisse Wahl, die Lähmung auf jede Wahl. Aber die Lähmung besteht nicht einfach in dem Trieb, auf die überwältigende Vorstellung die Aufmerksamkeit zu konzentrieren und das Ziel, dies vorzustellen, zu wählen, denn sonst müsste ich diesem Trieb »nachgeben« und das Vorstellen wählen. Ich wähle es aber gar nicht, sondern bin passiv.

Hemmung ist ein schwacher Grad von Lähmung und Trieb das Gegenteil davon. Aber die bloße Wahrnehmung des Genusses (oder der Unlust), welche auf irgendeine Handlung folgen wird (anschauliche Wahrnehmung, d. h. Wahrnehmung des Objektes und nicht der Symbole dafür), ist etwas völlig anderes. Trieb und Hemmung heben die Freiheit teilweise auf. Es ergreift etwas anderes das Steuerruder (im Inneren, nicht die äußeren Glieder), sodass der Entschluss {selbst} zustandekommt (bzw. nicht zustande kommt). Aber nicht durch meine Wahl. [120]

Dass mein Entschluss äußerlich nicht ausgeführt wird [bzw. ohne Entschluss {etwas} ausgeführt wird], ist etwas ganz anderes. Die Frage ist: Zeigt sich in dem Zustandekommen (bzw. Nicht-Zustandekommen) einer Wahl angesichts einer bestimmten Situation immer der Charakter der betreffenden Person? Damit scheint aber der Zweck dieser Welt als »Prüfung« verhindert zu werden. Oder hat das bloß den Zweck, dass nicht nur die Art der Wahl, sondern auch die »Stärke« der Wahl gemessen wird? – Man sieht, dass es sich hier um eine direkte geistige Einwirkung handelt und dass die äußeren Symbole (Schlangenauge *etc.*) ein Betrug sind.* Anderes Beispiel: Nicht-aufhören-Können mit einer unvernünftigen Arbeitsweise, Nicht-aufhören-Können.

Ist nicht in der Wahrnehmung und Erinnerung das Maß des fremden Einflusses unbekannt, sodass man ganz falsche Vorstellungen über seine »Schuld« bekommen kann? *vgl. p.* 131 unten.

* Insbesondere auch die Vorstellung der Annehmlichkeit (Unannehmlichkeit), welche aber meist daran gekoppelt ist.

---

1 **Trieb:** Siehe für weitere Belegstellen zu ›Trieb‹ die Angaben auf Manuskriptseite 15, Bemerkung Psychologie in diesem Band.
10 **Hemmung:** Vgl. außer den Erwähnungen in diesem Band: ›Philosophie I Maximen 0‹, S. 94, Z. 20f.; 117, Z. 11; ›Zeiteinteilung (Maximen) I und II‹, S. 122, Z. 16–21; S. 122, Z. 24f.; S. 123f., Z. 32ff.; S. 124, Z. 20–25; S. 142, Z. 6f.; S. 144, Z. 9f.; S. 155, Z. 5f.; S. 162, Z. 25f.; S. 168, Z. 4–33; S. 171, Z. 5–8; S. 184, Z. 11–14; S. 199, Z. 7–9; Addenda II, 7, S. 223f., Z. 28ff.; II, 10, S. 225f., Z. 38ff.; IIIa, 3, S. 236, Z. 7f.; XIV, 18r, S. 272, Z. 2–4; XV, 1, S. 274, Z. 13.

Bemerkung (*Theologie*): Vielleicht muss man für die Sünden in der Reihenfolge, [121] in der sie begangen wurden, Buße tun [weil die vorhergehende die Erkenntnis, dass die nächste eine Sünde ist, verhindert] (vielleicht ist sie auch subjektiv gar keine Sünde).

Bemerkung (*Theologie*): Durch jede Sünde sinkt man auf ein tieferes *Niveau* im 2fachen Sinn: 1.) Das objektiv Falsche ist subjektiv richtig (für die nächste Handlung). 2.) Die Erkenntnis des subjektiv Richtigen wird verdunkelt und verfälscht. Sobald man aber dann immer weiter das subjektiv Richtige tut, sinkt man auf kein tieferes Niveau (oder steigt man sogar wieder, indem das eine Buße involviert?). 3.) Das als subjektiv richtig Erscheinende wird unmöglich (insbesondere *A* . *B*, und beide zu tun nicht möglich).

Bemerkung {(*Theologie*)}: Sünde ist eine Art von praktischer Dummheit (aus kurzsichtigem Eigennutz) oder eine Art dummer Bewertung (aus blindem Egoismus).
Durch Sünde wird man ein Schuldner des Teufels.

Bemerkung (*Theologie*): Das objektiv richtige Gebet wird erhört (nicht das subjektiv richtige). Fälle, wo vielleicht das Beten jedenfalls Sinn hat: 1. Ich weiß, was geschehen sollte; 2.) dass es von meinem Verhalten abhängt; 3. ich weiß nicht, wie ich mich verhalten muss.

[122]
Bemerkung: Um die Außenwelt zu verstehen, soll man mit ganz belanglosen Dingen anfangen (Stricken, Weben, Zahlenspielerei *etc.*).

Bemerkung: Vergleich der mathematischen Arbeit mit Addieren. Lieber mehr mechanisch und weniger Entscheidungen, oder umgekehrt?

---

13 *A* . *B*: ›.‹ ist ein logisches Symbol für ›und‹, daher ist hier *A* und *B* zu lesen.
18 **Teufels**: Vgl. in diesem Band die Manuskriptseiten 5, Bemerkung Theologie; 8, Bemerkung 1; 44, Bemerkung 2; 47; 60, Bemerkung Theologie, Pkt. 3 und 8; 63, Bemerkung 2; 64, Bemerkung 1, Pkt. 2; 73, Bemerkung 2; 101f., Bemerkung Theologie; 122f., Bemerkung Theologie; 154, Pkt. 6.

*Auf einmal vornehmen.

Bemerkung: Ursache der Hast: 1.) Gefahr; 2.) unerfüllte Pflicht; 3.) zu viel* vornehmen; 4.) nicht wissen, was das Richtige zu tun ist. {*vgl. p.* 123 unten}

Bemerkung: Das Fehlen des »richtigen« Genusses (z. B. bei Melodien) nimmt ab. Vielleicht deswegen, weil ich konstant das tue, was ich nicht gerne tue (aus Pflichtgefühl). Verwandlung in eine Ameise.

Bemerkung (*Theologie*): 3 Theorien über die Ursache des Bösen:
1.) Es ist ein höheres Gut, das Böse zu vernichten als es nicht zu erschaffen.**

** 1.) bezieht sich auf das Leid des Teufels (und der vollkommen Bösen); 2.) und 3.) beziehen sich auf das Leid der Guten.

2.) Zuerst wurde die Gerechtigkeit erschaffen, dann Wesen, welche die Existenz nicht »verdienen« (damit Wesen aller Vollkommenheitsgrade da seien, was besser ist, als wenn nur das Vollkommenste da wäre und dies notwendig eines wäre, wegen $a \not> a$). Dies »Unrechte« musste sich durch Leiden [123] am Schöpfer richten. Daher ist Leiden auch in den Geschöpfen (und zwar noch größeres), weil sie dies noch mehr verdienen. Das heißt, die »Gerechtigkeit« lässt 2 Lösungen bezüglich der unvollkommenen Wesen zu: 1. Sie existieren nicht, und niemand leidet. 2. Sie existieren, und alle leiden nach dem Maß der Unvollkommenheit.
3.) Um für die unvollkommenen Wesen (welche aus dem oben angegebenen Grund erschaffen wurden) das höchstmögliche Glück zu erreichen, müssen sie zuerst leiden, und zwar jedes umso mehr, je unvollkommener es ist. (Sie müssen das Leid »kennenlernen«. Was der Zweck dieser Welt wäre.)

Bemerkung (*Theologie*): Folgender Satz ist vielleicht erkennbar: Wenn es ein Leid für A gibt, so kann A vorher die »Ursache« des Leides nicht vollkommen erkennen, denn sonst würde das Leid aufhören, beziehungsweise von einer größeren Freude »überdeckt« werden.

---

18 **richten**: Andere Lesart: rechten. ›Rechten‹ heißt sich streiten, aneinandergeraten

1 **Hast:** Vgl. ›Zeiteinteilung (Maximen) I und II‹, S. 78, Z. 5f.; 83, Z. 12–14, und 83f., Z. 27ff; 85, Z. 35; 189, Z. 24; Addenda IIIa, 1, 231, Z. 17; IIIa, 2, 234, Z. 11–14; IIIa, 4, S. 237, Z. 33; in vorliegendem Band: Manuskriptseiten 123, Bemerkung 1; 124, Bemerkung 1.

Bemerkung: Die Hast muss dann vollständig aufhören, wenn klar ist, dass es falsch ist, jetzt irgendetwas zu tun, mit Ausnahme einer einzigen Sache.*

(Folgt das vielleicht schon daraus, dass A zu tun gut ist und A . B unmöglich? Oder kann das zu einem Widerspruch führen?)

* Und wenn man das Verfahren kennt, diese Sache zu tun [d. h. die einzelnen Schritte in Abhängigkeit von den bisherigen {und den Erfolgen}].

[124]

Bemerkung: Vielleicht soll man jeden Tag eine Stunde für »äußere« Arbeit verwenden. Das heißt, Vorlesungen oder Sprechen mit anderen Personen** (d. h. in irgendeinem Sinn »nützliche« Arbeit). Das gehört zur geistigen »*Hygiene*«. Dann verschwindet vielleicht die Hast. Aber andererseits auch Zeit auf *Theologie* verwenden [und Durchsehen der *Maximen*].

** Oder Schreibmaschineschreiben ein Manuskript.

Bemerkung (*Psychologie*): Um das Richtige zu tun, ist es fruchtbar, das Unrichtige zumindest auch in Betracht zu ziehen (z. B. Glaube an die Bibel). Sonst entsteht die Gefahr, dass man entweder das Richtige aus einem falschen Motiv tut (nämlich durch »Einschüchterung« oder Angst) oder dass man das Richtige nicht tut, weil die Gründe dafür erst durch Negation deutlich werden.

Bemerkung (*Psychologie*): Dass man etwas tut, ohne doch dafür nicht ganz verantwortlich zu sein, kann mehrere Gründe haben:
1.) Triebe (Hemmung, Lähmung, *Suggestion*). Das ist eine direkte Wirkung auf die Fähigkeit zu »wählen«.
2.) Nicht-Sehen der wirklichen Dinge, sondern ihre farblosen symbolischen Abbilder (d. h. Verlust des Realitätsgefühls.)

---

4 **A . B**: Wie oben ist der Punkt hier das logische Symbol für ›und‹, daher ist der Ausdruck als ›A und B‹ zu lesen

11 **Hygiene**: Siehe die ausführliche Erläuterung zur Liste auf der Umschlaginnenseite von ›Zeiteinteilung (Max) I‹. Dort auch weitere Textstellen zu ›geistige Hygiene‹. Vgl. auch Manuskriptseite 21 oben in diesem Band.

16 **Glaube an die Bibel:** Vgl. in diesem Band Manuskriptseite 21f., Bemerkung 2 zu Glaube an Theologie.

24 **Triebe:** Siehe für weitere Belegstellen zu ›Trieb‹ die Angaben auf Manuskriptseite 15, Bemerkung Psychologie in diesem Band.

24 **Hemmung:** Vgl. außer den Erwähnungen in diesem Band: ›Philosophie I Maximen 0‹, S. 94, Z. 20f.; 117, Z. 11; ›Zeiteinteilung (Maximen) I und II‹, S. 122, Z. 16–21; S. 122, Z. 24f.; S. 123f., Z. 32ff.; S. 124, Z. 20–25; S. 142, Z. 6f.; S. 144, Z. 9f.; S. 155, Z. 5f.; S. 162, Z. 25f.; S. 168, Z. 4–33; S. 171, Z. 5–8; S. 184, Z. 11–14; S. 199, Z. 7–9; Addenda II, 7, S. 223f., Z. 28ff.; II, 10, S. 225f., Z. 38ff.; IIIa, 3, S. 236, Z. 7f.; XIV, 18r, S. 272, Z. 2–4; XV, 1, S. 274, Z. 13.

24 **Lähmung:** Vgl. ›Zeiteinteilung (Maximen) II‹, S. 163, Z. 29; S. 191, Z. 33f.

24 **Suggestion:** Vgl. ›Zeiteinteilung (Maximen) I und II‹, S. 70, Z. 35; S. 157, Z. 22.

23 **nicht ganz:** Zu lesen als ›teilweise‹

3.) Undeutliches und unvollständiges Sehen auch der symbolischen Abbilder der Situation, der »Struktur«. [125]

3 ist wahrscheinlich ≡ 2 (obwohl es an sich etwas ganz anderes ist). Zur »Situation« gehören insbesondere auch die zur Verfügung stehenden Mittel (mögliche Verhaltungsweisen).

Bemerkung (*Psychologie*): Glauben {an eine Theorie} bedeutet unter anderem: Es erscheint bei jeder Situation die und nur die *Implikation*, welche nach dieser *Theorie* folgt (in diesem Sinn eine Gewohnheit). Der normale Weg der Entstehung eines Glaubens ist durch »Beweis«.

Bemerkung (*Grundlagen*): Stufen der mathematischen Arbeit: Ziele 1.) Vermutung (Glaube); 2.) Wissen (d. h. überzeugt sein, dass es geht); 3.) Ausführung (für sich selbst); 4.) Ausführung (für *Publikation*); 5.) *Publikation* (= Vortrag halten oder Arbeit in die Maschine diktieren).

Bemerkung (*Grundlagen*): Warum erfreuen gerade die ganz kurzen und eleganten Beweise (obwohl nicht heuristisch) das Herz? Zum Beispiel: Irreduzibilität der Kreisteilungsgleichung, *Pólyascher* Beweis der Zerlegung einer *positiven* Form in eine quadratische Summe. Überhaupt *Furtwänglersche* Beweise, [126] die Hilfssätze sind einfach (auch die verwendeten Begriffe sind einfach) und irgend-

---

15 **Publikation:** Andere Lesart: Publikum
21: ›0‹ von der Editorin verbessert in ›6‹

21 **Irreduzibilität der Kreisteilungsgleichung:** Es sind zwei Arbeiten mit diesem Titel erschienen: Hans Späth, »Über die Irreduzibilität der Kreisteilungsgleichung«, in: ›Mathematische Zeitschrift‹ 26 (1927), S. 442–444; und Edmund Landau, »Über die Irreduzibilität der Kreisteilungsgleichung«, in: ›Mathematische Zeitschrift‹ 29 (1929), S. 462. Vermutlich referiert Gödel hier auf den Beweis von Landau, da dieser nur acht Zeilen umfasst.

21 **Pólyascher Beweis:** Sogenannter Positivstellensatz von Pólya: »Eine Form in n Variablen, die eine gerade Funktion von jeder der Variabeln ist und für alle reellen Wertsysteme, das identisch verschwindende Wertsystem ausgenommen, positiv ausfällt, lässt sich als Summe von Quadraten rationaler gebrochener homogener reeller Funktionen darstellen. U[nd] zw[ar] lassen sich diese rationalen gebrochenen Funktionen als rationalzahlig wählen, wenn die vorgelegte Form rationalzahlig ist.« Veröffentlicht in: G. Pólya, »Über positive Darstellung von Polynomen«, in: ›Vierteljahrsschrift der Naturforschenden Gesellschaft in Zürich‹ 73 (1928), S. 141–145.

22 **positiven Form:** Eine positive Form ist eine homogene ganzrationale Funktion in einer oder mehreren Variablen.

23 **Furtwänglersche Beweise:** In Nikolaus Hofreiter, »Nachruf auf Philipp Furtwängler«, ›Monatshefte für Mathematik und Physik‹ 49 (1941), S. 219–227 findet sich ein Verzeichnis der Arbeiten Philipp Furtwänglers.

wie »natürlich«. | Sie sind irgendwie das, was ein Kind beim naiven Fragen erwarten würde und was ein Kind verstehen kann. Insbesondere ist zum Beispiel die Beschränkung auf *positive* Zahlen sehr charakteristisch (Verwendung der Funktion *sgn*, Vergleich mit *Ballistik*).

Monotonie und *Konvexität* sind ebenfalls derartige Begriffe. Beispiel eines Satzes: Jede monoton wachsende Folge stetiger Funktionen, die gegen eine stetige Funktion konvergiert, konvergiert gleichmäßig. Die negativen Zahlen erschweren Fallunterscheidungen, aber gerade das ist wahrscheinlich das Schlechte, denn man sieht nur in jedem einzelnen Fall etwas und Verschiedenes in verschiedenen Fällen [falsche Zusammenfassung verschiedener Fälle in einen]. Ferner: Möglichkeit einer vollkommenen Präzision (und Überzeugung von der Richtigkeit) in Folge der Kürze.

[127]
Bemerkung {*Grundlagen*}: Der Wert eines *Theorems* bestimmt sich nach den Anwendungen. Das heißt, wie weit dient es dem Zweck, die mathematischen *Existenz-Operatoren* zu konstruieren [oder undurchführbare Konstruktionen in durchführbare zu verwandeln].

Maxime: Ein Wort nach dem anderen lernen (gilt für jedes Lernen).

Bemerkung: Welche Eigenschaft der Weltstruktur erlaubt es, alles durch *Approximation* zu lösen? – Eine Art von *Approximation* ist auch die, dass man zunächst etwas Übersichtliches Falsches* annimmt (in irgendeiner *Disciplin*) und die *Details* allmählich herausziseliert.

* Aber fast Richtiges.

Bemerkung (*Psychologie*): Ein Trieb ist eine Kraft, welche auf die Seele wirkt und die Wahlen beeinflusst (Wahl verursacht oder Wahl verhindert**). Das heißt, bei Wahrnehmung des gleichen

** Triebe und Hemmungen.

---

4 **sgn**: Die Signum- oder Vorzeichenfunktion ordnet einer reellen Zahl ihr Vorzeichen zu. Sie hat nur drei mögliche Funktionswerte: +1, −1, 0.

8 **konvergiert gleichmäßig**: Das ist der Satz von (Ulisse) Dini: Wenn die stetigen Funktionen $f_n: A \to \mathbb{R}$ eine monoton wachsende Folge bilden, die auf der kompakten Menge A gegen eine stetige Grenzfunktion f konvergiert, so ist die Konvergenz gleichmäßig.

1: | d. h. ihr Sinn
27 **Übersichtliches Falsches**: Andere Lesarten: übersichtlich Falsches, Übersichtliches falsch

Objekts können bei derselben Person durch Trieb verschiedene Wahlen zustandekommen. Ein Trieb kann wahrgenommen werden oder nicht, aber der Einfluss auf die Wahl erfolgt durch das Vorhandensein, [128] nicht durch die Wahrnehmung. Das Entstehen der Triebe gehorcht im Allgemeinen folgenden Gesetzen:

1.) Er veranlasst, unangenehme Dinge aufzuhören,
2.) angenehme Dinge fortzusetzen,
3.) Sachverhalte, deren Unannehmlichkeit vorausgesehen wird, nicht zu realisieren. Gemeint ist »unmittelbare« Annehmlichkeit.
4.) Sachverhalte, deren Annehmlichkeit vorausgesehen wird, zu realisieren. Gemeint ist »unmittelbare« Annehmlichkeit.

3. und 4. gelten in schwächerem Grad auch für solche Sachverhalte, welche Ursache von angenehmen (unangenehmen) Dingen sind, aber in umso schwächerem Grad, je weiter diese zeitlich abstehen. Es ist zu unterscheiden zwischen dem Vorhandensein des Triebes, dem Wahrgenommenwerden* des Triebes und dem Wissen ums Vorhandensein des Triebes (d. h. Begriffsfassung).

*Es fragt sich, »als was« oder in welcher Form. Zum Beispiel: Als Notwendigkeit etwas zu wählen → [129] oder nicht zu wählen gegen den Befehl der Vernunft (oder als Erschwerung gewisser Wahl [bzw. Nicht-Wahl])?

Bemerkung (_Theologie_): Bei jeder Entschlusslosigkeit sind vielleicht alle Gründe dafür von einer prinzipiell anderen Art als die Gründe dagegen. (Die einen sind schlecht, die anderen gut.)

Kriterien für gut und schlecht:	schlecht:	Annehmlichkeit, Anschein (Evidenz)
	gut ↓:	Unannehmlichkeit, abstrakte Beweisbarkeit gegen die Evidenz,** vollkommen entsprechend dem übergeordneten Zweck
	***farblos und kalt	(Hauptzweck)

** [129] Hinsichtlich gut und schlecht (wert, unwert).

*** [129] Deswegen ist der Heilige Geist und die Gnade nötig, um das Richtige zu glauben und das Richtige zu tun.

[129] Die Evidenz ist falsch, weil wir uns weigern (und oft geweigert haben), der Vernunft zu folgen, wegen Unannehmlichkeit, Mühe und zu langer Dauer bis zur Erreichung des Ziels (ohne aber das Ziel aufzugeben†). Das hat dann das Erscheinen des »falschen Lichts« zur Folge [anders gewendet: Das Gewissen verliert seine

2 **Wahlen zustandekommen**: Andere Lesart: Wahlzustände kommen
14 **zeitlich abstehen**: Gemeint ist zeitlich voneinander Abstand haben
26 ↓: Pfeil geht von ›gut‹ zu ›farblos und kalt‹

36 **falschen Lichts**: Vgl. hinsichtlich der Lichtmetapher Gödels Mitschrift der Vorlesung von Dietrich von Hildebrand in ›Philosophie I Maximen 0‹, S. 64, Z. 11.

Überzeugungskraft, und an seine Stelle tritt etwas anderes. Aber trotzdem ist vielleicht das schwache Licht der Vernunft qualitativ verschieden von dem starken und falschen der Evidenz; das Evidente erscheint dann schön und gut, das Vernünftige irgendwie farblos und kalt]. Das heißt, es gibt 2 »Lichter« und 2 »Wertungen«.

† Das heißt, wir glauben der Vernunft nicht.

<u>Bemerkung</u>: Die Freude, dass etwas Unangenehmes, was man tun sollte, unmöglich ist, ist eine traurige Freude (*Augustin*). Die Trauer, dass etwas Angenehmes, was man nicht tun sollte, unmöglich ist, ist eine freudige Trauer.

<u>Maxime</u>: Man soll <u>nicht</u> versuchen, das Nützliche (oder Notwendige) mit dem Angenehmen zu verbinden (weil das meist nicht ohne Schaden für das Nützliche und für das Angenehme ist).

[130]
<u>Bemerkung</u>: Angenommen, es trifft auf die materialistische Theorie zu, dass der Mensch an sich nichts tut, sondern ein Spielball seiner Evidenz und seiner Gefühle und Triebe ist, so kann eben das seine Schuld sein, dass er »nichts« ist.
Es gibt Situationen, in denen ich nichts bin,‡ solche, in denen ich etwas bin (und zwar etwas Gutes), und solche, in denen ich etwas bin (und zwar etwas Schlechtes).
Die erste Stufe der Selbsterkenntnis ist es, in eine Situation zu kommen, in der man etwas ist.
War ich schon je in einer solchen Situation**?**

‡ Und zwar vielleicht deshalb, weil man in der Situation derart ist, dass nichts deutlich wahrgenommen wird.

<u>Bemerkung</u> (*Philosophie*): Der Raum ist die Form der Materie, die Zeit der Seele, die Logik der Begriffe.

---

9 **traurige Freude (Augustin):** Der Ausdruck ›traurige Freude‹ taucht in Zusammenhang mit Augustin in der Wiedergabe von Augustin, ›Bekenntnisse‹, Buch 6, Kapitel 6 durch Johann Sailer (in ›Christliche Reden ans Christenvolk‹) auf. In Sailers Wiedergabe spricht Augustin dort von einer »traurigen Freude des Ehrgeizes«. Vgl. ›Christliche Reden ans Christenvolk. Zweyter Band‹, hrsg. v. Johann Michael Sailer, Grätz (Verlag der Herausgeber) 1820, S. 313.

3: ›,‹ von der Editorin verbessert in ›;‹

Psychologie: Darüber nachdenken, wann ich eigentlich zu wirklichen Entschlüssen gekommen bin, und das analysieren (Entschlüsse sind aber nicht die einzige Art von »Handlungen«).
Erste Stufe der Formalisierung der *Psychologie* (oder des Findens eines »Rahmens«, in dem sich die Erscheinungen abspielen) ist es, alle Begriffe aus einigen wenigen zu definieren. Zu diesem Zweck erst [131] eine Liste aus einem Buch über *Psychologie* anlegen (zumindest die wichtigeren).

Bemerkung (*Grundlagen*):
19. Verallgemeinern (das Wesen der Verallgemeinerung besteht darin, dass »neue Züge« auftreten, aber einer nach dem anderen, so dass eine Übersicht möglich ist).
Ist nicht die Zahl 5 eine Verallgemeinerung von 3 *etc.*? Was ist der richtige »Stammbaum« der Zahlen?

Bemerkung (*Historiographie*): Es handelt sich darum, die wesentlichen Züge der Massenerscheinungen zu erfassen. Zu diesem Zweck einige wenige Klassen unterscheiden und diese als einzelne Personen behandeln ↓ (ferner die Grundzüge der Handelsrelationen) und auch die entsprechenden Begriffe anwenden: **überreden**, **übervorteilen**, **ein Angebot machen** (durch *Propaganda*) etc.

Bemerkung (*Psychologie*): Die auf *p.* 118 behandelte Erscheinung kann man als *negative* Hypnose bezeichnen. Es gibt auch eine *positive*, welche zwingt, eine gewisse Wahl zu treffen [nicht eine gewisse Wahl zu unterlassen], zum Beispiel nach [132] einer Vorlesung {von mir} sich vorzustellen und festzustellen, dass die Vorlesung gut war und gelobt wurde.*

* Selbst bevor es zur effektiven Verwirklichung der erzwungenen Wahl führt, vermindert es die Stärke der Konzentration auf andere Dinge (d. h. die Stärke, mit der anderes gewählt wird).

Bemerkung (*Psychologie*): Ein sehr einfaches Ziel [das durch bloßes Wollen erreicht werden kann] ist: »sich etwas vorzustellen« (etwas Sinnliches oder einen Sachverhalt); oft ohne weiteres erreichbar ist, »etwas festzustellen«. Etwas »zu verstehen« ist dasselbe [= das vorzustellen, was der Redende meint]. Andere Möglichkeiten: Das, was ein Symbol (nach *Definition*) bedeutet, das, was ich gestern gesehen habe.

1 **Psychologie**: Mehrmals fett unterstrichen
20 ↓: Pfeil zeigt von ›behandeln‹ nach unten auf ›entsprechende Begriffe‹
33 **oft**: Andere Lesart: nicht

10 (**Grundlagen**): Fortsetzung von Manuskriptseite 73 »wichtige Tätigkeiten des Mathematikers«

Bemerkung (Grundlagen): Ein Kriterium dafür, dass man etwas in der Mathematik richtig gemacht hat, ist, dass alles »von selbst« geht (die *Intelligenz* des Bleistifts zeigt sich).

Maxime (Arbeit): Auch bei der Ausarbeitung für den Druck (oder für die Vorlesung) [133] soll man mit dem Mittelpunkt beginnen [nicht nur bei der Ausarbeitung für mich, das heißt, bei der Ausarbeitung des Planes für den Druck].

Bemerkung Grundlagen: Ein Begriff heißt »zentral« (oder wichtig), wenn viele andere Begriffe sich durch ihn in einfacher Weise ausdrücken lassen* (ebenso heißt ein ein Theorem »zentral« (oder wichtig), wenn viele andere sich daraus in einfacher Weise beweisen lassen). Zum Beispiel ist die Zahl π ein zentraler Begriff (da z. B. viele *Integrale* sich dadurch ausdrücken lassen), ebenso die Funktionen e^x, $\log x$. Besteht nicht der weitere Aufbau der Mathematik darin, dass man die »nächsten« »zentralen« Begriffe (Zahlen und Funktionen) aufsucht |? [? *Eulersche Konstante, Bernoullische Zahlen*, Θ-*Funktion*, ζ-*Funktion*?] Es sieht so aus, als wären das eben nicht die nächsten zentralen Begriffe, und daher käme die Unmöglichkeit, *Differential*-Gleichungen wirklich »aufzulösen« und *Integrale* wirklich zu berechnen.

[134]

Bemerkung Grundlagen: Der Unterschied zwischen praktischen und prinzipiellen Schwierigkeiten besteht nur im Falle der Endlichkeit

* Insbesondere in leicht berechenbarer Weise ausdrücken lassen, und der zentrale Begriff muss selbst berechenbar, klar und einfach sein.

---

3 **die Intelligenz des Bleistifts:** Leonhard Euler behauptete, seine ganze Mathematik konzentriere sich im Bleistift, mit dem er seine Berechnungen anstellt.

16 e^x: Als natürliche Exponentialfunktion bezeichnet man die e-Funktion, also die Exponentialfunktion $x \to e^x$ mit der Eulerschen Zahl $e = 2{,}7182818284\ldots$ als Basis.

16 $\log x$: Die Logarithmusfunktion ist die Umkehrfunktion der Exponentialfunktion.

18 **Eulersche Konstante:** Die Eulersche Konstante (auch Euler-Mascheroni-Konstante) wird mit γ (γ = 0,5772156649015328606o ...) wiedergegeben. Es lässt sich nach wie vor nicht sagen, ob die Zahl rational, irrational, algebraisch oder transzendent ist.

18 **Bernoullische Zahlen:** Die Bernoullischen Zahlen $1, \pm\frac{1}{2}, \frac{1}{6}, 0, -\frac{1}{30}, \ldots$ sind drei unterschiedliche Folgen rationaler Zahlen.

19 **Θ-Funktion:** Theta-Funktion, siehe oben Manuskriptseite 56, Bemerkung 1; vgl. auch ›Max IV‹.

19 **ζ-Funktion:** Zur Riemannschen Zeta-Funktion siehe Manuskriptseite 56, Bemerkung Mathematik, aber auch Manuskriptseite 47, oben.

18: ›‹ von der Editorin gelöscht

der Präzision und unserer Endlichkeit [eine unendlich präzise Maschine könnte den Fermatschen Satz entscheiden].

Maxime: Bei Bezeichnungen achtgeben, dass nicht für spezielle Dinge Symbole verwendet werden, welche für allgemeine schon in Gebrauch sind [z. B. $\Pi, \Sigma, \pi, \exists, ...$].

Bemerkung: Es wäre sehr nützlich, einmal eine Abhandlung (oder einen Vortrag) über (philosophische) Grundlagen der Mathematik zu halten, in der jeder Satz sinnvoll und richtig ist.

Bemerkung: Das Wesen der imaginären Zahl wird vielleicht deutlich durch die Beziehung des Kleinschen und des *Poincaréschen* Modells der nichteuklidischen Geometrie (vermittels Abbildung des {reellen} Inneren des Kegelschnitts auf die imaginären Punkte des randlichen Durchschnitts der zum inneren Punkt gehörigen Polare mit dem Rand).

[135]
Bemerkung (*Grundlagen*): (*Fortsetzung von p. 109*)
Daher bei der Lösung eines Problems:
1. Fragen: Wie ist die »Einbettung« in ähnliche Probleme?*
2. Klassifizierung der Probleme (insbesondere hinsichtlich »nah und fern«).

* Der »Problemraum« ist nicht »methodenrein« (*vgl. analytische* Zahlentheorie).

---

2 **Fermatschen Satz:** Der Fermatsche Satz behauptet, dass die Menge der natürlichen Zahlen $n > 2$, für welche die Gleichung $x^n + y^n = z^n$ in positiven natürlichen Zahlen x, y, z lösbar ist, die leere Menge ist. Der Satz wurde erst 1994 von Andrew Wiles bewiesen.

12 **imaginären Zahl:** Eine imaginäre Zahl ist eine komplexe Zahl, deren Quadrat eine nichtpositive reelle Zahl ist ($i^2 = -1$). Die imaginäre Einheit i erlaubt die Erweiterung der ausgezeichneten algebraischen Struktur der reellen Zahlen zur ausgezeichneten algebraischen Struktur der komplexen Zahlen $\mathbb{C}$.

13 **des Kleinschen:** Felix Klein gab 1871 Modelle für nichteuklidische Geometrien wie Riemanns sphärische Geometrie an, in der Geraden keine bzw. zwei imaginäre unendlich ferne Punkte besitzen. In Kleins Modell der nichteuklidischen Geometrie, in der das Parallelenaxiom nicht gilt, sind Punkte alle euklidischen Punkte im Inneren einer Kreisscheibe (ohne den Rand), und die Geraden sind alle euklidischen Kreissehnen (ohne die Endpunkte).

13 **Poincaréschen Modells:** Auch im Poincaréschen Modell sind wie im Kleinschen Modell die Punkte der nichteuklidischen Ebene die Punkte einer Kreisebene (ohne den Rand), zudem sind Geraden alle euklidischen Durchmesser und Kreisbögen, die an beiden Enden orthogonal zum Rand sind.

16 **randlichen:** Das Wort ›randlich‹ wird vor allem in der Geographie und Geologie verwendet und heißt so viel wie ›am Rand‹ oder ›lateral‹.

10: ›.‹ von der Editorin verbessert in ›,‹
22 **Fragen: Wie ist die »Einbettung«:** Andere Lesart: Fragen»einbettung« in ähnlichen Problemen

3. Aufsuchung der »singulären« Probleme (welche leicht lösbar sind). Sie sind die Anfangspunkte der *Approximation*.
4. Aufsuchung der »zentralen« Probleme (aus denen vieles leicht folgt).

Das Ganze ist in Analogie zur näherungsweisen Auflösung einer *Differential*gleichung gemacht (*vgl.* nächste Bemerkung).

Frage: Kann man auch einen »*Differential-Quotienten*« und eine »*Potenz-Reihen*«entwicklung im Raum der Probleme einführen?

Bemerkung: Auflösungsmethode für *Differential*gleichungen (funktionentheoretisch): Man untersucht die unbekannte Funktion (z. B. Abhängigkeit der Schussweite vom Elevationswinkel) zunächst *qualitativ*, insbesondere hinsichtlich der Lage der *Singularität*. [136] Das ergibt die Antwort auf die Frage, wie sie zu entwickeln ist (Hauptteile der singulären Stellen), und dann sucht man die Gleichungen für die Koeffizienten der *Potenz*reihe zu bestimmen.

Für *Probleme*, bei denen eine Funktion in Abhängigkeit von einer anderen willkürlichen Funktion dargestellt werden soll (Randwertproblem, Schussweite, Funktion in Abhängigkeit des Luftwiderstandes), braucht man die Funktionentheorie höherer Stufe [in der die »*komplexen* Zahlen« Funktionen sind] und analoge Sätze über *Potenz*reihenentwicklung *etc.* Um eine Zahl zu berechnen (z. B. Wert der Lösung für eine bestimmte Stelle), muss man die Theorie der Funktionen verwenden. Daher, um eine Funktion

---

7 **Differential-Quotienten:** Der Differentialquotient gibt die lokale Änderungsrate einer Funktion an einer betrachteten Stelle an.
8 **Potenz-Reihen:** Potenzreihen spielen eine wichtige Rolle in der Funktionentheorie. Sie erlauben die Fortsetzung reeller Funktionen in die komplexe Zahlenebene.
10 **Differentialgleichungen:** Siehe Erläuterung auf Manuskriptseite 110.
12 **Elevationswinkel:** Der Elevationswinkel ist der Höhenwinkel als Winkel der Gerade durch einen Punkt über einer Referenzfläche.
13 **Singularität:** Henri Poincaré unterscheidet vier einfache Singularitäten von Differentialgleichungen: die Knoten, die Sattel, die Strudel und die Zentren.
16 **Potenzreihe:** Bei Potenzreihen sind die Glieder Potenzen und somit Funktionen einer unabhängigen Variablen x. Es handelt sich um unendliche Reihen. Die in ihnen vorkommenden reellen Zahlen $a_0, a_1, a_2 \ldots$ sind die Koeffizienten der Potenzreihen.
19 **Randwertproblem:** Es wird eine Lösung für eine Differentialgleichung gesucht, die am Rande des Definitionsbereichs vorgegebene Werte annimmt.
22 **komplexen Zahlen:** Vgl. zum Begriff der komplexen Zahlen oben Manuskriptseite 134, Bemerkung 2.

22: ›denen‹ von der Editorin verbessert in ›der‹

zu berechnen, muss man wahrscheinlich die Theorie der Funktionenfunktionen verwenden. {vgl. p. 137}

Maxime: Über die *psychologischen* Fragen deiner eigenen entfernten Vergangenheit sollst du nicht nachdenken, bevor du (aus Büchern, durch Überlegung und gegenwärtige Selbstbeobachtung) in dieser Hinsicht theoretische Vorbildung hast (sonst ist es wahrscheinlich unfruchtbar).

[137]
Bemerkung (*Fortsetzung*): Die erklärende Methode setzt voraus, dass nur + und × »genau« berechenbar sind. Vielleicht sind Abkürzungen durch die Einführung der *Transcendenten* zu erzielen?

Maxime: Beim Zusammenstellen von Vorlesungen und Vorträgen ist die erste Regel: feststellen, ob jeder Satz richtig ist (erst dann das Übrige).

Bemerkung (*Grundlagen*): Man kann sinnvoll annehmen, dass der Satz »»rot« bedeutet *rot*« (und jeder Satz dieser Art), nicht von Konventionen abhängt, sobald man nur weiß, dass »bedeuten« die Sinnrelation ausdrückt (d. h. die ganze Sprache aus dem Wort für die Sinnrelation *a priorisch* konstruierbar ist).

Bemerkung: Beispiel einer Vermengung zweier verschiedener Dinge: logische Richtigkeit einer *Definition* und »Richtigkeit« im Sinne des »*heuristischen* Wertes«. Der *positivistische* Konventionalismus hat zur Folge, dass diese beiden Dinge unterschieden werden und daher das 2te ungehemmt verfolgt werden kann. [138] Ebenso führt das fortwährende Ändern des *positivistischen* Standpunktes zur Erkenntnis, dass jedes beliebige Festhalten etwas Gutes ist und zu etwas Gutem führt.

Bemerkung (*Grundlagen*): Die klassische Logik ist insofern schwächer als die *intuitionistische* als sie gewisse (aus den anderen undefinierbare) Begriffe weglässt (∨, ∃, d. h. die Begriffe der »Entscheidung« und der »Konstruktion«). Dadurch fallen eine Reihe von

7: ›hinsichtlich‹ von der Editorin verbessert in ›in dieser Hinsicht‹
8: ›unfruchtbar) wahrscheinlich‹ von der Editorin verbessert in ›wahrscheinlich unfruchtbar)‹

13 **Transcendenten:** Siehe Erläuterung Manuskriptseite 56, Bemerkung Mathematik.

Approximations-Stufen an ein Problem (welche vielleicht für die Lösung wesentlich sind) fort.

<u>Maxime</u>: (für Vorlesungen und Vorträge): Bei jedem *Theorem* genau überlegen, ob die Voraussetzungen nötig sind (oder vielleicht trivial abgeschwächt werden können).

<u>Bemerkung</u> (*Psychologie*, **Ethik**): Es wäre möglich, dass jemand dadurch, dass er gar nichts Schönes erlebt (lange Zeit hindurch), die anschauliche Bedeutung von »schön« oder »Lust« verliert [d. h. nicht mehr diese Sache sieht, sondern bloß ihre Symbole]. In diesem Fall würde der Satz »Handle *ceteris paribus* so, dass du am meisten Lust hast« keine Evidenz mehr haben. Trotzdem bleibt es vernünftig, danach zu handeln [Lust ist definiert als das, wohin es mich treibt, wenn es gegenwärtig ist]. Es ist dann [139] eine Art Widerspruch zwischen Kraft und Bewegungszustand (= Unlust). Vielleicht ist der Mangel an Evidenz für manche (abstrakt einleuchtende) Vernunft-*Maxime* ebenso zu erklären [die Ideen, die ihr zugrunde liegen, sind vergessen, und es sind nur noch ihre Symbole da, d. h. eigentlich, man »versteht« sie nicht mehr]. Zum Beispiel die
<u>Maxime</u>: Bevor man festgestellt hat, was das Vernünftige zu tun ist, ist die einzige vernünftige Handlung, darüber nachzudenken.
Oder:
<u>Maxime</u>: Es ist das Richtige, das Vernünftige zu tun.*

* Der Satz: Es ist immer (*in fine*) vorteilhaft, das Vernünftige zu tun, ist von anderer Art.

<u>Bemerkung</u> (*Grundlagen*): Das Operieren mit *Existenz-Operatoren* hat insofern *heuristische* Bedeutung, als es zu finiten Begriffen und finiten darüber beweisbaren Sätzen führt (was diese Begriffe »eigentlich bedeuten« ist dann etwas Transfinites, und insofern ist der finite Beweis eine Art reine *Verification* (verständnisloser Beweis)).

[140]
<u>Maxime</u> (*Arbeit*): Bei Vorlesungen (und Lektüre) ist es das Wesentliche, alles genau zu verstehen (und zu »können«). Das ist an sich ein Vergnügen, <u>gleichgültig, ob man besonderes Interesse für den Gegenstand hat</u> (oder ob der Gegenstand irgendwie nützlich *etc.* ist).

1 **Approximations-Stufen**: Ausdruck aus Husserls Schriften zur Logik. Vgl.: Edmund Husserl, ›Formale und transzendentale Logik. Versuch einer Kritik der logischen Vernunft‹, Halle (Niemeyer) 1929, S. 55 und 240.

19 **d. h. eigentlich, man**: Andere Lesart: d. h. eigentlich man ...

Bemerkung 20./IV {1941}: Morgens nach Gespräch mit Adele: Sinngefühl, welches charakterisiert ist durch: 1.) Arbeitsfreude; 2.) Aufhören der Sorge (= Hoffnung), zum Beispiel Wohnungs- und Möbelproblem; 3.) Verminderung der Entschlusslosigkeit. (Alles scheint einen Sinn zu haben.)

Bemerkung: Ein Werturteil ist ein solches, das Wertbegriffe enthält. Ein Wertbegriff ist ein solcher, in dessen *Definition* der Begriff »das zu Tuende«, »das Vorzuziehende« vorkommt. Ob ein Begriff ein Wertbegriff ist, hängt also von seiner *Definition* (*Intension/Extension*) ab. Zum Beispiel, wenn »dumm« definiert wird als »die zu meidende Eigenschaft des Verstandes«, so ist es ein Wertbegriff. »Das Vorzuziehende« ist *psychologisch* ein Grundbegriff.

[141]
Bemerkung (*Arbeit*): Das Wesentliche beim »Programm« ist, dass für die einzelnen Gebiete (Beruf*, Praktisches, Weltanschauung) ein vernünftiges Programm gemacht ist, mit 1.) Ziel (genau), 2.) zu verwendende Zeit,* 3.) Zweck. [Immer für mindestens 1–2 Wochen im Voraus].
*A. Forschung, *B*. Formulierung, *C*. *Publikation*, *D*. Lektüre, *E*. Weltanschauung.

* Wenn in dieser Zeit nicht erreicht, so wird das Ziel aufgegeben (ganz, oder verändert).

Bemerkung: Grund, warum mich die Grundlagenarbeit nicht freut: Da, bevor man den Sinn erkannt hat, nur das Nachdenken über den Sinn Sinn hat (auch Sorgen für den Lebensunterhalt hat keinen Sinn), so hat die Arbeit nur dann Sinn, wenn sie zur Erkenntnis des Sinns führt, aber das kann sie nur, wenn ich das Höchste erreiche (Durchblicken der ganzen *Mathematik* oder Ähnliches). Es

---

1 **Sinngefühl:** Vgl. »Ein Spaziergang wirkt ähnlich wie manchmal ein Besuch bei Adele. Es hat plötzlich alles einen vernünftigen Sinn, und die Verworrenheit verschwindet«, in: Notizbuch ›Protokoll‹, Behältnis 6c, Reihe III, Mappe 81, ursprüngliche Dokumentennummer 030114, Manuskriptseite 15.
17 **Beruf*, Praktisches:** Vgl. für ›Beruf, Praktisches‹: ›Zeiteinteilung (Maximen) I‹, S. 69, Z. 11–13; S. 95, Z. 28–31.
17 **Weltanschauung:** Vgl. für ›Beruf, Praktisches, Weltanschauung‹: ›Zeiteinteilung (Maximen) II‹, S. 145, Z. 2–14. Vgl. für ›Weltanschauung‹: ›Philosophie I Maximen 0‹, S. 43, Z. 22, und Fußnote; ›Zeiteinteilung (Maximen) I‹, S. 88, Z. 7; S. 118, Z. 24f.; S. 126, Z. 9; Addendum II, 11, S. 227, Z. 2f.
26 **Lebensunterhalt hat keinen Sinn:** »Es ist nötig, seinem Leben einen Sinn zu geben außer im Brotverdienen [...]«, in: ›Zeiteinteilung (Maximen) I‹, S. 118, Z. 20–25.

26 **Sorgen** : Andere Lesart: Sorge

ist aber wegen eigener Schwäche und ungünstigen Bedingungen sehr fraglich, ob das erreichbar ist. [142] Ganz anders liegt die Sache, wenn man einen Sinn schon gefunden hat und festgestellt hat, dass die mathematische Arbeit im Kleinen (teils für mich teils für andere, denen ich sie mitteile) zur Erfüllung dieses Sinns beiträgt.

<u>Bemerkung</u> (*Grundlagen*, *Psychologie*): Unterschied zwischen dem Operieren mit
$\varphi(x)$ und mit $(x)\varphi(x)$ [oder zwischen $a_0 + a_1 x + \ldots + a_n x^n$ und $\sum_{i=0}^{n} a_i x^i$]:
Im ersten Fall operiert man gar nicht mit bestimmten Aussagen, sondern mit Aussagen-*Schemata*, und stellt fest, dass die Schlüsse korrekt sind, wie auch immer die *Schemata* spezialisiert werden. Daher ist der Inhalt der Überlegung Metamathematik (bezieht sich auf die Symbole), während er im anderen Fall inhaltlich sein kann (bezieht sich auf die Bedeutung der Symbole).

<u>Bemerkung</u> (*Psychologie*): Das wirkliche Denken ist ein unentwirrbares Gemisch von inhaltlichem und formalem Denken [je nachdem, ob die Symbole oder die Bedeutung der Symbole das Objekt des Denkens sind]. Für das formale Denken ist eine exakte Sprache nötig (daher besonders in der Mathematik praktiziert). Für das inhaltliche Denken ist [143] es bloß nötig, dass man das (vielleicht unpräzise und mehrdeutige) Symbol in einer bestimmten präzisen Weise »auffasst«. Die gewöhnliche Sprache eignet sich mehr für das inhaltliche Denken. Wozu ist aber beim inhaltlichen Denken überhaupt eine Sprache nötig? – Es ist auch keine nötig, sondern bloß *Signale* (und Interjektionen), um die Vorstellung anzutreiben.

Die Inhalte, welche beim formalen Denken Gegenstand sind, sind kombinatorische Beziehungen zwischen Symbolreihen. In Folge der Schwäche unseres Geistes sind die Inhalte, die wir unmittelbar erfassen (vorstellen, verstehen, erkennen, beurteilen) können, sehr spärlich. Daher ist das formale Denken eine große Hilfe. Der Umfang der unmittelbar erfassbaren Inhalte kann aber

---

8 **Psychologie**: Um verstehen zu können, warum diese Bemerkung auch eine zur Psychologie ist, ist die folgende Bemerkung zu beachten: Sobald die Überlegungen auch inhaltlich sind, das heißt, sich auf bestimmte Aussagen beziehen, sind sie »wirkliches« Denken und damit Gegenstand der Psychologie.

19: ›formalen‹ von der Editorin verbessert in ›formalem‹

vielleicht durch Übung gesteigert werden, indem man den Prozess des mittelbaren Erfassens (durch mehrere Schritte (Schlüsse) oder durch Dazutreten des Formalen) oft wiederholt.

Bemerkung (Philosophie): Beispiele »rationaler Nachkonstruktionen«*: Begriff, Stetigkeit, Endlichkeit, Zahl, Klasse?, Paar, Rechenoperationen, Folge, Beweis, ausständig sind noch die *intensionalen* Begriffe. Das ist [144] eine wirkliche »Erkenntnis« durch etwas anderes, nämlich durch die Grundbegriffe.

* = *Präsisierung* und *Definition* mittels einiger weniger Grundbegriffe, sodass die »evidenten Sätze« darüber beweisbar werden.

Bemerkung (Grundlagen): In der *intuitionistischen Mathematik* gilt das Auswahlaxiom $(x)(\exists y)\ \varphi(x\,y) \rightarrow (\exists f)(x)\ \varphi(x\,f(x))$ und ebenso in allen anderen Formen [aber nicht für $\neg(y)\neg$ statt $(\exists y)$].
Aber, wenn die *x Species* sind, so ist nicht klar, dass *f extensional* ist [oder ist es ein Axiom der *intuitionistischen Mathematik*, dass alles Operieren *extensional* ist?].

Bemerkung (Grundlagen): 2 Arten von Modellen:
A. Die logischen Operationen werden in »gewöhnlicher« Weise übersetzt.
B. Die logischen Operationen werden in anderer Weise übersetzt (z. B. mein Modell der *intuitionistischen* Mathematik).

---

6 **Begriff, Stetigkeit:** Andere Lesart: Begriff der Stetigkeit
19 **»gewöhnlicher« Weise:** Andere Lesart: »gewöhnliche« Weisen
21 **in anderer Weise übersetzt:** Andere Lesart: in andere Weisen übersetzt

11 **intuitionistischen Mathematik:** Von L. E. J. Brouwer begründete Richtung der mathematischen Logik, die sich gegen den traditionellen Umgang mit dem Gesetz des ausgeschlossenen Dritten, mit dem Begriff des Unendlichen und mit dem Kontinuum in den Grundlagendiskussionen der Mathematik richtet. Die Objekte der Mathematik können nicht vorausgesetzt werden, sondern werden von den Mathematikern hervorgebracht.
12 **das Auswahlaxiom:** Nach dem Auswahlaxiom gibt es zu jeder Menge *M* von nichtleeren Mengen eine sogenannte Auswahlfunktion, die jeder Menge *N* aus *M* ein Element aus *N* zuordnet. Intuitionisten äußern sich kritisch zum Auswahlaxiom. So schreibt Arend Heyting in »Blick von der intuitionistischen Warte«: »Wissenschaftlich betrachtet steht die Frage nach der Gültigkeit des Auswahlaxioms auf dem gleichen Niveau wir für den Nicht-Mohammedaner diejenige, ob die Frauen im mohammedanischen Himmel auch Kinder bekommen. [...] Beiläufig werde bemerkt, dass das Auswahlaxiom, intuitionistisch betrachtet, eine Tautologie ist, wenigstens wenn man es positiv formuliert.« Abgedruckt in: ›Dialectica‹ 12 (1958), S. 332–345, hier S. 339.
22 **mein Modell der intuitionistischen Mathematik:** Kurt Gödel, »Zur intuitionistischen Arithmetik und Zahlentheorie«, in: ›Ergebnisse eines mathematischen Kolloquiums‹ 4 (1933), S. 34–38; sowie ders., »Eine Interpretation des intuitionistischen Aussagenkalküls«, in: ders., ›Ergebnisse eines mathematischen Kolloquiums‹ 4 (1933), S. 39–40.

Bemerkung (*Grundlagen*): Es gibt vielleicht verschiedene Wahrheitsbegriffe. Der *Gentzen*sche und meiner (mittels berechenbarer Funktion *etc.*) stehen in gewissem Sinn zwischen dem der Beweisbarkeit und dem gewöhnlichen Wahrheitsbegriff [dann gibt es noch den »konstruktiven«, aus dem der *Gentzen*sche durch ¬ entsteht.] [145] Widerspruchsfreiheit ist ebenfalls ein Wahrheitsbegriff (= ¬¬A). Dieser genügt aber nicht: A wahr und B wahr → A & B wahr.

Bemerkung (*Psychologie*): Die oberste Einteilung der Begriffe sollte die in konkrete und abstrakte sein (d. h. anschauliche oder sinnliche und abstrakte).

Bemerkung (*Philosophie*): *impredicative Definition* als Beweis für *Platonismus*. Ferner auch Fälle, wo $(\exists x)\, \varphi(x)$ beweisbar, aber $\varphi(a)$ für kein a beweisbar ist (im System ›*Principia Mathematica*‹). vgl. Resümees (p. 105).

Bemerkung (*Grundlagen*): Doppelte Bedeutung des Wortes »Buchstabe«: als Form und als einzelner Buchstabe. Das ist der einfachste Fall, wo ein Wort einen Begriff (nicht ein Ding) bezeichnet.

Bemerkung: Zusammenhang zwischen vernünftig Arbeiten (mit Resultat) und Duplikation.

Bemerkung (*Grundlagen*): Das Arbeiten in der Richtung des Aufbaus der *intuitionistischen* Mathematik hat folgende Charakteristika:
1.) Die Fragen lösen sich oft bereits durch Klarmachen der Begriffe (d. h. es folgt alles aus den *Definitionen*). [146]
2.) Die Antwort ist meist eindeutig (was das »Richtige« ist).
3.) Es besteht eine nahe Verwandtschaft zur Wortsprache und das Sprachgefühl kann mit Nutzen angewendet werden.

---

13 **impredicative Definition:** Ein Term heißt imprädikativ definiert bzw. definierbar, wenn er unter Bezugnahme auf eine Gesamtheit, zu der er selbst gehört, definiert ist. Seit der Entdeckung der Antinomien um 1900 spielt der Begriff der imprädikativen Definition eine wichtige Rolle in den Grundlagendiskussionen der modernen Mathematik.
15 **Resümees:** Ein Notizbuch mit dem Titel ›Resümees‹ ist im Gödel-Nachlass nicht erhalten. Vgl. ›Zeiteinteilung (Maximen) I‹, S. 59, Z. 2, wo Gödel sich dazu anhält, Resümees ins Register einzutragen. Dort auch der Hinweis auf die Register zu Gödels Arbeitsheften.
31 **Sprachgefühl:** Vgl. Manuskriptseite 12, Bemerkung 1 in diesem Band, dort auch weitere Angaben.

22 **mit:** Andere Lesart: mathematisches

4.) Man hat das Gefühl, dass etwas »Tiefes« dahintersteckt.
5.) Viele Grundlagen- (und philosophische) Probleme finden dabei ihre exakten Formulierungen und Lösungen »an einem Modell«.

Bemerkung (*Psychologie*): Auch wenn mir etwas gefällt und ich das Gefühl habe, »das ist das Richtige« [z. B. Arbeiten in der Richtung des *Intuitionismus*, Bekenntnisse des Augustinus, Nachdenken über *Maximen*, gut Essen oder Theaterstücke, Erfolg in der Arbeit], habe ich nicht die richtige Freude (es fehlt irgendwie das Wesentliche, ähnlich wie beim Koitus), ähnlich wie etwas, das man lieben muss, aber einem nicht gefällt (z. B. gut wiedergegebenes Musikstück).

Bemerkung (*Grundlagen*): Die *intensional* zulässigen Funktionen sind durch Reduktion nach *Niveau* zu definieren: F ist zulässig, wenn es für beliebige zulässige Argumente »berechenbar« ist.

Bemerkung (*Grundlagen*): »Sinngleichheit« [d. h. *intensionale* Gleichheit] von Funktionen ist vielleicht lösbar für die *intensionalen* Funktionen durch Festsetzung, dass 2 Funktionen sinngleich sind, wenn ihre Umfangsgleichheit ohne »vollständige *Induktion*« beweisbar ist.

[147]
Bemerkung (*Grundlagen*): Die *positivistische* These, dass alles aus *Definitionen* folgt, muss lauten: aus den »richtigen« *Definitionen* (es gibt logisch einwandfreie *Definitionen*, die trotzdem »falsch«

---

1 **steckt:** Andere Lesart: steht
3: ›in‹ von der Editorin verbessert in ›ihre‹
7 **Arbeiten:** Andere Lesart: arbeiten
10 **das Wesentliche, ähnlich:** Andere Lesart: das wesentlich Ähnliche

8 **Bekenntnisse des Augustinus:** In Gödels Privatbibliothek befindet sich die Lachmann-Ausgabe von 1888.
19 **intensionalen Funktionen:** Bertrand Russell bestimmt ›intensionale Funktion‹ auf S. 186 seiner ›Introduction to Mathematical Philosophy‹ von 1919 wie folgt: »We will call a statement involving a function φx an ›extensional‹ function of the function φx, if it is like ›all men are mortal,‹ i.e. if its truth-value is unchanged by the substitution of any formally equivalent function; and when a function of a function is not extensional, we will call it ›intensional,‹ so that ›I believe that all men are mortal‹ is an intensional function of ›x is human‹ or ›x is mortal‹.«
21 **Umfangsgleichheit:** ›Umfangsgleich‹ ist von Carnap in ›Der logische Aufbau der Welt‹ (1928) wie folgt definiert: »Stehen zwei Aussagefunktionen gegenseitig in diesem Verhältnis der generellen Implikation, so heißen sie ›generell äquivalent‹ oder ›umfangsgleich‹. Umfangsgleiche Aussagefunktionen werden also durch genau dieselben Argumente befriedigt« (S. 42). »Wir sagen z. B. von zwei umfangsgleichen Aussagefunktionen, sie hätten dieselbe Extension (daher auch das Wort ›umfangsgleich‹.« (Ebd., S. 43)

sind, z. B. vielleicht alle rekursiven *Definitionen*). Für den Begriff der ganzen Zahl gibt es vielleicht überhaupt keine richtige *Definition*, sondern nur *Approximationen* an diese.

Bemerkung (*Arbeits*Maxime): Worin besteht das »Sich-nicht-Zeit-Lassen«? Einfach darin, dass man weitergeht, bevor das Vorhergehende ganz erledigt ist. Das ist scheinbar eine Ersparnis, aber in Wirklichkeit das Gegenteil, weil das Prinzip anzuwenden ist » Was nicht geht, das geht nicht « (am wenigsten durch Hast).

Bemerkung: Sich zu einer *Maxime* zu entschließen und sie nicht einzuhalten ist schlimmer (in den Folgen), als sie nicht zu kennen, oder sie zu kennen, und sich nicht zu ihr zu entschließen.

Bemerkung (*Grundlagen*): Man kann die *Metamathematik* auch als die Wissenschaft von der Kombination der Begriffe (nicht der Symbole) aufbauen. Schwierigkeiten ergeben sich nur bei den Variablen, weil keine eineindeutige Zuordnung zu Dingen gegeben ist. [Was wird aus der Bedeutungsrelation?] Unterschied zwischen *Kombination* [148] und *Juxtaposition*: Die Letztere ist *associativ*.

Bemerkung (*Grundlagen*): Intensionale Abstraktionen:
$\lambda x\, F(x) \neq \lambda x\, G(x)$, obwohl
$(x)[F(x) = G(x)]$
[*extensionale Abstraktionen* können auf (x) und (ιx) zurückgeführt werden durch
$\lambda x\, F(x) = \varphi\, (\iota y\, (x)\, \{x\, \varepsilon\, y \equiv F(x)\})$
oder $= \varphi\, (\iota y\, (x)\, \{y(x) = F(x)\})]$
intensionale Abstraktionen führen wahrscheinlich zu unerwünschten Vermischungen zwischen Zeichen und Bezeichnetem.

1 **rekursiven Definitionen:** In einer rekursiven Definition wird eine Menge definiert durch Angabe von bestimmten einfachen, weiteren Elementen oder Grundelementen und von Regeln, nach denen komplexere, weitere Elemente aus einfacheren, anderen Elementen zusammengesetzt werden können.
15 **Metamathematik:** In der Metamathematik werden formalisierte Theorien mittels mathematischer Methoden untersucht. Dabei wird vom Inhalt der mathematischen Sätze abstrahiert, weshalb Brouwer David Hilbert vorgeworfen hat, er betrachte Mathematik lediglich als ein Spiel mit Formeln und Symbolen.
25 **ιx:** Das inverse Iota- ist der Iota- oder auch Kennzeichnungsoperator. Er wird für definite Kennzeichnungen verwendet und ist zu lesen als »dasjenige«. Verbreitung fand diese Verwendung über die ›Principia Mathematica‹ von Whitehead und Russell.

Bemerkung (*Grundlagen*): *Axiomatische* Charakterisierung der Bedeutungsrelation:
I. $B(x) = B(x')$ $B(y) = B(y') \rightarrow B(xy)=B(x'y')$, wobei (xy) die Kombination aus x und y bezeichnet.
II. $B(xy)$ = Resultat der »Anwendung« der Funktion x auf das Argument y.

Bemerkung (*Grundlagen*): Ein Satz ist die Beschreibung eines möglichen Sachverhaltes, daher ist der Beweis der Existenz und der Eindeutigkeit nötig (insbesondere, wenn W als Grundbegriff eingeführt wird). Gewöhnlich wird vorausgesetzt, dass alles in gewisser Weise (grammatikalisch richtig) Konstruierte einen Sinn hat [149] (bei Beschreibungen ist klar, dass das nicht der Fall ist und oft eine schwierige [unentscheidbare] Frage). Der durchgängige Sinn hört auf bei den Quantoren (nicht bei ε, ∨, ~).

Bemerkung (*Grundlagen*): Die *Peano*sche Auflösung der *Antinomie Richards*: »Es existiert die Diagonalzahl aller von der betrachteten verschiedenen (dem Sinn nach) *Definitionen*«.

Bemerkung (*Descartes*): Um einen Beweis zu durchblicken, suche man die einfache Tatsache, welche ihm zu Grunde liegt und die allmähliche Transformation des Satzes in diese. {**?**}

---

15 ε: ε ist ein mathematisches Zeichen, mit dem angegeben wird, dass ein Objekt ein Element einer Menge ist. Das Zeichen ε (Abkürzung für ›esti‹ im Griechischen) bedeutet ›ist‹ oder ›ist ein Element von‹. Verbreitung fand diese Verwendung über Ernst Zermelos Arbeit sowie über die ›Principia Mathematica‹ von Whitehead und Russell.

17 **Peanosche Auflösung der Antinomie Richards**: Richard benutzte eine Version des Cantorschen Diagonalverfahrens, um eine endlich definierte Zahl N zu konstruieren, die in der Menge M aller endlich definierten Zahlen nicht enthalten ist. Vgl. oben Manuskriptseite 92, Bemerkung Grundlagen, Pkt. 2. Giuseppe Peano (1858–1939) argumentierte gegen Jules Richard, dass jedes Element der Menge M endlich definiert sei, aber die Definition von N (= Zahl, die nicht zu M gehört) dennoch keinen Zirkelschluss enthalte. Die auftretenden Probleme würden sich aus der Verwendung der Alltagssprache in der Argumentation ergeben.

21 **Descartes**: In Regel VI von Descartes' ›Regula ad directionem ingenii‹ in der deutschen Übersetzung von Artur Buchenau, die Gödel nachweislich benutzt hat, heißt es auf Seite 25: »Um die einfachsten Dinge von den verwickelten unterscheiden und sie der Ordnung nach verfolgen zu können, muß man bei jeder Reihe von Gegenständen, in der man einige Wahrheiten von anderen unmittelbar abgeleitet hat, beobachten, was das Einfachste ist und wie hiervon alles übrige mehr oder weniger oder auch gleich weit entfernt ist.« René Descartes, ›Regeln zur Leitung des Geistes. Die Erforschung der Wahrheit

23 {**?**}: Links am Rand der Bemerkung eingefügt

Bemerkung: Nächstes Ziel für *Lektüre & Arbeit Unmathematisches* sollte sein: Die Grundbegriffe der *Psychologie* in Ordnung bringen [derart, dass man alle beschreibt und zumindest die »möglichen« Gesetze sieht, analog zu den kinematischen und Kraftbegriffen in der Physik]. Die Rechtfertigung dafür ist:
1.) Anwendungen für Grundlagen (*Intuitionismus* ist eine schematisierte *Psychologie*).
2.) Günstige Wirkung auf die Klarheit meines Denkens, die Arbeitseinteilung, Sprachbeherrschung, Arbeits*Maximen* ganz im Allgemeinen.
3.) Das ist wahrscheinlich eine Voraussetzung und ein Weg, zur Metaphysik und zu einer »Weltanschauung« zu kommen. Und zwar solltest du es systematisch tun.

[150]
Bemerkung: Es gibt 2 Arten von Autoren (in der Mathematik, aber auch in sonstigen Gebieten). Solche, die einem »Lust« machen, und solche, bei denen das Gegenteil der Fall ist.
Zur ersten gehören: *Euler, Furtwängler, Tschebyscheff, Russell, Frechet, Jacobi, Hurwitz*.
Zur 2ten: *Siegel* (in der Vorlesung), *Church, Rosser, Gauß, Gentzen, Serret, Bachmann, Landau*?
Zur Mitte: *Weyl, v. Neumann, Tarski, Landau* hierher.

---

durch das natürliche Licht‹, hrsg. u. übers. von Artur Buchenau, Leipzig (Meiner) 1920.
1 **Lektüre & Arbeit Unmathematisches**: Vgl. für *Lectüre Unmathematisches* ›Philosophie I Maximen 0‹, S. 76, Zeile 3; sowie die erste Fußnote auf Manuskriptseite 53 in vorliegendem Band. In Gödels Nachlass ist kein solches Notizbuch auffindbar
9 **Sprachbeherrschung**: Vgl. ›Zeiteinteilung (Maximen) I und II‹, S. 132, Z. 1–3; 155, Z. 13–16; Addendum IIIa, 1, S. 231, Z. 21–23; Addendum IIIa, 2, S. 234, Z. 4–6; Addendum IIIb, 1v, S. 239, Z. 17–19; Addendum IV, 1, S. 248, Z. 16–23; Addendum XIII, 1v, S. 269, Z. 5f.
16 **Autoren**: Siehe die »Biographischen Skizzen« in diesem Band für Informationen zu den im Folgenden genannten Autoren.
22 **Bachmann**: Sehr wahrscheinlich ist der deutsche Mathematiker Paul Bachmann (1837–1920) gemeint, es könnte aber auch dessen Enkel, der Mathematiker Friedrich Bachmann (1909–1982) gemeint sein.

4: ›ist‹ von der Editorin verbessert in ›in‹
9 **ArbeitsMaximen ganz im Allgemeinen**: Andere Lesart: Arbeit Maximen ganz im Allgemeinen
20: ›Hurvitz‹ von der Editorin verbessert in ›Hurwitz‹
21: ›Gauss‹ von der Editorin verbessert in ›Gauß‹

Bemerkung (*Grundlagen*): $a = b$ hat die 2 Bedeutungen: a ist gleich b (a ist identisch mit b) und a ist b [z. B. $f''M \supseteq N$ bedeutet: Für jedes $a \in N$ gibt es ein $b \in M$, sodass $f(b)\ a\ ist$].

Warum gilt $1 + 2\ \underline{ist}\ 3$, aber nicht $1 + 2\ ist\ 2 + 1$?

$1 + 2$ wird als 3 erkannt (aber nicht als $2 + 1$). Im selben Sinn wie $\int_0^\infty e^{-x^2} dx\ \underline{ist}\ \sqrt{\pi}$.

Kann man auch Normalformen für gewisse Klassen reeller Zahlen angeben? Oder für Lösungen von *Differential*gleichungen?

Problem der Mathematik-*Professoren*: Wie kann man Sätze beweisen, ohne die grundlegenden Sachverhalte und Begriffe zu »erkennen«? (2 identische Dinge sind ein Ding.) →{*Identität* für Sätze oder Mengen (Begriffe) bedeutet *intensionale Identität*.}

Bemerkung (*Grundlagen*): Ist es möglich, dass 2 Wortlaute der *Definition* einer Funktion innerhalb der Menge M 2 *intensional* identische Funktionen definieren, aber nicht innerhalb der Menge N?

[151]

Merkwürdige Zufälle

8.) Ich lese Leśniewski und *Gentzen* zugleich, und sie hängen innerlich zusammen (in Brünn).

9.) Das Problem der Zahlteilung (das erste, welches mich überhaupt beschäftigt hat) führt anscheinend zu einem »*synthetischen*« *mathematischen* Satz.

(Am 15./V. 1941 in *Euler* gefunden.)

[Addendum, 1]

[Addendum, 2]

Axiome praktisch:

1. Bücher, die leicht zu haben sind, sind schlecht.

---

11 →: Ein Pfeil weist vom Ende des letzten Satzes der Bemerkung (»Sachverhalte und Begriffe zu ›erkennen‹«) auf diese Einfügung, die im Manuskript am oberen Rand der Bemerkung steht
18 [151]: Paginierung nicht von Gödel
20: ›Lesniewski‹ von der Editorin verbessert in ›Leśniewski‹
25 gefunden.): Rest der Seite ist nicht beschrieben
27 [Addendum, 1]: Diese Bezeichnung ist nicht von Gödel. Die Paginierung wird hier jedoch nicht mit arabischen Ziffern ergänzt, weil die Paginierung in ›Max IV‹ von Gödel dort mit Seite 153 fortgesetzt wird. Der Inhalt von Addendum, 1 findet sich in dieser Edition nach Addendum, 3, weil er eine Fortsetzung dazu darstellt

11 **2 identische Dinge sind ein Ding:** Leibniz' Gesetz der Identität ununterscheidbarer Dinge.
19 **Merkwürdige Zufälle:** Fortsetzung von ›Zeiteinteilung (Maximen) I und II‹, S. 215f., Z. 21ff.; die Liste dort stammt vom Juli 1940, diese hier vom Mai 1941. Dazwischen liegen also 10 Monate. Siehe auch ›Zeiteinteilung (Maximen) I und II‹, Addendum II, 6, S. 222, Z. 8f. Vgl. auch Addendum, 2 in diesem Heft.
30 **Axiome:** Vgl. für ›Axiome praktisch‹ ›Zeiteinteilung (Maximen) II‹, S. 215, Z. 2–18.
31 **Bücher, die leicht zu haben sind, sind schlecht.:** Vgl. in diesem Band Manuskriptseite 10, Bemerkung Maxime.

2. Vorgang beim Stehlen des Adels: Verführen zu einer Tat, durch welche der Adel verloren wird, und dann sich so *generös* verhalten, dass dadurch der Adel erworben wird, das ist weniger Arbeit als »Erwerben des Adels« durch eine edelmütige Tat. Allgemein: Jeder Diebstahl gelingt nur auf Grund einer Sünde des Bestohlenen (geringstenfalls Unachtsamkeit).
3. Die *Interpretation* der Bibel hat nicht spitzfindig, sondern mit *Simplicitas* zu geschehen.

Komische und merkwürdige sprachliche Zufälle:
1. Eisen macht stark
2. νοῦς = *Nuss* sieht ähnlich aus wie ein Gehirn.
3. Der Schmecksinn ist der Sinn der Regenwürmer. Sinn in doppeltem Sinn.

[Addendum, 3]
Axiome (vgl. auch *Maximen-Heft* II, p. 156)
1. Ein mit Recht gefälltes Urteil ist richtig (zumindest im Stand der Unschuld).
  [Überhaupt: Übereinstimmung des *subjektiven* und *objektiven* Rechts, Zerlegen *prästabilierter* Harmonie und des objektiven Rechts mit Locken und Strafen. Hierher gehört auch: Warnung des Opfers,* um etwas Böses tun zu können, *Veracitas Dei*].
2. Es ist nicht möglich, jemandem zu helfen, ohne selbst auf etwas zu verzichten oder etwas Böses zu erdulden (auch nicht durch guten Rat zum Beispiel). Das heißt, man muss seine Sünde »tra-

* (eventuell in einer der Wirklichkeit gar nicht entsprechenden Richtung)

---

1 **Adels:** Hier und im Folgenden liegt die Bedeutung ›Würde‹, ›edle Gesinnung‹ zu Grunde.
10 **Komische und merkwürdige sprachliche Zufälle:** Vgl. ›Zeiteinteilung (Maximen) II‹, S. 215, Z. 21–26; Addendum II, 6, S. 222, Z. 8f.; sowie Manuskriptseite 151 in diesem Band.
12 **νοῦς:** νοῦς, noûs, nous: Intellekt, Verstand, Vernunft.
17 **Maximen-Heft II, p. 156:** Auf S. 215, Z. 2–18 von ›Zeiteinteilung (Maximen) II‹ sind in Unterpunkten vier allgemeine, nicht-mathematische Axiome festgehalten.
20 **Übereinstimmung des subjektiven und objektiven Rechts, Zerlegen prästabilierter Harmonie und des objektiven:** Andere Lesarten: (1) Übereinstimmung des subjektiven und objektiven, rechtes Zerlegen prästabilierter Harmonie und des Objektiven mit … ; (2) Übereinstimmung des subjektiven und objektiven Rechts zerlegt prästabilierte Harmonie und des Objektiven mit … ; (3) Übereinstimmung des subjektiven und objektiven Rechts, zerlegte prästabilierte Harmonie und des Objektiven mit …
22 **Locken:** Andere Lesart: Lohnen
23 **Veracitas Dei:** Wahrhaftigkeit Gottes.

gen«. Die Hilfe erregt den Zorn Gottes,* weil er sie nicht verdient.

* (gegen den Helfenden)

3. Gutes widerspricht dem Guten nicht (die wahren Sätze sind ein widerspruchsfreies System, aber nicht die falschen).
4. Jedes Ding in dieser Welt hat sein Bild im rein Formalen. (Alles spiegelt sich in allem.)
5. Kaum irgendetwas (Nicht-Kontradiktorisches) ist vollkommen falsch. Alles ist in irgendeinem Sinn richtig.
6. Die Welt unterscheidet sich nicht sehr von der vor dem Sündenfall (die Macht des Teufels ist gering, und es gelingt ihm zu überzeugen, dass seine Macht größer ist).
7. Dem Befehl Gottes gehorchen bedeutet, ihn noch weit mehr erfüllen müssen als ursprünglich verlangt (daraus folgt auch die Fruchtbarkeit der Bescheidenheit und das sprachliche Flecturum in den 10 Geboten).

vgl. vorletzte Seite.

[Addendum, 1]
Axiome
Daraus folgt auch, dass es möglich ist, die Strafe für seine Sünde immer weiter in die Zukunft zu verschieben durch größere Sünde. Und das Wesen der Buße besteht darin, mehr zu tun, als man ursprünglich versäumt hat.

8. Was auf eine dunkle und geheimnisvolle** Weise wahr zu sein scheint, das ist in Wirklichkeit auf eine einfache und triviale Weise wahr [z. B.: 1.) das Unbewusste, 2.) die Kantische Lehre, 3.) das Wissen der anderen Menschen um mein privates Leben,

** Und nicht effektive [unerreichbare, rein theoretische].

---

1 **er:** Das heißt, der, dem geholfen wird
3: ›im‹ von der Editorin verbessert in ›dem‹
18 [**Addendum, 1**]: Addendum, 1 ist die Fortsetzung von Manuskriptseite Addendum, 3
25 **einfache:** Andere Lesart: offene

5 **Alles spiegelt sich in allem:** Vgl. Manuskriptseite 35, Bemerkung 1; sowie Manuskriptseite 42 in diesem Band.
10 **Teufels:** Vgl. in diesem Band die Manuskriptseiten 5, Bemerkung Theologie; 8, Bemerkung 1; 44, Bemerkung 2; 47; 60, Bemerkung Theologie, Pkt. 3 und 8; 63, Bemerkung 2; 64, Bemerkung 1, Pkt. 2; 73, Bemerkung 2; 101f., Bemerkung Theologie; 121, Bemerkung Theologie 2; 122f., Bemerkung Theologie.
14 **Flecturum:** Bei dieser Lesart handelt es sich um das Partizip Futur aktiv von ›flectere‹ (beugen, biegen, hinlenken).
16 **vorletzte Seite:** Die »vorletzte Seite« ist Addendum, 1.

4.) die Voraussagbarkeit der historischen und fremdpsychischen Dinge [nicht mittels der Atomtheorie], 5.) die *Planck*sche Antinomie des freien Willens.

9. Was immer man, und wie falsch auch immer man es beginnt, wenn man nur überhaupt es beginnt und dabei beharrt, richtet sich von selbst gerade. Beispiel: Wenn einmal die Denkmaschine überhaupt in Bewegung ist, führt sie schließlich zum richtigen Beweis. Die falsche Umgangssprache führt zur richtigen Sprache, irgendeine Theorie der Welt führt schließlich zur richtigen Theorie der Welt [darin besteht die Möglichkeit des Lernens]. *Theosophie* führt zur Wahrheit? *vgl. Psalm* 18, 14.

---

1 **fremdpsychischen Dinge:** Vgl. ›Philosophie I Maximen 0‹, S. 78, Z. 7; sowie 79, Z. 15.
2 **die Plancksche Antinomie des freien Willens:** Vgl. Max Planck, ›Kausalgesetz und Willensfreiheit. Öffentlicher Vortrag gehalten in der Preußischen Akademie der Wissenschaften am 17. Februar 1923‹, Berlin (Springer) 1923; sowie ders., ›Vom Wesen der Willensfreiheit‹, Leipzig (Barth) 1937, 2. Auflage. Gödel bezieht sich in seinem Brief vom 21. Dezember 1960 an Paul Bernays auf die Plancksche Antinomie. Vgl. Kurt Gödel, ›Collected Works‹, Bd. IV, S. 174.
11 **Theosophie:** Laut Meyers Konversations-Lexikon, das Gödel besaß, ist Theosophie »[...] das angeblich höhere Wissen von Gott und Welt, welches der Mystik (s. d.) infolge unmittelbarer Anschauung und göttlicher Erleuchtung zu teil werden soll. T. ist daher ein Gesamtname für alle mystischen Systeme, insonderheit auch der auf den Neuplatonismus zurückgehenden pantheistischen.« Ebd., Band 16, 5. Aufl., Leipzig/Wien (Bibliographisches Institut) 1897, S. 816.
11 **Psalm 18, 14:** Psalm 18, 13–14 lautet in der Übersetzung der Lutherbibel von 1912: »Und der HERR donnerte im Himmel, und der Höchste ließ seinen Donner aus mit Hagel und Blitzen. Er schoß seine Strahlen und zerstreute sie; er ließ sehr blitzen und schreckte sie.« In der Ausgabe von 1936, die sich in Gödels Privatbibliothek befindet, bezieht sich jedoch derselbe Text auf Psalm 18, 14–15.

Kurt Gödel
Maxims III

Edited by Eva-Maria Engelen

Translated from German by Merlin Carl

Acknowledgments

The preparation of Kurt Gödel's Philosophical Notebooks has been fully and generously supported by the Hamburg Foundation for the Advancement of Research and Culture. For this I would like to express my wholehearted gratitude, in particular to Jan Phillip Reemtsma.

From Volume 3 onward, the translation into English has been financed by the Alfred P. Sloan Foundation, to which I would like to express my sincere thanks.

Sincere appreciation for extensive assistance is due to the Berlin-Brandenburg Academy of Sciences and Humanities, where the editorial project of Kurt Gödel's Philosophical Notebooks is located. In particular, I would like to thank the academy's former president, Martin Grötschel, its current president, Christoph Markschies, and its academy members Eberhard Knobloch, Jürgen Mittelstraß and Martin Mulsow.

I am grateful to the executors of Gödel's estate for permission to edit and to translate Gödel's notebooks, to the archives of the Institute for Advanced Study at Princeton, and to the Rare Books and Manuscripts Division of the Firestone Library at Princeton University for making material from the estate available.

For advice and expertise on issues concerning this volume in particular, I would like to thank Merlin Carl (Flensburg/Konstanz), John W. Dawsons, Jr. (York, Pennsylvania), Cheryl A. Dawson (York, Pennsylvania), Leon Horsten (Konstanz), Christian Fleischhack (Paderborn), Tim Lethen (Helsinki), Christoph Markschies (Berlin), Christof Müller (Würzburg), Brigitte Parakenings (Koblenz), Ulrich Schollwöck (München), Jan-Heiner Tück (Vienna) and Christopher von Bülow (Konstanz).

Editorial Notes

The present transcription by Eva-Maria Engelen is a reconstruction of a text that was written in the German shorthand Gabelsberger. This requires grammatical and other additions, which are pointed out to the interested reader in a way that does not impede the reading experience.

The present volume contains an extensive bibliography of works that Gödel read and used for his notes. Details are provided in the bibliography, while brief information is given in the comments. As a rule, I refer to the first edition of the work in question, except where it is apparent which edition Gödel himself used, in which case that edition is given. The literature referred to in the introduction is given separately at the end of the introduction but does not appear again in the bibliography.

References for quotations from Kurt Gödel's Philosophical Notebooks are given by means of the unabridged title and the page numbers of the respective volume if the edited text was available in print. If this was not the case, the manuscript title, as abbreviated by Gödel, and the manuscript pages are given. The manuscript title, abbreviated by Gödel, is also used when reference is made to the manuscript.

Detailed information on the persons to whom Gödel refers directly or indirectly can be found in the index of persons and occasionally in the comments.

In the translation, logical symbols are given in modern notation (with the exception of → and ⊃, for which Gödel's use is maintained), whereas Gödel's notation is preserved in the original German text for the benefit of research on the history of logical notation.

The English translation is typographically similar to the German text. The following are omitted, however: uncertain readings/the distinction between longhand and shorthand/the optical highlighting of added words and parts of words/the highlighting of Gödel's punctuation/the marking of illegible text/the marking of insertions/and almost all non-explanatory comments in the critical apparatus.

Editorial Principles for the Translation of Gödel's Notebooks

In contrast to the German version, multiple underscores are reproduced as single underscores throughout. Words and passages that were crossed out by Gödel are generally omitted, as are most of the editorial comments in the German version concerning alternative readings of certain passages. Insertions are indicated by curly brackets if necessary.

Gödel's pagination of the manuscript pages is reproduced in square brackets. When editorial reference is made to specific places in the notebook, this pagination is used. The pagination is partly by Gödel himself; if not, the missing data are filled in tacitly.

Titles of essays, articles, etc., are given in quotation marks, while titles of monographs are given in italics. Details are provided in the bibliography.

In the present edition, Gödel's footnotes appear as marginalia. This was done in order to facilitate the ease of reading and to make it more apparent that they belong to the text. References and explanations are given as footnotes.

Gödel's footnotes, comments

Gödel's 'footnotes' in the margins are labeled as follows: single asterisk, double asterisk, triple asterisk, dagger, double dagger, paragraph, alinea (*/**/***/†/‡/§/¶). These symbols appear in the text and at the beginning of the remarks. (†, ‡, § and ¶ are in superscript in the main text and at the beginning of the remarks; this is not the case for † when it appears at the beginning of text in the margins.) The marginalia 'footnotes' are placed at the height of the corresponding mark in the text wherever possible; otherwise, they start right after the preceding footnote.

Footnotes and footnote signs

Copyright Permission

The editor is grateful to the Institute for Advanced Study, Princeton, literary executors of the estate of Kurt Gödel, who have granted permission to transcribe, edit, publish and translate manuscripts of the *Maximen Philosophie* by Kurt Gödel found in his *Nachlass*.

Introduction

The notebook *Maxims III* picks up where *Time Management (Maxims) II* left off, but the pagination, which starts afresh, makes clear that within the corpus of Gödel's *Philosophical Notebooks* a new section has begun. The title "Maxims III" is not supplemented by a further descriptor, such as the word "philosophy", as in *Philosophy I Maxims 0*, or "time-management", as in *Time Management*

(Maxims) I and II. Moreover, Gödel relies more heavily on headings (according to disciplines) to organize his remarks in this new volume. Despite these differences, however, we do find a number of thematic overlaps with *Time Management (Maxims) I and II*, particularly in the opening pages.

Individual ethical maxims *ad personam* gradually give way to maxims and remarks formulated in terms of universal validity. Several remarks toward the beginning of *Maxims III* are designated with the letter "P", for "practical" or "personal"/"private", and thus fall under the category of hygiene or dietetics. This is of course a category that Gödel had developed in *Time Management (Maxims) I and II* with explicit reference to himself. Universally valid maxims and remarks, by contrast, appear only toward the end of *Time Management (Maxims) I*. They appear sporadically in *Time Management (Maxims) II*, but the total number is relatively modest. In short, they do not constitute the central theme of these notebooks, and Addendum III, where they appear more frequently, was added by Gödel to *Time Management (Maxims) II* subsequent to the notebook's completion. (The dating of Addendum III is uncertain.) Taken together, these formal features reveal both the continuity and the new direction that *Maxims III* takes in relation to the previous notebooks.

Scientia generalis

In terms of content, the general coherence of Gödel's *Philosophical Notebooks* emerges to a large extent in the concepts 'perfection' and 'happiness', two central concepts of a *scientia generalis*.[1] In *Maxims III*, the remarks on heuristics in mathematics, like similar remarks on other considerations of methodology, serve specifically to support the effort of improving mathematics and the sciences. The parallels to Leibniz's *scientia generalis* can be identified in other matters as well, however. In order to demonstrate this in relation to *Maxims III*, we will later undertake an in-depth analysis of several relevant remarks. By this means, the complexity of the remarks and the theoretical and disciplinary interlacing of

---

1 See the introductory essays to *Philosophy I Maxims 0* and to *Time Management (Maxims) I and II* for full references.

concepts and methods in Gödel's investigations will become clear. Gödel himself used the idea of a *scientia generalis* for his *Philosophical Notebooks* in *Max X*. There, he writes:

> Remark (Philosophy): The *scientia generalis* of Leibniz is obviously something similar in view of the entire realm of phenomena [i.e. of all sciences, including mathematics] [68] like Newtonian physics in view of physical phenomena. The "*cynosura notionum*"[2] consists there in a point in space, a point in time, particle, position, force, mass. Because one "projects" all physical phenomena onto this system of concepts, that is, attempts to "interpret" it through them, the possibilities that exist *a priori* are reduced, and thus predictions become possible. That the Newtonian concepts themselves are not yet what is sought [which the materialists believe] is seen 1. in mathematics, where no understanding at all is possible through them, 2. in psychology and sociology, where an understanding would be possible in principle but not in practice.

Gödel here compares Leibniz's *scientia generalis* with Newton's physics. From his conversations with Hao Wang, we know that for Gödel, philosophy – as rigorous theory – was meant to do for metaphysics what Newton's theory did for physics.[3] If Gödel considers the great service of Newton's work to be its laying out of the fundamental concepts that make possible the construction of an entire scientific discipline, then it is clear that for him, *scientia generalis* (or rather, philosophy as exact theory) is to function the same way. Philosophy as exact theory is tasked with specifying the

---

2   '*Cynosura notionum*' refers to the simple concepts in Leibniz. The cynosure is the constellation *ursa minor*, which contains seven stars. According to Gödel, Leibniz draws a parallel between the seven stars of the constellation and the seven concepts. Cf. Hao Wang, *A Logical Journey*, p. 297 (although we find a confusion in naming *ursa minor* and *ursa major*): "9.1.29 Force should be a primitive term in philosophy"; "9.1.30 The fundamental principles are concerned with what the primitive concepts are and also their relationship [...] Leibniz used formal analogy: in analogy with the seven stars in the Great Bear constellation, there are seven concepts [...]." Unlike the *Philosophical Notebooks*, here Gödel makes no distinction between simple concepts and basic concepts. Simple concepts are, as per Leibniz, undefinable concepts that are recognized in themselves. Basic concepts allow for the supplementary formulation of a discipline.
3   "Philosophy as an exact theory should do to metaphysics as much as Newton did to physics." See Hao Wang, *From Mathematics to Philosophy*, p. 85.

fundamental concepts and methods that allow us to construct disciplinary knowledge and that furthermore serve as a basis for all academic disciplines.

That Gödel made use of concepts from the field of the *scientia generalis* in connection with Leibniz[4] is also confirmed in the diaries of Rudolf Carnap. In the entry for June 7, 1954,[5] a year before Gödel ceased work on his *Philosophical Notebooks*, we read:

> Afternoon 2½ hours with Gödel. (He read the ontology essay, but keeps coming back to saying that my old formulation in Vienna, that mathematics is "empty" and "has no objects",[6] was false and is refuted by my more recent view. He believes that Newton's great step toward systematizing knowledge perhaps had its impulse from Leibniz. There must, he says, be psychological, [...] not physical concepts at the basis of Leibniz's *characteristica*; then one could arrive at a new explanation for the world. [...] Psychology (and biology?) will not be derived from physics, as the materialist believes, but the other way around.)

Strictly speaking, the term 'characteristica' refers to Leibniz's universal ideal language or logic, which rests on universal knowledge of the world and thus on the absolute simple concepts. Here, however, something else is meant. In the conversation with Carnap, Gödel adverts to the understanding of 'characteristic' or 'unified language' current in the Vienna Circle. This concept – the unity of scientific language or the so-called "unified language", according to which all scientific utterances can be formulated in the single language of physics – belongs to the overarching concept of a

---

4   Gödel uses them likewise in *Max XI* on manuscript page 57: "Remark (Philosophy): With Leibniz, the givenness of the general characteristic probably consists in part in the fact that he had another, quite well-verified theory of practical action (*sapientia*), from which the existence of this calculus follows."

5   Carnap's diaries are edited by Christian Damböck, with transcription by Brigitta Arden and Brigitte Parakenings.

6   The problematic touched on here comprises the subject of the essay "Is Mathematics Syntax of Language?", which Gödel intended for the Schilpp volume on Carnap's philosophy. He worked on the essay from at least 1953 to 1957 but in the end did not submit it.

unified science[7] in logical empiricism.[8] In his diary entry, Carnap clearly has this concept in mind. But Gödel was also familiar with Leibniz's conception of the *characteristica*, according to which a sign ("character") or word always refers both to the object or thing and to the concept of that thing. Behind the latter lies an absolute simple idea. For Leibniz, the invention of appropriate characters is intended to make calculable the isomorphic representation of knowledge.[9]

When we speak here of Gödel's *scientia generalis*, we do so against the background of Leibniz's conception, without assuming, however, that Gödel's and Leibniz's procedures completely overlap. The way Gödel imagines a *scientia generalis* must also be understood against the background of the epistemological discussions of the Vienna Circle and its own philosophical views. Moreover, one must remember that in conceptual terms, Leibniz's view itself is by no means fully articulated[10] and remains programmatic at best. Nevertheless, in approaching Gödel's *Philosophical Notebooks*, it is useful to bear Leibniz's metaphysical sketch in mind, since it offers points of reference for orienting ourselves with respect to Gödel's remarks.

Gödel was familiar with the relevant manuscript fragments in the Leibniz corpus, and there is more than one parallel between the fundamental systems of the two thinkers that justifies viewing Gödel's approach in the *Philosophical Notebooks* through the lens of Leibniz's statements. It is therefore worthwhile to further

[7] Among Gödel's papers (under the heading "Einheitswissenschaft" in box 10b, series V, folder 46, initial document number 050148), one finds brief excerpts from vols. I and II of the series *Einheitswissenschaft* (published starting in 1933), namely: Otto Neurath, *Einheitswissenschaft und Psychologie*, and Hans Hahn, *Logik, Mathematik und Naturerkennen*, both from 1933. Among other excerpts from the volume by Hahn, Gödel copied the following nearly verbatim: "<u>Unified Science</u>: There is in principle no division between physics, history, sociology, psychology (they are interwoven with each other, are practiced according to the same methods; the criterion of truth is everywhere corroboration). [...] A historical sentence is just as much a hypothesis about further confirmation; sentences about human behavior also enter into physics (in view of the observations)."

[8] Of particular importance here is Otto Neurath's conception of a physicalistic structure of language, according to which all basic concepts of the unified language have to do with the properties of physical objects and their relations to each other. States of affairs are therefore not reducible to statements about sensory data.

[9] Cf. Schepers, "Gedanken zu den Philosophischen Schriften", p. 115.

[10] This can be seen from the scholarship on the subject; Leibniz scholarship is not unanimous with respect to it.

elucidate the concept of a *scientia generalis* as it appears in Leibniz[11] and to trace a few correspondences in Gödel.

Throughout the entire period of his productive life, Leibniz worked on the project of a *scientia generalis*. Out of fear that the project would be torn apart by critics before he could assemble patrons to support the realization of the work financially, however, Leibniz kept his notes and manuscripts scrupulously hidden. This may help to explain the fact that his notes on the project remained programmatic. Admittedly, as Arnaud Pelletier has shown,[12] Leibniz at different times offered in essence three different characterizations of a *scientia generalis*:

(1) as a general *ars inveniendi* and *ars iudicandi* (between 1679 and 1688)
(2) as the science of the conceivable (1686)
(3) as metaphysics (after 1688)

This new and yet-to-be-established science would make it possible for all the sciences – not only those that were known at the time but also any new disciplines that might yet arise – to be arranged with mathematical clarity in an encyclopedia, a compendium that could also serve heuristic purposes. Methods and logic would also be more than merely formal, containing both the general principles of reason and the primary experiences, and hence of all sciences, and a *characteristica universalis*, according to which every concept would be assigned a unique character and the structural interrelations of thought would be represented.

With Leibniz, concepts are either simple or composite; the first task for the *scientia generalis* or encyclopedia is to discover the simple or primitive ideas that constitute the human being's cognitive alphabet (*alphabetum cogitationum humanarum*).[13] If the appropriate characters for the primitive concepts were found, their arith-

---

[11] For this endeavor, we will advert in particular to the work of Heinrich Schepers and Arnaud Pelletier on Leibniz's *scientia generalis*. Cf. Heinrich Schepers, entry on "scientia generalis", in: *Historisches Wörterbuch der Philosophie*, pp. 1504–1507; ibid. "Gedanken zu den Philosophischen Schriften", in: *Leibniz. Wege zu seiner reifen Metaphysik*, Berlin (Akademie Verlag) 2014, pp. 110–152; Arnaud Pelletier, "Scientia Generalis and Encyclopaedia", in: *The Oxford Handbook of Leibniz*, ed. Maria Rosa Antognazza, Oxford (Oxford University Press) 2018, pp. 162–176.

[12] Arnaud Pelletier, "Scientia Generalis and Encyclopaedia", p. 165.

[13] Leibniz distinguished between absolute simple concepts, which he also calls "simple ideas", and simple concepts that are fundamental to a particular scientific discipline.

metical articulation would be, in Leibniz's view, an easily executed next step. Several of these aspects (among others) are summarized in one of Leibniz's explanations, in which he lays out what he conceives under the term *scientia generalis*:

> Under [*scientia generalis*] I understand the science that contains the principles of all other [sciences], as well as the way to deploy these principles so that every man, even the modestly gifted, as soon as he immerses himself in some peculiarity or other, is able to understand, by means of simple contemplation and a bit of experience, even the greatest difficulties, to discover both the most beautiful truths and the most useful applications, and to find out – as far as it is possible for the human being to do, given the circumstances – the most useful practices. [The *scientia generalis*] must therefore treat of correct thinking, on the one hand, i.e. discovering, judging, mastering the affections, retaining and remembering, but on the other hand the elements of the entire encyclopedia and the investigation of the highest good, on whose account every reflection is undertaken in the first place; for wisdom is nothing else than the science of happiness.[14]

In the *scientia generalis*, then, we are dealing with the knowledge and use of all principles and methods of the individual sciences, so that scientific phenomena may be more simply and more com-

---

14   "Definitio brevis Scientiae generalis [summer 1683 – early 1685 (?)] Scientiam Generalem intelligo, quae caeterarum omnium principia continet, modumque principiis ita utendi, ut quisque mediocri licet ingenio praeditus ubi ad specialia quaecunque descenderit, facili meditatione et brevi experientia, difficillima etiam intelligere, et pulcherrimas veritates, utilissimasque praxes, quantum ex datis homini possibile est, invenire possit. Tractare ergo debet tum de modo bene cogitandi, hoc est inveniendi, judicandi, affectus regendi, retinendi ac reminiscendi, tum vero de totius Encyclopaediae Elementis, et Summi Boni investigatione, cujus causa omnis meditatio suscipitur, est enim nihil aliud sapientia, quam scientia felicitatis." In: Leibniz, *Sämtliche Schriften und Briefe*, A VI, vol. 4, No. 127, p. 532. This definition of the *scientia generalis* was known to Gödel from the Gerhardt edition: cf. Leibniz, *Die philosophischen Schriften*, vol. 7, ed. Carl Immanuel Gerhardt 1890, p. 3. Translation based on that of Cornelius Zehetner, in: Natascha Gruver and Cornelius Zehetner, "Ad feliciam publicam: Leibniz' 'Scientia Generalis' – Momente einer Wissenschaftskonzeption und deren gegenwärtige Relevanz", in: *Für unser Glück oder das Glück anderer. Vorträge des X. Internationalen Leibniz-Kongresses*, ed. Wenchao Li et al., Hildesheim, Zürich, New York (Olms) 2016, pp. 499–512, here p. 499.

pletely understood – but also in order to arrive at new knowledge. The way of correct thinking, which is to assist us in this, is grasped more fully in a list of methodologically relevant activities that in essence correspond to the so-called *initia*. Leibniz then adds the elements of the encyclopedia that could correspond to the simple or primitive concepts,[15] as well as the search for the highest good.

In concrete terms, and by way of example, we might draw up the following list of *initia* and *specimina* from Leibniz's writings:[16]

Initia Methodological Basis	Specimina Mathematics, Natural Sciences	Specimina Value-Oriented Humanities
1. Grammatica rationalis	7. Arithmetica	14. Scientia moralis
2. Logica	8. Geometria, Optica	15. [Jurisprudentia]
3. Mnemonica (The art of memory)	9. Mechanica	16. Geopolitica
4. Topica as Ars inveniendi	10. Poeographia (Degrees of sensuously continuous qualities)	[17. Geographia civilis (History)]
5. Ars formularia (Ability to discriminate between similar/dissimilar)	11. Homoeographia (Chemistry)	18. Theologia naturalis
6. Logistica (Doctrine of part and whole)	12. Cosmographia	
	13. Idographia[17] (Science of life)	

This enumeration also ends with the note that the encyclopedia, through the deployment of the sciences, is to serve mankind's happiness. Elsewhere in Leibniz's writings, by contrast, the *initia* include the *ars inveniendi* and the *ars judicandi*, as well as the "ele-

---

15 By contrast, Pelletier argues that the *initia* are to be numbered among these as well. Since explicit reference has just been made to the *initia*, however, presumably something else is meant by 'elements' here. Cf. Pelletier, "Scientia generalis and Encyclopaedia", p. 168.
16 This list is taken from Hans Poser, "Leibniz und die Einheit der Wissenschaften", in: *Vision als Aufgabe. Das Leibniz-Universum im 21. Jahrhundert*, ed. by Martin Grötschel, Eberhard Knobloch, Juliane Schiffers, Mimmi Woisnitza and Günter M. Ziegler, Berlin (Berlin-Brandenburgische Akademie der Wissenschaften) 2016, pp. 17–31, here p. 20. The original text on which this is based can be found in: Leibniz, *Sämtliche Schriften und Briefe*, A VI, vol. 4, No. 81, pp. 344–349. Gödel had access to the excerpt through Louis Couturat, *Opuscules et fragments inédits de Leibniz. Extraits des manuscrits de la Bibliothèque royale de Hanovre*, Paris (Alcan) 1903, pp. 30–41. Gödel evidently made use of this volume.
17 Occasionally rendered in older texts as *eidographia*.

ments of the eternal truths" and the plan of the encyclopedia. The *specimina* mentioned there as exemplary[18] are geometry, mechanics, jurisprudence, mathematics and physics.[19]

The division into foundational principles (*initia*) and individual sciences (*specimina*) shows up again in Gödel, but only indirectly. The *Philosophical Notebooks* contain remarks on questions of logic and first principles, mnemonics, and individual scientific disciplines such as mathematics, physics, psychology, philology, sociology, jurisprudence, history, theology and philosophy.[20] Thus the enumerations under the headings *initia* and *specimina* in Leibniz and Gödel do not overlap. This is hardly surprising, however, given that the catalogue of disciplines had changed since Leibniz's time, and even Leibniz himself hints at the possibility of new *specimina* arising in the course of history. Nevertheless, Leibniz's fundamental conception of the *scientia generalis*, as summed up by Arnaud Pelletier, turns out to be a useful framework for understanding Gödel's overall approach:

> The *distinction between* the *initia* and the *specimina* thus reveals that the Scientia Generalis cannot be understood as a universal science in the sense of a calculus or a single method that could be applied to all sciences. *Its unity* is not given by the uniqueness of an *organon* [...] but by the plurality of elements and principles whose domains of validity are to be *determined* through the collective progress of the sciences. A *remarkable feature* of the structure of the Scientia Generalis is that it does not presuppose a priori first principles but, on the contrary, intends to discover progressively the first principles that would "open the way to the ultimate causes of things" and [...] to wisdom.[21]

The distinguishing features of a *scientia generalis* that Pelletier zeroes in on here in the context of Leibniz also dovetail to a certain extent with Gödel's remarks. Gödel divides his remarks into two groups: those that address fundamental principles, and those

---

18 Schepers writes of "Probestücke" [test samples]. Cf. ibid. "Gedanken zu den Philosophischen Schriften", p. 118.
19 See Pelletier, "Scientia Generalis and Encyclopaedia", p. 169.
20 Leibniz did not add philosophy to any of his discipline lists for the simple reason that for him, the entire enterprise of a *scientia generalis* constitutes philosophy. Cf. Poser, "Leibniz und die Einheit der Wissenschaften", p. 20.
21 Pelletier, "Scientia Generalis and Encyclopaedia", p. 171.

that address individual academic disciplines. The *scientia generalis* is not coterminous with and does not exhaust itself in a general calculus or a *characteristica* lying at the basis of all academic disciplines. Instead of definitively postulating a method that would connect all disciplines, Gödel draws analogies between the central concepts and (methodological) principles of various disciplines. The unity of scientific thought – and thus of the sciences (with respect to the academic disciplines) – is in this view founded upon common methodological elements. Gödel mentally runs through the possibilities of taking the concepts and principles that have been successfully applied in one discipline and transferring them to others. In this way, he surveys the realm of possible objects to which these concepts can be applied. We can see that through such a procedure Gödel hopes gradually to discover the first principles that "open the way to the final causes of things" and hence to wisdom.

Heuristics

One of the focuses of the remarks and maxims in *Maxims III* is heuristics in mathematics,[22] for which concrete examples are often listed under the heading "important activities of the mathematician". Alongside these, Gödel considers the idea of a general heuristics and of methods for other scientific areas, such as psychology. Because heuristics is an *ars inveniendi*, or a doctrine of methods for discovering evidence and counter-evidence in scientific research, it belongs in the Leibnizian sense among the *scientia generalis* and in today's sense among the fundamental disciplines within a given science.[23] We also find in this context a number of thoughts on theory formation and on the comparison of methods

---

22   Nowadays, methods that do not provide optimal solutions but are feasible without much effort are also called heuristic in applied mathematics. As will be shown below, Gödel's understanding of heuristics differed from this.
23   One must bear in mind here that Gödel had studied the writings of Bernard Bolzano, who dealt exhaustively with "Erfindungskunst" (the art of discovery), i.e. heuristics, in vol. 3 of his *Wissenschaftslehre* (Theory of Science) from 1837. Bolzano's rules for the art of discovery, however, refer neither to individual disciplines nor to the interrelation of their methods and concepts. Bolzano discusses the relation of mathematics to psychology in other contexts. In the Gödel Papers (C0282), box 6a, series III, folder 51, initial document number 030074, a page of bibliographical notes on Bolzano can

in various disciplines, on methods of argumentation, and on the usefulness of theories. A further theme in *Maxims III* is knowledge [*Erkenntnis*]. Gödel comments on both the significance of formal concepts for knowledge and the extent to which one can gain knowledge by relating specific sub-disciplines of a given science to each other.

Questions that arise about working practice in the sciences, including such things as how best to answer letters, do not traditionally belong to heuristics any more than general study habits do. In *Maxims III*, the latter include both the perfection of the individual learning subject and the acquisition and access to subject knowledge of the academic disciplines. Gödel's views on teaching should also be considered against the background of this context. We often find him yearning to be more confident as a teacher, more able to meet the learners' demands and to provide an orderly and consistent presentation of the subject matter.[24] His thoughts on how one best becomes a mathematician, beginning, namely, with the study of applied physics, are to be viewed under this heading as well.

Mathematics and Psychology

In Gödel's thinking about the connections between the academic disciplines, the relation between mathematics and psychology plays a special role. Gödel considers whether and in what way the psychology of mortal beings and their capacity for mathematical knowledge ought to be investigated, and whether it is even possible for human beings, given their entire psychology, to handle innumerable concepts. In any case, he sees human thinking as an inextricable knot of form and content. His thoughts on accepting a formal system likewise belong here, since according to Gödel such acceptance means not only having acknowledged the sys-

---

be found, among which are the following: "4. Wissenschaftslehre, A. Höfler, Leipzig 1914; 5. Philosophie der Mathematik (edited by H. Fels), Sammlung philosophischer Lesestoffe, Band 9." The specification "C0282" for "Gödel Papers" or Gödel *Nachlass* (as the case may be) will not be repeated in what follows.

24 Here too, a glance into Bolzano's *Wissenschaftslehre* is instructive. In vol. 4, we find a long paragraph devoted to the theme of "textbooks".

tem's consistency, but also having set it as the point of departure for one's own actions and assumptions.

The discipline of psychology also stands in the foreground of this notebook. Gödel was convinced that basic concepts of psychology could be put to appropriate use as fundamental to all academic disciplines (see below).[25] The concepts that Gödel presents in *Maxims III* as those that characterize psychology as a discipline – in particular *actus*, *passio* and *finis* – admittedly originate in the Aristotelean-Scholastic tradition of psychology, which includes the writings of Franz von Brentano.[26] But Gödel was also at least somewhat familiar with the psychology of his time and its methods as an academic discipline.[27] This can be observed in *Philosophy I Maxims 0*, where he adds the works of Karl Bühler to his bibliography; in the *Protocol Notebook*, where it becomes clear that he considered pursuing training in psychoanalysis; in his conversations with the psychologist Else Frankel, parts of which he likewise wrote down in the *Protocol Notebook*;[28] and in the bibliographical lists on psychology and psychiatry.[29]

---

25   Recall that the basic concepts of a discipline ought to allow for its formalization.
26   In a catalogue of questions regarding psychology found in Gödel's *Nachlass*, Gödel mentions additional basic concepts of psychology. There we read, for instance: "2. *Categories* = supreme basic principles of psychology (imagination, perception, judgment, feeling, drive, determination, etc.)." On a separate page containing remarks on psychology, we find: "Most important concept of psychology: 'choice of a goal'. Every act is a choice of a goal." Both lists are undated and are found in the Gödel *Nachlass*, box 6a, series III, folder 51, initial document number 030074.
27   Gödel was greatly interested in Gestalt psychology; he also concerned himself, however, with the work of psychiatrists such as Lydia Sicher (1890–1962) and Ernst Kretschmer (1888–1964). On this point, see his entries on the pages of "Bemerkungen Psychologie" in the Gödel *Nachlass*, box 6a, series III, folder 51, initial document number 030074.
28   Gödel *Nachlass*, box 6c, series III, folder 81, initial document number 030114. A first, albeit erroneous, transcription by Erich Ruff exists, alongside another by Tim Lethen: Tim Lethen, *Gespräche, Vorträge, Séancen. Kurt Gödels Wiener Protokolle 1937/38. Transkriptionen und Kommentare*, Cham (Springer) 2021.
29   These can be found in the Gödel *Nachlass*, box 9b, series V, in folders 5 and 6, respectively, with the initial document numbers 050024 and 050025.

Psychology and Theology

A connection between psychology and theology is established in *Maxims III*, particularly on the concept of sin. In the *Allgemeines Wörterbuch der Heiligen Schrift*, Joseph Franz Allioli discusses the theological concept of sin, namely as the willing transgression of a divine commandment,[30] the causes of which are the free will of the human being and the devil.[31] Moreover, according to Allioli, sin blinds the understanding.[32] In his *Biblisches Wörterbuch*, Allioli adds that the inducement to sin is often human weakness and ignorance.[33] No less informative is Matthias Joseph Scheeben's *Handbuch der katholischen Dogmatik*, in which a distinction is drawn between a theological and a philosophical concept of sin – and consequently among the uses of the term in various disciplines.[34] In contrast to the theological sense, sin in the philosophical sense is not a knowing transgression of one of God's commandments but an action against one's own conscience, a renunciation of what the agent's own reason has recognized as their personal dignity.[35] For his part, Gödel uses the concept in remarks on theology and psychology. In general, he maintains that sin consists in error, weakness[36] and malevolence. Understood theologically with reference to original sin, it is impossible for the human being not to sin, and psychologically, one must accept this circumstance in order to understand one's own sins. Similar to Allioli, who sees in ignorance a

---

30 Allioli, *Allgemeines Wörterbuch der Heiligen Schrift*, p. 190. As can be gleaned from *Time Management (Maxims) II*, Gödel was likely also familiar with J. F. Allioli, *Allgemeines Wörterbuch der Heiligen Schrift. Ein Supplementband zu allen Bibelausgaben nach der Vulgata, besonders aber zur heiligen Schrift* 1837–1838, 2 volumes, as he mentions a supplementary volume by Allioli there. However, this could also be an allusion to *Biblisches Wörterbuch* by Allioli, as he noted on the request form for it: "Supplem. zu Biblia sacra vulg. ed. 2. Aufl."
31 Allioli, *Allgemeines Wörterbuch der Heiligen Schrift*, p. 191.
32 Allioli, *Allgemeines Wörterbuch der Heiligen Schrift*, p. 191.
33 Allioli, *Biblisches Wörterbuch*, p. 283. Gödel filled out a request form for it on March 1, 1938.
34 Precisely this distinction, however, is refuted in *Wetze und Welte's Kirchenlexikon oder Enzyklopädie der katholischen Theologie und ihrer Hülfswissenschaften*, a work that Gödel also consulted. See vol. 11, 1899, article "Sünde", pp. 846–972, here p. 948.
35 Cf. Scheeben, *Handbuch der katholischen Dogmatik*, reprint from 1931, vol. 3, p. 521. Gödel added Scheeben's *Handbuch der katholischen Dogmatik* to a bibliography of theological references which is found in the Gödel Nachlass, box 10b, series V, folder 47, initial document number 050149.
36 Gödel writes of the sin of weakness in *Time Management (Maxims) II*, manuscript page 113, remark 1.

cause of sin, Gödel considers sin a form of practical stupidity which, from a theological perspective, binds the human being to the devil.

Consequently, in contrast to *Time Management (Maxims) II*, where "sin" is mentioned above all in connection with self-reflection,[37] in *Maxims III* Gödel considers the different ways in which the concept is understood within the various disciplines.[38] In this context, it is interesting to note that in *Time Management (Maxims) II*, he mentions the Catholic concept of sin when explaining why he shied away from converting from Protestantism to Catholicism: "The factors that explain reluctance to become Catholic [...]: 3. Further also the concept of sin, repentance and in particular the kind of "sin" and confession following moral cowardice [...]" (*Time Management (Maxims) II*, p. 429).

Thus also with reference to "sin", remarks motivated by individual ethical considerations are superseded by those primarily oriented toward the disciplines. This is borne out by passages in *Maxims III* in which Gödel considers the idea of the perfectly rational being. These remarks express an ideal image and hence are not related to him as a person.

The Ethics of Perfection and Mathematical Ethics

The concept of perfection as an ethical directive emerges in various notebooks, both explicitly and implicitly. The extent to which these notebooks are in fact connected by this theme, and the degree to which the various disciplines are thus brought into relation, can be seen in the example of the following maxims from *Maxims III*:

> <u>Maxim</u> for research: First render precisely the general ethical and theological principles of mathematics (likewise the mathematical conjectures that I have) and investigate their mutual logical relations (derivability, contradiction, etc.) [i.e. formalization of the metaphysics of mathematics].[39]

---

37 Remarks on theology and psychology that deal with the notion of sin begin to appear toward the end of *Time Management (Maxims) II*.

38 Further remarks on the theological understanding of "sin" are found in a list of remarks on theology in the Gödel *Nachlass*, box 6a, series III, file 51, initial document number 030074, in particular items 78 and 79. The list is undated.

39 *Max III*, manuscript page 32.

Although it would certainly be both interesting and informative to consider the idea of a "formalization of the metaphysics of mathematics", for which the metaphysical concepts (i.e. ideas) of, among other things, "quantity", "negation" and "existence" are significant,[40] let us focus instead on the phrase "ethical and theological principles of mathematics".

The perspectives that are central to Gödel's understanding of an ethics of perfection include felicity; perfection of the mind; unity of knowledge, truth and happiness; knowing; therapy; and freedom from error. For Gödel, the struggle toward perfection also involves improving himself as a mathematician and perfecting the methods or heuristics of mathematics, thus ultimately perfecting the discipline itself. Not least for this reason, he began to assemble – on slips of paper that he inserted in *Time Management (Maxims) II* – a list of useful and often successfully deployed methods of mathematics.[41] He continued this practice in the notebook *Maxims III*, where, scattered throughout, he specifies a total of 19 important activities of the mathematician, including, for example, approximation through weaker theorems and the construction of analogies.

In the remark quoted above, Gödel explicitly lays out the connection between mathematics and the ethics of perfection. He formulates a maxim for research, according to which the first order of business is to specify the general ethical and theological principles of mathematics. Admittedly, however, it is far easier to grasp what he means by "ethical principles of mathematics" than by "theological principles of mathematics". The latter can only be hinted at in what follows.

Under the rubric "ethical principles of mathematics" are to be understood primarily the mathematician's duties of perfection with reference to mathematical thinking, but also in general the "standards" for mathematical work. Accordingly, the two lists – of methods for mathematics and of the important activities of the mathematician – are not formulated in the first person and thus exceed the framework of an applied individual ethics such as that

---

40 The distinction between metaphysical concepts and ideas, and between simple concepts and fundamental concepts, will be taken up below.

41 See *Time Management (Maxims) II*, pp. 421, remark 2; 422, program, item 7; 429, maxims for lecture, item 2, and remark 2, item 3; 468, remark mathematical methods; 471, program; Addendum IIIb, 2v', pp. 501–502, mathematical methods, items 1–11.

explored by Gödel in *Time Management (Maxims) I and II*.[42] This tells us that the activities of the mathematician are presented as a general heuristics, which serves to improve both the scrupulous observer's own mathematical thinking and the discipline of mathematics itself. A general rationalization of its validity is not given; instead, it emerges from a context in which such a heuristics has proven its worth in mathematical praxis, and indeed has been of constant use.

Just as for Herbert Feigl the ethical maxims of a scientific humanism can be justified on pragmatic grounds, so too for Gödel, it is safe to assume, the maxims of an "ethics of mathematics" find their justification in successful mathematical praxis.

As for the "theological principles of mathematics",[43] Gödel presupposes a system of axioms that can neither be altered nor further justified. These are the "irrefutable presuppositions", the important premises that are simply to be taken on faith ("the articles of faith"). If parts of the system are refuted, it is only unimportant presuppositions that are altered:

> Remark: Religion commands that one make assumptions (thou shalt believe); so does natural reason (for example, for the reason that an assumption A can be dropped again when deciding on the right thing to do).
>
> Perhaps the right principle for acting and believing is the following: An order of all systems of hypotheses is given (where each system decides <u>all</u> questions). One starts with an initial system and keeps each system as long as it is not refuted (then the next one). *In praxi*, an ordering of [26] the sentences accord-

---

42 In a strictly formal sense, the vast majority of these maxims do not belong to the applied individual ethics that Gödel sets down in *Time Management (Maxims) I and II*, because the list relating to the methods of mathematics is found on a loose piece of paper (Addendum IIIb, 2v') that Gödel inserted at the end of *Time Management (Maxims) II*. This page is thus not a fixed component of either of the two notebooks devoted to individual ethics. This list of the important activities of the mathematician appears, by contrast, in several places within the pages of *Maxims III*, albeit unlike *Time Management (Maxims) I and II*, which are paginated continuously throughout, *Maxims III*, as noted above, begins the pagination anew. This pagination is continued to the end of *Maxims VIII*, indicating that we are dealing with a coherent work within the larger corpus of Gödel's *Philosophical Notebooks*, a sub-corpus, then, that does not include *Time Management (Maxims) I and II*.

43 See *Maxims III*, maxim for research, manuscript page 32, in connection with remark 3 on manuscript page 25 ff.

ing to "importance" and the initial system are first given, and then, for each refutation of a system, the simplest possible sentences are changed. Certain sentences are never changed at all (articles of faith). These are "irrefutable" sentences.

As noted above, the quoted maxims show, among other things, the extent to which the concept of "perfection" or "perfecting" is understood as an ethical obligation[44] that connects both the individual philosophical notebooks and, beyond this, the various disciplines. Moreover, they allow us to recognize Gödel's presupposition of a comparable methodological-systematic construction across the academic disciplines. In doing so, he incorporates theology as a system of concepts.

Formalizable and non-formalizable systems of concepts

Whether or not a particular discipline can be formalized is a question that for Gödel had importance not merely for mathematics and logic but also for academic disciplines like theology. This is evident in the following remark in *Maxims III*, which Gödel later tagged as being relevant to theology:

> Remark Theology: What are the four (or five) main worldviews? Science, astrology, formalized theology (Manichaeism), non-formalizable Christian theology? Some exoteric and an esoteric form. Main differences:
> 1.) Is there a God? [87]
> 2.) Is the soul immortal?

It is impossible to tell from this remark what, exactly, a formalized theology is supposed to be. For mathematics, one can say that the introduction of logical operations allows all mathematical statements to be brought into a strict formality. Furthermore, axioms and deduction rules must be given that refer exclusively to the form, not to the content. Mathematical proofs can therefore

---

44 Kant also recognizes the duty of self-perfection, the execution of which consists in establishing maxims for oneself that guarantee the perfection of one's own capacities. Cf. Immanuel Kant, *The Metaphysics of Morals, Part II. The Doctrine of Virtue*, §§ 19–22.

be understood as the consequences of certain statements, i.e. as conclusions that emerge through logical inference from the fundamental premises. Determining the correctness of a proof is thus under certain conditions merely a question of syntax. In order to establish mathematical theories on purely syntactic grounds, they must be formalized; by this means, one first obtains systems of symbols that prescind from any particular content or semantics. The purely syntactic basis of language can then be semantically interpreted.

It is not obvious how this applies to Manichaeism, the example Gödel gives of a formalized theory in his remark. Help is to be found, however, in the aforementioned quote from Carnap's diaries, which offers a clue as to the meaning of the expression "formalized theology". The relevant passage in Carnap reads:

> [...] Gödel [...] however keeps coming back to the claim that my old formulation in Vienna, that mathematics is "empty" and "has no objects",[45] was false.

Manichaeism, dating from late antiquity, is a form of gnostic dualism based on a doctrine of revelation,[46] according to which a Kingdom of Light, i.e. of Good, stands over against a Kingdom of Dark-

---

45 On "empty" and "no objects", cf. the following quote from "Is Mathematics Syntax of Language?": "It can be shown [...] that the reasoning which leads to the conclusion that no mathematical fact exists is nothing but a *petitio principii*, i.e., 'fact' from the beginning is identified with 'empirical fact', i.e., 'synthetic fact concerning sensations'. In this sense, the lack of content in mathematics can be admitted, but it ceases to have anything to do with the philosophical question mentioned in §1, since also the Platonist should agree that mathematics has no content of this kind. For its content, according to Platonism, consists in relations between concepts or other abstract objects which subsist independently of our sensations, although they are perceived in a special kind of experience [...]" In: *Collected Works*, vol. III, pp. 334–356, here p. 351.

46 Gödel studied the concept of *gnosis* comprehensively; mention is made, for instance, on several loose pages found in the Gödel Nachlass, box 10b, series V, folders 43, 44 and 46, initial document numbers 050145, 050146, and 050148. On a page in folder 43, Gödel mentions Marcion and Apelles under the rubric "Gnostic", and in file 46 Manichaeism is mentioned again. In folder 44 we find a page on which, among other things, the following note appears: "have read: VI Gnosticism". 'Manichaeism' and 'gnosis' were quite popular subjects in the 1920s and 1930s. Accounts of research on Manichaeism often appeared in German-language daily newspapers, including Viennese ones. In the *Neues Wiener Journal* of March 31, 1927, page 10, for example, there is a report on the findings of the Turfan expedition and the decipherment of a Manichaean script. Articles on *gnosis* and theology

ness, i.e. of Evil. It has been often criticized, notably by Augustine, as a contentless system of "formulas". Thus "formalized theology" could be an allusion to Augustine's criticism that the Manichaean doctrine is oriented in a purely rationalistic fashion, following a strict Good vs. Evil schema, such that religiosity and the independence of the spiritual world vis-à-vis the material world, which Augustine views as essential, never arise.

In the 1930s, one began to see statements on Manichaeism and formalized theology in the relevant scholarship, which often made reference to movements within Manichaeism itself. Thus in 1933, Hans-Jacob Polotsky offered a critique of the work of Iranian studies scholars who studied dogmatic theology, alleging that they concerned themselves "with certain formal elements of the Manichaean religious doctrine" and dealt with "soulless formulas", thereby passing over the actual foundational dogmas of the Manichaean soteriology and world view.[47] Walter Bruno Henning expressed similar views in his 1934 essay "On Central-Asian Manichaeism",[48] pointing out the absence of specific dogmas and the "sensuously vacuous formulas and frozen symbols", "an ossification in formulas due to a hair-splitting dialectic and, above all, to the nearly complete loss of everything specifically religious".[49] Admittedly, these criticisms targeted individual movements within Manichaeism (or rather, the research on Manichaeism at the time), while Augustine's critique is levelled at the entirety of Manichaeism as a doctrine of belief.

---

are, *inter alia*, also to be found in the following Viennese daily newspapers: *Reichspost*, March 8, 1926, p. 5; *Arbeiterzeitung*, March 28, 1926, pp. 19–20; *Neues Wiener Journal*, September 6, 1926, p. 8; *Reichspost*, February 8, 1927, pp. 1–2; *Reichspost*, January 22, 1928, p. 19; *Neue Freie Presse*, April 1, 1928. p. 14; *Neues Wiener Journal*, January 23 1929, p. 3.

47 Hans-Jacob Polotsky, "Manichäistische Studien", in: *Le Muséon*, 42 (1933), pp. 247–271, there p. 247 and p. 248.
48 Op. cit.: *Orientalische Literaturzeitung*, n. 37, pp. 1–11.
49 Ibid., p. 10 and p. 2.

Gödel was especially interested in Manichaeism. On the title page of his private copy of Augustine's *Confessions*, for example, we find the following annotation: "Manichaeism p. 66–69,[50] 134." Moreover, a bibliography assembled by Gödel contains numerous detailed entries on Augustine's critical writings on Manichaeism and on the pertinent scholarly literature.[51]

In the notebook *Max IV*, we find a further remark on Manichaeism and formalized theology:

Remark (Philosophy): Perhaps there is a consistent theology [science of "being"[52] with evident axioms], in which one theorem is: There is nothing evil. Which allows after all for the construction of the empirical world, but falsely. Perhaps this lies at the basis of the Greek image of God "outside" the world, as well as the biblical words: *cognovit populum suum*,[53] *nunquam cognovi vos*,[54] *verba mea non transibunt*.[55] [265] This is apparently the true theology (in contrast to the Manicheans).

---

50 The reading of '9' is uncertain; it could also be '4'.
51 Francis Crawford Burkitt, *The Religion of the Manichees*, Cambridge (Cambridge University Press) 1952; Gustav Flügel, *Mani, seine Lehren und seine Schriften*, Leipzig (Brockhaus) 1862 (including texts by Mani with parallel translations); Augustin (ed. Bened.) VIII, pp. 266–306 (Maurin edition, vol. 8, ed. François Delfau, Thomas Blampin et. al., Paris (Muguet) 1688; the selection includes excerpts from Augustin's *Contra Faustum Manichaeum*); Augustine, *De moribus Manichaeorum*; and Augustine, *Contra epistulam fundamenti Manichaeorum*.
52 On the concept of God as an abstract being, cf. Karl Rosenkranz, *Encyclopädie der theologischen Wissenschaften*, Halle (Schwetschke) 1845, 2nd edition, p. 19.
53 I have not been able to locate the sentence *cognovit populum suum* ("He recognized his people") in the Bible. Cf. also *Philosophy I Maxims 0*, p. 97, lines 30–31, as well as the relevant remark on page 98, where Gödel writes: "He recognizes this for Israel only in the moment of his rescue." This remark refers to Amos 3:1–2 (King James Version): "HEAR this word that the Lord hath spoken against you, O children of Israel, against the whole family which I brought up from the land of Egypt, saying, (2) You only have I known of all the families of the earth: therefore I will punish you for all your iniquities."
54 "I never knew you" (Matthew 7:22–23). "Domine, domine, nonne in tuo nomine profetavimus et in nomine tuo daemonia eiecimus et in nomine tuo virtutes magnas fecimus? (23) respondendo eis eiiam cum iure iurando, quia numquam cognovi vos." In the King James Version: "Many will say to me in that day, Lord, Lord, have we not prophesied in thy name? and in thy name have cast out devils? and in thy name done many wonderful works? And then will I profess unto them, I never knew you."
55 "Caelum et terra transibunt verba autem mea non transibunt." (Mark 13:31). In the King James Version: "Heaven and earth shall pass away: but my words shall not pass away."

What is striking about this remark, framed as a comment not on theology but on philosophy, is that it addresses the idea of a formal theology and specifies that, as such, it is constructed axiomatically. The meaning behind "true theology" can be determined by examining the biblical quotes, of which only two have been identified with certainty thus far: *nunquam cognovi vos* and *verba mea non transibunt*. The first comes from the Gospel of Matthew, 7:21–23. In the 1936 edition of the Luther translation, which Gödel owned, it reads (translated directly into English): "Not all who say to me: Lord, Lord! will enter the Kingdom of Heaven, but only those who do the will of my Father in Heaven. Many will come to me on that day and say, Lord, Lord! have we not prophesied in thy name, have we not in thy name cast out devils, and have we not in thy name done may deeds? Then I will confess to them: I have never known you; turn away from you, you evil doers!"

In the broadest sense, we can understand this passage to mean that the mere utterance of formulaic prayers does not suffice to obtain God's grace. Rather, the full significance of the words, "their spirit", must be grasped and translated into deeds.

This selection is related to the expression *verba mea non transibunt* from the Gospel of Mark, 13:31. In the same 1936 German edition, the full text reads (again translated directly into English): "Heaven and Earth will pass away; but my words will not pass away." This passage can be interpreted to mean that while God's material Creation is perishable, the sense or "spirit" of his words is not. A "true" theology, should it be possible to construct one, is therefore rational in the sense of being "consistent", but it is also, in Augustine's sense, in particular one that guarantees the self-sufficiency of the spiritual world as independent of the material world.

Augustine's critique of Manichaeism – that it granted the spiritual no self-sufficiency – was thus understood by Gödel to mean that the Manicheans proceed purely formalistically, similarly to how mathematics is understood as merely the syntax of language. Over against this, Gödel places Christian theology, which, like mathematical thinking in his view, includes elements that cannot be formalized. If mathematics had no contents, then it could indeed be completely formalized as pure syntax, just as Carnap had imagined.

Logical and Psychological Concepts

The meaning of fundamental or simple concepts from psychology in Gödel's understanding of science has already been mentioned. It also appears in Carnap's diary entry. Just how complex this theme turns out to be for Gödel can be seen in the following remark from *Maxims III*, manuscript page 142, which Gödel labels as pertaining to both logic (basic principles) and psychology:

> Remark (Foundations, Psychology): Difference between operating with $\phi(x)$ and with
> $(\forall x)\phi(x)$ [or between $a_0 + a_1 x + \ldots + a_n x^n$ and $\sum_{i=0}^{n} a_i x^i$]:
> In the first case, one operates not with specific propositions but with propositional schemes and realizes that the inferences are correct, no matter how the schemes are specialized. Thus, the content of the reflection is metamathematics (concerns the symbols), while it can be content-related in the other case (concerns the meaning of the symbols).

The relevance of this remark to psychology becomes apparent in the interplay with the remark immediately following. As soon as the thoughts also become content-related, i.e. related to specific statements, they become "actual" thinking and thus objects of psychology rather than mathematics, since the latter concerns itself not with specifics but with generally valid schemata.

Here too, let us recall Carnap's diary:

> He believes that Newton's great step in the systemization of knowledge came perhaps from an impulse by Leibniz. At the basis of Leibniz's *characteristica* must lie psychological concepts, he thinks [...], not physical ones: then one could come to a new explanation of the world. [...] Psychology (and biology?) is not derived from physics, as Materialism would have it, but the other way round.

Read together with the remark by Gödel on basic foundations and psychology (quoted above), Carnap's diary entry raises the following question, which future research will have to answer: To what extent, for Gödel, can the basic concepts of psychology, which do not refer to specific content (just like Newton's concept of force), serve as fundamental concepts for all sciences? And what is Gödel's motivation for this shift from fundamental physical concepts – as these had been imagined by the Vienna Circle for a Unified Science – to psychological concepts? There is reason to suspect that Gödel had in mind a non-physical reduction of the sciences and proceeded from the assumption that the fundamental concepts of psychology would lend themselves to this. Gödel gives a hint along these lines in *Maxims III* (manuscript page 149):

> Remark: Next goal for reading and non-mathematical work should be: Put the basic concepts of psychology in order [by describing all of them and at least seeing the "possible" laws, in analogy with the concept of kinematics and of force in physics]. The justification for this is:
> 1.) Applications to foundations (intuitionism is schematized psychology).
> 2.) Favorable effect on the clarity of my own thinking, the work schedule, command of language, work maxims in general.
> 3.) This is probably a prerequisite and a way to get to metaphysics and to a *"weltanschauung"*. In fact, you should do it systematically.

From this it becomes clear not only that Gödel wanted to identify basic psychological concepts analogous to those Newton had identified for physics, but also that he ascribed an important role to the basic concepts of the disciplines (and not merely to the simple or primitive ideas) in the articulation of a metaphysics.

In addition to the "basic concepts", Gödel is also concerned with the "highest" statements of a given science and with its "central" (important) concepts. The highest statements and concepts of a science are the objects of the philosophy of science. It is clear that the basic concepts of a discipline are to allow for that discipline's formalization, while such basic concepts as constitute reason itself are to allow for deductions not only within the discipline but also in the entire process of thinking.

The Concept of God

The meaning of the 'simple concepts'[56] of a *scientia generalis* has already been variously considered, as has the meaning of 'fundamental' metaphysical concepts. For Gödel, the concept of God could be one of these concepts, either in terms of a simple (metaphysical) concept or in terms of a central disciplinary concept of theology.[57] And although it must be left to future research to produce a comprehensive discussion and classification of the concept of God in Gödel's *Philosophical Notebooks*, let us here suggest that Gödel may have used the term 'God' not only as a simple concept but also in the sense of a Kantian transcendental idea (thus referring to something beyond what we can know)[58] and in the sense

---

[56] Here and in what follows, we speak of the "simple" concepts, without having reached any final judgment about the status of simple ideas and simple concepts in Gödel's thinking. It should be remembered, however, that Gödel mentions primitive (or very simple) ideas and concepts, as well as simple ideas. In *Philosophy I Maxims 0*, Gödel uses the expressions "few primitive ideas", "very simple ideas", "simple but very high ideas" (pp. 184 ff.; 187, remark 2; 189, item 2), "simple concepts that are within us", i.e. innate (*Philosophy I Maxims 0*, pp. 191–192, question), and "simple and important concepts" (*Philosophy I Maxims 0*, p. 207, remark philosophical; p. 207, remark). It should also be noted in this context that in Hao Wang's writings, at the basis of which lie conversations with Gödel, the talk is always of "primitive concepts" or "primitive terms".

[57] Additional uses of the term, however, are also to be found in the Gödel *Nachlass*. On an undated loose-leaf page with the superscript "Einwände gegen den Materialismus" (Objections to Materialism), he writes: "God is [a] special case of spirit in general." The page is found in box 10b, series V, folder 43, initial document number 050145.

[58] Kant presents three transcendental ideas, which, insofar as they (as *foci imgainarii*) lie beyond the bounds of all possible experience, can only have a regulative function for thinking: soul, world, and God. On the "rational concept of God" as the "cause of all cosmological chains of effect", Kant notes that "reason bids us consider every connection in the world according to principles of a systematic unity, hence as if they had all arisen from one single all-encompassing being, as supreme and all-sufficient cause [...]. The presupposition of a supreme intelligence, as the sole cause of the world-whole, but of course merely in the idea, can therefore always be useful to reason and never harmful to it" (*Critique of Pure Reason*, B 714–715, translated by Paul Guyer). I would like to thank Leon Horsten for the reference to Kant's transcendental ideas in connection with Gödel's use of the concept of God.

of a disciplinary concept that nevertheless, as we shall see, cannot be adequate.[59]

The concept of 'God', however, is not found in any of the lists of simple concepts mentioned by Hao Wang,[60] who quotes Gödel as follows:

> 8.6.17 A concept is a whole composed of primitive concepts such as negation, conjunction, existence, universality, object, the concept of *concept*, the relation of something falling under some concept (or of some concept applying to something) and so on.

Or:

> 9.1.26 Concepts. A concept is a whole – a conceptual whole – composed out of primitive concepts such as negation, existence, conjunction, universality, object, (the concept of) concept, whole, meaning, and so on. We have no clear idea of the totality of all concepts [...]

Wang even explicitly suggests that Gödel admitted he did not know what the correct list of simple concepts would be.[61] Later, however, Wang adds a list in which the concept of "God" does indeed appear:[62]

> Gödel did not think that he himself had come close to attaining the ideal of an axiomatic theory of metaphysics. He said several times that he did not even know what the primitive concepts are. [...] Nonetheless, in some of the shorthand notes [...], he does give what appears to be a tentative list:

---

59   One can observe in Gödel a similarly double use of the concept of a set, which appears sometimes in the sense of a primitive idea and at other times as a disciplinary concept. With the primitive idea of a set, Gödel ties in to Kant's transcendental category of an object; he distinguishes this, however, from the "objective" concept in mathematics. See Merlin Carl and Eva-Maria Engelen, "Einige Bemerkungen Kurt Gödels zur Mengenlehre", in: *SieB – Siegener Beiträge zur Geschichte und Philosophie der Mathematik*, 11 (2019), pp. 143–169.
60   Hao Wang, *A Logical Journey*, 1996, pp. 277, 295. In Hao Wang, *From Mathematics to Philosophy*, 1987, p. 192, the list reads: "object, concept, substance, cause, and sometimes a few others."
61   Cf. *A Logical Journey*, pp. 120 ff.: "In his discussions with me in the seventies, Gödel said on several occasions that he was not able to decide what the primitive concepts of philosophy are."
62   In *A Logical Journey*, pp. 120 ff. Wang describes his difficulties with Gödel's concept of God and faults Gödel for not taking up Spinoza's suggestions.

9.1.18 The fundamental philosophical concept is *cause*. It involves: will, force, enjoyment, God, time, space. Will and enjoyment: hence life and affirmation and negation. Time and space: being near is equivalent to the possibility of influence.[63]

In Gödel's *Nachlass*, we also find the following two lists, both written in longhand:

Unity, Causation, harmony, predication, real-conceptual, (existence/nature or quality), Negation, Relation.[64]

And:

Phil. Rem.
Reason, cause substance, accidens, necessity (conceptual) harmony {value} (positiveness), God (=last principle), cognition, force, volition, time, form, content, matter, life, truth, class {=absolute}, concept {the general and particular}, idea, reality, possibility, irreducible, Many & one, Essence.[65]

Admittedly, the superscript "simple concepts" accompanies neither of these lists;[66] the latter, in fact, is entitled "Philosophical Remark", or perhaps "Philosophy, Remark."

---

63   Hao Wang, *A Logical Journey*, p. 294. As quoted, Wang indicates that he is speaking of a list from the shorthand notes, not how he is familiar with them. If we take Wang at his word, then no distinction is being made here between primitive ideas, absolute simple concepts, simple ideas and simple concepts.
64   Gödel Papers, box 10b, series V, folder 44, initial document number 050146. The list is written in English.
65   This list is found in the Gödel Papers, box 11b, series V, folder 15, initial document number 060168, and is composed in English and German, mostly in longhand, although the insertion "the general and particular" is written in Gabelsberger script and thus in German. The heading "Phil Bem" is also written in German; here, it has been translated into English. The list's inclusion of a metaphysical concept (the principle of sufficient cause) is noteworthy; nevertheless, in Kant, as mentioned above, 'God' as a transcendental idea is the absolute unity of the concatenation of conditions for phenomena.
66   The simple concepts in Leibniz include, for example, "Individual", "Ego", "Identity", and "Possibility". For him, the simple (primitive) concepts are undefinable, and they can only be known through themselves. Cf. "Generales inquisitiones de analysi notionum et verbum [1686]" in *Opuscules et fragments inédits de Leibniz*, p. 360.

As we have seen, 'God' is here equated to the metaphysical principle of the sufficient cause. In a letter to his mother, Gödel clarifies further that this principle is comparable to the principle according to which everything has a cause – which is the ultimate foundation of all sciences:

> What I call a theological world-view is the conviction that the world and everything in it has its rhyme and reason, and I mean a good and indubitable reason. [...] The conviction that everything in the world has a reason is by the way precisely analogous to the principle that everything has a cause, upon which all of science rests.[67]

Nevertheless, Gödel equates the concept of God not only with the principle of the sufficient cause but (in *Maxims III*) with 'the universal set', thereby establishing, in the tradition of Cantor,[68] a direct reference to set theory:

> The immense number of "automorphisms" or "near-automorphisms" of the formal system of concepts allows for many identifications [...]
> That this is the essence of knowledge explains 1.) the pleasure in explaining "everyday phenomena" theoretically, 2.) the deduction, so frequent in mathematics: All things of this kind satisfy this or that condition, <u>and these are also the only</u> [47] examples [...]. Namely, in order to get to know an object a, I need to have 1.) certain fundamental mappings of certain empirical objects (possibly beginning with God = universal set*; devil = an irrefutable wrong system (or empty set); human being = ω_1; animal = ω (*or correct ethical and theoretical system; time = real number ≥ 0). 2.) Certain empirical propositions that determine the relation of a to things that I have already assigned.

---

[67] Excerpt from a letter from Kurt Gödel to his mother, Marianne Gödel, from October 6, 1961, Vienna Library in City Hall, I.N. 213. 296, manuscript page 6; reproduced in: Kurt Gödel, *Collected Works*, vol. IV, pp. 436–438.

[68] For Cantor, the set-theoretical universe is to be equated with God, although we are admittedly dealing here with an "object" that cannot be grasped with the human understanding. Treating it as an "object" leads to paradoxes.

A logical consequence of the evidence of God offered by Leibniz and Gödel would be that a single, given universe V of all sets in fact exists. In this connection, it is interesting that in *Maxims III* Gödel also mentions an "adequate concept of God", since this shows that he, like Leibniz, is fully aware that in this case we do not possess (and perhaps cannot possess) an adequate concept:

> Remark: It is clear that we have no adequate concept of God, but [54] merely approximations. From the acceptance of a concept of God, existence and other propositions likely follow with necessity, as with the concept of real numbers.

In the theological lexicons of the time, with which Gödel was well acquainted, we also find the claim that human beings can have no adequate concept of God because knowledge of God can come about only through mediation by analogy to other objects of knowledge.[69] For an adequate concept of God, it would have to be possible to formulate a conjunction of purely positive qualities as a consistent whole – a consistent set of divine perfections. The difficulty of this undertaking becomes evident as soon as one realizes that it is all but impossible to give an example of a purely positive characteristic.[70] For this reason, Gödel is of course fully aware that we can only ever have approximations of this simple concept.

The Concept of the Devil

The concept of the devil is interesting not least because it allows us to see in an exemplary way how Gödel deals with concepts that have relevance for two or more academic disciplines. To be sure,

---

69   *Wetzer und Welte's Kirchenlexikon oder Encyklopädie der katholischen Theologie und ihrer Hülfswissenschaften*, vol. 5, 1888, article on "God", col. 861–891, here col. 864. See also Michael Buchberger, *Lexikon für Theologie und Kirche*, vol. 4, 1932, col. 599–608, here col. 599. Gödel references *Wetzer und Welte's Kirchenlexikon*, for example, in a bibliography of theological lexicons, found in box 6a, series III, folder 51 of the Gödel *Nachlass*.
70   See André Fuhrmann, "Existenz und Notwendigkeit. Kurt Gödels axiomatische Theologie", in: Wolfgang Spohn, Peter Schröder-Heister, Erik J. Olsson, eds., *Logik in der Philosophie*, Heidelberg (Synchron Wissenschaftsverlag der Autoren) 2005, pp. 349–374. As an example of how difficult it is to specify a purely positive characteristic, Fuhrmann offers "red", which implies "not green". Ibid., pp. 351–352 and 367–368.

we are not dealing with an example of a simple concept here; nevertheless, it presents itself as an opportunity to demonstrate the extent to which, in the *Philosophical Notebooks*, Gödel tries to come to terms with concepts that play an important role not merely in one but often in two or more fields of knowledge. This makes clear the interdisciplinary approach of the *Notebooks*. As we have seen, Gödel is concerned with what he himself has determined to be the simple concepts of thought, with the fundamental concepts of a single discipline, and with those concepts that are relevant to several disciplines.

Thus the concept of the devil is taken up by Gödel not merely as a theological concept[71] but also in epistemic contexts. For the most part, he equates the devil with human error, whether in practical matters, in relations with other human beings, or in understanding theoretical connections. The devil, for Gödel, is that which hinders or even renders impossible all human thinking and knowing.

In order to assess the degree to which Gödel approaches the concept of the devil on the one hand as a theological concept and on the other in epistemic terms, one ought to consider not only the remarks in which he explicitly deploys it, but also a selection of standard Catholic dogmatic texts from the nineteenth and the early twentieth century[72] that provide the backdrop for those remarks.

In the second volume of Matthias Joseph Scheeben's *Handbuch der katholischen Dogmatik*, the devil is described as a liar and as the reason for human mortality.[73] In the *Biblisches Wörterbuch* of Jo-

---

71   On manuscript page 17 of the notebook *Theology 3* (box 7a, series III, folder 108, initial document number 030130), Gödel notes for the term 'devil': "*Apocalyps* 12, 9 Snake = seducer of the world, called Satan or devil. *Sapientiae* 2, 24 Death comes into the world through the envy of the devil. *Ezra* The first scribe (still with<?> jurist in a single person)."
A jurist is an expert in Mosaic Law. As a scribe, he belongs to the civil service, whom Jesus, in the Gospel according to Matthew 23:33, addresses thus: "Ye serpents, ye generation of vipers, how can ye escape the damnation of hell?" Serpents and vipers are the brood of the devil, in effect his descendants. Since the scribes are compared to serpents, Gödel likely viewed the passage as a kind of hinge between the passages on the devil and those on the scribes.

72   Compared to its status among dogmatists of that period, the concept of the devil only plays a subsidiary role in contemporary Christian theology.

73   Matthias Joseph Scheeben, *Handbuch der katholischen Dogmatik*, vol. 2, Freiburg i. Br. (Herder) 1933 (unrevised reprinting of the 1887 edition), p. 589. As can be seen from the bibliographical list found in the Gödel *Nachlass*, box 10b, series V, folder 47, initial document number 050149, Gödel was familiar with these volumes.

seph Franz Allioli, the devil is called, among other things, a "liar", "the father of lies", and "the evil one". He is the one who spreads erroneous teachings about faith and who promotes error generally.[74] According to Joseph Pohle's popular *Lehrbuch der Dogmatik*, the devil is not only the father of lies but also the originator of death and of the power of evil.[75]

With this background, it is easy to see the degree to which the following remark from *Maxims III* is in fact a remark on theology.[76] The devil is addressed as the "originator of death":

<u>Remark</u> (Theology): People owe their lives to the fact that the devil preferred to let them die slowly.[77]

This differs, of course, from the quote referenced earlier, which is clearly a remark on philosophy:

Devil = an irrefutable false system (or empty set).[78]

While it is possible to see a certain parallel here to the figure of the devil as the father of error, the idea of an irrefutable false system clearly belongs to the field of logic and mathematics.

This differs yet again, however, from the various remarks in *Maxims III* where the devil is thematized as that which makes knowing the world impossible. With these remarks, we could be dealing as much with a philosophical matter as with a theological one:

---

74   Joseph Franz Allioli, *Biblisches Wörterbuch*, pp. 251 and 288. Gödel filled out a request form for this on March 1, 1938. As can be gleaned from *Time Management (Maxims) II*, Gödel was likely also familiar with J. F. Allioli, *Allgemeines Wörterbuch der Heiligen Schrift* 1837–1838, 2 volumes. Cf. details above.
75   Joseph Pohle, *Lehrbuch der Dogmatik in sieben Büchern. Für akademische Vorlesungen und zum Selbstunterricht*, vol. 1, Paderborn (Schöningh) 1914, 6th edition, pp. 132, 573, 547, 546.
76   Here and throughout, reference is made only to those dogmatic texts to which Gödel had access. No statements are offered as to how the themes presented here are handled in contemporary theology.
77   Manuscript page 5.
78   Manuscript page 47.

Remark:[79] One of the devil's ideas for making the world incomprehensible is to destroy the pre-established harmony[80] between world and mind (non-Euclidian geometry, non-Aristotelean logic, etc.), so that the mind no longer fits the world.

Remark Theology:[81] Augustine claims in *Confessions* X, 40,[82] that it is not at all the power of the mind that leads us to any truth but God himself. Perhaps this should be taken to mean that the devil has already corrupted our mind too much and that a replacement is offered to us in the idea of 'God', which leads not to "knowledge" (like the mind) but to recognition of the truth. (This is what came from outside the world after the Fall but is still preformed in this world, even in the realm of ideas.) And in spite of our sins, these ideas lead us to where the power of our mind would have led us, and this even better. [This is reason in opposition to the mind.] [102] The start of this is probably ethical knowledge (good and evil).

To anyone unfamiliar with the history of philosophy, Gödel's remarks on the concept of the devil may seem rather bizarre. The devil makes an appearance in other works of philosophy as well, however, namely, as the *genius malignus* that hinders or destroys human thinking and knowing. René Descartes memorably trots out the "evil demon" in his *Meditationes de prima philosophiae* in order to expand his methodical doubt on the principles of knowledge: "So I shall suppose that some malicious, powerful, cunning demon [genium malignum] has done all he can to deceive me – rather than this being done by God, who is supremely good and

---

79   Manuscript page 44, remark 2.
80   In Leibniz's idea of pre-established harmony, body and soul comport themselves like two synchronized mechanical clocks, whose synchronicity is pre-established through an ideal realization of constructive principles. Furthermore, the monads stand in pre-established harmony both among themselves and in relation to the world they mirror. This latter is an expression of the universal harmony of the universe.
81   Manuscript page 101, remark theology.
82   On p. 277, Book X, Chapter 40 of the Lachmann edition of 1888, the passage reads in translation: "I did not investigate, as I did this, out of my own strength, neither wert thou the power active in me, for thou art the eternally abiding light, which I asked of everything, whether it be present, how it be, and how highly it ought to be valued: and I heard thee, who taught me and commanded me."

the source of truth."[83] We may assume that Gödel, who had closely studied numerous works by Descartes, including the *Meditationes*, was familiar with this passage.[84]

Moreover, the evil demon is a theme in the discourse of the witch hunts and of demonology, where the devil and various demons use false and misleading appearances to deceive the human being. As is evident from *Time Management (Maxims) I and II*, Gödel was familiar with this literature as well.[85]

Not only do the selected examples from *Maxims III* make evident the complexity of the remarks and of their relation to Gödel's well-known philosophical views, but they also emphasize the extent to which the model of a *scientia generalis* lies at the basis of Gödel's *Philosophical Notebooks* – and beyond this, the ways in which these notebooks themselves represent an attempt to design an axiomatically constructed metaphysics.

Literature

Joseph Franz Allioli, *Allgemeines Wörterbuch der Heiligen Schrift. Ein Supplementband zu allen Bibelausgaben nach der Vulgata, besonders aber zur Heiligen Schrift*, 2 volumes, Regensburg (Manz) 1837–1838.

Joseph Franz Allioli, *Biblisches Wörterbuch. Zugleich Register über die sämtlichen Ausgaben der Heiligen Schrift des Alten und Neuen Testaments*, München (Vogel'sche Buchhandlung) 1858. Gödel filled out a request form for this volume on March 1, 1938.

Aurelius Augustinus, *Opera*, vol. 8 (Maurine edition), edited by François Delfau, Thomas Blampin, et al., Paris (Muguet) 1688.

Aurelius Augustinus, *Die Bekenntnisse des heiligen Augustinus*, translated by Otto Lachmann, Leipzig (Reclam) 1888.

---

83 René Descartes, Meditatio I, paragraph 12, in: *Meditationes de prima philosophiae*; this translation by John Cottingham.

84 The relevant excerpts Gödel took from a French edition can be found in the Gödel *Nachlass*, box 10b, series V, folder 46, initial document number 050148. The excerpts are written in part on stationery from the Institute for Advanced Study.

85 On demonology, see *Time Management (Maxims) I*, pp. 373–374; on witchcraft, *Time Management (Maxims) II*, pp. 410, program, item 6; 460, item 4.

Bernard Bolzano, *Wissenschaftslehre. B. Bolzanos Wissenschaftslehre. Versuch einer ausführlichen und grösstentheils neuen Darstellung der Logik mit steter Rücksicht auf deren bisherige Bearbeiter*, vols. 1–4, Sulzbach (Seidel) 1837.

Bernard Bolzano, *Wissenschaftslehre*, vol. 1, edited by A. Höfler, Leipzig (Meiner) 1914, reprint of the 1837 edition.

Bernard Bolzano, *Philosophie der Mathematik*, edited by H. Fels, Ferdinand Schöninghs Sammlung philosophischer Lesestoffe, vol. 9, Paderborn (Schöningh) 1926.

Francis Crawford Burkitt, *The Religion of the Manichees*, Cambridge (Cambridge University Press) 1925.

Rudolf Carnap, *Tagebücher 1936-1970*, edited by Christian Damböck, with the collaboration of Brigitta Arden and Brigitte Parakenings, Hamburg (Meiner), draft version of an edition to be published later.

Louis Couturat, *Opuscules et fragments inédits de Leibniz. Extraits des manuscrits de la Bibliothèque royale de Hanovre*, Paris (Alcan) 1903.

René Descartes, *Meditationes de prima philosophia*, translated by Artur Buchenau, Leipzig (Meiner) 1915.

Gustav Flügel, *Mani, seine Lehren und seine Schriften*, Leipzig (Brockhaus) 1862.

André Fuhrmann, Existenz und Notwendigkeit. Kurt Gödels axiomatische Theologie, in: Wolfgang Spohn, Peter Schröder-Heister, Erik J. Olsson (eds.), *Logik in der Philosophie*, Heidelberg (Synchron Wissenschaftsverlag der Autoren) 2005, pp. 349–374.

Kurt Gödel, *Max X*, in: Kurt Gödel Papers (C0282), box 6b, series III, folder 70, initial document number 030096.

Kurt Gödel, *Max XI*, in: Kurt Gödel Papers (C0282), box 6b, series III, folder 70, initial document number 030097.

Kurt Gödel, Notebook *Protokoll*, in: Kurt Gödel Papers (C0282), box 6c, series III, folder 81, initial document number 030114.

Kurt Gödel, Notebook *Theologie 3*, in: Kurt Gödel Papers (C0282), box 7a, series III, folder 108, initial document number 030130.

Kurt Gödel, [Remarks on Theology], in: Kurt Gödel Papers (C0282), box 6a, series III, folder 51, initial document number 030074.

Kurt Gödel, [Bibliography on Theological Encyclopedias], in: Kurt Gödel Papers (C0282), box 6a, series III, folder 51, initial document number 030074.

Kurt Gödel, [Questions and Remarks on Psychology], in: Kurt Gödel Papers (C0282), box 6a, series III, folder 51, initial document number 030074.

Kurt Gödel, [Excerpts on: Otto Neurath, *Einheitswissenschaft und Psychologie* from 1933; and Hans Hahn, *Logik, Mathematik und Naturerkennen* from 1933], in: Kurt Gödel Papers (C0282), box 10b, series V, folder 46, initial document number 050148.

Kurt Gödel, [Excerpts on Descartes' *Meditationes*], in: Kurt Gödel Papers (C0282), box 10b, series V, folder 46, initial document number 050148.

Kurt Gödel, [Bibliography on Psychology and Psychiatry], in: Kurt Gödel Papers (C0282), box 9b, series V, in folders 5 and 6, initial document numbers 050024 and 050025.

Kurt Gödel, [Bibliography on Theology], in: Kurt Gödel Papers (C0282), box 10b, series V, folder 47, initial document number 050149.

Kurt Gödel, Einwände gegen den Materialismus [Objections to Materialism], in: Kurt Gödel Papers (C0282), box 10b, series V, folder 43, initial document number 050145.

Kurt Gödel, [Mentions of Gnosis], in: Kurt Gödel Papers (C0282), box 10b, series V, folder 43, 44 and 46, initial document numbers 050145, 050146, 050148.

Kurt Gödel, *Collected Works*, vol. IV, edited by Solomon Feferman, John W. Jr. Dawson, Warren Goldfarb, Charles Parsons, Wilfried Sieg, Oxford (Clarendon Press) 2003.

Kurt Gödel, *Philosophische Notizbücher, Bd. 1: Philosophie I Maximen 0 / Philosophical Notebooks, vol. 1: Philosophy I Maxims 0*, edited by Eva-Maria Engelen, translated by Merlin Carl, Berlin (De Gruyter) 2019.

Kurt Gödel, *Philosophische Notizbücher, Bd. 2: Zeiteinteilung (Maximen) I und II / Philosophical Notebooks, vol 2: Time Management (Maxims) I and II*, edited by Eva-Maria Engelen, translated by Merlin Carl, Berlin (De Gruyter) 2020.

Kurt Gödel, Is Mathematics Syntax of Language?, in: idem, *Collected Works*, vol. III, edited by Solomon Feferman, John W. Jr. Dawson, Warren Goldfarb, Charles Parsons, Robert, Solovay, Oxford (Oxford University Press) 1995, pp. 334–362.

Natascha Gruver and Cornelius Zehetner, Ad feliciam publicam: Leibniz' 'Scientia Generalis' – Momente einer Wissenschaftskonzeption und deren gegenwärtige Relevanz, in: *Für unser Glück oder das Glück anderer. Vorträge des X. Internationalen Leibniz-Kongresses*, edited by Wenchao Li et al., Hildesheim/Zürich/New York (Olms) 2016, pp. 499–512.

Walter Bruno Henning, Zum zentralasiatischen Manichäismus, in: *Orientalische Literaturzeitung* 37 (1934), columns 1–11.

Immanuel Kant, *Die Metaphysik der Sitten. Metaphysische Anfangsgründe der Tugendlehre*, in: idem, *Werke in zehn Bänden*, vol. 7, *Schriften zur Ethik und Religionsphilosophie. Zweiter Teil*, edited by Wilhelm Weischedel, pp. 503–634, Darmstadt (Wissenschaftliche Buchgesellschaft) 1983.

Immanuel Kant, *Kritik der reinen Vernunft*, in: idem, *Werke in zehn Bänden*, vols. 3 and 4, edited by Wilhelm Weischedel, Darmstadt (Wissenschaftliche Buchgesellschaft) 1983.

Gottfried Wilhelm Leibniz, *Die philosophische Schriften von Gottfried Wilhelm Leibniz*, vol. VII, edited by Carl Immanuel Gerhardt, Berlin (Weidmannsche Buchhandlung) 1890.

Gottfried Wilhelm Leibniz, *Sämtliche Schriften und Briefe*, vol. VI, 4, subvol. A, *Philosophische Schriften*, edited by Heinrich Schepers, Martin Schneider, Gerhard Biller, Ursula Franke and Herma Kliege-Biller, Berlin (De Gruyter) 1999.

Arnaud Pelletier, Scientia Generalis and Encyclopaedia, in: *The Oxford Handbook of Leibniz*, edited by Maria Rosa Antognazza, Oxford (Oxford University Press) 2018, pp. 162–176.

Joseph Pohle, *Lehrbuch der Dogmatik in sieben Büchern. Für akademische Vorlesungen und zum Selbstunterricht*, vol. 1, Paderborn (Schöningh) 1914, 6th edition.

Hans-Jacob Polotsky, Manichäische Studien, in: *Le Muséon* 42 (1933), pp. 247–271.

Hans Poser, Leibniz und die Einheit der Wissenschaften, in: *Vision als Aufgabe. Das Leibniz-Universum im 21. Jahrhundert*, edited by Martin Grötschel, Eberhard Knobloch, Juliane Schiffers, Mimmi Woisnitza and Günter M. Ziegler, Berlin (Berlin-Brandenburgische Akademie der Wissenschaften) 2016, pp. 17–31.

Karl Rosenkranz, *Encyclopädie der theologischen Wissenschaften*, Halle (Schwetschke) 1845, 2nd edition.

Matthias Joseph Scheeben, *Handbuch der katholischen Dogmatik*, vol. 2, *Gotteslehre, oder die Theologie im engeren Sinne*, Freiburg i. Br. (Herder) 1933, reprint of the 1873–1887 edition.

Heinrich Schepers, Scientia generalis, in: *Historisches Wörterbuch der Philosophie*, vol. 8, edited by Joachim Ritter and Karlfried Gründer, Basel (Schwabe & Co.) 1992, columns 1504–1507.

Heinrich Schepers, Gedanken zu den Philosophischen Schriften, in: ders, *Leibniz. Wege zu seiner reifen Metaphysik*, Berlin (Akademie Verlag) 2014, pp. 110–152.

Hao Wang, *From Mathematics to Philosophy*, London (Routledge & Kegan Paul) 1974.

Hao Wang, *A Logical Journey. From Gödel to Philosophy*, Cambridge, Mass./London (MIT Press) 1996.

Wetzer und Welte's Kirchenlexikon oder Encyklopädie der katholischen Theologie und ihrer Hülfswissenschaften, vol. 5, edited by Joseph Hergenröther and Franz Kaulen, Freiburg i. Br. (Herder) 1888, 2nd edition.

Wetzer und Welte's Kirchenlexikon oder Encyklopädie der katholischen Theologie und ihrer Hülfswissenschaften, vol. 11, edited by Joseph Hergenröther and Franz Kaulen, Freiburg i. Br. (Herder) 1899, 2nd edition.

Translated by John Crutchfield

Max III

Date of production of *Max III*
1940–1941. Date specifications: September 4, 1940; beginning of October 1940; January 1, 1941; January 18, 1941; January 21, 1941; February 5, 1941; February 12, 1941; April 20, 1941; May 15, 1941.

[1]
Maxim Notebook III
Activities are classified as follows:[86]
I.
1. <u>Research work</u> (including writing up the results for myself).
2. <u>Publication</u> work (including writing drafts and dictating to the machine and proof-reading).

Also preparation of lectures.

3. <u>Mathematical reading</u> (foundations and others, including writing excerpts, current periodicals, creating bibliographies, looking through the library, reading offprints).

II.
4. <u>Practical activities</u> (mail, budget, flat and household, clothing, passport matters, reading newspaper, errands, hygiene).[87]

III.
5. <u>Activities that I regard as pleasure or (and) general further education</u> (literature, theology, philosophy, languages, psychology, <u>cinema</u>, <u>learning by experimenting or through life</u>, history?, jurisprudence (ethics), writing bibliographies and library science, <u>distraction</u>, <u>spending time with Adele</u>).

---

[86] On manuscript page 2 of this notebook, Gödel refers to the corresponding passages and page references in *Time Management (Max) I*. The edited text is quoted when available in print. In the other cases, the abbreviated title by Gödel is cited together with the manuscript page. When reference is made to manuscripts of the Philosophical Notebooks, it is also Gödel's abbreviated titles that are used.

[87] For the concept of hygiene, see the introduction to *Time Management (Maxims) I and II*, pp. 299–306, and the detailed explanations on the inside cover of *Time Management (Maxims) I*, pp. 320 ff. After this, two lines are left blank, presumably in order to continue the list if needed.

[2]
IV.
6. Own life, classification (maxims, reflecting about my life, highest aims, questioning what I should do).

Essential classification of activities also as:
A. those that I like.
B. those I have inhibitions against doing.

Source for time management:
1. Maxims Notebook[88] p. 48, p. 43–46, pp. 36–38, p. 31.

[3]
Maxim: The division of time[89] between and within these activities has to take place on the basis of the goal to be achieved.

Maxim: Frequently look up general behavior on the note in the wallet.[90]

Maxim: Sleep, digestion, food, rest and distraction, physical exercise.[91]

Maxim: The most important thing about time management is the rough time management for the week[92] (with aims). Furthermore, also the very extensive time management for several years[93] (with different goals).

---

88 This refers to *Time Management (Max) I*, which Gödel apparently read through from back to front in order to make note of the corresponding passages.
89 Cf. the title of *Time Management (Maxims) I and II (Zeiteinteilung (Maximen) I und II)*.
90 Cf. *Time Management (Maxims) II*, p. 459, program 2, item 2; and Addendum IIIa, 1, p. 487, item 4.
91 All of these points belong to the topic 'hygiene' or 'dietetics'.
92 Cf. in particular *Time Management (Maxims) I*, p. 352, maxim, but also: pp. 322, item 0a.; 324, item 13; 336, program, item 1; 350, maxim; 354, time management; 356, item 1; 358 ff.; 361, 1a; 362; 377; 380 ff.; 386, maxim; *Time Management (Maxims) II*, Addenda IV, 1, p. 503; VI, 1, p. 510; VII, 3, F, p. 512.
93 Cf. in particular *Time Management (Maxims) I*, pp. 336, program, item 3.2; 338 ff.; 360, time plan; 361, 1a; 362, time management; but also pp. 322, item 0c; 324, item 13; 354, I.4; 359, item 3.

Maxim: When reading this notebook of maxims, always pursue a purpose. Namely:
1. for judgments according to importance[94] and correctness; [2. classification according to: practical, theoretical and the various sciences]; 3. read slowly, just a little every day.
Continuation p. 27.

[4] [Page 4 has been left empty in the manuscript.]

[5]
Remark (Psychology): Children are smarter than adults because they have not yet "misused" their mind as much.[95] The reason why I only achieve a certain (rather low) level and then get stuck may be that one may have inherited a certain facility in each subject that is just sufficient for completely mastering the subject when used in the right way, but I am not using it in the right way.

Remark (Theology): People owe their lives to the fact that the devil preferred to let them die slowly.[96] At birth, one receives a certain capital in: strength, time, money, which is apparently just sufficient (when used in the right way) to achieve the essential [aims] (but it is often "misused").[97]

P[98] Maxim: Take care that it does not get too cold when sleeping (only sleep in draft and without undergarments when it is really very hot.)[99]

---

94 Cf. *Time Management (Maxims) II*, p. 472, maxim 2.
95 See also the following remark on theology.
96 Gödel is apparently using the concept of the 'devil' mainly as a theological concept here. However, see also manuscript page 19, remark 1. Roughly, the devil represents human mistakes in practical and theoretical matters, as well as in dealings with other people. Cf. manuscript pages 8, remark 1; 44, remark 2; 47; 60, remark theology, items 3 and 8; 63, remark 2; 64, remark 1, item 2; 73, remark 2; 101 ff., remark theology; 121, remark theology 2; 122 ff., remark theology; 154, item 6.
97 For the misuse of what one received at birth, cf. also the preceding remark (psychology).
98 'P' stands for 'practical affairs'.
99 This point also belongs to the topic of 'hygiene' or 'dietetics'.

[6]
P Maxim: When buying books by "picking them out" in a shop:[100]
1. Only buy certain books spontaneously; 2. premeditate verbally which requirements the book you want to buy must meet.

P Maxim: A laxative can seemingly partly replace sleep.[101] In spite of bad sleep, it generates a feeling of freshness. Perhaps I should take one regularly.

Maxim (Foundations): One should also register the failing of ideas in *Results Foundations*, together with an explanation.[102]

Remark: When one has no desire to read or do something,[103] it often helps to go through it in the reverse order.

Remark (Psychology): Working = Doing something unpleasant, since recognized as the right thing to do. (When one chooses it, it often turns out that it is not that unpleasant.)*

Remark (Psychology): Connection between laziness and indecisiveness:[104] When one frequently does not do what one recognizes as right because it is unpleasant (which happens because one [7] does not accept the judgment "it is right" and tries to invalidate it), this has the result that one stops believing in one's own value judgments altogether (through education, by disagreeing with the correctly made judgments (in particular also the sensual ones)).

* [7] Thus, the unpleasantness would be a criterion of correctness (Descartes upside down: He claims that the passions have the purpose of driving us toward the useful). Remark E.-M. Engelen: Cf. René Descartes, *Les Passions de l'âme*, Paris (Henry Le Gras) 1649, in particular Art. 52, but also, e.g., Arts. 137–139, 175–176, 180–181, and 206.

---

100   Cf. *Time Management (Maxims) I*, pp. 324, item 11b, and 11'; 331, question 3; 341, at the beginning of [18].
101   This point also belongs to the topic of 'hygiene' or 'dietetics'.
102   The Gödel *Nachlass* (box 6c, series III, folders 83–86, initial document number 030116-030119) contains four notebooks titled "Resultate Grundlagen" [Results Foundations] as well as an index that belongs to these notebooks (box 6c, series III, folder 82, initial document number 030115).
103   For the numerous passages concerning desire and aversion in *Time Management (Maxims) I and II* and the corresponding Addenda, cf. p. 347, footnote 203.
104   Here, this topic is considered from a purely psychological point of view; in other passages, it is also considered from a philosophical or a theological point of view. Cf. *Time Management (Maxims) II*, pp. 416, maxim 2; 436, remark 1; 450 ff., remark 3; Addendum II, 6, p. 480, item 18.

Remark Maxim: Main maxim for teaching: You must not rush the student[105] (example: teaching Adele English).

Remark Maxim: When one reads something by "reading every word" (like the Bible), then this may be right for language enhancement, and also for other things.

Remark Foundations: Certain parts of mathematics appear to be mere "tools" (e.g., the Hahn book[106] only contains tools,[107] in particular, for example, the painfully precise definition of the indices of the Borel sets[108]). The difference between tool and non-tool may coincide with the difference (objective) between trivial construction and mathematical content.

[8]
Remark: Languages were created (or corrupted) by the devil[109] so that the different rules (when consequently applied/implemented) contradict each other, so that a wavering (thus unpleasant) feeling for language arises (in particular the mixed languages,[110] for example English pronunciation rules).

Remark: The English language seems to be the only mixed language obtained from widely separate languages.[111]

---

105 Cf. *Time Management (Maxims) II*, Addendum IIIb, 2v, p. 497, item 20.
106 Hans Hahn, *Theorie der reellen Funktionen*, Berlin (Springer) 1921. In 1933, Gödel reviewed the reprint of Hahn's *Theorie der reellen Funktionen* from 1932 in the *Monatshefte für Mathematik und Physik* 40, pp. 20–22. Reprinted in: Kurt Gödel, *Collected Works*, vol. I, pp. 332–336. Cf. also *Time Management (Maxims) II*, Addendum IIIb, 2v', p. 502, item 9.
107 Cf. *Time Management (Max) II*, Addendum IIIb, 2v', p. 502, item 9.
108 Hans Hahn, *Theorie der reellen Funktionen*, p. 341.
109 The devil as that entity which impedes or makes impossible human thinking and cognition. For the concept of the devil, cf. manuscript pages 5, remark theology; 8, remark 1; 44, remark 2; 47; 60, remark theology, items 3 and 8; 63, remark 2; 64, remark 1, item 2; 73, remark 2; 101 f., remark theology; 121, remark theology 2; 122 f., remark theology; 154, item 6.
110 A mixed language consists of at least two languages, where the vocabulary as well as the grammar come from different languages to a considerable extent.
111 It is questionable whether English is a mixed language. However, p. 118 of Ernst Windisch's "Zur Theorie der Mischsprachen und Lehnwörter" of 1897 contains the following: "Ich verzichte darauf, eine scharf abgrenzende, für alle Fälle passende Definition der vollendeten Mischsprache zu geben. [...] [D]agegen hat das Englische schon den Charakter einer Mischsprache angenommen." In: *Berichte über die Verhandlungen der Sächsischen Gesellschaft der Wissenschaften zu Leipzig*, Phil.-hist. Klasse 49 (1897), pp. 101–126.

Remark Maxim: Every minuscule question that one asks oneself requires an incredible amount of time and effort to treat it *"lege artis"*[112] (*lege artis* means, among other things, that one needs to treat it as if there were nothing else. Furthermore: One has to divide it into parts[113] and <u>solve every part either completely or not at all</u>). Thus:

Maxim: Think carefully before actually starting to treat a subject.

[9]
Maxim: The following principle must also be applied to things that are done for pleasure (or with enjoyment): Not everything in a single day, spend certain hours without regard to success.

Remark Foundations: Various levels of solvability of every problem:
1. Every problem is solvable.
1.' For every problem, there is a way to find the solution.
2. Every problem that can be formulated succinctly has a succinct solution.*
3. For every problem that can be formulated succinctly, there is a succinct way to find a solution.
4. There is a procedure for actually finding the way to a succinct solution for <u>every</u> problem that can be formulated succinctly.

* "Succinct" means: actually expressible by a human being.

[10]
Remark Foundations: The "procedure" mentioned in the above remark can be either:
1. physiological (drink coffee, lock yourself in a dark, silent room, obstruct breathing, etc.)
2. psychological (work in the direction of maximal (or minimal) resistance; if something seems to be interesting (not trivial, but

---

112 Cf. *Time Management (Maxims) II*, Addendum IIIa, 1, p. 487, item 3.
113 In his *Discours de la méthode*, Descartes formulates the so-called rule of analysis: "The second was to divide each of the difficulties which I examined into as many parts as possible, and as seemed requisite in order that it might be resolved in the best manner possible" (edited by David Weissman, New Haven/London (Yale University Press) 1996, p. 13); "Le second, de diviser chacune des difficultés que j'examinerais, en autant de parcelles qu'il se pourrait, et qu'il serait requis pour les mieux résoudre." AT VI, 18 (= Charles Adam, Paul Tannery (Eds.), *Œuvres de Descartes*, Paris (Léopold Cerf) 1902); Pléiade, p. 138.

solvable), then carry on working in this direction, etc.) Assume something that is evident.
3. Mathematical (try to weaken the theorem,*[114] assume the negation, etc.) (*and then consider what the essential point of the proof is).

Remark Maxim: The value of books is inversely proportional to the difficulty of obtaining them.[115]
In particular:
1. Only substandard works are available, translations are only available for substandard works.
2. In libraries, good books are either not present or have been stolen or aren't available due to employee error or are on permanent loan.

[11]
Remark Philology: When learning a language,[116] the following is important:
0. Learning the "connectives", i.e.; prepositions, conjunctions, pronouns, adverbs.
1. Learning the frequently used words and phrases in appropriate repetition, in particular in ever new uses.
2. "Spirit" of the grammar (i.e., many examples for basic rules of syntax from which the others follow).
3. Rules for word formation (connection between nouns and respective verbs, adjectives).
4. Relationship with other languages (sound shifts).

Remark Psychology: For every sentence, there is a right way to "bracket" it,[117] i.e., a way and an order in which the words can be comprehended (given by the right breaks when dictating).

---

114 Cf. *Time Management (Maxims) II*, Addendum IIIb, 2v', p. 501, item 4.
115 Cf. Addendum, 2, axiom 1.
116 Gödel considers learning languages in different contexts. For example in *Philosophy I Maxims 0* on p. 206, possible ways to learn; p. 208, remark 1; *Time Management (Maxims) I and II*, pp. 323, item 10; 360, time plan; 362, item I; p. 388, item 4; 394, remark 4; 406, remark, item 2; 411, items 12 and 13; 452, maxim 4; 459, maxim 2; 461, item 16; 466, remark 1; and Addenda II, 5, p. 479, item 10; II, 13, p. 486, item 37; IIIa, 1, p. 488, item 8; IIIa, 2, p. 490, item 28; IV, 1, p. 504, item III B; XIII, 1v.
117 For the concept of bracketing in the context of sentences and understanding sentences, cf. *Philosophy I Maxims 0*, p. 221.

Remark (Psychology): When determining whether some perception that is close to the perception threshold is based on truth, the most reliable method is to go with one's first impression (even before attention is focused on it).

[12]
Remark Psychology: (When speaking English), words frequently come to mind, but my feeling for the language[118] does not tell me that they are the right ones (resembling a paralysis of the sensory, but not the motor nerves), and nor do I know abstractly whether they are right. Should I use them?

Remark Psychology: It may be a characteristic feature of a wrong decision (in particular one that is located in very high spheres of action or brain spheres) that it resists implementation. The implementation does not lead to satisfaction and is therefore often omitted; one acts as if the decision had not been made. (Example: splitting my activities in two, theology on the one hand and mathematics on the other.)

Remark (Psychology): When learning Italian:[119] As time goes by, I realize that I am unconsciously concerned with the language a lot (digest[120]) [13] But not later on. Furthermore: At first, it feels strange, like an artificial language[121] (or the "[colonial] German language" [Deutschland-Sprache][122]). (I somehow have the feeling that this is in some way connected to the reading passage "Columbus" in *Sauer*;[123] since then, I have lost my taste for it.)

---

118 For having a 'feeling for a language', cf. *Philosophy I Maxims 0*, pp. 206, remark 1; 210; 221, remark 1; and this volume, manuscript pages 20 and 146, item 3.
119 For learning Italian, cf. *Time Management (Maxims) II*, p. 461, item 16; Addendum II, 5, p. 479, item 10.
120 To be understood in the sense of 'mentally process'.
121 Rudolf Carnap also took a great interest in artificial languages and had learned Esperanto by the age of 14.
122 This could refer to the so-called colonial German language ("Kolonialdeutsch"), which was developed in 1917 by the chemist Wilhelm Ostwald. It is a planned or artificial language.
123 Carl Marquard Sauer, "Christóforo Columbo", reading passage No. 71, pp. 219–218, in: *Neue italienische Conversations-Grammatik*, Heidelberg (Julius Groos) 1874, 5th edition.

Remark (Philosophy): Why does "writing a word in quotation marks" mean that the word is used with a specific, precise meaning?

Maxim Philology: When learning a language according to Mertner:[124] Always read one sentence and understand it and then write it down from memory.
Question: How does one learn languages from the point of view of the psychological theory of means and purposes? (In general, does it comprise all learning?) Is there a similar maxim for learning mathematics?

Remark: The reason why I only achieve a certain degree and then get stuck when learning something may be that I always keep learning with a similar method, whereas the right thing to do would be to make the method more difficult at a certain point [14]. For example: Start translating from German to English, or write a whole section from memory, read faster, etc.

Strangely enough, one is more successful in learning those subjects for which the first method appears to be better (e.g., learning vocabulary) when one uses the higher method (learning the syntax). That is:

Remark Psychology, Maxim: To know how to do something simple really well, one needs to learn something more complicated;* also, for example: To overcome laziness, one has to learn to do very unpleasant things. In a certain sense, this principle is the opposite of the mathematical method:[125] First prove a weakening of the theorem (modesty). Here, it is about finding a more difficult version of the "theorem".

* Somewhat more difficult ones.

Remark Program: One should systematically investigate the connections between outer [15] appearance and inner meaning. For example: 1. for humans, 2. for political and religious systems, 3. for countries and languages, 4. for technology. The existence of such

---

124 "Learning a language according to Mertner" is mentioned in *Philosophy I Maxims 0* on p. 206, remark 2. Furthermore, Mertner is mentioned in *Time Management (Maxims) II* on pp. 461, items 9 and 16; 466, remark theology.
125 For the method of mathematics, cf. *Time Management (Maxims) II*, pp. 435, remark 1; 467, item 1; 468, remark 2; 471, program; Addendum IIIb, 3v, p. 499, item 29; and in particular Addendum IIIb, 2v', pp. 501 ff.

an exact connection makes it the case that 1. the evil must also reveal itself, 2. the evil must issue a "warning" before it can act, 3. the materialistic worldview is after all in some sense "true".

Remark Foundations: An indication that one is on the right track in mathematics is that the refutations of general sentences become non-trivial as well.

Remark Psychology: An inhibition[126] (or a drive[127]) can be of two kinds:[128]
1. With knowledge of the reason (fear of something or expected desire for something).
2. Indeterminate fear or desire (frequently happens for me and gives the impression that I am not free.*)
3. Mere inhibition without fear (frequently happens for me and gives the impression that I am not "free".**)

Similarly for the "voice of conscience":
1. merely the feeling: I should do it;
2. knowledge of the reasons why.

* When in conflict with "law" or "conscience" (e.g., visa America).
** When in conflict with "law" or "conscience" (e.g., visa America).

[16]
P[129] Remark: With the bed, it seems that the main thing is that it is somewhat sloping toward the feet.[130]

P Maxim: Eat very little for supper (only tea with butter roll).[131]

---

126 Concerning 'inhibition', cf. *Philosophy I Maxims 0*, pp. 198, question; 220, remark 2, item 2; *Time Management (Maxims) I and II*, pp. 385, remark 2; ibid., remark 3; p. 387, side note; 403, remark 1; 405, remark 2; 416, remark 5; 423, item 2; 428 ff.; 431, remark 1; 444; 458, remark 1; Addenda II, 7, p. 481, item 25; II, 10, p. 483, item 5; IIIa, 3, p. 492, item 43; XIV, 18r, p. 525; XV, 1, p. 527, item 11.
127 Concerning 'drive', cf. *Philosophy I Maxims 0*, pp. 189, remark; 192, remark 1; manuscript pages 36, question; 57 f. remark psychology, ethics; 119; 124, remark psychology, item 1; 127 f., remark psychology; 130 remark 1.
128 2. and 3. belong together, which is indicated by a curly bracket around 2. and 3. on the right. 'Two kinds' is therefore not a mistake.
129 'P' stands for 'personal matters' or 'private matters'.
130 Cf. *Time Management (Maxims) II*, Addenda IIIa, 1, p. 487, item 4 and footnote 848; VII, 2v, p. 512, ad 6. In his article "Diätetik" on p. 432 of the *Allgemeine Encyclopädie der Wissenschaften und Künste* from 1833, Theodor Schreger recommends paying attention to having a suitable bed.
131 Cf. *Time Management (Max) II*, Addendum VII, 2v, p. 512, ad 6.

Remark Psychology: In order to get memory and the other faculties to work,[132] it is necessary "to create a motive". Example: I remember vocabulary because of Adele.

Remark: On the morning of 4./IX 1940, everything seems to have a meaning,[133] which is apparently connected to Adele's being nice to me (two letters from home, she feels better, and I have a sore throat). In particular, the haste with which I usually approach everything vanishes in this state.
{18./I 1941 in the morning similar psyche.}

Remark: It is sometimes possible to establish an entire science with a single word. For psychology, this word is "finis".[134]

Remark Psychology: Models for the way in which it is made possible by memory (regarded as [17] a physical brain function) for rational decisions to be made based solely on the current, present situation: By using each razor blade for exactly two days, I force myself to remove the razor blade on the second day and to put the empty shaver back into the box, leaving the paper in which the new blade is wrapped by the washbasin (until I am finished).

Question: Is there a book in any language that consists entirely of (grammatically) correct sentences? Where to find it? How is "right" defined (in analogy with symbolism of logistics)?

Maxim: Also a form of modesty:[135] Do not do exactly what is right (when this is too difficult) but some substitute, which departs from the easiest slightly in the direction of the right thing (for

---

132   Cf. 'Mnemonics': *Time Management (Maxims) II*, pp. 411, item 13; 461, item 8.
133   Gödel uses the formulation "to have meaning" in various contexts. Comparable to this passage are *Time Management (Maxims) I and II*, pp. 360, remark 3; 407, maxim 2; 452, maxim 1.
134   The term 'finis' for 'goal', 'purpose', or 'intention' is in particular used in the literature on the psychology of Thomas Aquinas and the subsequent medieval treatises on psychology that concern wanting and will.
135   For the concept of modesty in general, cf. *Time Management (Maxims) I and II*, pp. 392; 473, maxim 3; Addenda IIIa, 2, p. 490, item 30; IIIa, 3, p. 493, item 46; IV, 1, II, p. 504; and this volume, top of manuscript page 78 and manuscript page 151, item 7.

example: instead of writing paper about continuum,[136] read papers on foundations by others[137]).

Remark: When reading mathematical works, the seemingly inessential (already known things, things that are not necessary for proving [18] but are mere side remarks, double proof of the same thing) is often very important for understanding. The reason for this may be the following: The diet must not be too concentrated; there must be breaks; understanding something increases the desire and the ability to proceed (cf. the "in any case, it holds that");[138] one needs to say things twice in a lecture and also say unnecessary things; one has to look at the same thing from different perspectives in order to understand it; <u>one has to distribute reading a paper over several days</u> (only read as much per day as one can easily).

Remark: It is not possible for me to find the right psychological theory (guilt and punishment) because my sin, my pleasure and my suffering are so minor that it usually cannot be determined (for me) whether + or −.

Question Psychology: When someone has an unclear concept, does that mean that he has a defined concept that he does not see clearly or that the concept that he sees is not yet uniquely defined?

Remark: By taking up unpleasant tasks on purpose one could [19] perhaps diminish the duration of the punishment and thereby also the absolute value of the punishment, since in doing so there are fewer occasions for future sins. 1. Since the duration of the *corruptio naturae*[139] (memory, etc.) also becomes shorter; 2. since

---

136 Cf. *Time Management (Maxims) I and II*, pp. 363, "own work"; 366, program, items 1a, and 2b; 367, item 2c; 372, item 4; 377, program, 7–8; 378, program, item 1; 379, item 4; 380, item 15; 381 program, item 3; 385, remark 1; 386, remark 1; 387, item 1; 389, program, item 1; 399; 403, 29./III. 1938, items 1 and 6; 417, maxim 1; 421, remark 2; 422, program, item 7; 441, remark 1, items 1 and 4; 445, item 3; 447, "to do", item 1; Addendum XIII, 1, p. 521, item 1a.
137 In the program items in *Time Management (Max) I and II*, Gödel lists a large number of authors and literature to be read.
138 Cf. *Time Management (Maxims) I and II*, p. 391, item 6, and 9; Addendum IIIb, 2v, pp. 496, item 16; and 497, item 22.
139 Human nature is corrupted by sin. Cf., e.g., Thomas Aquinas, *Summa theologiae*, I–II, q85 a1.

suffering in itself can be a temptation to keep on sinning. It may therefore be the right thing to start the day with something very unpleasant (wash yourself in cold water, etc.).

Remark: In psychology, it is similar to physics. When the inner sense is dulled, one sees appearances only roughly (like those of bodies). Theory adds atoms, but these may be a diabolical deceit in physics as well as in psychology.[140]

Remark (Philology): The secret as to why one studies Latin for eight years and still does not master it probably has the following solution: The texts are systematically so corrupted and the translations systematically so wrong that one constantly learns contradictory rules. Not directly contradictory, but in their natural consequences, so that no [20] consistent "feeling for the language"[141] can develop (this is only possible for a dead language, and even more so for a language of which one learns several historic periods at the same time).

P[142] Maxim: Make as few unfavorable statements as possible, also about things, since this implies unfavorable statements about people.

Remark: *Mundi corde videbunt Deum*[143] – "with a pure heart" in particular means: 1. Do everything either entirely or not at all, that is, for every chosen goal, either the achievement of the goal or its explicit renunciation should follow (also for those chosen without reflection). The reason is that, before the goal is achieved or given up, one is under its "rule", that is, the things associated with the goal are more conscious (sensitized), the others less conscious

---

140 According to Gödel, the devil tempts man to err in theoretical matters as well. In particular, cf. manuscript page 5, remark theology.
141 Cf. this volume, manuscript page 12, remark 1, and the further information there.
142 As above.
143 The complete citation from Matthew 5, 8 reads: "Beati mundo corde quoniam ipsi Deum videbunt" (Blessed are the pure in heart, for they shall see God). *Corde* could be either dative singular (in which case *cordi* is also possible) or ablative singular. In the latter case, the translation would be: Through the pure heart, they shall see God. In the neuter, however, mundi can only be genitive singular. The sentence would then have to be corrected as follows: *Mundo corde videbunt Deum*.

(inhibited). This state makes it harder to adjust to a different goal (this requires a greater amount of exertion in order to "cover" the preceding state). This impedes the occurrence of the choice on the one hand and the perception of the means on the other. Postponing half-finished problems (i.e., giving up on the goal at least temporarily) is thus part of [21] mental hygiene.[144] 2. "with a pure heart" can mean being honest towards oneself (in particular, admitting one's weaknesses and ignorance).

Remark: According to the principle of starting with the easiest, one should start virtuousness with *"temperantia" (modestia)*.[145]

Remark (*Philosophy*): The (Indian) philosophy of Schopenhauer (I = you)[146] consists to a large extent of a long series of "intuitions" (i.e., states of affairs beheld in pure concepts (without words)) that dissolve into nothing when a formulation in words is attempted. Thus, Schopenhauer gives us at the same time the means for believing in his philosophy, namely:
1. Hatred for mathematics (in particular presenting mathematicians as spirits of a "lower" rank).[147]
2. He summoned up the words of the thinker into images (geniuses think in images).[148]

---

[144] See the detailed explanation of the list on the inside cover of *Time Management (Max) I* and the further texts on 'mental hygiene'. Cf. also this volume, manuscript page 124, remark 1.

[145] Both *temperantia* and *modestia* are translated as 'self-restraint', 'moderation'.

[146] See: Arthur Schopenhauer, *The World as Will and Idea II*, fourth book, chapter 47, third-to-last paragraph: "In consequence of this egoism our fundamental error of all is this, that with reference to each other we are reciprocally not I. [...] To say that time and space are mere forms of our knowledge, not conditions of things in themselves, is the same as to say that the doctrine of metempsychosis, 'Thou shalt one day be born as him whom thou now injurest, and in thy turn shalt suffer like injury', is identical with the formula of the Brahmans, which has frequently been mentioned, *Tat twam asi*, 'This thou art'. All true virtue proceeds from the immediate and intuitive knowledge of the metaphysical identity of all beings [...]" (Translation by Richard Burdon Haldane and John Kemp, vol. III, London (Kegan Paul, Trench, Trübner) 1909, 6th edition, p. 417.)

[147] See note 67.

[148] See: Arthur Schopenhauer, *The World as Will and Idea II*, first book, chapter 7, first paragraph: "All original thinking takes place in images, and this is why imagination is so necessary an instrument of thought, and minds that lack imagination will never accomplish much, unless it be in mathematics." (Translation by Richard Burdon Haldane and John Kemp, vol. II, London (Kegan Paul, Trench, Trübner) 1909, 6th edition, p. 245.)

Remark: My modified *weltanschauung* (belief in theology) has the consequence that events must conform more with "legal relations" (than I previously believed).[149] The "objective" legal relations are (together with the *weltanschauung* of the acting persons) [22] the "mechanisms" of social phenomena. Therefore, it is very important to know the sources of the objective law (including implementation practices, rules of procedure, etc.); for example, also the statutes of the Institute's foundation.[150] Are these public? (To what degree public at all, and printed?) But first, a certain degree of legal knowledge would be required to understand these sources. The sources are: regulations and legal gazettes, minutes of meetings.
{about early October 1940}

Remark Mathematics, Maxim: The most fruitful way to think about mathematical matters is to think about them at leisure (without rushing);[151] that is, to dwell on each matter, however trivial, as long as necessary (until one is tired of it), that is, until one has understood it completely. This will come naturally when one does mathematics "for pleasure" (because otherwise one has no pleasure).
In particular, this is about: [23]
1. Consideration of degenerate cases and those close to them (i.e., simple examples).
2. (Which follows from 1.) the complete exactness of concepts, including for degenerate cases. Perhaps one's own explicit definition for those cases.
3. <u>Complete</u> clarification of possible objections, in particular those of the kind: Something must be wrong, since otherwise (by slight modifications), this or that false theorem would be provable.
4. <u>In</u> particular, deciding which definition of which proof is "better" comes naturally in this way, and this is crucial for generalizations.

---

149 "Belief in theology" refers to Gödel's recognition of theology as an academic discipline. For the concept of *weltanschauung*, cf. *Philosophy I Maxims 0*, p. 154, footnote 38. Cf. also this volume, the remark about belief in the Bible on manuscript page 124, remark psychology 1.
150 This refers to the statues of the Institute for Advanced Study.
151 Cf. *Time Management (Maxims) II*, Addendum IIIb, 2v, p. 496, item B16.

Remark: What is right for practical reasons is also right for theoretical reasons.[152] Examples:
1.) Statistical view in classical physics and quantum physics.
2.) The form in which a construction is easiest to generalize is the one in which [24] particular examples are easiest to compute [cf. generalization from Herbrand to Gentzen].[153]

Maxim: Writing a neat copy of a letter:[154] Do not put off until the last minute, since it is often the case that something new thereby comes to mind that did not come to mind when writing the draft.

Remark: The right order for studying the sciences: After partially studying a different science, one must return to the first [in particular, alternation between logic and reality; cf. the various directions in the contemplation of Thomas.[155]]

Remark Foundations: The three-dimensionality of space may on the most primitive level reflect the fact that the material world is an infinitely small part of reality (on a higher level, the difference between the power of the continuum[156] and the absolute[157]).

---

152 Cf. *Time Management (Maxims) II*, Addendum IIIb, 3v, p. 498, item 23.
153 In his 1930 dissertation *Recherches sur la théorie de la démonstration*, Herbrand proved a theorem (Herbrand's theorem), which allows for a reduction of first-order logic to propositional logic. In his work, Gentzen assumed that his strengthened *Hauptsatz* is an extension of this and that Herbrand's result is only a special case.
154 Cf. *Time Management (Maxims) I*, pp. 324, item 12; 398, maxim 1.
155 In the Summa theologiae II–II, q180, a3, Thomas Aquinas distinguishes between three levels of contemplation: (1) the acceptance of principles (acceptio principiorum), (2) the deduction of principles (deductio principiorum), and (3) the contemplation of truth (contemplatio veritatis). In the Summa contra gentiles, located in Gödel's private library, this is expressed differently in III, 37. There, it is emphasized that neither the kind of contemplation that consists in understanding the principles nor that which comprises the occupation with the sciences leads to happiness. This is reserved for the contemplation of God. Moreover, it is stated in *Summa theologiae II–II*, q182, a3, that the active life can support the contemplative life.
156 Cf. *Time Management (Maxims) I*, p. 363, "own work".
157 For the concept of the absolute in *Time Management (Maxims) II*, cf. p. 403, 29./III. 1938, item 2.

[25]
Remark: In order to actually carry out what one has decided to do, it is necessary to:
1.) Decide precisely what there is to do (also in all possible cases), that is, precisely decide on a "way to behave".
2.) Realize that this is to be preferred to all other ways of behaving (it is particularly important to exclude the others).

Remark: Exactness is tremendously fruitful[158] (not only in mathematics, but also otherwise, for example in order to arrive at a decision).

Remark: Religion commands that one make assumptions (thou shalt believe);[159] so does natural reason (for example, for the reason that an assumption A can be dropped again when deciding on the right thing to do).

Perhaps the right principle for acting and believing is the following: An order of all systems of hypotheses is given (where each system decides all questions). One starts with an initial system and keeps each system as long as it is not refuted (then the next one). In praxi, an ordering of [26] the sentences according to "importance" and the initial system are first given, and then, for each refutation of a system, the simplest possible sentences are changed. Certain sentences are never changed at all (articles of faith). These are "irrefutable" sentences.

Remark: A theory that is irrefutable in principle can also be of great use by determining the relation of the sentences to each other (for example, logic is such a theory).[160]

---

158 Cf. *Philosophy I Maxims 0*, pp. 203 (perfectly precise concepts); 204, remarks 4 and 5; *Time Management (Maxims) I*, pp. 387, maxim, item 1; 380, item 10 (precisely); 389, maxim 1; 392, remark 3; 398, remark 1 (precise); *Time Management (Maxims) II*, pp. 400, maxim 1 (precisely); 424, maxim (precise); 440, maxim 1, side note (precisely); 444, maxim and maxim (mathematics); 449, remark 2; 453, remark 2; 473, remark 2; Addenda II, 10, p. 484, item 28; IIIa, 3, p. 493, item 47; IIIb, 1v, p. 495, item 10; IIIb, 2v, p. 497, items 19 and 20; IIIb, 2v', p. 501, item 3; XV, 1, p. 526, item 0; *Max IV*, manuscript pages 166, remark 2; 178, remark 2; 232 f., remark (foundations) 2; 246, remark (foundations) 2.
159 For 'religious education', cf. *Time Management (Maxims) II*, Addenda II, 11, p. 484, item 30; XI, 1v, p. 519.
160 Because of their tautological character, logical theorems are considered irrefutable.

Remark Psychology: For everything, there are two points of access: an empirical one and an a priori one. Examples:
1.) Experienced people have knowledge that can also be acquired a priori (for example about right flat, right furniture, right conduct of life, etc.).
2.) The simple laws of physics (law of inertia,[161] sufficient cause,[162] etc.). In the sense of a "weaker" a priori derivation from a physical theory in general.
3.) Theology through revelation[163] and natural theology.[164]
4.) In the realm of concepts, relation between formal and empirical concepts on the one hand and "perception" of an empirical concept on the other.

Perhaps also

5.) Seeing a theorem through intuition,[165] and access with [27] a formal proof (in particular recursive proofs,[166] step-by-step mind[167]).

In principle, empirical access is always superfluous (as language is in principle superfluous for knowledge). It is a crutch for the weak (thus for humans in general).

---

[161] According to the first Newtonian law, also known as the law of inertia, an object remains at rest or in uniform rectilinear motion as long as the sum of the forces acting on it is zero. Formally, the law of inertia can be derived from Newton's basic laws.

[162] In § 32 of his *Monadology*, Leibniz explains the principle of sufficient reason as that "in virtue of which we consider that there can be found no fact that is true or existent, or any true assertion, unless there is a sufficient reason why it is thus and not otherwise" (translation by Lloyd Strickland, 2014). Arthur Schopenhauer understands the principle of sufficient reason of becoming as the principle of cause and effect, i.e., as a physical principle. Ibid., *On the Fourfold Root of the Principle of Sufficient Reason*, § 20.

[163] In revelation theology, the revelation of God is the source of knowledge of God. The content of a truth revealed by God is the object of belief.

[164] In natural theology, it is assumed that one can say something about God without the help of revelations, on the basis of "natural" sources alone. Both reason and creation are envisaged as sources of knowledge of God.

[165] Cf. Gödel's use of the concept of 'intuition' in *Philosophy I Maxims 0*, p. 185, where he identifies it with 'sense'.

[166] In a so-called recursive proof, a proposition is proved by reducing it to other, already known cases of itself. This is a kind of proof for universal propositions, in which every single case is demonstrated by recourse to other already known cases of the same proposition. These are proofs by complete induction.

[167] Cf. *Philosophy I Maxims 0*, p. 89, L. 3. Dedekind uses the expression 'step-by-step mind' (Treppenverstand) in *Was sind und was sollen die Zahlen?* The fifth edition of this book is contained in Gödel's private library.

Remark: The beauty in the presentation of a subject lies in first giving general (abstract) concepts and possibly a theory and then the application to the empirical (seeing things through God). [Example: orography.[168] One can define purely theoretically: summit, saddle, valleys, basin, "area" of a summit, watershed, and further, a relation between the summits that orders these in a branching scheme in which each separation corresponds to the saddles.] For the same reason, the beauty in physics is the explanation of everyday phenomena. Hence also the name "knowledge".

Remark Psychology: The two points of access one has to everything (the empirical and the a priori one) may correspond to: the soul and the body. Getting to know something through the soul (= intellect)[169] means seeing concepts, which are the objects of intellectual consideration, just as physical objects are objects for the eyes.

[28]
Remark: That the soul (the mind)[170] is an immaterial organ could perhaps be proved by the fact that it does not "reach into" space, either with respect to quantity (number of concepts) or with respect to quality (structure of parts).

Question: It may be a good start to consider: Which concepts do I see clearly[171] (so that I recognize their relations immediately and

---

168 Orography is the descriptive representation of the relief of the earth's surface, the course of mountains and the flow directions and flow behavior of bodies of water.
169 For the relation between 'soul' and 'intellect', see *Philosophy I Maxims 0*, p. 192, remark 1.
170 For the distinction between 'soul' and 'mind', ibid.; for 'rational' and the 'sensual soul', see *Philosophy I Maxims 0*, p. 213, remark 2. For the concept of mind, see also *Philosophy I Maxims 0*, p. 202, remark 1, and *Time Management (Maxims) I*, p. 450, remark 5. On the relation between soul and rationality see: *Max III*, manuscript page 36, question 1. For the relation between soul and judgments, see *Max III*, manuscript pages 60, remark theology, item 10; 89, remark psychology 3.
171 For the clarification of concepts, cf. *Time Management (Maxims) I*, p. 393, remark 1, and *Time Management (Maxims) II*, Addendum IIIb, 2v', p. 501, item 3. On clarity of concepts, see *Time Management (Maxims) I*, p. 378, maxim 1; *Time Management (Maxims) II*, p. 437, remark 2. On the unclarity of a concept, see *Time Management (Maxims) II*, p. 469, "continuation". For the clarification of ideas, see *Philosophy I Maxims 0*, p. 184; on clearly or uncertainly perceived states of affairs, see *Philosophy I Maxims 0*, p. 218, question 3. See also manuscript page 29, remark 2, bottom.

precisely)? Among these, perhaps also some concerning other minds:[172] other people's anger, lack of understanding, etc.

Remark Mathematics: Important activities of the mathematician:
1. Generalizing (theorem) = consider what is essential in a proof.
2. Rendering precisely (an intuitive proof).
3. Continuizing = assign continuous values to originally discrete variables.
3.1 Generalizing (concepts) = defining concepts in a broader area.
4. Approximate concepts (by simpler ones) and theorems by weaker ones.
5. Extensionalizing:[173] transition from the intensional to the extensional, omitting certain peculiarities[174] [29] (examples: constructible set, axiom of replacement,[175] Frege's formalization of propositional calculus).
6. Calcularizing = seeking out operations that can be used to "calculate"; that is, that satisfy certain commutativities.
4.1. Specializing (first give the proof of a general theorem for a special case). Very often, this special case is found through intuition; then prove abstractly and then render precisely. 1. For the general case; cf. below.[176]
7. Elegantizing (of proofs and definitions) = simplify; cf. 1.
8. Finding out the "meaning" of a proposition (in order to find the proof).

---

172 Cf. *Philosophy I Maxims 0*, pp. 184 and 185.
173 Cf. this volume, manuscript pages 31, remark mathematics, item 10; 32.1; remark 1, item 1; 81, remark 3; *Max IV*, manuscript pages 208, remark 1; 215 and 216, remarks foundations. Cases where recourse to the "intensional" may be necessary in mathematics are listed on manuscript page 215. The remark foundations on manuscript page 216 reads as follows: "Remark (Foundations): The structure of mathematics, when using my hypothesis A, is the extensional one (bottom up) [starting with nothing]; the usual one is the intensional one (top down), starting with 'chaos'." The difference between the work of the mathematician and someone who refers to the empirical world is made apparent in remark 1 in *Philosophy I Maxims 0*, pp. 216–217.
174 On manuscript page 208 of *Max IV*, Gödel offers a compelling example of this: Remark (Foundations): The transition from sets and relations to "structure" (e.g., abstract group) is similar to the transition from concept to set (extensions).
175 New sets are constructed by replacing all elements of a given set with their images under a function. Cf. this volume, manuscript page 54, remark 1.
176 This refers to the following three items, which are located at the bottom of the manuscript page.

9. Constructivizing (of non-constructive proofs), that is, descending to lower types.

Continuation p. 30

Remark: Fruitful principle for the proof of a theorem: How to formulate the assumptions in the most simple and elegant way.

Remark: For Gentzen's consistency proof and related questions,[177] it actually seems to be the case that "clarifying the concepts" suffices for the proof.[178]

[30]
Remark: Sin can be classified into three groups:[179] fallacy, weakness and malice. Fallacy = sin in the choice of means. Malice = sin in the choice of the ultimate goal. Both in the case of perfect "freedom" (i.e., without passions). Weakness = sin of a choice that is accompanied by a passion.

Remark: Determine passions[180] for the sake of choosing the ultimate goal, and perceptions for the choice of the means [when sufficiently strong, then irresistible in both cases]. In both cases, one can predict what one will choose under certain circumstances [so that, in a certain sense, there is no freedom; one cannot choose what one will choose].

Remark Mathematics: Important activities of the mathematician: (Continuation[181])

---

177 Cf. *Time Management (Maxims) II*, pp. 451, program, item 5; 453, remark 2.
178 See the top of manuscript page 28 of this notebook.
179 Cf. *Philosophy I Maxims 0*, pp. 196; 197, remark 1; 216; 219; *Time Management (Maxims) II*, pp. 411, item 9; 420, maxim 1; 424, maxim 1; 429, remark 1, item 3; 431, maxim 5; 436, remark 3 (sin of omission); 449, remark 3; 450, remarks 1, 2, 3, and 4; 461, program, item 6; 469, program, item 1; 471, remark 4; 473, axioms; Addenda II, 7–8, p. 482, item 25; II, 10, p. 484, item 30; II, 11, ibid. second question; II, 13, p. 486, item 37.
180 Cf. *Philosophy I Maxims 0*, p. 198, question; *Time Management (Maxims) II*, Addenda II, 6, p. 480, item 18; XV, p. 527, item 12; *Max III*, manuscript pages 30, remark 1 and 2; 48, remark 3; 52, question; 57–58, remark 3; 81, remarks 1 and 2; 82, remark 1; 88, remark (psychology) and question; 98–99, remark (psychology); 100, remark 1.
181 Continuation from manuscript pages 28 ff., "important activities of the mathematician". Gödel refers to this remark in *Time Management (Maxims) II*, Addendum IIIb, 2v', p. 501, "mathematical method".

10. Eliminating:[182] of concepts (example Desargues's theorem,[183] embedding theorem for Riemann surfaces[184]). In general: giving "independent" conditions for something that was achieved via the detour over an intermediate construction; for example definition of "mathematically accessible" sets through the invariance under groups → [31] and even "defined from", defined group-theoretically. This is at the same time an example of extensionalizing.[185]

11. [Analogizing cases that one does survey to cases that one [31] does not survey:[186] for example, understanding four-dimensional space through two-dimensional beings or the countability of the whole of mathematics through the countability of intuitions restricted to certain types. (Cf. 3.1).]

12. Proofs of theorems of the following kind: The obvious exceptions are the only ones. The obvious examples (models) for a propositional function $\phi(x)$ are the only ones. That is: sufficient conditions shown to be necessary (and necessary ones as sufficient), where one half is usually trivial.

13. Constructing: For every mathematical (in contrast to logical) proof, constructions are required. The main point is to determine a.) Where must the construction start? (That is,

---

182 Cf. this volume, manuscript page 34, remark activities of the mathematician, item 15.

183 According to Desargues's theorem in projective geometry, the points of intersection of corresponding sides of two triangles lie on a line when the connection lines of corresponding vertices intersect in one point (and vice versa). David Hilbert's lectures on the foundations of geometry contain the following: "Satz 35. Es seien in einer ebenen Geometrie die Axiome I 1–2, II, III erfüllt: dann ist die Gültigkeit des Desarguesschen Satzes die notwendige und hinreichende Bedingung dafür, dass diese ebene Geometrie sich auffassen lässt als ein Teil einer Geometrie, in welcher die sämtlichen Axiome I, II und III erfüllt sind. Der Desarguessche Satz kennzeichnet sich so gewissermaßen für die ebene Geometrie als das Resultat der Elimination der räumlichen Axiome." See David Hilbert, *David Hilbert's Lectures on the Foundations of Geometry 1891–1902*, Berlin/Heidelberg (Springer) 2004, edited by Michael Hallett and Ulrich Majer, p. 505.

184 This could refer to the condition of the embedding theorem by Hassler Whitney, according to which any n-dimensional differentiable manifold is embeddable into $\mathbb{R}^{2n}$, provided that its topology has a finite or a countable basis.

185 Cf. manuscript pages 28–29, remark mathematics, item 5; 32.1, remark 1, item 1; 81, remark 3.

186 For the method of analogy in mathematics, cf.: *Time Management (Maxims) I*, p. 382, manuscript page 58, question, item 1; *Time Management (Maxims) II*, Addendum IIIb, 2v', p. 501, item 5; *Max III*, manuscript page 36', remarks 1 and 2.

which ∃-symbols needs to be constructed?) b.) What does the construction look like? – Possibly before: How can the proposition be logically derived from existential propositions (and which ones)? – The difference between logical manipulation and construction is the difference between "objectively" trivial and "objectively" non-trivial proof steps. [32]

14. Infinitizing (= move on to the infinite for the sake of an easier overview instead of [moving] to a big, finite and permanently changing number). Continuation p. 34.

Maxim for research: First render precisely the general ethical and theological principles of mathematics[187] (likewise the mathematical conjectures that I have) and investigate their mutual logical relations (derivability, contradiction, etc.) [i.e., formalization of the metaphysics of mathematics].

Maxim: In order to have an overview of a proof (and possibly simplify it), it is right to 1.) carry it out precisely, 2.) answer individual (possibly completely unimportant) questions about details (and answer them precisely, with a proof). Selection criterion for these questions: They must not be too simple or too difficult.

Remark: It is perhaps very fruitful to investigate the psychology of "finite" beings* with respect to the mathematical cognitive faculty.[188] In analogy with how dimensions > 3 are understood by analogy with two-dimensional beings.

* According to the Apocalypse, 666 is the number of the beast. Remark E.-M. E.: In the Apocalypse of John (13:18), 666 is mentioned as the number of the evil beast.

---

187 "Ethical principles for mathematics" could refer to the mathematician's obligation to improve his mathematical thinking, but also more generally to "rule sets" for mathematical work. Cf. also *Time Management (Maxims) II*, Addendum IIIb, 2v', p. 502, item 11. Concerning "theological principles of mathematics", one should, e.g., think of Gödel's explanations in the remark on manuscript page 25–26. One starts off with a system or propositions that are never changed and others for which this only happens when they are refuted. The propositions that are never changed are "believed". Cf. also manuscript pages 33–34, remark 1.

188 This differs from the positions taken by Edmund Husserl and L. E. J. Brouwer, who rejected exactly this.

Maxim: Before getting stuck in a research direction,[189] one should obtain a written [32.1] overview of the possible proof ideas and consider (philosophically, verbally and as precisely as possible) which idea has the best chances of leading to the solution (or rather "the simplest", and one relevant aspect here is: higher types, if possible).

Remark: When it appears to be the case that one can prove something with a non-surveyable process (if one were to survey it), there are two methods:
1.) Extensionalizing[190]
2.) Consideration of a section.

Maxim: For programs in foundational research, it is important to do things in the right order (according to importance) and not to neglect anything.

Remark Foundations: What we grasp immediately are not concepts but "concept schemes" (set, $\exists$, etc.),[191] which we can use to define a non-surveyable number of concepts (by "self-application").

[33]

*Cf. p. 109.

Remark:* In order to do fruitful mathematical work, it is necessary:
a.) To state the direction in which progress is possible at all (i.e., theorems with non-trivial proofs, or: where is it sufficient for a decision to get the concepts straight?);
b.) To state the direction in which one must work "towards a certain problem" (i.e., one needs to be able to "aim").

Work then proceeds by first working in this direction to find a new theorem (this corresponds to a "summit"). From there, one can see further in the same direction than before. This leads to the next summit, etc., *in transfinitum*. "Aiming" and "working on" take

---

189 Cf. *Time Management (Maxims) I*, pp. 375, remark 1, item 0; 391, maxims, item 2; and *Time Management (Maxims) II*, Addenda IIIb, 2v, p. 497, item 18; VIII, 1v, p. 513, item 7.
190 Cf. this volume, manuscript pages 28–29, remark mathematics, item 5; 31, item 10; 81, remark 3.
191 Cf. *Philosophy I Maxims 0*, p. 212. Kant's schemes of ideas that are given are a model for this formulation.

place on different levels (number theory, analysis, the absolute[192]). On the highest level, ethical questions and maxims may enter.[193] A solution on a high level probably makes it possible to descend to a lower level. On the higher levels, a solution is probably easier. On the highest level, it may be that the various activities listed on p. 30[194] [34] are used alternately.

Remark Activities of the mathematician:
15.[195] (most important special case of 1.) achieve methodological purity (elimination of concepts[196]):
(Example: finiteness proof in the theory of quadratic forms.) Something is proved with the help of intuitive (or analytical) concepts. This proof leads (through the observation that these concepts are merely heuristic and not essentially used) to a (methodologically pure) number-theoretical proof,* and this can then be generalized (e.g., to quaternion lattices[197]).
Cf. p. 71.[198]

* The point here is to somehow define (or replace) the analytical concepts with number-theoretical concepts.

Remark: Why is it that I take no pleasure in mathematical reading or working (but, e.g., in Furtwängler's lectures[199])?:
Possible reasons:
A.) One does not see the mathematical objects themselves, but isomorphic[200] (symbolic or psychological) images and at the same time incomplete images [isomorphic images from dirt]. But in a lecture, one sees the images of the speaker, which can be better in both respects.

---

192 Here, Gödel does not distinguish between *absolutum* and *infinitum*. Georg Cantor drew a distinction between an *infinitum aeternum sive absolutum*, which relates to God and his attributes, and an *infinitum creatum sive transfinitum*, which refers to the actual infinite. See also manuscript page 47 below for the concept of God as the universal set.
193 Cf. manuscript page 32, maxim 1.
194 The list of the activities of the mathematician on manuscript page 30 contains eliminating and analogization. The list is continued on manuscript page 31.
195 Continuation from manuscript pages 30 f., "important activities of the mathematician".
196 Cf. manuscript page 30, remark mathematics, item 10.
197 Quaternions are generalizations of the complex numbers. When one regards the complex plane as a real vector space, one can speak of lattices in the complex plane.
198 On manuscript page 71, point 16 is added to this list.
199 Cf. *Time Management (Maxims) I*, p. 347, remark 2, item 4.
200 Here in the sense of 'same shape' or 'same structure'.

B.) The organ of perception (the mind)[201] is [35] somehow damaged (feeblemindedness), and it is "easier" to attend a lecture, in particular when it is a good lecture.

C.) I somehow do not (ethically) behave well when reading and working. But when one hears, one is more passive, and the behavior is determined by the behavior of the speaker.

C'.) Maybe even the emotional attitude (by suggestive transmission of pleasure, astonishment, etc.).

Remark: That the world is somehow already completely contained in every single thing[202] may also be true in the sense that, if one understands any matter completely, one gets to know perfect pleasure (since all matter is in itself perfectly good).

Remark: Mathematics is maladjusted to the present state of the human being, and the knowledge of uncountably many concepts is maladjusted to the human being in general[203] [the general physiological condition, for example, the eye].

[35'][204]

Remark: One direction in which one can certainly "work" in the foundations is to consider which ordinals[205] can be formalized in which systems (or, equivalently, which recursive definition[206]), in constructive and non-constructive systems (i.e., strong relations of the various systems to each other). In general, what is formalizable and where. Likewise development of the increasing sequence of constructive and non-constructive systems.

---

[201] Concerning understanding as an organ of perception of concepts, see *Philosophy I Maxims 0*, p. 192, remark 2; cf. also idem, p. 201, question 1.
[202] According to Leibniz, each substance is an expression of the world; every monad is a living mirror of the universe. Cf., e.g., Leibniz, *Monadology*, § 56.
[203] Man, as a finite being, is capable of knowing uncountably many concepts.
[204] This pagination is not Gödel's.
[205] An ordinal indicates the position of an element in a sequence; it describes the order type of a well-ordered set. Following a proposal by John von Neumann, each ordinal is defined as the set of its predecessors, which are already defined. In this way, the empty set becomes the zero of the natural number sequence, which is a specific and not explicitly defined number without predecessors.
[206] In mathematics, a recursive or inductive definition is used to define the elements of a set with the help of elements that are already covered by the definition.

Remark: When one tries to prove something in mathematics with ideas that are too weak, proofs become practically impossible at first (since too complicated) and later actually impossible. However, the respective proofs with stronger ideas are usually less "constructive".
Example: consistency proof of analysis[207] with ordinal number technique.[208]

Remark: At times I feel like "I have no time for anything" {= inhibition against taking my time and getting anything "done" = tendency to quickly give up on goals}. This has the consequence that I can only do things cursorily (provisionally), as if I had to do an errand in a few minutes. The effect is stronger for theology than mathematics and disappears when I have found a result or "understood" something, sometimes by taking a stroll. [36] In any case, it often disappears very quickly (within half an hour) and makes room for the opposite feeling. (Also depends on my current agreement with Adele.) Also depends on digestion (or vice versa?). The opposite feeling is the "feeling of meaning".[209] The assumption that feelings are rational (like bodily reactions in the case of diseases) seems to imply that the lack of a sense of meaning means: There is something important to be done! (This therefore occurs in particular when one is not completely determined to do something, because then the decision becomes more important, since otherwise a possible loss of time is imminent.)

---

207 The consistency of classical analysis was only proved in 1951 by Paul Lorenzen. In a talk by Gerhard Gentzen, however, we find the following: "Zum Abschluß noch ein paar Worte über den Zusammenhang des Widerspruchfreiheitsbeweises mit der transfiniten Induktion: In meinem Beweis werden die zahlentheoretischen 'Beweise', deren Widerspruchsfreiheit nachgewiesen werden soll, in eine Reihe geordnet, derart, daß jeweils die Widerspruchsfreiheit irgend eines 'Beweises' in der Reihe aus der Widerspruchsfreiheit der vorangegangenen 'Beweise' folgt. Diese Reihe läßt sich unmittelbar auf die Reihe der transfiniten Ordnungszahlen bis zu der Zahl ε_0 abbilden. Daher ergibt sich die Widerspruchsfreiheit aller 'Beweise' durch eine transfinite Induktion bis zur Zahl ε_0. Es liegt nahe, anzunehmen, daß ein entsprechendes Verfahren auch für umfassendere Theorien, wie etwa die Analysis, anwendbar sein wird." Gerhard Gentzen, "Unendlichkeitsbegriff und Widerspruchsfreiheit der Mathematik", in: Actualités scientifiques et industrielles 535 (1937), pp. 201–205, ibid. p. 205.
208 This probably refers to the definition of ordinals by John von Neumann referred to in the previous remark.
209 For 'feeling of meaning', cf. Time Management (Maxims) I, p. 360, remark 3; Time Management (Maxims) II, pp. 407, maxim 2; 415, remark 1; 452, maxim 1; 458, remark 4; and the Protocol Notebook, manuscript page 15.

Question: Are the reactions of the plant[210] and the animal soul[211] always entirely rational?* (Also in the case of disease?) That is, do the animal soul and the plant soul have no "sin", but only "external" detriments?

*From its standpoint, i.e., only taking into account those circumstances that it "can know". It has effects partly on what lies beneath it [matter] and partly on what is above it [the creation of perceptions, feelings, drives[212], evoked by its perceptions].

Question: How does the human soul in turn affect what is subordinate? (Directly or, as it were, "politically", i.e., via deception?)

[36']
Remark: Finding a proof can perhaps be treated similarly to up-anchoring tasks that are correctly grouped together. It is a matter of finding a finite object. At first, one has a proof plan; this determines in particular the points at which to employ the constructions and which auxiliary statements are used (these are either proved theorems or analogies thereof). The method would be to consider all possible proof plans, to divide them into finitely many groups and to subdivide these and to eliminate certain groups since the necessary auxiliary statements are wrong (or because the assumption would not be used). Finally, when all proof schemes are excluded, this may result in a proof of the negation.

---

210 The concepts of animal soul and plant soul are best known from the Aristotelian tradition. There, the soul is the form, essence, entelechy of the organic body. While animals have a sense of touch and taste, sensations of pain and pleasure, imagination, the capacity to recall earlier perceptions and (partly) memory, they lack reason. In *Physics*, 199a 20–32, Aristotle asks how it is possible that animals and even plants exhibit behavior and processes that are useful to them. Does this work with the help of reason or in some other way? He takes the position that this is due to natural abilities, not to reasoning abilities.
211 Cf. *Philosophy I Maxims 0*, p. 205, remark 2.
212 Cf. for the concept of drive the references in this volume on manuscript page 15, remark psychology.

Remark: The most commonly used method for finding a new theorem is "analogy",[213] that is, the correct generalization of concepts and theorems to a further area.[214] (Search for and analyze examples.)

Remark: Examples of where the question "What is 2 and what is one?" ("What is the same") is required for clarifying the concepts: Are $x_1 + 2x_2$ and $x_2 + 2x_1$ of the same form? [37] This demonstrates that one understands abstract objects (e.g., form) as concretely written symbols on paper with a "definition of equality". (Reism is psychologically correct.[215])

Remark Foundations: Convergence of a series[216] corresponds to: consistency of a formal system.
Convergence to expanded function: the truth of the sentences of the system.[217]
Semi-convergence would be: a contradictory system, which, however, is true to a very large extent (until the contradiction is reached).

Question: Can every mathematical problem (that can be solved at all) be solved with a uniformly bounded degree of complication relative to that which can be immediately comprehended (let us say ten for every conceivable problem), or are there proofs that are irreducibly complex?

213　For 'analogy' in mathematics, cf.: *Time Management (Maxims) I*, p. 382, question; *Time Management (Maxims) II*, Addendum IIIb, 2v', p. 501, item 5.

214　For generalizations of concepts (and theorems), cf.: *Time Management (Maxims) I*, p. 346, question; *Time Management (Maxims) II*, p. 470, remark 2; Addendum IIIb, 2v', p. 502, item 10.

215　'Reism' refers to the metaphysical theory of realism developed by Tadeusz Kotarbiński, according to which there are only physical objects (and organisms) but no abstract or mental objects. Kotarbiński, who belonged to the Lemberg school, drew on the mereology developed by Stanisław Leśniewski. Kotarbiński also mentions ideas by Gottfried Wilhelm Leibniz and Franz Brentano as forerunners of his theory.

216　'Convergence' is a fundamental concept of analysis. A sequence or series has a limit a if its elements come arbitrarily close to a. A sequence or series is called convergent if it has a limit. When a sequence or series has the limit a, one also says that it converges to a. Roughly, convergence of a series means that the value of an infinite sum is finite.

217　Cf. the explanations of Carl Gustav Hempels in: "Eine rein topologische Form nichtaristotelischer Logik", in: *Erkenntis* 6 (1936), pp. 436–442; and also in "A Purely Topological Form of Non-Aristotelian Logic", in: *The Journal of Symbolic Logic* 2 (1937), pp. 97–112.

Remark: My fear of people may be due to the fact that I cannot behave (even in matters like putting on my coat, sitting down, etc.). Everything that one cannot do one will do reluctantly. Can one learn this through training, or is it hopeless?

[38]
Remark: The "positions"[218] form the abstract scaffold of a state (which is filled with living persons). A position includes duties [legal and moral, theoretical and actually occurring in practice]. The positions are a set ordered by importance to the general public [amount of necessary prior knowledge,* and quotient of income and work]. Question: Are there always as many positions as there are people? A position can become vacant due to death, a voluntary change of position and new flat or new foundation. Is every vacant position filled by the most suitable among those who are available at that moment and are not suitable for any higher vacant position?** Those who are suitable for a position (are up to it) could or could not sabotage them. Question: Can someone who fills a position poorly keep it permanently? Positions can be classified as permanent or temporary. Will a temporary position ultimately be filled again by the one who is most suitable? The positions that a human being is up to filling in the course of his life form a subset with large leaps (all the more the more specialized he is).
Positions can be classified according to profession as:
I. Production and acquisition of material goods from:
A. initial production: agriculture, fish farming, mining;
B. industry, including doctors, barbers;
C. trade and traffic.
II. Production and acquisition of intellectual goods:
A.) performing artist and scientific researcher and priest;
B.) teachers.
III. Activities belonging to the administration and direction of the state: military, police, judges, lawyers, mayors, members of parliament.
The goods form a scheme of superordination insofar as any good is usually at the same time the basis for the production [39] of new goods. In this respect, III is superordinated to I and II, since it is

* Number of persons who could fill it.

** By ability, not morally.

---

218 Cf. *Time Management (Maxims) I*, inside cover; p. 346 at the top; *Time Management (Maxims) II*, Addendum XV, 1v, p. 527, item 5.

only within the framework of III that the production of I and II takes place. On the other hand, II is superordinated to I insofar as science offers a new option for the production of goods (and even to III, insofar as there is a method for public administration, etc.) and insofar as the producers of I are formed by education.*

* Additionally, there are "welfare" positions (these are those where no effort is required) (for example, support for the unemployed). Are these always given to those most in need as well?

<u>Topology of professions</u> from the following points of view:
1.) Which professions frequently occur in combination?
2.) Which professions often occur in the same families?
3.) Which professions involve a similar activity and a similar educational background?

<u>Remark</u>: In any case, in order to find a correct (i.e., natural) classification, one needs to proceed by first introducing a topology[219] or metric[220] and then determining connected open subsets (this prevents very distant objects from ending up in the same class and very similar ones in different classes). The topology is determined by certain relations of distance, which should somehow satisfy the Δ-inequality.[221]

[40]
<u>Remark</u>: When talking to someone, unless one is very careful to ensure that everything one says is rationally justified, there is a danger that one will lie without justification or say something inappropriate, which may cause the other to get the wrong idea by believing that one is insinuating something, one knew something, one was pursuing certain goals, etc. (as in the case of Wagner, when his friend remarked, "Of course I know this"[222]). That is, one can easily cause trouble in this way. Similarly when one unintentionally laughs at someone or looks at someone in the street. (Di-

---

219 In (set-theoretical) topology, the concept of closeness is introduced in such a way that, instead of a distance function, only neighborhoods of points of a space are considered. That the sequence x_n converges to y means that the following holds for every neighborhood U of y, no matter how small: There is a natural number N such that, for all indices $n > N$, we have that x_n belongs to U. Cf. this volume, manuscript pages 50, remark 2; 56, remark 1.
220 A metric is a distance function on a metric space, which assigns a non-negative real value to each pair of elements of the space. A metric space is a set on which a metric is defined.
221 By definition, every metric space satisfies the triangle inequality, according to which the direct connection between two points is at most as long as any indirect one.
222 The anecdote could not be accounted for.

rection of the unintentional by foreign forces in such a way that wrong theories are generated in other people.)

Psychology <u>Remark</u>: What is lost in the transformation from the inference rules to the concept of an immediate deduction is the question of "acceptance" of a formal system (only the description remains). To accept it is: to make it the system of maxims behind one's assumptions and actions. This is different from "believing it" in the sense that every sentence represents an objective reality and that one can see (perceive) this objective reality. It is also different from belief in consistency. Other possible "attitudes": belief that every [41] controllable conclusion is true, provisionally accepted. A different relation between inference rule and immediate deduction is that between the two definitions of the human being.[223]

<u>Maxim</u> {formalization of philosophy}: I should sometime decide which philosophical, psychological system I want to accept and in what sense I should accept it. Then, in the case of a discussion, I need to first translate the question into my system [possibly first use questions to determine the precise meaning when several translations are possible] and then produce the possible paths to an answer or the final answer by knowledge of axioms and theorems, proof methods of that system. Or, when someone claims something, to bring about the refutation from the axioms of my system (after determination of the meaning). For questions of clarification of meaning, however, one must only use such terms that are generally and intersubjectively understood in the same way.*

* [42] Here it is important that not even the meaning of the words "if", "true", and "∨" is clear (see also p. 42). Remark E.-M. E.: '∨' is the logical symbol for 'or'.

<u>Remark</u>: The concept of space has infinitely many automorphisms,[224] or rather holomorphisms,[225] which explains the fruit-

---

223 Thomas Aquinas distinguishes between 'animal rationale' and 'body with a rational soul'. The starting point here is in one case the definition of the soul and in the other the body, i.e. the metaphysical and the physical essence.
224 In mathematics, an isomorphism from a mathematical object to itself is called an automorphism. An isomorphism is a one-to-one mapping between two mathematical structures that maps the objects, functions and relations of one structure to structurally equivalent objects, functions and relations of another.
225 A complex-valued and complex-differentiable function that is defined on a region (= non-empty open and connected set) is called holomorphic. Here, a function is a certain map that maps complex numbers to complex numbers.

fulness of "allegories" [42] and parables and also that everything is reflected in everything[226] else in a more or less perfect way.

Remark {formalization of the discussion}: In a rational discussion, the question needs to be held on to (this corresponds to holding on to the meanings of words in mathematics, holding on to decisions, holding on to assumptions in life, holding on to proof ideas until they are rejected), and the meaning of the question needs to be clarified. This will then lead to the lowest position where opinions diverge. But then it becomes clear (when one of the two has told the truth) that the other is wrong, as the transition to the "next" truth is always evident (i.e., metaphysics is a demonstrating discipline). Then someone can even be refuted when he does not claim anything. In order to prevent the development of the true metaphysics, one needs to prevent adherence to questions and terms. (This is what the positivists do. And also the other philosophers?[227])

[43]
Remark: The logician claims that strict implication[228] is nonsense, the follower of Lewis[229] claims that material implication[230] is nonsense. Both are wrong. This happens very often when two seemingly contradictory opinions are given, for both are justified in their field.
Maxim (truth has many aspects).

Remark: Understand properties that things exhibit to different degrees as functions $f(x)$ with continuously many values (hence as a multi-valued logic, as it were).

---

226   Cf. manuscript page 35, remark 1, and manuscript page 154, item 4.
227   Alternative reading: This is what the positivists do, and also the other philosophers? Most 'alternative readings' are not comprehensible as genuine alternatives in English, and thus they have generally not been provided. As things are different here, however, the alternative reading is indicated.
228   Strict implication, which received its name from C. I. Lewis in 1918, combines material implication and the modal logical necessity operator. For each of the two statements p and q, the formula $p \rightarrow q$ says that p implies q materially, while während $\square (p \rightarrow q)$ says that p implies q strictly or necessarily.
229   Adherents of C. I. Lewis's formulation of strict implication.
230   Logical operator on propositions; the material implication is false if and only if the first statement is true and the second is false.

Remark: The idea of a point in geometry is similar to the concept of an arbitrary set of natural numbers. One could investigate how far one gets without these concepts and strictly avoid these concepts.

Remark Foundations: The intuitionists do not have the concept of truth.[231]

Remark: Actual progress in mathematics and philosophy consists in first having a few fuzzy concepts. By letting these somehow act against each other and applying them to each other, they become sharper and generate new fuzzy [44] concepts that are treated in the same way, etc.

Remark: It seems as if science has made no real progress since Newton and Leibniz. This means that there is a boundary all points of which have an equal distance to the truth and that Newton already reached. But there is still infinitely much to "discover" on this side of it.

Remark: One of the devil's ideas[232] for making the world incomprehensible is to destroy the pre-established harmony[233] between

---

[231] In the doctrine of mathematical intuitionism, which originated with L. E. J. Brouwer, mathematical cognition is explained with recourse to construction. Proofs of existential statements thus become means of ensuring the mental constructability of an object whose existence is claimed.

[232] Cf. this volume, manuscript pages 5, remark (theology); 8, remark 1; 44, remark 2; 47; 60, remark (theology), items 3 and 8; 63, remark 2; 64, remark 1, item 2; 73, remark 2; 101 f., remark (theology); 121, remark (theology) 2; 122 f., remark (theology); 154, item 6.

[233] In Gottfried Wilhelm Leibniz's conception of pre-established harmony, body and soul behave like two synchronously running mechanical clocks whose synchronicity is pre-established by an ideal realization of construction principles. Beyond that, the monads also stand in pre-established harmony with the world reflected by them and each other. The latter is an expression of the universal harmony of the universe. Cf. also *Max X*, manuscript pages 42–43, where Gödel discusses Leibniz's concept of pre-established harmony at length.

world and mind (non-Euclidean geometry,[234] non-Aristotelian logic,[235] etc.), so that the mind no longer fits the world.

Remark: In multi-valued logic,[236] the truth value of q is smaller than the truth values $p, p \supset q$. That is (when interpreted as "clarity"), every degree of clarity ceases after finitely many inferences. This indicates that, in order to achieve farther-reaching conclusions, one has to try to see the simple things completely clearly. This may also lead to a natural order of the sciences. Namely: first the foundations of all sciences, then the complicated parts of all sciences, etc. (harmonic development).

[45]
Remark: It is possible that we "see": It is possible that everything we "see" is false [but not: It is real, …]. "Seeing" means understanding by means of the "innate schema of ideas",[237] hence in particular the usual classical logic.[238] That is, there is a theory in the framework* of the schema of ideas from which this follows. In this the-

* A part of the schema of ideas.

---

234 In non-Euclidean geometry, the parallel postulate does not hold; it is either dropped or modified.
235 The expression 'non-Aristotelian logic' appears, e.g., in Edgar Zilsel's monograph *Das Anwendungsproblem: Ein philosophischer Versuch über das Gesetz der grossen Zahlen und die Induktion*, Leipzig (Barth) 1916, on pages 149 ff. However, the proposal here is merely that we give up the *principium contradictionis*, i.e., the laws of non-contradiction. No formal theory is proposed. The expression also occurs in "A Purely Topological Form of Non-Aristotelian Logic" by Carl G. Hempel, published in *The Journal of Symbolic Logic* 2 (1937), pp. 97–112, and in "Eine rein topologische Form nichtaristotelischer Logik", in: *Erkenntis* 6 (1936), pp. 436–442. Like Gödel, Hempel takes non-Aristotelian logics to be logics that do not proceed in a syllogistic way. Gödel's private library contains Gotthard Günther's *Idee und Grundriss einer nicht-Aristotelischen Logik*, Band 1, Hamburg (Meiner) 1959.
236 Multi-valued logics are logical systems that allow for more than two truth values. In 1932, Gödel proved that intuitionistic propositional calculus cannot be adequately characterized by matrices with finitely many values. At the same time, he defines a family of n-valued Gödel systems. See: Kurt Gödel, "Zum intuitionistischen Aussagenkalkül", in: *Anzeiger: Akademie der Wissenschaften Wien*, mathematisch-naturwissenschaftliche Klasse, 69 (1932), pp. 65 ff.; reprinted in: Kurt Gödel, *Collected Works*, vol. I, pp. 222–225.
237 Cf. *Philosophy I Maxims 0*, p. 212, remark 2: "The Kantian view that cognition consists of conceptualizing the sensory data according to a scheme of ideas that is given a priori should probably be extended to all ideas [there are no ideas that are obtained through 'abstraction' from sense-data]."
238 A term for logics in which every proposition has exactly one of two truth values and the truth value of a composite proposition is uniquely determined by the truth values of its parts.

ory, our eye does not "fit" reality [at least not with respect to the higher schemata of ideas].

Remark Philosophy: Knowledge consists in identifying certain empirically given objects* (individual objects and concepts**) with certain formal concepts (hence numbers in the broad sense).*** Example: At first, a structure of the eras is given a priori, and the point is to determine one's own position in it. In a certain state of knowledge, several different identifications are possible, where perhaps two are mapped differently to each other: year → century, Christ → Jewish Messiah, antichrist → his predecessor.

Through more and more experiences and "decisions" (in the sense of actions taken in life), [46] the identifications become more and more precise (more and more unambiguous), until they are eventually completely unambiguous. In this sense, everyone "builds" his fate and even determines the era in which he lives† (either through a decision the "meaning" of which he does not yet know at the time of the decision or through one the meaning of which he knows). The immense number of "automorphisms"[239] or "near-automorphisms" of the formal system of concepts allows for many identifications (if one starts with any of these, one could perhaps improve it successively through new empirical facts; here, the Bible (perhaps also the stars) gives certain identifications by pointing out the structure of the eras and the relations within and between them). "I do not know who I am" means: I have not identified myself correctly.

That this is the essence of knowledge explains 1.) the pleasure in explaining "everyday phenomena" theoretically‡ 2.) the deduction, so frequent in mathematics: All things of this kind satisfy this or that condition, <u>and these are also the only</u> [47] examples (zeros of the ζ-function[240]). Namely, in order to get to know an object a, I need to have: 1.) certain fundamental mappings of certain

---

* Myself as well, in particular.
** Example as well:
$kst = 4 \cdot 10^{-8}$ cm.
*** Possibly also the stars.

† This also implies that all human beings living in a certain era make the same decisions in some matters (spirit of the time).

‡ See the next page!

---

239 An automorphism is an isomorphism from a mathematical object to itself. Cf. also this volume, manuscript page 41, remark 1.
240 There is a close and non-obvious relation between the position of the zeros of the zeta-function and the distribution of prime numbers. For the zeta-function (ζ-function), cf. this volume, manuscript pages 56, remark mathematics; 133, remark foundations.

empirical objects (possibly beginning with God = universal set*;[241] devil[242] = an irrefutable wrong system* (or empty set); human being = ω_1; animal = ω (*or correct ethical and theoretical system); time = real number[243] ≥ 0). 2.) Certain empirical propositions that determine the relation of a to things that I have already assigned.

* Or are differential functions never right? In general, all "exceptions" (why, by what, etc.).

Insertion: When it follows from a theory in which I appear that I will do something specific and I believe in that theory, the effect is similar to what would occur if an angel were to tell me: You will do this or that, or else you will die. Therefore, the occupation with formal theories of reality has a similar effect as the participation in spiritistic sessions. One is under the power of a "theory", and this is in a certain sense infinitely much stronger (it knows what you will do in given circumstances).

3.) A theorem: There is only one object in the realm of concepts that has this relation to the already assigned concepts.

+ 3.) Moreover, the feeling of depth in the distinction empirical, a priori.
4.) For everything that has to do with "automorphisms"[244] (indistinguishability) →[245] →[246] [48]
→ 5.) The feeling of depth for e,[247] π.[248] These are numbers that can easily be characterized and thus must also correspond to fundamental things in the empirical world.

---

241 It would be a logical consequence of Leibniz's or Gödel's proof of God that a unique universe V of all sets actually exists. However, cf. 'adequate concept of God' on manuscript pages 53–54, remark 2, along with the corresponding explanation.
242 Cf. this volume, manuscript pages 5, remark theology; 8, remark 1; 44, remark 2; 47; 60, remark theology, items 3 and 8; 63, remark 2; 64, remark 1, item 2; 73, remark 2; 101 f., remark theology; 121, remark theology 2; 122 f., remark theology; 154, item 6.
243 The set R of real numbers consists of the set of rational numbers and the set of irrational numbers, which includes the integers and the natural numbers.
244 Cf. explanation on manuscript page 46.
245 The arrow points to item 5 on manuscript page 48.
246 The arrow points to the sentence on manuscript page 48 that starts with "The essence of knowledge …".
247 Euler's constant $e = 2{,}718\ 281\ 828\ 459\ 045\ 235\ 360\ 287\ 471\ 352\ldots$
248 $\pi = 3{,}141\ 592\ 653\ 589\ 793\ 238\ 46\ldots$

→ The essence of knowledge itself consists in an isomorphism between "world" and "mind".

[48]
Remark: This identification of the low by means of something higher (which is the essence of knowledge) takes place in many stages:
1.) Individual objects are known by means of empirical concepts.
2.) The empirical concepts are known by means of formal concepts (in physics).
3.) The formal concepts are known by means of higher formal concepts. For example: If one had the right definition of the natural numbers in terms of higher concepts, one would probably overlook number-theoretical regularity just as one overlooks the optical laws by means of the proper definition of color as wavelength (and undulatory theory[249]).* This correct definition of number may be analytical (via analytical functions). This also yields the correctness of the statement that the saints (or angels) know everything "through God". With respect to every higher stage, the lower one appears to be arbitrary (they only give an overview of how it could be different).**

* Or do we not have this idea at all?

** In the highest stage (logic), one needs to descend to the lowest stage (symbols) in order to see how it could be different.

Remark: Reasons against your lectures being uninteresting for everyone:
1.) You do not know your audience's worldview (at the time, they may not know what you know, [49] or they could be interested in your way of presenting it).
2.) Even if one knows something, a presentation can have a stimulating effect.

Remark Psychology: There is free will[250] if not all individuals "act" alike given the same "evidence" and "passion".***

*** Concrete examples of macro- and micro-psychology!!

---

249 According to the undulation or wave theory of light, light is a wave. In physical optics, light is conceived of as an electromagnetic wave; it allows for explanations of properties such as color, diffraction, interference capability and polarization.
250 For 'freedom of will', cf. remark 1 in *Time Management (Maxims) I*, p. 389, remark 1. There, the criterion for freedom of will is whether one is active or passive when making a decision.

Remark: For "knowledge" of an object, that is, its integration into the next higher sphere, the rule holds that one chooses the simplest of those objects that reflect certain rough properties of the object, since simplicity is also a structural property that needs to be mapped in the higher realm, and since the complexity of the objects to which things are assigned also increases gradually in the natural order of assignment (therefore, it suffices to take such "rough" properties that distinguish the object to be recognized from all previous ones).

Remark Psychology: Sounds and combinations of sounds are "objects" in a similar sense as certain spatial objects (in several exactly identical instances). The stages, ranked from special to general (by which the special becomes known), [50] are the following:
1. individual objects,
2. types of individual objects (determined in all details),
3. empirical concepts of the individual senses (red, sweet, etc.),
4. empirical concepts of space and time,
5. formal concepts of the lowest stage (natural numbers, etc.),
6. abstract formal concepts.

Remark: It could be that every mathematical theory is either useless or inconsistent. That is, every theory about the infinite formulated today leads to a contradiction. Each is plausible for human beings only because it is a "functional bed" (economics of thinking). In order to come to know the truth, one needs to actually "construct through" everything, which may almost always be practically unfeasible. This would mean that every theory approximates reality so badly that it endures only finitely many inferences.[251] Truth is not formalizable at all but can only be known through continued living thinking. Every symbol (including the rules for its use) is inadequate for actually representing a concept. In spite of this, the inconsistent theory would be useful, like Euler's false assumption

---

251 On manuscript page 28 of this notebook, remark 2, item 4, Gödel also mentions the approximation of concepts (by simpler concepts) and propositions by weaker propositions as important activities of the mathematician.

that all series converge.²⁵² Euler's position with respect to mathematical exactness would then be the right one in principle.

Remark: Knowledge is mainly furthered by bringing together heterogeneous things (that is, such things for which theories can be developed mostly independently of each other). For example: algebra and topology,²⁵³ number theory and logic.* Also in the empirical sciences: relation of the histories of different countries: Greeks and Jews, Roman and Greek (synchronistically).

* Number theory and geometry.

[51]
Remark: The first year at Princeton (especially Fine Hall²⁵⁴) is an undefinable new psychological quality (test anxiety mixed with a certain odor).

Remark: In order to get clear about the meaning of the theorems, it is important to see that and why they no longer hold with certain slightly modified concepts.

---

252 Convergence of a series means that the value of an infinite sum is finite. Convergence of a series (infinite summation) in the modern sense means that the value of the sequence of sums is finite. Leonhard Euler's concept of convergence was different. For Euler, a series is convergent when its members become increasingly smaller and eventually vanish entirely. However, in Euler's words, it sounds as if every series that converges in this sense has a finite sum, including those that do not have a finite sum: "Convergentes autem series dicuntur, quarum termini continuo fiunt minores atque tandem penitus evanescuat, cuiusmodi est haec $1 + \frac{1}{2} + \frac{1}{4} + \frac{1}{8} + \frac{1}{16} + \frac{1}{32}$ + etc., cuius summa quin sit = 2, dubitari nequit. Quo plures enim terminos actu addideris, eo propius ad 2 accesseris; ita centum terminis additis defectus a binario valde parva erit particula, fractio nempe, cuius denominator ex 30 notis constat numeratore existente 1." Leonhard Euler, "De seriebus divergentibus", in: idem, *Opera Omnia*, series 1, vol. 14, pp. 585–617, here p. 586. Cf. also Detlef D. Spalt, *Eine kurze Geschichte der Analysis für Mathematiker und Philosophen*, Heidelberg (Springer Spektrum) 2019, pp. 99–102.

253 An area of mathematics concerned with a generalized concept of space. Cf. this volume, manuscript pages 39, remark 1; 56, remark 1.

254 From 1931 on, the Department of Mathematics of Princeton University was located in Fine Hall. The original building was later re-named Jones Hall (after Thomas Jones), and the department of mathematics was moved to a new building bearing the original name. Henry Fine (1858–1928), after whom the building was named, was a mathematician and science organizer. The original Fine Hall is a three-story building with oak-paneled interiors, leaded glass windows and an inner courtyard. The common room was equipped with leather armchairs, chessboards and a movable blackboard. After 1933, members of the School of Mathematics of the Institute for Advanced Study were also accommodated in Fine Hall for a few years.

Question: Do the immediately perceivable concepts (in our current state) form a constant set, or can this grow through exercise, and is it possible to perceive [it] in different degrees?

Maxim: The best recreation is to have done one's duty.

Remark Psychology: Conscience is the awareness (the evidence) of right and wrong in a moral and objective respect. At the same time, it gives reasons for it. It is subject to itself. (Question: Is it evident that everything that is evident is also true?) It can thus be doubted (rejected), even when the question is answered [52] positively (that is, just in this case, it would be an even greater deception).

Sin consists in* either: 1.) not recognizing conscience (a.) in moral, b.) in objective respect).** That is, the negation of the evident is accepted as right, or at least the evident is not accepted. 2.) It is recognized, but still the wrong thing is done (e.g. due to weakness, that is, without "deprivation" of reason).

(Question: Does the second ever occur?***) Motive for 1. is that it does not meet the wishes (this generates the conjecture "maybe it is wrong", which otherwise, in the case of indifference with respect to the wishes, would not have occurred).

Effects of sin:

1.) Conscience is less clear, 2.) it becomes contradictory, 3.) "false" evidence occurs. (In the starkest case: Rational reasons are balanced for every decision.)

Also, for example, the antinomy of set theory[255] only arises because one deals with something before one is ready for it. Had one first sufficiently pursued other[256] branches of mathematics, the antinomy would only arise once one had already overcome the whole attitude (theory) [53] on which it is based (one would have a complete overview of it by means of another theory). [That is, it is indeed possible for one to accept a false theory with a good conscience in a certain state, but this only leads to contradictions until one has risen up to the next theory, which no longer contains these contradictions, etc.] One reason why not accepting the

* [53] Either concepts or propositions about them are not accepted (such as the concept of rationality).
** [53] The specific moral evidence is everyone's equality (cf. non-mathematical readings, p. 12 No 33). Remark E.-M. E.: For non-mathematical readings, *Philosophy I Maxims 0*, p. 182, heading, and footnote 215; this notebook, manuscript page 149. No such notebook can be found in Gödel's *Nachlass*.
*** 2.) merely means the non-acceptance of the → [53] conscience "under pressure" from the passions. That is, in a state of partial unfreedom.

---

255 Cf. *Time Management (Maxims) II*, p. 407, maxim 1, item 1; also Addendum IIIb, 1v, p. 494, item 2. If one forms, as Bertrand Russell did, the class K of all classes that do not contain themselves as elements, the question is whether K contains itself as an element.
256 Alternative reading: lower. In many cases, 'other' and 'lower' are barely distinguishable in Gabelsberger.

evidence is a sin in any case: One does not have anything besides the evidence to act upon (or is "corroboration" something different?[257]).

Remark: Could the "exculpation" through Jesus Christ be that it is demonstrated: Even when someone acts perfectly, it does not help him. Hence man is right in not acting perfectly.

Remark: It is clear that we have no adequate concept of God but [54] merely approximations. From the acceptance of a concept of God,[258] existence and other propositions likely follow with necessity, as with the concept of real numbers.[259]

Remark: Everything that can be known in some way is either:
1. completely clear (that which one can know) – analytical,
2. somewhat clear (axiom of replacement[260]) – analytical,
3. plausible, that is, acceptable for aesthetic reasons, reasons of completeness, etc.

Questions:
1. Can the plausible be made analytical by means of the perfection of God?[261]
2. Can everything that can be known (including the synthetic and empirical) be made plausible? Or are there true theories that only have "corroboration"?[262]

Remark: In the true theory of the world (in which everything is mapped to the formal), time and space may be completely inhomogeneous (initial point, central point, absolute unity, etc.). The true

---

257 For the 'corroboration of theories', cf. Karl Popper, *The Logic of Scientific Discovery*. The German original appeared in 1934. Cf. also manuscript page 54 below. According to Popper, a theory that is corroborated withstands falsification.
258 For an adequate concept of God, one would have to succeed in formulating a conjunction of all possible purely positive properties as a consistent whole – a consistent set of divine perfections.
259 The set $\mathbb{R}$ of real numbers consists of the set of rational numbers and the set of irrational numbers, where the rational numbers include all integers and natural numbers.
260 Cf. the explanation at the top of manuscript page 29.
261 Cf. explanation above.
262 Cf. manuscript page 53, above.

theory of mathematics (perhaps) results from the fact that in the true theory of the world numbers are also mapped to something.*

*Similarly, the false theory of the world also has an application (probability) to number theory.

Remark Foundations: Because of 'every countable problem',²⁶³ the following must be decided:
1.) Analysis is a decidable discipline. [55]
2.) Everything in number theory (number-theoretical functions) can be arbitrarily precisely approximated by analysis (↑²⁶⁴ in particular by means of "almost all").
3.) Every number-theoretical question can be decided by sufficient approximations.²⁶⁵

Remark: On the basis of the preceding remark, it follows that the right way to become a mathematician is to study applied physics (with actual calculations). The methods developed thereby can then also be applied to the "calculation" of number-theoretical functions.

Remark Physics: The problem of quantum mechanics is the definition of "analytical function" for operators** ²⁶⁶ as variables (then, one could also uniquely continue the equations of classical mechanics for operators; statistical mechanics is also a continuation, but a wrong [trivial] one).

** Where the operators determine the probabilities of the magnitudes in the same way as the previous variables determine the "values".

In order to be able to define the concept "analytical", one would have to have "recognized" the usual concept 'analytical'.²⁶⁷ That is, definitions in higher concepts and [56] clarification of the fruitfulness of this concept for number theory, algebra, etc.

---

263 A problem is a question. An example of this is the question whether a certain property applies to a certain object. Here, objects from a ground set O are considered. The problem is called countable when the ground set O is countable.
264 The arrow points from 'precisely' upwards to 'in particular by means of almost all'.
265 Cf., for example, remark 1 on manuscript page 50.
266 An operator is a function that maps a given function $\psi(q)$ to another function $\chi(q)$. In quantum mechanics, operators are built up from two elementary operators, the differential quotient $\frac{\delta}{\delta q}$ and multiplication by q.
267 From 1931, Carnap sought a definition of 'analytic' that could serve as a criterion for truth, which was different from the criterion for provability. In the early 1930s, Gödel and Carnap had extensive discussions about Carnap's concept of the 'analytic'. Gödel continually criticized Carnap's attempts as erroneous. According to Gottlob Frege, the analytic–synthetic distinction concerns "the justification for making the judgment" (Frege, The Foundations of Arithmetic, § 3, translated by J. L. Austin).

Remark Mathematics: The introduction of higher transcendentals[268] (e.g., ϑ-function[269]) should be regulated by the following aspects. They should yield:

A.) Closed integration[270] (also of differential equations) of the earlier functions {→[271] with as little as possible (reduction)}.*

B.) Easy and quick computability.

C.) A complete overview of all analytical relations (i.e., equations with "terms" on both sides).

D.) A rough overview of the behavior (singularities[272] and topology[273]).

* Perhaps a closed "inversion" for expressions that only consist of previous functions.

Analytical propositions are equalities or perhaps inequalities of terms. The ζ-function[274] likely cannot be introduced from this standpoint (it does not solve problems but poses them and, furthermore, is not defined purely analytically, as a sum rather than an integral).

[57]

Question: Which integration and elimination problems can be reduced to finitely many analytical functions (such as the elliptic

---

268 In mathematics, a series or function is called transcendental if it is not algebraic, i.e., if it is not a solution of a polynomial equation with coefficients expressible in its arguments. Transcendental expressions were introduced into mathematics by Gottfried Wilhelm Leibniz. They are represented by infinite series. He also uses the expression "Analyse des transcendantes" for integral and differential. Cf. also this volume, manuscript page 137, remark 1.

269 Carl Gustav Jacob Jacobi introduced infinite products into analysis, by means of which elliptic functions can be represented as quotients. He represented these products as series. The infinite series that arose are known as theta-series (ϑ-series) or as theta-functions (ϑ-functions) in one variable.

270 Closed integration is integration along a closed curve.

271 The arrow points from 'functions' to this insertion.

272 Depending on the mathematical area, very different "objects" are called singular. In topology, a point $x \in M$ is called a singularity if M is not a manifold in some (arbitrarily small) neighborhood of x.

273 Mathematical topology is concerned with a generalized concept of space. Topology arose out of concepts of geometry and set theory. A topological space consists of a set R of points, where each point x in R is related to a set of subsets of R (the 'neighborhoods' of x) that satisfy the neighborhood axioms in topology. Cf. this volume, manuscript pages 39, remark 1; 50, remark 2.

274 Riemann's zeta-function is defined as $\zeta(s) = 1 + \frac{1}{2^s} + \frac{1}{3^s} + \frac{1}{4^s} + \frac{1}{5^s} + \ldots = \sum_{n=1}^{\infty} \frac{1}{n^s}$, where s is a complex number from its domain. We have $\zeta(1) = \infty$. Cf. also manuscript pages 47, top; 133, remark foundations.

integrals[275])? Which ones to countably many with complete decidability of equalities between terms? (Cf. The preceding remark.)

Remark: An existence proof is an approximation to the construction of being.[276] Clumsy models (such as the mathematical formalism of the various stages or positivist models of science) are an approximation to the actual systems and the actual sciences.

Remark: The reason why I cannot think in front of another person is likely that I used to hide it if I didn't understand something out of vanity (and still do, which makes it worse). But what is the reason for my also being inhibited in private thinking?

Remark Psychology, Ethics: Even though passions (drive[277], desire, suffering) are not sins in themselves (but at most punishment or temptation or mercy), [58] there is still a mapping between sinful passions* and sinful acts (in particular sinful drives), since these are causes of the acts. <u>Hence, in order to classify and understand sin, the sinful desires need to be classified and understood (mapping).</u>** Perhaps the passions are the only possible way to get to know oneself (one's will). In the psychological development of human beings, the strength (clarity) of conscience is in every moment proportional to the strength of the passions (or at least the difference between good and bad passions). Otherwise (since conscience only has a finite strength, i.e., certainty) one would be right to follow a very strong passion against conscience. The more frequently one has made the wrong decision (against conscience), the greater the difference becomes, and the more unclear and weaker conscience becomes.

* Sinful suffering = envy.

** Therefore, implicit question: <u>The desire for what is legitimate or illegitimate,</u> respectively?

---

275   An elliptic integral is an integral of a certain type that occurs when computing the circumference of an ellipse. Elliptic integrals usually cannot be represented by elementary functions but can be transformed into sums of elementary functions and integrals.

276   Cf. *Time Management (Maxims) II*, Addendum IIIb, 3v, p. 498, item 26, where Gödel writes: "The wrong is an approximation of the right, the existence proof [is an approximation of] the construction." Cf. also manuscript page 85, remark 4.

277   Cf. for the concept of drive the references in this volume on manuscript page 15, remark psychology.

[59]

Remark: The right way to start learning something is through repetition and an overview of what one already knows, and independently asking further questions and approaching the topic with concrete questions (which may have "*weltanschauung*"-based meaning).

Remark: The problem of forcing yourself to work amounts to replacing the situation: "I should work now, but I have no desire to do so" with a series of situations (which eventually lead to starting the work) such that, for each of them, the reluctance (inhibition) is small [and the knowledge that it is the right thing to do is great] (for example, reading the maxims for working in *Working Notebook 6*, p. 1, would be such an interposition[278]).

Maxim (Mathematical research):
1. First, the theorem in question is formulated precisely (even in the case of apparent arbitrariness).
2. Then it is asked whether all simple questions are already decided.

[60]

Remark: It is one aspect of God's mercy that it is unreasonable* to work without rest and distraction.

* Or is even impossible.

Remark Theology: Examples of the number five (or four, as the case may be):
1.) Seasons (early spring corresponds to the kingdom of God, late autumn to the antichrist).
2.) Global empires.

---

278 In *Working Notebook 6*, Gödel inserted a sheet of paper with maxims written on both sides between manuscript pages 64 and 65. The sheet is included as Addendum XV in volume 2 of Gödel's Philosophical Notebooks.

3.) Works of the six days (firmament[279] = devil,[280] elements plus heaven (first day) corresponds to the kingdom of God.)
4.) Regular solids.[281]
5.) Five fingers and five toes.
6.) Five main body parts: head, chest, stomach, hands, feet.
7.) Colors (red, yellow, blue, green, white, black[282]).
8.) Times of day: morning, afternoon, evening, night (morning = kingdom of God, evening = kingdom of the devil). [61]
9.) Five senses.
10.) ? Five main activities of the human soul: perceiving, thinking (judging), feeling, desiring, wanting.
11.) ? Four kinds of judging ($a\ e\ i\ o$[283]) (or actually six[284]).
12.) The four dimensions of the world, to which the order of things in God's plan of creation can probably be added as a fifth (time-like) dimension. (There is subjective and objective time, and the objective time of physics is not the subjective time of God.)
13.) ? The four elements[285] plus *quinta essentia*[286] (or light).

There is a structure among the four things:
1.) Two are good and three bad (or the other way around). 2.) One particularly good and the sixth particularly bad. 3.) There is a complementary relation as obtained for the regular solids by exchanging vertices and faces.

---

279 For example, Valentin Weigel's *Das Geheimnis der Schöpfung*, Amsterdam (Betkio) 1701, contains the following on p. 91: "[…] zudem ist auch das Firmament eine Scheidung zwischen den heiligen Engeln und verdammten Teuffeln, denn die Engel seynd über dem vergänglichen Himmel, aber die Teuffel seynd unter dem vergänglichen Himmel, müssen also eingeschlossen bleiben in die 4 Elementa biß an den Jüngsten Tag."
280 Cf. the introduction to this volume and manuscript pages 5, remark theology; 8, remark 1; 44, remark 2; 47; 60, remark theology, items 3 and 8; 63, remark 2; 64, remark 1, item 2; 73, remark 2; 101 f., remark theology; 121, remark theology 2; 122 f., remark theology; 154, item 6.
281 Regular solids are Platonic solids, i.e. tetrahedron, cube, octahedron, dodecahedron, icosahedron.
282 White and black are not colors in the proper sense of the word.
283 In syllogistics, there are four types of judgments: *a* stands for "all S are P", *e* for "no S is P", *i* for "some S are P", and *o* for "some S are not P".
284 Here, Gödel might be alluding to the fact that there are six valid syllogisms for each of the four basic figures of syllogistics.
285 In antiquity, the four elements were fire, air, water, and earth.
286 The so-called quintessence, also called *spiritus*, is ether.

14.) Four gospels[287] plus acts of the Apostles.[288]
15.) Four prophets[289] plus Baruch.[290]
16.) Five books of Moses.[291]
17.) Five different categories of things (inanimate, plants, animals, human beings, spirits).
18.) Four ages: child, boy,[292] youth, man, old man. [62]
19.) Four kinds of death in the parable of the sower.[293]

<u>Maxim</u>: Necessary conditions for reasonable work (in any area):
→ <u>1.</u> One needs to be determined to do it (one must take enough time).
2. External conditions: by day and at the desk.
→ <u>3.</u> Formulate goals and whole course of reflections in words. Do not get lost in generalities and "philosophy".
4. Study the existing literature sufficiently.

<u>Maxim</u>: One needs to force oneself to actually relax [i.e., also not to think about theology, psychology, philosophy, my life, etc.] as one needs to force oneself to do work [namely, useful work]. <u>Maybe read Augustine's Confessions</u>[294] <u>or some work of poetry</u>. The beautiful is recreation.

---

287 The four gospels are those of Matthew, Mark, Luke and John in the New Testament of the Bible.
288 The Acts of the Apostles follows the gospel of John in the New Testament. According to the tradition, their author is Luke the Evangelist, author of the Gospel of Luke.
289 The great prophets of the Old Testament are Isaiah, Jeremiah, Ezekiel and Daniel.
290 The book *Baruch* is a Greek pseudepigraph attributed to Baruch, the secretary of Jeremiah.
291 The five books of the Pentateuch, namely Genesis, Exodus, Leviticus, Numbers and Deuteronomy, are also known as the five books of Moses.
292 The two aspects, child and boy, are often subsumed under 'infancy'.
293 According to Mark 4:3–7, the seed that the sower scatters falls to the ground so that it (1) is eaten up, (2) is burned by the sun, (3) dries up without roots, and (4) is suffocated. In some translations, points (3) and (4) are separated; in others, they seem to be combined.
294 The following edition is contained in Gödel's private library: *Die Bekenntnisse des heiligen Augustinus*, translated by Otto F. Lachmann, Leipzig (Reclam) 1888. Cf. the next remark, as well as manuscript pages 146, remark psychology; 129, remark 1; Philosophy I Maxims 0, p. 216, footnote 319.

1./I 1941

Remark: Mental "blindness" is perhaps remedied simply by "opening one's eyes", that is, by making a mental effort in a direction that has thus far escaped perception. Hence, one way to get there is the systematic exploration of all "directions" of the psychological space. In particular: What directly obeys my will? This is probably the transition from boyhood to adolescence. Thus read Augustine's *Confessions*.

[63]
Remark: Example where our "a priori" form of thinking stands in contradiction to reality: "Time has no beginning" appears to be evident a priori. Is it not similar with the proposition: "The number series has no end"? If the form of thinking stands in contradiction to reality, it probably also stands in contradiction to itself. Cf. also p. 65 below.

Remark: Ultimate cause of the powerlessness of human beings is their indecisiveness [as the "wholehearted" choice of something is the whole secret to success and power]. The cause of indecisiveness is perhaps that we (our will) is partly good and partly bad. God's will is always good; the will of the devil[295] is always bad. This is where their power comes from.

Question: Could the cause of indecisiveness also be that "we know nothing", that is, the objects to be chosen are not completely (with all consequences) shown to us? This is apparently impossible, since something specific is shown after all (even if somewhat blurred). But the cause could be that something different is always shown from one moment to the next [64] (however, in this case, the transition would have to be perceived, hence again something specific).

Remark: There are three different kinds of wealth (and poverty):
1. From God (i.e., the possibility of rightfully having a lot and knowing it).

---

[295] Cf. the introduction to this volume and manuscript pages 5, remark theology; 8, remark 1; 44, remark 2; 47; 60, remark theology, items 3 and 8; 64, remark 1, item 2; 73, remark 2; 101 f., remark theology; 121, remark theology 2; 122 f., remark theology; 154, item 6.

2. From the devil (i.e., the possibility of wrongfully having a lot and knowing it).
3. Actually having a lot of good.
3. can be without 1. and 2. (*A paupertate et divitiis preserva me*[296]).

Remark: The 4 "kingdoms"[297] probably also exist simultaneously in every age in which different people live in different "kingdoms" (under different laws and conditions) (e.g., the Catholic priests in the golden one,[298] etc.). The proposition: "Now, we are in this age" should then be merely understood statistically.

Remark: Why is it that the perception of certain things (books, dramas, scientific treatises) has the effect that everything seems to make sense [one fancies it] and for others the opposite (e.g., the lurid treatise on consistency)?

[65]
Remark: Every book (every treatise, etc.) has a "center" from which the whole is to be understood (this is where one should actually start reading).

Remark: Examples of questions that have "no sense" in the strict sense but still have a unique answer:
1.) What is the sum of two rational numbers (according to the definition for integers)?
2.) What is the right definition of dimension or measure?
3.) How many types of psychological events are there, and how many historical ages? Into how many "parts" does this or that fraction decompose? [Each part has a center.]

In general: The associated *species* are uniquely determined for every *genus*, and likewise the generalizations of definitions to a larger area.

Maxim: The best method for understanding a proposition in some way is to negate it.

---

296 This sentence is not written in classical Latin. The English translation is: Save me from poverty and wealth.
297 According to the Book of Daniel, the four kingdoms precede the end of time and the kingdom of God.
298 The myth of the golden age originated in antiquity and refers to a paradisiacal, ideal state.

Remark: Other examples of contradictions of the mathematical forms of thinking:
1. Every continuous image of a set of measure 0 should have the measure 0 [perhaps the definition of continuity is wrong].

[66]
{To have in mind.²⁹⁹}

Remark: Why is it important to formulate the following in words prior to any activity?
1. The far distant goal.
2. The next goal (and that it is appropriate for the more remote one).³⁰⁰
3. The time one wants to spend on the next goal.
1. and 2., so that a real "decision" comes about. 3., <u>since otherwise, the unconscious* view arises: Everything (including the more remote goal) needs to be done today.</u>

* Infallible. Remark E.-M. E.: Alternative reading: and fallible.

Remark: In order for the work to thrive, it is best to have either much or very little time [but much is better].

Question: What are the smallest items at work (and also elsewhere) that one should do either completely or not at all?

Maxim: At work, where possible, write everything in the notebook immediately and only write momentary and short things on slips of paper (which are then thrown into the wastepaper basket). [This ensures thinking in words and avoids fantasizing.]

[67]
Remark: When one has something in mind (e.g., a proof idea) that later turns out to be unfeasible, something about it always remains feasible, and one has only failed to see what that something is. Or at least something similar is feasible (for a different matter).

---

299 Gödel further touches upon 'having in mind' in the first remark on manuscript page 67.
300 Items 1. and 2. are joined by a curly bracket in the left margin.

Remark: Good example of false identification slumbering in unconsciousness (and may cause harm for intuitions) and which is only remedied by formalization: coordinate system = increasing sequence of linear subspaces (in a linear space). Examples of slumbering false evidence:
$A \wedge B = B^n \wedge A^m$ in a group $\to$ every element of the group $\{A, B\}$[301] can be represented in the form $B^k \wedge A^l$.

Maxim: Clarify before starting work (in every area) every day:
1. What is the next goal?
2. Overview of what has been done so far, and
3. what is to be done today.

[68]
Remark: Mistake when doing mathematical research: In order to determine whether an idea works, the questions A, B, C need to be decided. It is hard to decide A, and one struggles with it for a long time, though it is easy to decide B in the negative.

Remark: Principle for implementing a mathematical idea: If it is not entirely clear, first try for simple examples (in particular, when it is an induction, first 1, 2, etc.).

| Maxim: When doing mathematical work always write down everything (and write neatly), and nothing on scratch pads.

| Remark: My slowness in the implementation of correct ideas is due partly to fatigue, partly to lack of practice and lack of "knowledge".

| Maxim: When working, consider explicitly which ideas you currently follow, whether they have the prospect of being feasible and how they should be implemented, and whether they are right for the higher goal.

---

301 Not to be read as an insertion here.

[69]
Remark: Main mistake when working: On the one hand, I never completely decide to try out an idea (due to having thought about usefulness and feasibility too little). On the other hand, I too often get stuck on hopeless ideas.

Remark: Different mistake when doing mathematical work: Even before I have carried out the initial proof idea, I somehow notice what is "essential" about the proof and work out the essential with the expectation that in this way, one must "automatically" ("blindly", as it were) come across the sought-after theorem (first prove convincingly, before proving elegantly).

Remark: The behavior of a perfectly rational being must be that it does nothing (carries out no act, i.e., sets no goal) until it knows which goal needs to be chosen first. Then until it knows which means to take first toward this goal, and so on, until it reaches the realm of the "implementable", etc. The most important thing is that it is always under the reign of exactly one goal. [70] (This is based on the theory that the best is always completely unique.)

This program is correct in itself but needs to be adapted to human weakness (cf. Descartes, provisional rule[302]).

Remark: The question of which direction one can take in mathematics is the same as: Which questions can be solved merely by "clarifying" the concepts? Or: Which problems can be solved by natural reason (or by the mathematical method, used *lege artis*) alone?

Remark: When solving mathematical problems, one still needs to distinguish (among the solutions that have no logical mistakes or gaps) between "right" and "wrong" solutions. Examples:

---

302 Descartes's so-called provisional moral code is contained in part three of his *Discours de la méthode*. The maxims given there are rules for how to act in daily life, even when one does not yet have rational reasons.

1.) Representation of numbers by quadratic forms;[303] a.) by "bounding";[304] b.) by equivalence theory.[305] 2.) Reduction of real functions[306] to integer functions;[307] a.) by values for rational points,[308] b.) by Fourier coefficients.[309] 3.) Fertilization of the higher types; a.) by concept of truth; b.) by theory of functionals[310] and function space.[311] 4.) "Computable"[312] and intuitionistic function.[313] [71] 5.) Right and wrong definition.

Remark: Can one also lie by telling the truth, and vice versa?

---

303 The representation of natural numbers by integral quadratic forms is a topic in number theory. *Darstellung von Zahlen durch quadratische Formen* [Representation of numbers by quadratic forms] is also the title of a monograph by Heinrich Jung from 1936. However, the formulation in the German text is likely not a reference to this or to another title.
304 'Bounding' means restricting by a bound. In mathematics, one talks of upper and lower bounds that are not crossed by a function and of bounded functions when there are upper or lower bounds for the function.
305 Equivalent quadratic forms represent the same numbers.
306 A real function f is a map from the real numbers to the real numbers. Cf. the footnote to manuscript page 47.
307 A function with only integer coefficients is an integer function.
308 The group of rational points is formed by the points with rational coordinates on the unit circle.
309 If one has a real-valued function f, one obtains real-valued Fourier coefficients. Fourier coefficients are the coefficients of the expansion of a function into a Fourier series. A Fourier series is the development of a periodical, piecewise continuous function into a function series consisting of sine and cosine functions.
310 Functionals are mathematical objects that have functions as their arguments. Here, they refer to functions that take functions as arguments, i.e., functions or mathematical objects of a higher type. Gödel uses the expression 'functional' again in his 1958 article "On a Hitherto Unutilized Extension of the Finitary Standpoint", reprinted in: Kurt Gödel, *Collected Works*, vol. II, pp. 241–251, here p. 245, footnote 5.
311 A function space is a set of functions endowed with a topological structure.
312 The concept of an effectively computable function is an informal concept, which is formalized by the concept of a recursive function and by the concept of a Turing-computable function. Classical recursive mathematics is concerned with computable real numbers, while in constructive recursive mathematics, recursive functions are applied to subsets of the natural numbers to construct the real numbers.
313 When read as "intuitionistic" function, this expression would have to be understood in the sense of constructive recursive mathematics, which was mentioned in the last remark. The reading that has it as "internal" function, which seems to be more natural at first, can be ruled out as this is a concept of nonstandard analysis, which was only founded in 1961 by Abraham Robinson.

Remark: 16. Change the "point of view",[314] for example: Transition from coordinate transformations[315] to point transformation[316] or Weyl's way of treating the reduction[317] or the way that subformulas and formulas are defined so that there are different formulas of the same shape. Cf. p. 73.

Maxim: The decision (at the start of the work) regarding what must happen today must be precise* (in particular also with respect to the duration of the work). And after the goal has been reached, a new decision needs to be made concerning what else must be done. In general, occasionally (say, every hour) interrupt work and consider: What is finished, what is to be done?

> *That is, so that it can be determined when the goal is reached.

Remark (Psychology): The psychological objects (perceptions as well as acts = decisions = definition of goals) are completely determinate and precise (so that it is determined of every two whether they are equal or different, etc.). But our perception of these is partly incomplete and partly wrong.** But since [72] we have the wrong axiom: "When we perceive (or do) A, then we also know that we perceive (do) it, and if not, then not", so it follows that we often do not know whether we have perceived A or not, that we have neither perceived it nor not perceived it. This means that the perceptions (the actions) are not determinate (imprecise).***

> **This is the meaning of the word "imprecise".

> ***This false view immediately excludes every theory about psychological phenomena (and that is probably its point).

Remark Psychology: Thus, in reality, every time interval is filled with an objective, completely precise series of perceptions and decisions (or lack of decisions, as the case may be). It would be very important for me to actually make this chain in detail once. <u>For example by using one hour for the description of the work thus far after every hour of work.</u> The main mistake (sin) that I would discover in this way would probably be that I look at myself too lit-

---

314 Continuation from manuscript page 34, "important activities of the mathematician".
315 A coordinate transformation is a translation of the coordinates of a point or a set of points in one coordinate system into those concerning another coordinate system.
316 In a point transformation, it is not the coordinates that are transformed but the points. The coordinate system remains fixed.
317 See, e.g.: Hermann Weyl, "Theory of Reduction for Arithmetical Equivalence", in: *Transactions of the American Mathematical Society* 48 (1940), pp. 126–164.

tle (because the microworld reflects the macroworld,[318] and this is my main mistake in the microworld (of the psychological realm)).

[73]
Remark: The proposition $a = b \lor a \neq b$ is the right criterion for a, b being objects* (i.e., are "determinate", in contrast to being imprecise or indeterminate). This is probably the highest "form of thinking" that forms the basis of all theory formation.

* Not that we have $a = a$ everywhere, which is to be replaced by $(\forall x) [a = x \lor a \neq x]$ or by $(\forall \phi) [\phi(a) \lor \neg\phi(a)]$.

Remark: Did the devil[319] manage to create something "indeterminate" (i.e., something that is not a thing), or does he only manage to evoke the delusion that he has created something like that?[320] [The free variables in a proof may denote something like that.]

Remark:
17. Definitions in such a way that only meaningful when actually meaningful.[321]
18. Obtain an overview, that is, turn into a surveyable motivated! structure and thereby keep it in mind.

Cf. p. 131.[322]

Remark: The introduction of the negative numbers may be wrong.** This is made plausible by the following: [74]

** That is, unsuitable for solutions of the elementary problems.

---

318 By 'microworld', Gödel means the psychological inner world of the human being, while the 'macroworld' is the world that surrounds him or her. Cf. also this volume, manuscript page 49, remark 1.
319 Cf. this volume, manuscript pages 5, remark theology; 8, remark 1; 44, remark 2; 47; 60, remark theology, items 3 and 8; 63, remark 2; 64, remark 1, item 2; 101 f., remark theology; 121, remark theology 2; 122 f., remark theology; 154, item 6.
320 See René Descartes, *Meditationes de prima philosophia*, where Descartes introduces the evil demon (*genius malignus*) in order to extend his methodological doubt to the principles of knowledge. The evil demon also appears in writings on witch hunting and demonology, where the devil and demons deceive humans into believing false and misleading facts. The devil cannot create anything but can only pretend that something is the case. For demonology, see *Time Management (Maxims) I*, pp. 373–374; for witchcraft, see *Time Management (Maxims) II*, pp. 410, program, item 6; 460, item 4.
321 Continuation from manuscript page 71, remark 2 ("important activities of the mathematician"). Alternative reading: define. Most 'alternative readings' are not comprehensible as genuine alternatives in English, and thus they have generally not been provided. As things are different here, however, the alternative reading is indicated.
322 Item 19 of "important activities of the mathematician" occurs on manuscript page 131.

1. Almost all proofs use the relation >, that is, ∃ a + number.³²³
2. Very often in proofs for negative numbers, case distinctions (in + and −) are made.
3. In geometry, polar coordinates³²⁴ may be the right thing (astrology and center of the world).
4. The δ-function ($\delta(x+1) = x \quad \delta(0) = 0$ seems to be reasonably defined).
5. For a measure function,³²⁵ the assumption ≥ 0 is essential.

Remark: In mathematics, the distinction between theory and application is somehow absolute (forms a hierarchy of types). The lowest levels are Diophantine problems* ³²⁶ and the problems of elementary geometry (= physical problems). The foundations form the top of this hierarchy.

* = combinatorial problems.

Remark: Do not approach too much work where decisions are necessary (where I do not know at all yet how it goes) and which I do not feel like doing, and approach it while lying down. Contrast Heyting calculus.³²⁷

Maxim: Do not write too much at work (right concepts), otherwise [75] there is a danger that thinking will vanish. In particular, one

---

323 Alternative reading: ∃, −, +, number.
324 In a polar coordinate system, a point in a plane is determined by the distance r from a given origin (pole) and angle φ between the connection between the point and the origin and a given line through the pole (polar axis). r/φ are the polar coordinates.
325 A measure function is also called a measure. A measure is a function that assigns non-negative, real numbers to the subsets of a ground set, which describe their quantity.
326 The writings of the Greek mathematician Diophant (who probably lived around 250 B.C., in Alexandria) contain calculation rules for the generation of Pythagorean triples of three natural numbers; therefore, problems concerning integer solutions of equations are also called Diophantine problems. They are combinatorial problems.
327 In 1930, Arend Heyting succeeded in formulating an intuitionistic proof calculus that agrees both with Hilbert's formalistic standards and with Brouwer's intuitionistic ideas. See "Die formalen Regeln der intuitionistischen Logik", in: *Sitzungsberichte der Preußischen Akademie der Wissenschaften, physikalisch-mathematische Klasse*, Berlin 1930, pp. 42–56. Cf. also Gödel's early works on Heyting's propositional calculus: id., "Zum intuitionistischen Aussagenkalkül" 1932; id., "Zur intuitionistischen Arithmetik und Zahlentheorie" 1933; id., "Eine Interpretation des intuitionistischen Aussagekalküls" 1933, reprinted in: Kurt Gödel, *Collected Works*, vol. I, pp. 222–224, 286–294, 300–302.

should try to obtain an overview before writing (of the sentence and the concepts involved), preferably on the couch.

Remark Philosophy: Is there a unique "transformation of meaning", which, on the lowest – the corporal – level uniquely maps to the mental, etc., and which makes it possible to uniquely construct the corresponding esoteric doctrine from every exoteric one? (Or perhaps also within the corporal realm; back = flight, etc.) Which one is the theory of the "right" word formation (both words for abstract concepts from words for concrete concepts and perhaps words for composite concepts from simple ones)? When carried out completely, this probably yields the "right" language (cf. p. 17 bottom).

Program (Psychology): Analysis of the previous psychological remarks with the help of the psychological concepts acquired so far and the assumption that the psychological events are always "objectively determined".

[76]
Remark: Perhaps one should learn the Bible by heart, even where one does not understand it, just as one first repeats sounds before learning a language.

Remark: The feeling for evidence[328] (or the feeling that this is better than that) is perhaps an (albeit imperfect) perception of the object. However, the proof is no perception of the object at all (but a symbolic construction); hence it is in principle less perfect.

Remark: For certain things, there is a tendency to underestimate them in their meaning (and complexity).* For example: A single new definition (or new symbol) means tremendously much; a single formula is equal to a whole country in its inner relations; a single extra quantifier yields a new "level of infinity" with a new concept of truth; a single proof is immense and wonderful; likewise a new undefined "idea".

* This has the consequence that one takes too little time to look at them.

Remark: Listening is a preliminary step to accepting.

---

328 For 'evidence', cf. *Philosophy I Maxims 0*, p. 187, remark 1; *Time Management (Maxims) II*, 439, remark 3.

[77]
Remark: What are the "categories" and the "magic word" of historiography (such as *actus, passio*,³²⁹ *finis*,³³⁰ object and activity in psychology)?: "Power is passed on to...".

Remark: Categorize the speeches of Jesus Christ according to those to whom he spoke (people, Pharisees, individual persons, single cities, etc.).

Question: What is the center of the gospel?

Remark: Fear (or gratitude and happiness) is the beginning of prayer.

Remark: Perhaps one should always take a break after reading a paragraph (or consider the content and read the same passage again), because it is only the first paragraph that I read with understanding and pleasure.

Remark: For research activity,³³¹ there are three different activities:
1. Achieve new results (solve questions that are not yet solved or [77.1] define things that are not yet defined).
2. Put the old results into a better form (i.e., simpler and more elegant proofs and definitions, leave out the inessential and emphasize the essential mathematical content). This is the activity a mathematician should know (this is mathematics *lege artis*).
3. Publication of results achieved so far with the definitions found so far and proofs (possibly inessential improvements) or compilation of these results for myself with exact formulation (albeit not with completely elaborated proofs).

Remark: Perhaps I should first learn to do something reasonably* before learning to do what is reasonable and the right thing for the goal currently being pursued (because when something is done reasonably, the desire to work increases, and then, through reflec-

* The thing I desire to do most.

---

329   Cf. *Philosophy I Maxims 0*, p. 183, remark parapsychology, and explanation.
330   Cf. explanation for remark 4 on manuscript page 16.
331   For research activity, cf. also *Time Management (Maxims) I and II*, pp. 391; 468; Addendum IIIb, 4v, p. 500, item 36.

tion, it may be possible to do what is reasonable (this is an application of the principle [78] of modesty and approximation).

Remark: The construction of existence statements[332] is the only thing required for the solution of any problem.

Remark (Psychology): Characteristic ways in which sin appears in consciousness: "Only one more time", "Just not today", "This is wrong but of no importance (done at once)", "Once is never".

Remark (Entry for the psychology notebook[333]): The goals can be categorized into two classes: external and internal (an internal goal is having a perception). The regular process of acting proceeds in such a way that the choice of a goal is succeeded by the perception of a possible means. This is either accepted or rejected (or neither of the two, which amounts to a rejection). Then, another means (for the current "lowest goal") comes to mind, whereby the respective lowest goal also comes to mind (not losing sight of the goal). After a while, the desired perception occurs as a means of achieving the lowest goal. [79] This is then carried on together with the respective lowest goal, so that the choice of means is made on the basis of what is presented, in consideration of what was last "achieved" (this consideration is prior both to the perception of what is presented and to the choice of the next means). The lowest goal can also be given up due to certain perceptions that occurred on the occasion of its "effort".

Question: Which anomalies of these processes can occur on the part of acts of choice (sins) on the one hand and on the part of acts of perception (punishment) on the other? If someone does something wrong, it is often difficult to decide whether this happens due to perception of acts of choice (whether it is "his fault"). Cf. p. 79 top.[334]

---

332 Cf. *Time Management (Maxims) II*, Addendum IIIb, 3v, p. 498, item 26; Addendum IIIb, 4v, p. 500, item 37; Addendum VII, 1, p. 511, item 1.
333 No such notebook could be retrieved in the *Nachlass*. Cf. also the footnotes to 'program' on page 405 of *Time Management (Maxims) II*. Only bibliographies on psychology are contained in Gödel's *Nachlass*, namely in box 9b, series V, folder 5, initial document number 050024, and ibid., folder 6, initial document numbers 050025–050027.
334 Since this is page 79, Gödel presumably made a slip of the pen here. It could refer to manuscript page 97, remark psychology 1.

Remark: From an abstract point of view, a formula is a structural scheme the elements of which are the subformulas and the basic relations of which are the "connectors". In particular, the subject matter denoted by the formula belongs to the "realization of this structural scheme" (corresponding to the different Euclidean spaces[335]) (i.e., this is the "universal object" for the respective realization).

[80]
Remark: It could be, after all, that there are perceptions of something "indeterminate", namely if either "intensional object"[336] is not a psychological category or if there are psychological events without intensional objects, and perhaps all of our psychological events are like that (but there appears to arise the misperception that they have such an object).*

<small>* This theory is unlikely, however, because then the world would have had to change completely after the fall of man.</small>

But it is also possible that every perception has a determinate intensional object, but then again we often do not know what this object is or that we have a false opinion about it. [For example: We believe that some idea is an intensional object, while it is actually a mere symbol. The number 100, for example, can never be an intensional object but only a symbol for one or a "combination of ideas" with the same meaning so that the single ideas are perceivable.]

Question: When one listens to a speech, are the words a part of the intensional object or only their meaning? [In general, only that to which attention is directed or everything else?] If the former, then it is possible to perceive through memory objects that are never perceived directly. The opposite assumption tempts one to presume that at every moment, the intensional object and infinitely many things persist but have a "different brightness". (There is a maximum of brightness, and the structure is that of a mountain.)

---

335 A Euclidean space is a space for which the axioms of Euclidean geometry hold true. This could refer to David Hilbert's axiomatization of Euclidean geometry or to a vector space over the field of real numbers with a scalar product, the Euclidean point space or the coordinate space R3 with the standard scalar product.

336 Cf. *Philosophy I Maxims 0*, pp. 186; 190; 205 ff.; 213; 218 ff. 'Intensionally' is usually defined purely negatively as non-extensional. However, what is defined as intensional by philosophers like Frege, Russell and Husserl – authors whom Gödel read – varies greatly, whereas the intentional object is what a mental state is about, what it is directed to. Gödel uses both the concept of an intensional object and the concept of an intentional object. The latter can be found, e.g., in *Max IV* on manuscript pages 279 ff., in particular manuscript page 280, remark philosophy 1: "The intentional object is nothing else but a predicate that expresses suffering and applies to the soul."

However, all of these parts [81] of perception never become conscious (and can never become conscious). That is, it can never be perceived that they are perceived. (Leibniz's theory of the infinitely many confused perceptions*[337] and the theory that we always perceive something.)

* Unconscious perceptions.

Remark: Question: Can one also make someone do something wrong through his conscience? (For which he will then have to atone.) That is, he will then do something he does not like doing (thus against his passions) from a "sense of duty". But it is wrong (the sense of duty is wrong because he did not follow the right sense of duty before).

Example: If someone works for a living when he should instead search for the truth (Sermon on the Mount[338]). Perhaps this is the method that the "noble ones" use to make the people work for them?**

** That is, they alone take advantage of the acts of Christ.

Remark: The sense of duty (like the joy in beauty and truth) belongs to those passions that are not caused by an "act" but which are "given" to us.

Remark: "Formalizing"[339] and "extensionalizing"[340] are both special cases of the transition from intension to extension.[341] (But what is the reverse process?)

---

337 Leibniz's *petites perceptions* are unconscious, indeterminate perceptions arising from blurred sensations. They can, however, become conscious apperceptions if they exceed a certain threshold of consciousness. In addition, Leibniz's conception also contains perception as a vague, blurred preliminary stage of thinking.

338 The Sermon on the Mount is contained in Matthew 5:5–7. 5:6 reads: "Blessed are those who hunger and thirst for righteousness, for they will be filled." The respective passage in John 6:35 contains the following: "And Jesus said to them, 'I am the bread of life. He who comes to Me shall never hunger, and he who believes in Me shall never thirst'" (New King James Version).

339 For 'formalizing' and 'formalization', cf. *Philosophy I Maxims 0*, p. 195, side-note; *Time Management (Maxims) II*, Addendum IIIb, 1v, top of p. 496; Addendum IIIb, 3v, p. 499, items 28 and 33.

340 Cf. manuscript pages 28–29, remark mathematics, item 5; 31, item 10; 32.1, remark 1, item 1.

341 Cf. the footnote to the remark on mathematics on manuscript page 28, item 5. Gödel offers an intuitive example in *Max IV* on manuscript page 208: "Remark (foundations): The transition from set and relation to 'structure' [e.g., abstract group] is a similar step as the one leading from concept to set (extensions)."

[82]
Remark: Perhaps the only human freedom is to make assumptions (insofar as the actions of every human are uniquely determined by his faith*). Or even for every creature?

* And the passions.

Remark: Direct transmission of the spirit of something:
1.) *Garden Theatre*,[342] picture.
2.) Presumption that everyone has changed their mind about me.
3.) "Curses" Aflenz.[343]
4.) Known things come to my mind, which answer certain questions or which apparently inspired me to do something.
5.) Confusion about the death of a human being and modification of the image one has of him (disappears after the funeral).

Possible explanations:
1. By unconscious analysis of perceivable attributes.
2. By direct influence on the mind.
A. With perceivable attributes that persist by accident.
B. Without these. Cf. philosophy notebook, p. 36, and this notebook, p. 97.[344]

{Up until here.}

Remark: The whole content of my maxim notebooks and the remarks, as well as the rubrics of the main register,[345] do not necessarily need to "be worked through". They can also be regarded as

---

[342] The Garden Theatre is a (historical) cinema on Nassau Street in Princeton, New Jersey, which now belongs to Princeton University.

[343] From August 17–29, October 2–24, and October 31–November 21, 1936, Gödel was in Aflenz, a health resort that he had visited earlier with his parents. Cf. Dawson, *Logical Dilemmas. The Life and Work of Kurt Gödel*, p. 11 (to be abbreviated as *Logical Dilemmas* in the following). In Aflenz, he wrote a notebook in 1936 that carries the title *Aflenz 1936 (Analysis, Physik)* but also contains remarks on philosophy.

[344] In *Philosophy I Maxims 0*, p. 192, remark 1: "However, the relevant thing in these matters is apparently 'the spirit', which is somehow transferred directly."

[345] No main register could be retrieved in Gödel's *Nachlass*. English translations of the registers for Gödel's working notebooks and the notebooks on logic and foundations are provided in Dawson and Dawson, "Future Tasks for Gödel Scholars", pages 27–31 and 40–42. Cf. also the references to the main register in Gödel, *Time Management (Maxims) I*, p. 348, maxim 1. For registers in general and the main register, cf. *Time Management (Maxims) I*, pp. 355, item III; 356, items o, a, e and f; *Time Management (Maxims) II*, pp. 459, maxim 2; 463, item 21; 470, remark 1; Addendum II, 6, p. 480, item 15.

a working notebook[346] (only written down because of the formulation).

[83]
Remark (Maxim): Maybe: 1. Reaching a decision means A appears to be substantially better than $\neg A$. Perhaps reflect for at least five minutes before taking up anything at work. If this does not yield a decision between A and B, and no decision is reached about the means that could lead to the decision, then try out one of the two.

Remark:[347] Difference between "all" and "every single":[348]
$(\exists F) (\forall x) (\forall \alpha) (\forall x F(x))$ $(\forall x) (\exists y) (\forall \alpha) (xy)$.

Remark: The goals at work can be classified into two groups:
A.) Those one knows in advance one can achieve (e.g., (somehow) execute a proof in detail (with prescribed details) or read a (good) paper) and for which one can even roughly estimate in advance how much time this will take.
B.) Those for which one does not know this: 1.) deciding a question, 2.) rewriting a proof in the simplest (most satisfying, right) form, 3.) reading substandard and incomplete papers and completing them.
(In the case of 2.), no sharply defined goal is formulated; thus it is particularly dangerous to lose oneself in boundlessness.)

[84]
Remark: In the property of "weakness", sin and punishment[349] are inextricably intermingled. The punishment is that what was chosen does not occur [because the right thing was not chosen earlier]. The sin is that the right thing is not chosen because the

---

346 Gödel had several working notebooks. See *Arbeitshefte 1–16* on mathematics in box 5c, series III, folders 12–28, initial document numbers 030016–030034.
347 Cf. *Time Management (Maxims) II*, Addendum IIIb, 4v, p. 500, after item 37.
348 Bertrand Russell refers to the difference between 'all', 'every', etc., in *Principles of Mathematics. Part I: The Indefinables of Mathematics*, Cambridge (Cambridge University Press) 1903, pp. 61–62, No. 62, as does L. E. J. Brouwer in his dissertation *Over de grondslagen der wiskunde*, Amsterdam/Leipzig (Maas und van Suchtelen) 1907, p. 135.
349 The relationship between sin and punishment is an issue that Gödel addresses frequently, e.g. in *Time Management (Maxims) II*, p. 469, program psychology, side note: "Punishment is of the same category as sin"; as well as on p. 473, axioms, item 1; this volume, manuscript pages 18–19, remarks 1 and 2; 57, remark psychology, ethics; 79, question; 152, axioms.

smaller present good was preferred to the later greater good in an act of short-sighted stupidity.

Remark: Applying oneself in order to achieve something means: choosing the same goal time and again, even though one has been unsuccessful thus far (and perhaps negative success was even achieved, namely suffering).

Remark Foundations: When one precisely analyzes any proof that is completely familiar to the mathematician, one is surprised by the tremendous complexity underlying the subject matter. The possibility of mastering it depends on having the right "point of view" [e.g., $\mathcal{U} + \mathcal{W}$ defined by $+ \mathcal{W}'' \mathcal{U}$ and not by $\phi \in \mathcal{U} + \mathcal{W} \equiv \phi - \mathcal{W} \in {}^{350} \mathcal{U}$] or whether one introduces a new language n' for $F(k(n))$.

Different example: existence of non-primitive recursive functions[351] and undecidable propositions without the concept of truth.[352] Cf. p. 87.

[85]
Remark: Completely seeing through what is simple automatically implies seeing through what is more complicated.

---

350 $\in$ is a mathematical symbol that signifies that an object is an element of a set. The symbol ϵ (abbreviation for 'esti' in Greek) means 'is' or 'is an element of'. Its use became widespread through the work of Ernst Zermelo and the *Principia Mathematica* by Whitehead and Russell.

351 These are total functions that can be obtained recursively from certain primitive elementary functions (such as the zero function, the successor function and projection to an argument) by composition and so-called primitive recursion. The expression 'primitive recursive function' does not yet appear in Gödel's work from 1931 ("Über formal unentscheidbare Sätze der *Principia Mathematica* und verwandter Systeme I"), although primitive recursive functions play an important role in this work. The expression was first used in an article by Stephen C. Kleene from 1936 ("General Recursive Functions of Natural Numbers", in: *Mathematische Annalen* 112, pp. 727–742). The expression 'primitive recursion' was first used by the Hungarian mathematician Rósza Péter in 1934 in her work "Über den Zusammenhang der verschiedenen Begriffe der rekursiven Funktionen".

352 In Gödel's work from 1931, he did not rely on the concept of truth in formulating his incompleteness theorem. This was probably because, in Gödel's words, "a concept of objective mathematical truth ... was viewed with [the] greatest suspicion and [was] widely rejected as meaningless." Cf. John W. Dawson Jr., *Logical Dilemmas*, pp. 58–59.

Remark Foundations: There may be primitive ideas,[353] similar to the concept of "absolute provability",[354] that underlie mathematics but are anxiously avoided in proofs (as one might anxiously avoid color designation in front of a child). Perhaps the idea of the "right designation" (or "meaning relation") is of this kind.

Remark: Important proof principle: Achieve an induction proof[355] by sufficiently augmenting the assumptions.

Remark: The empty set (the empty space) is an amphibian between nothing and something. Likewise, a negative theorem[356] is between a theorem and no theorem (thus, it is an approximation to knowledge, just as a purely existential statement[357] is an approximation to a construction).

[86]
Remark Psychology: Choosing the Kottler[358] lecture (as opposed to Furtwängler[359]) is objectively right and subjectively not right. Only because of previous wrong decisions (namely: not taking notes,

---

353 For 'primitive ideas', cf. *Philosophy I Maxims 0*, p. 184, and ibid., footnote 221.
354 For the connection between 'primitive ideas' and 'absolute provability', cf.: *Philosophy I Maxims 0*, p. 184, and ibid., footnote 221; see also in particular Hao Wang, *A Logical Journey*, p. 268, Nr. 8.4.21: "Absolute demonstrability and definability are not concepts but inexhaustible Kantian ideas. We can never describe an idea in words exhaustively or completely clearly."
355 The proof method of complete induction is essentially used to show that a proposition $P(n)$ is true for all natural numbers $n = 0, 1, 3, 4, \ldots$ Since the universal proposition comprises infinitely many cases, it is impossible to prove each case separately. For this reason, it is first shown that the proposition holds, e.g., for $n = 0$ and then that it holds for $(n + 1)$, provided it holds for n.
356 A negative theorem is a theorem that expresses the impossibility of making a certain claim.
357 Cf. manuscript page 57, remark 1: "An existence proof is an approximation to the construction of being."
358 Theoretical physicist. Kottler was a private lecturer and from 1923 on held a professorship at the University of Vienna. Kottler had to leave Austria in 1938.
359 Philipp Furtwängler. German mathematician, taught in Vienna. Gödel called him his teacher.

not getting up early enough, not to Smekal,[360] but to Ehrenhaft,[361] no rational time management).

Remark Theology: The four elements could be: light, matter, positive and negative electricity. The fifth would be empty space.

Remark Theology: Perhaps reason is able to understand everything that lies below it (space, number, matter, animals) but not itself and that which lies above it (angels and the higher types).

Remark Theology: What are the four (or five) main worldviews? Science, astrology, formalized theology (Manichaeism[362]), non-formalizable Christian theology? Some exoteric and an esoteric form. Main differences:
1.) Is there a God? [87]
2.) Is the soul immortal?

Remark: An important principle of correct designation is: Things that are very similar (or play the same role in the consideration (are structurally similar)) must also not differ too much symbolically (for example: a', $\bar{a}$, $\mathring{a}$). Frequently in natural thinking, no distinction whatsoever is made between these things. Example:

---

360 Adolf Smekal. In 1920, he completed his habilitation in physics at the University of Vienna and joined the Technical University of Vienna in 1921, where he received a teaching assignment. In 1927, he was appointed associate professor at the University of Vienna, and in 1928 he obtained a position at the University of Halle.

361 Felix Ehrenhaft, physicist, 1905 habilitation in Vienna; in 1912, he became associate professor, and in 1920 he became full professor and director of the newly founded III. Department of Physics at the University of Vienna. His lectures were very popular. Ehrenhaft had to leave Austria in 1938.

362 Manichaeism is a dualistic and gnostic revealed religion from late antiquity, according to which the realm of light and the good is opposed to a realm of darkness and evil. "Formalized theology" could refer to Augustine's critique of Manichaeism, according to which the Manichaeist ontology has a purely cosmological orientation and its doctrine a purely rationalistic one, while religiosity and an independent spiritual world do not occur in Manichaeism. Moreover, there were statements about Manichaeism and formalized theology in the 1930s that referred to tendencies within Manichaeism and research on it (see the introduction to this volume). Gödel took particular interest in Manichaeism; for example, the title page of the copy of *Die Bekenntnisse des heiligen Augustinus* in his private library contains the following note by Gödel: "Manicheismus p. 66–69, 134". Moreover, a bibliography compiled by him contains further entries concerning Manichaeism; cf. the introduction to this volume. On the Manichees and formalized theology, see also *Max IV*, manuscript pages 264 ff., quoted in the introduction to this volume.

subformula and shape of this subformula, regarding a subformula of A as a part of A or regarding it as a part of a subformula of A, a subformula of A and the "corresponding" subformula $Sb\,(A_y^x)$, the two kinds of substitutions.

Remark (Foundations): An important principle for obtaining an overview of a subject matter is: One artificially simplifies (in non-agreement with the states of affairs). That is, one takes propositions to be right that are not right (but are almost right) and does not distinguish between things that are not the same (but almost the same). After obtaining the "main structure" in this way, one works out the details. [88] This is easier the better the designation satisfies the previous remark.

Remark (Psychology): The passions are partly restricted (love of the good, beautiful, true and sense of duty and conscience), partly the result of acts of choice (in particular, all the bad things). The prediction of what humans do and their control (like the striving of an infusorium[363]) needs to occur in such a way that one knows:

1. Which acts occur for given emotional dispositions (empirical characters).*
2. How is the empirical character changed by given acts of choice? And what is the initial disposition?

*The empirical character is comparable to the direction of a spin axis.

Question: Can one only learn to work under external duress, that is, by making use of bad passions (such as human fear, material progress, ambition, complacency, vanity)? Or do the sense of duty and the love of truth suffice under certain circumstances?

[89]
Remark: When one wants to learn something, one needs to focus one's attention alternately on the subject and adherence to the respective maxims (learning language). In particular, learning to work is also about generating habits.

Remark: The preliminary considerations (e.g., choice of a definition or a system) are to be formulated in words as well [and to be written up properly] (considerations of the second level).

363 An infusorium is a unicellular ciliate.

Remark (Psychology): Is understanding = distinguishing? (= recalling according to Plato[364])

Remark (Psychology): Can one perceive a perception (in memory) without also perceiving the object of perception? The perception is somehow structurally similar to the object in some way (or is the object a part of the perception?) (Two perceptions are equal when their object is equal, and vice versa.)

Remark (Psychology): The process of getting to know (external objects) is similar to that of eating and digesting. Sensual memory images vanish after a while (are forgotten), but their product (certain judgments) is permanently incorporated into the soul.

Remark (Psychology): Which objects are actually in me, and which are mere [90] internal images?: For example, joy is actually in me (but not in the case of remembered joy). Ideas are actually in me,* but for physical objects** only images are in me. Is the intensional object[365] always the image of something? (No.)
Does memory consist in recalling the same*** object or in evoking an image of this object? (Or the perception of this object?)

* But one can also see ideas from different sides (different definitions or structurally similar realizations).
** Because one can also see a table from different sides.
*** Intensional.

Remark (Psychology): The modality of the state is due to sin: First, something is shown in the right light, but the right choice is not made (rather, no choice is made). Then it is shown in the wrong light (but in such a way that, even then, one should not make the wrong choice but ask for "more light"), and then the wrong choice is made.

Remark (Foundations): "a" would mean: "sign for", if the relation were one-to-one.

---

364 In the Platonic-Aristotelian philosophy, thinking is understood on the basis of acts of distinguishing – in Plato, in order to be able to say "what something is", while Aristotle speaks of a method for analyzing general concepts by means of more specific ones in order to find definitions. In the case of understanding in the sense of learning, Plato encounters the difficulty that is posed by the eristic thesis of the impossibility of learning. He solves it by assuming the existence of prior knowledge that can be recalled.

365 Cf. explanation on manuscript page 80, remark. Cf. also *Philosophy I Maxims 0*, pp. 186, remark 2; 190, at the top; pp. 205 ff., at the bottom; 213, remark 2; 218, question 2; 219, remark 1; 221, question.

[91]

Maxim: Set the alarm clock also for going to sleep[366] (for turning off the light).

Remark (Psychology): There are the following possibilities concerning one's "view" on a topic:
1. One has explicitly thought about it but without a conclusive result.
2. One has explicitly thought about it but with a conclusive result.
3. One has not thought about it but formed an opinion.
4. One has not thought about it but has an opinion (without ever having formed it).
5. One has no opinion about it but believes one has one.
6. One has no opinion about it and does not know whether one has one.
7. One has no opinion about it and knows that one does not have one.

When one wants to express one's opinion about something, it can happen that this does not work (i.e., that one says something that represents the opposite of the opinion).

Remark Psychology: It is indeed unbelievable what one does not know of one's own psychological events (acts and perceptions). But it is still the case that one "can find out about it" in most cases if one wants to, and that the lack of knowledge [92] is still my fault in a way.

Remark: Invariance[367] is a kind of distributivity.[368]

Remark (Philology): In order to be able to understand, one should listen, whereby one only needs to care about certain things (answers to concrete questions), not every word, and attention should be focused on these.

---

366 Cf. *Time Management (Maxims) II*, Addendum IIIa, 4, p. 493, item 56.
367 Invariance is the stability of a certain quantity (the invariant) under certain transformations.
368 Applicability of the distributive law to an operation. Distributive laws are mathematical laws that describe the compatibility of two binary operators when removing parentheses (hence something like $a \times (b + c) = (a \times b) + (a \times c)$), where 'compatibility' is an intuitive expression used in mathematics.

Remark (Foundations): Resolution of the paradoxes:[369]
1.) By a kind of double truth (theological and philosophical).
2.) There is only one exception (similar to 0). Maybe: Only the one that is "isomorphic" to the truth relation does not exist. Or: Only the one that defines the diagonal sequence (up to finitely many values) (in Richard's antinomy[370]) does not exist (this presupposes that one has relations rather than functions in the language).

Type theory*[371] would then have to be regarded as a successive approximation of "truth" [the truth is that all "concepts" exist, but it is contradictory]. Just as the correct proposition of differential calculus is reached by successive approximation of 0 [93] (but 0 itself is contradictory).

* Or the true type-free logic.

Remark (Psychology): Sin can be classified as omission and commission[372] (consent[373] is a kind of in-between, namely either: "refraining from stopping something" (then omission[374]) or "deciding not to do something" then commission[375]). The actual sin[376] can be classified as external and internal (macro and micro).

The structure of my sin is mainly the following: I refrain from choosing something that I should choose (also do not choose the opposite). Then something happens,** I let it happen, and afterwards I have the false evidence that I did it.***

** That is, something else chooses for me.
*** And in general, the situation appears in the wrong light afterwards.

---

369 Cf. *Time Management (Maxims) II*, p. 407, maxim 1. Gödel expresses himself in more detail in his essay on this subject, "Russell's Mathematical Logic"; cf. idem, in: *Collected Works*, vol. II. pp. 119–141, here 124.
370 Jules Richard (1862–1956) published the antinomy (or paradox) named after him in his treatise "Les principes des mathématiques et le problème des ensembles" in the *Revue générale des sciences pures et appliquées* in 1905 (pp. 541–543). He used a version of Cantor's diagonal method to construct a finitely definable number that is not contained in the set of all finitely definable numbers. Gödel regarded his incompleteness theorem as an analogue of Richard's antinomy. Cf. manuscript page 149, remark foundations.
371 A type theory is a formal system in which every term has a type and operations are restricted to certain types. The types form a possibly bounded hierarchy with a lowest level.
372 'Omission' and 'commission' are written in English in the manuscript.
373 'Consent' is written in English in the manuscript.
374 'Omission' is written in English in the manuscript.
375 'Commission' is written in English in the manuscript.
376 In the Christian doctrine of sin, a distinction is made between *peccatum actuale* (actual sin) and *peccatum originis* (original sin).

(Question: Is omission[377] also punished by omission,[378] and commission[379] by commission[380]?)

Many sins of omission[381] probably lead to a situation in which a commission[382] is committed. However, not making a choice need not always be a sin. It also happens that something somehow crookedly (from the side) steps between me and the choice (or between me and [94] the object of perception), which, on the one hand:

1.) takes the light from me (so that I do not see the situation any more);
2.) takes the understanding (i.e., I no longer see the "real" things but images thereof; in particular, the relations between good and evil vanish);
3.) makes the choice impossible (i.e., "suffocates" me in some way);
4.) inhibits the choice (by a counterforce).

*And also for other reasons.

Remark Psychology: In order to gain an understanding of these matters,* one should consider concrete situations, in particular the time in March 1937,[383] where I 1.) returned to my profession again (lecture[384]); 2.) did not break up with her[385] (maybe even wanted to live with her); 3.) resumed the relation with America; 4.) did not spend enough time on theology[386] and did not adhere to the words: You shall not claim that you are something.

377 'Omission' is written in English in the manuscript.
378 'Omission' is written in English in the manuscript.
379 'Commission' is written in English in the manuscript.
380 'Commission' is written in English in the manuscript.
381 'Omission' is written in English in the manuscript.
382 'Commission' is written in English in the manuscript.
383 Gödel ended his stay at the IAS in Princeton after a mental breakdown in the autumn of 1935 and did not resume his work until March 1937.
384 Gödel's lectures on axiomatic set theory in the 1937 summer term took place every week from May onward. The shorthand notes for this lecture are contained in Gödel's *Nachlass*, box 7b, series IV, folder 36, initial document numbers 040139 and 040140.
385 This refers to Adele Nimbursky, née Porkert. For the question of when Gödel and Adele moved in together, see: Dawson, *Logical Dilemmas*, p. 111.
386 From October on, Gödel attended several theology lectures in the 1937/38 winter semester. The corresponding transcripts are contained in Gödel's *Nachlass* in *Theologie 1. Nur Vorlesungen*, box 7a, series III, folder 107, initial document number 030129.

Further, one should also analyze what I actually decided and overturned in the years 1923–26[387] concerning Liese,* [388] and for what reasons [and likewise concerning my professional studies.[389] Further also up to Lilli[390]].

* And what to refrain from.

Remark (Foundations): There are two ways to understand ideas:
1. by working with the single objects (examples) until the ideas "come about";
2. by someone telling one the abstract definition of the idea (possibly also a spirit) and further some proofs from this abstract definition. [95]

The first way leads to a much better understanding. In a way, the second is a violation of the principle that the simple matters should be dealt with before moving on to the complicated ones (it is acting before one is ready for it), because the examples are simpler than the idea (the measure of how far one needs to understand the simple matters before it is right to move on to the complicated ones is precisely this coming about "by themselves" of the ideas). The first way is more cumbersome; on the other hand, the examples can be done later and can possibly be better understood with the general idea.

Remark (Psychology): On what day did I become familiar with "truth" (understood the word 'true')? And what experience does this indicate? (Was this first truth beautiful?) Is it connected with a verified experience (or the verification of what someone else said)?

Remark (Theology): Is a minor sin preferable to a great temptation, which I probably (as far as we can judge) will not resist?

---

387 In 1923, Gödel was still visiting the German-speaking Realgymnasium in Brno, and from 1924 he attended the University of Vienna.
388 Gödel supposedly had a crush on an older woman in his school days, although the woman's name is not mentioned anywhere. Cf. *Time Management (Max) II*, Addendum II, 10, p. 484, item 29.
389 In 1924, Gödel enrolled at the University of Vienna for physics and then switched to mathematics in 1926.
390 This cannot be a reference to Alice (Lilly) Loewy Kahler from Vienna, who, together with her husband, led the Kahler Circle at Princeton from 1939 to 1970. Mrs. Kahler's first memory of meeting Gödel is that she and Herrmann Broch visited him at the hospital, where he was being treated for a stomach ulcer. This would have been in 1951.

[96]
Remark (Psychology): For certain things, the mere perception suffices in order "to evaluate" them, for example for a melody or a color. Others need to "be understood" (political systems, etc.). This means that they have parts that are perceived not with the senses but with the mind (such as states of affairs, ideas, etc.).

Remark (Psychology): What is the perception of a danger? = perception that we do not perceive that something bad will happen?*

* Or perception that the evil is possible (very easily possible)?

Remark (Psychology): Sin through excessive anger: I do something bad to the respective person even though I see that this involves the danger of excess (or I see that it is excessive). The weakest form is this: I let something bad happen to the person even though I do not perceive that it is appropriate.
(On 21./I 1941, I did this kind of wrong to Adele in my mind).

Remark (Psychology): Maybe the words danger, possibility, probability, etc., are categories of perception, [97] which have no objective meaning.

** By own fault.

Remark (Psychology): Doing someone wrong** binds one most strongly to him (in order to make up for it).

*** Hence the highest pleasure.

Remark (Theology): Sexual enjoyment in itself may not be bad at all, but the flaw is just that it is too good (for this world). Likewise, knowledge of good and evil may be the highest knowledge*** (and thus most appropriate for human beings); however, too much for exactly this reason, [namely] because of human sins. This "too much" has the consequence that we put everything else last because of it (unjustly).

Remark: Transmission of the spirit of something:[391] When I rinse out the washbasin with a glass, water from it doesn't taste as good.

Remark Psychology: The joys and sufferings of the soul can be classified into those of the first and the second type. For example, an

---

391 Cf. above, manuscript page 82, remark 2.

insult hurts[392] 1. immediately, 2. causes anger about the fact that it [98] happened. Likewise, bearing the rigors of this world (which is a form of suffering) become a joy of the second level through religion (one of immediate sensation).

Remark (Theology): In a way, the sin committed by Adam is more than the specific human sin (i.e., the one that lies in the nature of man and because of which consumption of the fruit of the tree was forbidden). Christ the human being did not have it (it is possible not to eat* the apple) [and also actually possible with the help of Christ]. But it is theoretically impossible for humans not to commit the general human sin, and eating the apple is the smallest sin that is more than the general human sin.

* Theoretically.

Remark (Psychology): The innermost essence (= intelligible I[393]) is what is called person or "vessel" or the "essence".** This is then followed externally by the gift of God (the personality), the *anima rationalis*, *anima sensitiva*[394] (seat of the passions and sensual knowledge) [99] (the first is the seat of the "evaluations" and of rational knowledge) and the bodies (with respect to the *anima vegetative*). The latter is perhaps the body seen from the inside. Perhaps each of these souls[395] has its own memory (can the memory of all of them also "learn"?).

** Does the person already have any character traits by which he is distinguished from others?

Remark (Psychology): When making quick decisions (<u>or for each decision</u>?), one can only act upon what appears to be the case at the moment, and this is the "perceived", even when it perhaps turns out to be wrong later on.

---

392 Cf. *Philosophy I Maxims 0*, p. 192, remark 1.
393 In Heinrich Gomperz, *Das Problem der Willensfreiheit*, Jena (Diederichs) 1907, p. 44, it reads: "Nun muss jedoch der Mensch, wie jedes andere Ding, auch ein wahrhaftes Sein an sich selbst besitzen: dem empirischen muss ein intelligibles Ich zugrunde liegen. Dieses nun, da es nicht zur Erscheinungswelt gehört, kann jedenfalls nicht dem Kausalgesetz unterliegen, [...]."
394 Scholastic philosophy distinguishes between the *anima rationalis* (spiritual soul or rational soul) as the capacity of reason, the *anima sensitiva* (sensual soul) as the capacity of sense perception and the *anima vegetativa* (plant soul or nourishing soul) as the capacity of reproduction, growth and metabolism.
395 In accordance with the practices of his time, Gödel translates *animus* as 'soul'.

Remark (Theology): The creation of the person is the only thing that God did not do to "us" (since we were not yet there). This corresponds to "*conception*".

Remark (Psychology): Knowledge is a kind of perception (cognition), which by its nature implies correctness. (But can one also know that one knows something?) Can one know anything at all?

Maxim: You should immediately register an idea, but [1.) only when there is a danger of forgetting]; 2. only think about it as much as is necessary for registering it, and perhaps reserve a certain hour for registering nocturnal ideas.

[100]
Remark: Praying makes our annihilation less "just". Praying to a just God is justice; praying to an unjust God is injustice, even though passion works in the same way in both cases [fear of the power to destroy me and make me suffer].

Remark: A war breaks out when there are many people who need it (some in order to be killed, others in order to get positions, others in order to improve through suffering). Those who do not need it do not feel any of that.

Remark (Psychology): In order to realize one's sins, the interest in having no sin (and the desire for it) must vanish first. Is it not a kind of great madness to want to be completely without sin, and does Christ not show us that the consequences are all the worse? Can one commit sins out of this humility?

Remark: To impute to oneself as a sin that which is not a sin can often serve to prevent one from viewing one's actual sins as sins (killing off the right instinct).

[101]
Remark Psychology: The fact that we do not know our own sins (those of our past life) is probably due not to the fact that we make trivial combinatorial blunders but to the fact that we see everything "in the wrong light". This means that we make a fundamen-

tal mistake right at the start of forming ideas about <u>our self</u>, <u>psychology</u>, <u>right and wrong</u>.

<u>Remark</u> Theology: Augustine claims in *Confessions* X, 40,[396] that it is not at all the power of the mind that leads us to any truth but God himself. Perhaps this should be taken to mean that the devil[397] has already corrupted our mind too much and that a replacement is offered to us in the idea of 'God', which leads not to "knowledge" (like the mind) but to recognition of the truth. (This is what came from outside the world after the Fall but is still preformed in this world, even in the realm of ideas.) And in spite of our sins, these ideas lead us to where the power of our mind would have led us, and this even better. [This is reason in opposition to the mind.] [102] The start of this is probably ethical knowledge (good and evil).

<u>Remark</u>: There is a kind of purely linguistic connection that resembles puns but is still somehow right (although it appears stupid). For example: when comparing the foundation of set theory via functions with the "function-theoretic approach to mathematics" and the foundation of mathematical classes with the "algebraic" foundation (algebra of classes and relations). Or, another example, which letter precedes 'A'? No letter (thus, 'al' comes before 'ala' in alphabetical ordering).

<u>Remark</u>: One reason for the non-implementation of decisions is: It appears to be superfluous (e.g. reading the work maxims every day).

<u>Remark</u> Foundations: It is the sense of an assumption that is to be destroyed when it has fulfilled its purpose.

---

396 The Lachmann edition of 1888 contains the following: "Nicht erforschte ich, als ich dies that, aus eigner Kraft, noch warst du die in mir thätige Kraft, denn du bist das ewig bleibende Licht, das ich bei allem befragte, ob es vorhanden sei, wie es sei, und wie hoch es zu schätzen sei: und ich hörte dich, der mich belehrte und mir gebot" (book X, chapter 40, page 227).
397 Cf. this volume, manuscript pages 5, remark theology; 8, remark 1; 44, remark 2; 47; 60, remark theology, items 3 and 8; 63, remark 2; 64, remark 1, item 2; 73, remark 2; 121, remark theology 2; 122 f., remark theology; 154, item 6.

Maxim: If, while wanting to achieve A, it occurs to you how to achieve something weaker than A (in particular, weaker with respect to constructivity) [103], then be on guard against leaving it aside because it is "too little". If something shows up during work that is not immediately necessary for the goal (even if it makes the achievability more elegant, etc.) but is interesting in itself, then note it in the program without following it right away.

Remark Foundations: There are two ways to weakening a result:
1. with respect to the actual content [possibly down to finitely many examples of a general theorem];
2. with respect to constructivity. However, a pure existence proof seems to be the upper limit in this respect, and one can only become increasingly constructive by going further downwards.

Which weakening is fruitful for research (i.e., gradually leads to the desired results)?

Strangely enough, a weakening of the desired result in the sense of 2.) is always provable as well, namely when one wants to decide the proposition A. For example, the proposition: [104]
$(\exists n) [(n = 1 \wedge A) \vee (n = 0 \wedge \neg A)]$ (extensional and intensional weakening).

Remark (Foundations): Weakening of the construction of a number:[398] indication of how it can be constructed [e.g., by calculating the ordinal[399] of the scheme of the expression that defines the number or by a proof that there is such an ordinal (for a certain reduction procedure)]. Perhaps one can assign a "solution procedure" to each problem in this way (but not in a computable way).*

* Perhaps one can iterate these procedures: Further weakening consists in indicating a procedure to construct a solution procedure, etc.

Remark (Foundations): Different weakening of the construction of a number: = construction of an ordinal number. When does an ordinal count as "calculated"?

[105]
Remark (Foundations): In order to give objective meaning to the "truth order" of a number-theoretical expression (in the sense of the existence of a realization for the negation of α, but not one

---

398 A certain way to construct the number is specified.
399 Cf. the footnote to manuscript page 35', remark 1.

of a smaller order) [independent of the constructibility of α], one needs to write the expression differently, namely in such a way that infinitely many quantifiers are nested on top of each other (i.e., write "correctly"). This is because it holds for finite n-fold nestings that the truth order is at most ω^n (presumably).

Remark: The seven virtues[400] have the property that each higher one is the fruit of the lower ones. Moreover, they are different when applied to a different object (different goal). In particular, the three highest (knowledge, understanding, wisdom[401]) are, when applied to theology, *fides*, *spes*, *caritas*.[402] Question: For example, what is wisdom applied to mathematics?

[106]
Remark: It is theoretically possible to do nothing without considering it beforehand. Namely, if the first decision is not to do anything without consideration (that is, to follow reason) and every further decision is a means of the preceding one (i.e., every goal is chosen with respect to one chosen earlier on).

Remark: The activities can be subdivided into two groups: those that one "can" do and those that one "cannot" do [or those one believes one "can" do and those one does not believe one can do].* I spend too much time on the second kind. In any case, one should decide beforehand whether activities of the first or the second

* This is the difference between working with an idea and searching for an idea. The → [107] right means by which to have ideas is to work with the ideas one has.

---

400 The list of seven virtues consists of intellectual virtues, virtues of character and moral virtues. The first include wisdom (σοφία) and practical wisdom/knowledge (φρόνησις), and the latter two include fortitude (ἀνδρεία), prudence (σωφροσύνη), justice (δικαιοσύνη), generosity (ἐλευθεριότης), benevolence (μεγαλοπρέπεια) and magnanimity (μεγαλοψυχία).
401 These are the three intellectual virtues. The lists of the intellectual virtues (and those of the other virtues) vary. The ancient Greek literature also contains the following intellectual virtues: science (επιστήμη), mind (νοῦς), wisdom (σοφία), art (τέχνη) and practical wisdom (φρόνησις).
402 This refers to the first three of the following seven virtues: faith (*fides*), hope (*spes*), charity (*caritas*), justice (*iustitia*), prudence (*prudentia*), courage (*fortitudo*) and temperance (*temperantia*). This list consists of the three so-called theological virtues from the New Testament (faith, hope and charity/love) and the four Platonic cardinal virtues (prudence, courage/fortitude, temperance and justice). This list was first ordered in this way by Petrus Lomabardus and later adopted and canonized by Thomas Aquinas.

kind should be taken up. For those,[403] one can only "ponder" but not really work (here,[404] one can "hurry up" and apply oneself).

Remark: "He does what he can" has two meanings: 1.) He does everything he can do. 2.) He only does what he can do. But these are equivalent. If someone only does what he can do and always does something, then he does everything he can do.

Maxim (Mathematical work): When one does not make progress with something, this is often proof that something is wrong with the conjectures or that the subject is being regarded from the wrong point of view.

[107]
Remark: Mistakes in the current time management (5./II 1941):
1.) [405] Too little time for activities that I can do {rejoice in nice little things} (publications, résumé), and too much time for new ideas (pondering instead of working).
2.) Too little time for reading* mathematics and foundations, translations and excerpts.
3.) Too little time for theology, maxims (psychology), time management.** [406]

* Of good works (i.e., [works that are] thoroughly formalized, or at least easily formalizable).

** Here, the following subjects are to be mentioned: 1. reading theology, 1'. reading sciences other than mathematics and physics; 2. own reflection and languages (theology, psychology); 3. time management and way of working (i.e., precise way of behaving).

403   This refers to the second kind.
404   This refers to the first kind.
405   Curly bracket on the left in order to connect points 1.) and 2.).
406   Cf. *Time Management (Maxims) I*, pp. 322; 324–325, items 13 and 13"; 333, question 5; 334; 336, program, especially item 3; 336, general question; 337 top and maxim 4; 338; 348, remark 1; 350, maxim 1; 351, maxim 1 and remark 1; 354, at the top; 354, I, item 4; 355, II, item 10; 358, item 3 America; 361, under 1a; 362; 364; 371, 0; 373, maxim 2; 385, remark 2; 386, maxim 1; 391, maxim 2; 396, remark 3; 397, maxim 3; 397, last maxim; *Time Management (Maxims) II*, pp. 399; 406, remark, item 2; 407, program; 408, maxim 2; 418, remark 1; 418 program; 418, remark 3; 423, remark 4; 425, remark 1; 428, maxim 1; 434, maxim 2; 439, maxim 1; 443, remark 3; 446, maxim 6; 448, remark 1/maxim 1; 452, maxim 1; 453, remark 4; 459, program 2, item 2; 466, maxim 1; 468, maxims, item 2; 471, remark 1; 473, maxim 3; Addenda IIIa, 1, p. 487, item 4; IIIa, 3, p. 492, item 43; IV, 1, p. 503, item B and after F; VI, 1, p. 509, item 7; VIII, 1v, p. 513, item 5; XI, 1v, p. 519, item 5; XIII, 1v, p. 523, item 7.

4.) Too little time for mail[407] and practical errands, and not in the right place.
5.) [Not being "done" with anything during work, and being terribly slow in general.
6.) Not stopping work at 1 o'clock in the afternoon and at 6 o'clock in the evening and often continuing the activities of the morning into the afternoon (because of 5.).]
7.) Heartache when spent the whole day sitting and already at the institute for about three hours. [108]
8.) Sometimes have an overview of the "bigger" program for every subject as well.

Remark Psychology: Maybe I am trying too hard? Trying too hard can have the effect that attention is focused on the goal "I achieve A" instead of the goal A (also, I am perhaps too scrupulous). This means having a non-objective attitude, for example: The goal is not: I want to know whether this proposition is true, but I want to know that I know whether this sentence is true. [A different kind of wrong attitude is: I want to know that this proposition is true.]

Remark (Foundations): Intuitive truth lies between truth and provability (hence a strengthening of truth). One should find a chain of truth concepts that connects truth to provability* (these are intensional strengthenings of truth). Extensionally, one needs to weaken truth ("almost all" and weaker theorems).

* And then prove that the implication relation holds along this chain.

[109]
Question: Can everything that is written in a book be transformed into something grammatically perfectly right by trivial transformations?

---

407 Cf. *Time Management (Max) I and II*, pp. 322, content 0c; 324, B, item 12; 329, after l., and item 2A; 334, 'ongoing'; 356, item 0b; 359, item 2; 361, under 1a; 362, I; 364, 'time use'; 371, item 0; 372, 9; 373, maxim 2; 385, remark 2; 387, item 3; 397, maxim 2; *Time Management (Max) II*, pp. 399, I; 406, item 2; 419, maxim 2; 431, maxim 3; 454, item 4; Addenda IV, 1, p. 504, IV; VII, 2v, p. 512, ad 1; VIII, 1, p. 513, items 1 and 8; XI, 1v, p. 264, item 5; XIII, 1, p. 522, item 3.

Remark Foundations: The assumption that one solves every problem probably leads to the solution of every problem:[408] A different example is the introduction of and adherence to a certain name for the number π,* and operating with it eventually leads to a very simple and precise method of calculation (magical power of the symbols). Or: The assumption of the existence of God probably leads to knowing him.[409]

*Is $\pi = i \log(-1)$ the "right" definition?

Question (Theology): Are those through whom someone's soul is saved always worse than the ones they save (through their death, suffering, or otherwise)?

Remark (Foundations), Continuation of p. 33: Other method for solving problems: One starts with the problem to be solved and "reduces" it in the sense that one solves it under the assumption that other problems are solved [since every problem amounts to the "computation" of a [110] number, i.e., to the implementation of a "construction"]. So this amounts to equivalently transforming the expression that defines this number or the property that defines it, i.e., to reducing it to other "calculations" or "constructions". It is thus essential to see which "direction" of the transformation leads to an actual "reduction"; that is, the task becomes increasingly executable. [In the simplest case of the intuitionistic calculus of functions,[410] this direction consists in the replacement of the *definiendum* by the *definiens*. A good example is also solving equations or the representation of numbers by a reduction of the form.]

An actual circle usually proves that the reduction was not made in the right way, and sometimes it is the circle that gives the solution (cf. Pell equation[411]). For the calculation of integrals,[412] one

---

408 Cf. this volume, manuscript page 78, remark 1; for the approach to and method for solving every problem: *Max IV*, manuscript pages 163–164, remark foundations 1 and 2; 221 ff., remark foundations; 236 remark foundations; 226, remark philosophy, item 1.
409 Cf. manuscript pages 53 ff., remark 2 and *Philosophy I Maxims 0*, p. 196, at the top.
410 Another expression for 'predicate calculus'.
411 A diophantine equation of the form $x^2 - dy^2 = 1$ with d as a positive integer is called a Pell equation, named after John Pell (1611–1685).
412 The definite integral of a function assigns a concrete numerical value to a function, while the indefinite integral maps it to the totality of all of its stem functions.

first has the transformation rules [sum, *per partes*, substitution {→ swapping the order of integration} and the transformation of the integrand[413] for the partial fraction decomposition[414]].

Here one sees clearly that a certain system of transformations only allows for the reduction of certain expressions; likewise for differential equations.[415] However, it is not entirely clear here when the expression counts as "calculated". → [111] There is a quantitative and a qualitative reduction (proof by reduction and, e.g., forming the normal form by means of the elementary theory of divisors, where the normal form can still contain arbitrarily large numbers). The quantitative one is bad. [In general, reduction is something half-empirical that does not reveal its reason.] Cf. p. 135.[416]

[111]
<u>Remark</u> (Foundations): When one does something "right" [e.g., definition of the "natural" logarithm], then this has the consequence that one also overviews all wrong ways [e.g. $^a\!\log b$], but not conversely.

<u>Maxim</u> (fundamental maxim of learning): One learns through <u>repetition</u>, starting with the simple and ascending to the complicated.

<u>Remark</u> (Theology): The sacred became bread,[417] the sinful mankind needs bread for demons[418] [in this world]. Or: She was transformed from bread that brings doom into bread that brings salvation[419] (since voluntary).

---

413 The integrand is the function to be integrated.
414 A partial fraction decomposition is a standardized representation for rational functions that is used, e.g., for the integration of rational functions.
415 A differential equation describes a connection between a quantity and its rate of change. It is a mathematical equation that describes a function of one or several variables in terms of its values and those of its derivatives.
416 The continuation of manuscript page 109 appears on manuscript page 135; it concerns the methods for solving problems and differential equations.
417 In his fourth letter to Smyrna, Ignatius of Antioch (deceased July 6, 108 AD) wrote to the community in Rome that they should do nothing to save him. As he was the wheat of God, he wished to be ground to pure bread by the teeth of wild animals.
418 On bread sacrifice to demons, cf., e.g., Richard Kühnau, *Die Bedeutung des Backens und des Brotes im Dämonenglauben des deutschen Volkes*, Paschkau (Hertwig) 1900, pp. 6 and 24.
419 On the salutary or sinister effects of bread, see again Kühnau, op. cit., p. 20.

Remark (Psychology): Knowledge of oneself and knowledge of the word are [112] perhaps identical, since: of oneself = of the spirit, and spirit of God = word, and man = image of God.

Remark (Psychology): A kind of indecisiveness (the "external" one) is, for example: I pursue the goals A, B [i.e., I have chosen them], and I believe that an act T is very good for A and bad for B, and that $\sim T$ is very good for B and bad for A. Then I am "obliged" to do both T and $\sim T$. The liberation from this state occurs when either T or $\sim T$ becomes impossible or is detrimental to a "superordinate goal". This situation cannot occur as soon as there is only one "highest" goal. This situation yields indecisiveness because something is believed, while another form of indecisiveness is that neither A nor $\sim A$ is believed.

Abstract decision: When the "importance" of goal A is a and that of B is b, and the harmfulness (usefulness) of T for A (respectively, B) is expressed by:

$$t_A \quad t_B \quad \bar{t}_A \quad \bar{t}_B$$
$$> 0 \quad < 0 \quad < 0 \quad > 0 \qquad [113]$$

then the question is $at_A + bt_B \gtreqless a\bar{t}_A + b\bar{t}_B$?
Cf. also the remark after next.

Remark (Psychology): There is a superordination of the highest goals by importance, so that all acts that are harmful to the most important goals are excluded from the outset, etc. – downwards. The lower goals (which were chosen as a means to the higher ones) thus also have a rank order according to the importance of the goal for which they are a means and the "strength" of their connection to it. For example: What (however weakly) is connected to a higher goal has a higher rank order than what is connected to no higher goal at all (however strongly to another).

Remark (Psychology): From this it follows that a situation that is advantageous for some goal and disadvantageous for no goal [with respect to the possibility of promoting those goals] is still "inconvenient", as it requires a renouncement in the promotion of a goal [and it is perhaps not clear which renouncement is best]. But the situation can be inconvenient for two reasons: a.) I do not want to renounce; b.) I do not know what to renounce. Perhaps no knowledge of what to renounce is thus better because one [114] does not want to renounce? So the inconvenient is only caused by the indecisiveness (as in any other case where I do not know whether A or ~A is better).

Remark (Foundations): Mathematical exactness is merely extensional and relative to itself. This means: 1.) The propositions are merely extensionally clear [i.e., it is only clear under what circumstances they hold and in what way they can be proved], but their "meaning" is not clear at all; for example: what is the number 2? 2.) The relations of the mathematical concepts to the non-mathematical concepts (psychological, philosophical, etc.) are not even extensionally clear. Perhaps this means that <u>what is</u> clear is perhaps only the possibility of deducing from certain conventions. But are certain concepts then not nevertheless perfectly clear, namely by their arrangements of symbols (or over finite structures)? In general, the essence, for example, of the number 2 [i.e., the real number 2] seems to be a finite structure, in contrast to its various realizations [as a class of classes, function of functions, pair with definition of equality, etc.]. But what one sees clearly are only the realizations and not the structure. Even though it is the knowledge of the structure that allows for the definition and the "understanding" of different realizations [115] [and the judgment of whether a definition is "right" or "wrong"].

What the mathematical proof achieves is knowledge of something about the realizations without knowing the structure itself [e.g., isomorphism of two realizations without using the fact that both are realizations of the same structure]; that is, the same as what happens when "elementarizing" the proofs.[420] [But perhaps the number 2 is in truth something completely different from a structure, as the structure itself is already a "realization" of something even higher.]

Perhaps perfectly clear knowledge of the essence of the number 2 would lead to mastery of the whole of mathematics [or at least number theory]. Is it possible for every human being to arrive

---

[420] Instead of using "higher" methods for giving a proof, only elementary methods are used. Alternative reading: elegantizing. Most 'alternative readings' are not comprehensible as genuine alternatives in English, and thus they have generally not been provided. As things are different here, however, the alternative reading is indicated.

at this knowledge, or only for certain human beings? What is the path that leads to this?

Remark: The ideas can be ordered by their "strength" [in particular, for every ordinal, there is a second class of equal strength]. But there are other "strength hierarchies",[421] for example spaces of every higher dimension, or that the quadratic is stronger than the linear, the idea of orthogonal transformation[422] is stronger than that of linear transformation, etc. [116] Perhaps working in the direction of maximally strong growth leads to mastery of mathematics.

Remark (Psychology): An act can be the subject (object) of an act when I decide that I will do something at a certain time.

Remark (Psychology): 1.) Description of rational behavior taking into account the interruption of the pursuit of a goal by external perceptions and by decisions like that of only following the goal for a certain limited time.
2.) On 12./II 1941, I take it upon myself, at 11 o'clock, to call M^s Schm.[423] between 12 and ½1 but refuse (unwillingly) to guarantee execution by placing a note on my desk.
Question:
A. Why do I decide to call so late?
B. Why do I reject the note, and why with unwillingness?
All of this is clearly irrational.

Remark (Foundations): Number-theoretic and algebraic propositions are propositions about qualities (while analysis contains propositions about quantities). Method for solution: approxima-

---

[421] Example of strength hierarchy: If the consistency of one of two propositions implies the consistency of the other, the former has the greater consistency strength.

[422] In mathematics, an orthogonal transformation is a linear map between two real inner product spaces that preserves the inner product. As the lengths of the vectors and the angles between them are defined via the standard scalar product, orthogonal transformations are always length and angle preserving. Therefore, orthogonal transformations are always injective (left unique).

[423] Alternative readings: Ms Schn, Ms Schw, Ms. Schm, Msi Schm, Msi Schn, Msi Schw, Msr Schm, Msr Schn, Msr Schw. In the register of persons of the Institute for Advanced Study for the 1941/42 semester, there is only one name that starts with 'Sch', namely that of the mathematician Abraham Schwartz.

tion of the qualities by quantities. This means: First extend the qualities (whose [117] values are integers) to the broader realm of things in such a way that non-integers also occur as values and in a "computable" way. Then approximate until the error is smaller than ½.[424]

[Question: Are the real numbers not perhaps "qualities" with respect to the still higher objects (set theory)? So that one has to "approximate" the real numbers by real functions for solving analytical problems?]

The essential point about this method is

1.) that every function that is only defined for certain arguments can be extended in a unique way to arbitrary arguments [in such a way that it somehow "stands" or at least assumes all intermediate values];
2.) that all functions that are used are "computable" (i.e., computable with arbitrary approximation).

From 1.) it would follow in particular that one can extend functions with integer values (i.e. which express qualities) to a further realm in such a way [118] that all values are real numbers (or even more).

Remark (Psychology): Certain things that arouse strong affections (fear, satisfaction, shame, etc.), in particular those that have to do with human relations, automatically cause an inexpedient concentration of attention on them, namely just on their imaginings (without rational reflection about them for a rational purpose) and thus thereby make rational reflection about them as well as rational behavior with respect to other things impossible. [Paralysis symptom of fear and "external" imaginings (obsessive ideas, hypnosis).]

Strangely enough, these paralysis symptoms also somehow hinder the free choice to escape them. This means that one somehow cannot even decide to reject these ideas (let alone to implement these decisions), as somehow there is "no time" for this. This means that the ability to choose is somehow nullified, or somehow the choice is already [119] made for you.

---

[424] Cf. *Time Management (Maxims) II*, p. 429, maxim for lecture, item 2; Addenda IIIb, 3v, p. 498, item 26; IIIb, 2v', p. 501, item 4.

And you are under the influence of this choice as you would be under the influence of your own decision. This phenomenon has several degrees and can inhibit choice more or less strongly or make it altogether impossible.

What is the difference between this and an inhibition? (Conversely, a drive drives one to choose, but not by the object's being too "tempting".) An inhibition only relates to a certain choice; paralysis, to every choice. But paralysis is not simply the drive to focus one's attention on the overwhelming image and to choose this act of imagining as a goal, for otherwise I would have to "give in" to this drive and choose the imagining. However, I do not choose it at all, but I am passive.

Inhibition[425] is a weak degree of paralysis, and drive[426] is its opposite. But the mere perception of a pleasure (or of displeasure) that will come out of some act (vivid perception, i.e., perception of the object and not of the symbols for it) is something completely different. Drive and inhibition partly suspend freedom. Something else takes over the rudder (inside, not the external limbs) so that the decision itself comes about (or does not come about). But not through my choice. [120]

That my decision is not externally implemented [or that something is implemented without decision] is something completely different. The question is: Does the occurrence (or non-occurrence) of a choice when faced with a certain situation always reveal the character of the respective person? But this seems to impede the purpose of this world as a "trial". Or does this only have the purpose of ensuring that not only the kind of choice but also the "strength" of choice is measured? – One can see that this is a direct spiritual influence and that the external symbols (snake eye, etc.) are a deception.* Other example: not being able to stop an irrational way of working, not being able to stop.

* In particular also the imagination of convenience (inconvenience), which, however, are usually linked to it.

---

425 Cf., in addition to the mentions in this volume, *Time Management (Maxims) I and II*, pp. 385, remarks 2 and 3; 387, remark 1 (resistance); 387, remark 1, side note; 403, remark 1; 405, remark 1; 416, remark 5; 423, item 2.2; 428, remark 1; 429, remark 1 (reluctance); 431, remark 1; 444, at the top; 458, remark 1; Addenda II, 7, pp. 481 ff., item 25; II, 10, p. 483, item 5; IIIa, 3, p. 492, item 43; XIV, 18r, p. 525, remark 1; XV, 1, p. 527, item 11.

426 Cf. for further mentions the references in this volume on manuscript page 15, remark psychology.

Isn't the extent of foreign influence unknown in perception and memory, so that one can arrive at completely wrong ideas about one's "guilt"? Cf. p. 131 bottom.

Remark (Theology): Perhaps one must do penance for one's sins in the order [121] in which they were committed [since the preceding one obstructs the insight that the next one is a sin] (perhaps it is subjectively not even a sin).

Remark (Theology): With every sin, one sinks to a deeper level in a twofold sense: 1.) What is objectively wrong is subjectively right (for the next act). 2.) Knowledge of the subjectively right is obscured and distorted. However, as soon as one then continues to do what is subjectively right, one does not sink to a deeper level (or does one even rise again insofar as this involves penance?). 3.) That what appears subjectively right becomes impossible (in particular $A \wedge B$, and to do both is impossible).

Remark (Theology): Sin is a kind of practical stupidity (out of shortsighted selfishness) or a kind of stupid valuation (out of blind egoism).
Through sin, one becomes indebted to the devil.[427]

Remark (Theology): The objectively right prayer will be heard (not the subjectively right one). Cases where praying is perhaps at least meaningful: 1. I know what should happen; 2.) that it depends on my behavior; 3. I do not know how I must behave.

[122]
Remark: In order to understand the external world, one should start with completely insignificant things (knitting, weaving, number games, etc.).

Remark: Comparison of mathematical world with adding. Better more mechanical and fewer decisions or conversely?

---

[427] Cf. in this volume manuscript pages 5, remark theology; 8, remark 1; 44, remark 2; 47; 60, remark theology items 3 and 8; 63, remark 2; 64, remark 1, item 2; 73, remark 2; 101 f., remark theology; 122 f., remark theology; 154, item 6.

Remark: Cause of haste:[428] 1.) danger; 2.) unfulfilled duty; 3.) take on too much;* 4.) not knowing the right thing to do. Cf. p. 123 bottom.

* Take on too much at once.

Remark: The lack of the "right" pleasure (e.g., melodies) decreases. Perhaps because I constantly do what I do not like to do (out of a feeling of duty). Transformation into an ant.

Remark (Theology): Three theories about the root of evil:
1.) It is a higher good to destroy the evil than not to create it.**
2.) First, justice was created, then beings that do not "deserve" existence (so that there are beings of all degrees of perfection, which is better than when there was only the most perfect and that was necessarily one, because of $a \not> a$). This "unjust" must justify itself before the creator through suffering. [123] For this reason, there is suffering also in the creatures (and an even greater suffering), as they deserve it even more. This means that "justice" allows for two solutions with respect to imperfect beings: 1. They do not exist and nobody suffers. 2. They exist and everyone suffers according to the degree of imperfection.
3.) In order to achieve the highest possible beatitude for imperfect beings (which were created for the reason given above), they must first suffer, all the more so the more imperfect they are. (They need to "get to know" suffering. Which would be the purpose of this world.)

** 1.) refers to the suffering of the devil (and the perfectly evil ones); 2.) and 3.) refer to the suffering of the good ones.

Remark (Theology): Perhaps the following proposition can be known: If A suffers, then A cannot completely understand the "cause" of the suffering beforehand, for otherwise the suffering would stop or be "covered" by a greater pleasure.

Remark: Haste must stop completely when it is clear that it is wrong to do anything at the moment, except one single thing.*** (Does this perhaps also follow from the fact that it is good to do A and impossible to do $A \wedge B$? Or can that lead to a contradiction?)

*** And when one knows the method for doing this thing [i.e., the single steps depending on the previous ones and the previous successes.]

---

428 Cf. *Time Management (Maxims) I and II*, pp. 343, problem; 348, maxim 2 (rush); 348–349; 350, insertion, item 2; 449, remark 1 (hurry); Addenda IIIa, 1, p. 488, item 7; IIIa, 2, p. 490, item 30; IIIa, 4, p. 494, item 59; this volume, manuscript pages 123, remark 1; 124, remark 1.

[124]
Remark: Perhaps one should spend one hour per day on "external" work. This means lectures or talking to other people* (i.e., in some sense "useful" work). This also belongs to mental "hygiene".[429] Perhaps then the haste will vanish. But on the other hand also spend more time on theology [and looking through the maxims].

* Or typewriting a manuscript.

Remark (Psychology): In order to do the right thing, it is fruitful to at least consider the unjust (e.g., belief in the Bible[430]). Otherwise, there is a danger that one either does the right thing from a false motive (namely through "intimidation" or fear) or that one does not do the right thing because the reason only becomes clear through negation.

Remark (Psychology): One can do something without not being fully[431] responsible for it, and this for several reasons:
1.) Drives[432] (inhibition,[433] paralysis,[434] suggestion[435]). This is a direct effect on the ability to "choose".
2.) Not seeing the actual objects, but only their colorless symbolic images (i.e., loss of sense of reality.)
3.) Seeing the symbolic images of the situation, the "structure", also indistinctly and incompletely. [125]

3 probably $\equiv$ 2 (even though in itself it is something completely different).
The available means also belong to the "situation" (possible ways to behave).

---

429 See the detailed explanation of the list on the inside cover of *Time Management (Max) I*, also for further passages concerning 'mental hygiene'. Cf. also this volume, manuscript page 21.
430 For belief in theology, cf. this volume, manuscript pages 21 f., remark 2.
431 "Not fully" is to be read as "partly".
432 Cf. for further mentions the references in this volume on manuscript page 15, remark psychology.
433 In addition to the mentions in this volume, cf. *Time Management (Maxims) I and II*, pp. 385, remarks 2 and 3; 387, remark 1 (resistance); 387, remark 1, side note; 403, remark 1; 405, remark 1; 416, remark 5; 423, item 2.2; 428, remark 1; 429, remark 1 (reluctance); 431, remark 1; 444, at the top; 458, remark 1; Addenda II, 7, pp. 481 ff., item 25; II, 10, p. 483, item 5; IIIa, 3, p. 492, item 43; XIV, 18r, p. 525, remark 1; XV, 1, p. 527, item 11.
434 Cf. *Time Management (Maxims) II*, pp. 424, remark 1; 451, item 2A, (inability to act).
435 Cf. *Time Management (Maxims) I and II*, pp. 337, question 7; 419, remark 2.

Remark (Psychology): Belief in a theory means, among other things: In every situation, only that implication that follows according to this theory (in this sense, a habit) appears. The normal way in which a belief arises is via "proof".

Remark (Foundations): Levels of mathematical work: 1.) conjecture (belief); 2.) knowledge (i.e., being convinced that it works); 3.) implementation (for oneself); 4.) implementation (for publication); 5.) publication (= give talk or dictate work into the machine).

Remark (Foundations): Why do the very short and elegant proofs (despite not being heuristic) delight the heart? For example: irreducibility of the cyclotomic equation,[436] Pólya's proof[437] of the decomposition of a positive form[438] into a quadratic sum. In general Furtwängler's proofs,[439] [126] the lemmata are simple (the concepts used are also simple) and somehow "natural". They are somehow what a child would expect when asking naively and what a child can understand. In particular, the restriction to positive numbers is very characteristic (use of the function sgn,[440] comparison with ballistics).

Monotonicity and convexity are also such concepts. Example of a theorem: Every monotonically increasing sequence of continuous functions that converges to a continuous function converges

---

[436] Two works with this title have appeared: Hans Späth, "Über die Irreduzibilität der Kreisteilungsgleichung", in: *Mathematische Zeitschrift* 26 (1927), pp. 442–444; and Edmund Landau, "Über die Irreduzibilität der Kreisteilungsgleichung", in: *Mathematische Zeitschrift* 29 (1929), p. 462. Gödel is presumably referring to the proof by Landau here, as it is only eight lines long.

[437] Concerning Pólya's proof of the so-called Positivstellensatz by Pólya: "Eine Form in n Variabeln, die eine gerade Funktion von jeder der Variabeln ist und für alle reellen Wertsysteme, das identisch verschwindende Wertsystem ausgenommen, positiv ausfällt, lässt sich als Summe von Quadraten rationaler gebrochener homogener reeller Funktionen darstellen. U[nd] zw[ar] lassen sich diese rationalen gebrochenen Funktionen als rationalzahlig wählen, wenn die vorgelegte Form rationalzahlig ist." Published in: G. Pólya, "Über positive Darstellung von Polynomen", in: *Vierteljahrsschrift der Naturforschenden Gesellschaft in Zürich* 73 (1928), pp. 141–145.

[438] A positive form is a homogenous polynomial function in one or several variables.

[439] Nikolaus Hofreiter's, "Nachruf auf Philipp Furtwängler", in: *Monatshefte für Mathematik und Physik* 49 (1941), pp. 219–227, contains a list of works by Philipp Furtwängler.

[440] The signum or sign function maps every real number to its sign. It only has three possible values: +1, −1, or 0.

uniformly.[441] The negative numbers complicate case distinctions, but it is precisely this that is probably bad, as one sees something only in every single case and different things in different cases [false amalgamation of different cases to one case]. Furthermore: possibility of perfect precision (and conviction of the correctness) due to brevity.

[127]
Remark Foundations: The value of a theorem is determined by its applications. That is, how far it serves the purpose of constructing the mathematical existence operators [or of turning inexecutable constructions into executable ones].

Maxim: Learn one word after the other (holds for every kind of learning).

Remark: Which property of the structure of the world makes it possible to solve everything by approximation? – It is also a kind of approximation when one first assumes something that is surveyable and false* (in any discipline) and then gradually chisels out the details.

*But almost right.

Remark (Psychology): A drive is a power that affects the soul and influences choices (causes or prevents choice**). This means: When perceiving the same object, a drive can cause different choices in the same person. A drive can be perceived or not, but the influence on choice takes place due to its presence, [128] not due to the perception. In general, the emergence of drives follows the following laws:

**Drives and inhibitions.

1.) It causes one to stop inconvenient things,
2.) to continue convenient things,
3.) not to realize states of affairs the inconvenience of which is anticipated. What is meant here is "immediate" convenience.
4.) to realize states of affairs the convenience of which is anticipated. What is meant here is "immediate" convenience.

---

441   This is (Ulisse) Dini's theorem: If the continuous functions $f_n: A \to R$ form a monotone sequence that converges to a continuous function f on a compact set A, then the convergence is uniform.

To a weaker degree, 3. and 4. also hold for states of affairs that are causes of convenient (inconvenient) things, but the degree is weaker the greater the temporal distance from them.

One must distinguish between the presence of the drive, the drive's being perceived* and knowledge of the presence of the drive (i.e., verbalization).

* The question is "as what" or in what form. For example: As the necessity of choosing something → [129] or not choosing contrary to the order of reason (as an obstruction to a certain choice [respectively, non-choice])?

<u>Remark</u> (Theology): In the case of indecisiveness, all reasons in favor are perhaps of a fundamentally different kind than the reasons against. (Those in favor are bad, the others good.)

Criteria for good and bad:	bad:	convenience, appearance (evidence)
	good↓:[442]	inconvenience, abstract provability contrary to evidence,** perfectly appropriate to the superordinate purpose (main purpose)
	***colorless and cold	

** [129] With respect to good and bad (worthy, unworthy).

*** [129] Therefore, the Holy Spirit and grace are necessary in order to believe what is right and to do what is right.

† This means that we do not trust reason.

[129] The evidence is wrong because we refuse (and have often refused) to follow reason due to inconvenience, effort and the length of the duration until the goal is achieved (but without giving up the goal†). As a consequence, the "false light"[443] appears [put differently: Conscience loses its power of persuasion, and something else takes its place. But the weak light of reason is perhaps still qualitatively different from the strong and false light of evidence; the evident then appears to be beautiful and good, the rational somehow colorless and cold]. This means there are two "lights" and two "valuations".

---

442 Arrow from 'good' to 'colorless and cold'.
443 On the light metaphor, see Gödel's records of the lecture by Dietrich von Hildebrand in *Philosophy I Maxims 0*, pp. 168–173.

Remark: Delight in the fact that something inconvenient that one should do is impossible is a sad delight[444] (Augustine). Grief over the fact that something convenient that one should not do is impossible is a happy grief.

Maxim: One should not try to combine the useful (or necessary) with the convenient (as this is not without harm for the useful and the convenient).

[130]
Remark: Assuming it applies to materialistic theories that man himself does nothing but is a plaything of his evidence and feelings and drives. Then his guilt can be just that, that he is "nothing". There are situations in which I am nothing,* others in which I am something (namely, something good) and those in which I am something (namely, something bad). It is the first level of self-knowledge to be in a situation in which one is something. Have I ever been in such a situation?

*And that perhaps because the situation is such that nothing is perceived distinctly.

Remark (Philosophy): Space is the form of matter; time is the form of the soul; logic is the form of concepts.

Psychology: Think about when I actually arrived at actual decisions and analyze this (but decisions are not the only kind of "acts"). The first level of formalizing psychology (or of finding a "frame", in which the phenomena take place) is to define all concepts on the basis of a few. For this purpose, first [131] create a list from a book about psychology (at least the important ones).

---

444 The expression "traurige Freude" ("sad delight") is mentioned in a rendition of Augustine's Confessions, book 6, chapter 6, by Johann Sailer (in Christliche Reden ans Christenvolk). Here, Augustine speaks of a "traurigen Freude des Ehrgeizes" ("sad delight of ambition"). Cf. Christliche Reden ans Christenvolk. Zweyter Band, ed. by Johann Michael Sailer, Grätz (Verlag der Herausgeber) 1820, p. 313.

Remark (Foundations):[445]

19. Generalizing (it is the essence of generalization that "new features" occur, but one after the other, so that an overview is possible). Is not the number 5 a generalization of 3, etc.? What is the right "family tree" of numbers?

Remark (Historiography): The point is to grasp the essential features of mass phenomena. For this purpose, distinguish a few classes and treat↓[446] these as single persons (further the main features of trade relations) and also apply the respective concepts: convince, outsmart, make an offer (through propaganda), etc.

Remark (Psychology): The phenomenon treated on p. 118 can be called negative hypnosis. There is also positive hypnosis, which forces one to make a certain choice [not to refrain from a certain choice], for example after [132] a lecture of mine, imagine and realize that the lecture was good and was praised.*

Remark (Psychology): A very simple goal [that can be reached by mere wanting] is: "to imagine something" (something sensual or a state of affairs); often it is readily achievable to "realize something". It is the same with "understanding" something [= imagining what the speaker means]. Other possibilities: what a symbol (by definition) means; what I saw yesterday.

Remark (Foundations): A sign that one has done everything right in mathematics is that everything works "by itself" (the intelligence of the pencil reveals itself[447]).

Maxim (Work): One should start with the main focus also when preparing for print (or for a lecture) [133] [not only when elaborating for myself, that is, when working out the plan for print].

---

* Even before leading to an effective realization of the enforced choice, it reduces the strength of concentration on other things (i.e., the strength with which something different is chosen).

445 Continuation from manuscript page 73, "important activities of the mathematician".
446 The arrow points from 'treat' down to 'respective concepts'.
447 Leonhard Euler claimed that his entire mathematics was concentrated in the pencil he used for his calculations.

Remark Foundations: A concept is called "central" (or important) if many other concepts can be expressed by it in a simple way* (likewise, a theorem is called "central" (or important) when many others can be proved from it in a simple way). For example, the number π is a central concept (as, e.g., many integrals can be expressed through it), as are the functions e^x,[448] $\log x$.[449] Doesn't the further development of mathematics consist in identifying the "next" "central" concepts (numbers and functions)? [? Euler's constant,[450] Bernoulli numbers,[451] θ-function,[452] ζ-function?[453]] It seems that these are just <u>not</u> the next central concepts, and this would be the reason for the impossibility of really "solving" differential equations and really computing integrals.

* In particular, expressible in an <u>easily computable</u> way, and the central concept itself must be computable, clear and simple.

[134]
Remark Foundations: The difference between practical and principal difficulties is only present in the case of a finiteness of <u>precision</u> and our finitude [an infinitely precise machine could decide Fermat's theorem[454]].

Maxim: Be careful not to use symbols for special things that are already in use for general things [e.g. Π, Σ, π, ∃, …].

Remark: It would be very useful to write a paper (or give a talk) once about the (philosophical) foundations of mathematics in which every proposition is meaningful and correct.

---

448 The natural exponential function is the e-function, i.e. the exponential function with Euler's number as its base.
449 The logarithm is the inverse function of the exponential function.
450 Euler's constant (also known as the Euler–Mascheroni constant) is denoted by γ (γ = 0,57721566490153286060 …). It is still unknown whether the number is rational, irrational, algebraic or transcendental.
451 The Bernoulli numbers 1, $\frac{1}{2}$, $\frac{1}{6}$, 0, $-\frac{1}{30}$ … are three different sequences of rational numbers.
452 Theta-function; see manuscript page 56 above, remark 1; cf. also *Max IV*.
453 On Riemann's zeta-function, see manuscript page 56, remark mathematics, but also manuscript page 47 above.
454 Fermat's theorem states that the set of natural numbers $n > 2$ for which the equation $x^n + y^n = z^n$ is solvable in positive natural numbers x, y, z, is the empty set. The theorem was only proved in 1994 by Andrew Wiles.

Remark: Perhaps the nature of the imaginary number[455] becomes clear through the relation of Klein's model[456] of non-Euclidean geometry to Poincaré's model[457] (via a mapping of the real interior of the conic section to the imaginary points of the boundary-like intersection of the boundary with the polars belonging to the inner point).

[135]
Remark (Foundations): (Continuation of p. 109)
Hence, to solve a problem:
1. Ask: How to "embed" into similar problems?*
2. Classification of problems (in particular with respect to "near and far").
3. Find the "singular" problems (which are easily solvable). These are the starting point of the approximation.
4. Find the "central" problems (from which much follows easily).

All this is made in analogy with the approximate solution of a differential equation (cf. the next remark).

Question: Can one also introduce a "differential quotient"[458] and a "power series expansion"[459] into the space of problems?

Remark: Method for solving differential equations[460] (function-theoretical): First, investigate the unknown function (e.g., dependence of firing range from the elevation angle[461]) qualitatively, in particular with respect to the position of the singulari-

* The "problem space" is not "methodologically pure" (cf. analytical number theory).

455 An imaginary number is a complex number whose square is a negative real ($i^2 = -1$). The imaginary unit i allows for an extension of the algebraic structure of real numbers to the algebraic structure C of complex numbers.
456 In 1871, Felix Klein constructed models of non-Euclidean geometries such as Riemann's spherical geometry, in which lines have no or two imaginary points at infinity. In Klein's model of non-Euclidean geometry, in which the parallel postulate does not hold, the points are the Euclidean points on the inside of a circular disk (without the boundary), and the lines are the Euclidean chords of the circle (without the endpoints).
457 As in Klein's model, the points in Poincaré's model of a non-Euclidean plane are the points inside a circular disk (without the boundary), while the lines are all Euclidean diameters and all circular arcs that are orthogonal to the boundary at both ends.
458 The differential quotient indicates the growth rate of a function at the respective point.
459 Power series play an important role in the theory of functions. They make it possible to extend real functions to the complex plane.
460 See the footnote to manuscript page 110.
461 The elevation angle is the angle of a line through a point over a reference plane.

ties.[462] [136] This yields an answer to the question of how to expand (principal parts of the singular points), and then one tries to determine the equations for the coefficients of the power series.[463]

For problems where a function is to be expressed in terms of another arbitrary function (boundary value problem,[464] firing range, function of the air resistance), one needs the theory of functions of the higher level [where the "complex numbers"[465] are functions] and analogous theorems about power series expansion, etc. In order to calculate a number (e.g., value of the solution for a certain point), one needs to use the theory of functions. Thus, in order to compute a function, one probably needs to use the theory of functions of functions. Cf. p. 137.

Maxim: You should not think about the psychological questions of your distant past before you have a theoretical background in this respect (from books, by own reflection and current self-observation) (otherwise, it is probably unfruitful).

[137]
Remark (Continuation): The explanatory method presupposes that only + and · are "precisely" computable. Perhaps one can achieve abbreviations by introducing transcendentals?[466]

Maxim: When putting together lectures and talks, the first rule is: Determine whether each proposition is right (only then the rest).

Remark (Foundations): One cannot meaningfully assume that the proposition "'red' means red" (and each proposition of this kind) does not depend on conventions once one merely knows that "meaning" expresses the meaning relation (i.e., the whole

---

462 Henri Poincaré distinguishes between four simple singularities of differential equations: nodes, saddles, focuses and centers.
463 The terms of a power series are powers of an independent variable x. They are infinite series. The real numbers $a_0, a_1, a_2 \ldots$ occurring in their representation are the coefficients of the power series.
464 The problem is to find a solution for differential equations that assumes pre-assigned values on the boundary of the domain.
465 For the concept of complex numbers, cf. manuscript page 134 above, remark 2.
466 See the footnote to manuscript page 56, remark mathematics.

language is constructible a priori from the word for the meaning relation).

Remark: Example of the intermingling of two different things: the logical correctness of a definition and "correctness" in the sense of "heuristic value". Positivist conventionalism has the consequence that these two things are distinguished; thus the second can be pursued unhindered. [138] Likewise, the perpetual modification of the positivist standpoint leads to the result that any arbitrary adherence is good and leads to something good.

Remark (Foundations): Classical logic is weaker than intuitionistic logic insofar as it omits certain concepts (that are not definable from the others) ($\vee$, $\exists$, i.e., the concepts of "decision" and "construction"). Thereby, several stages of approximation[467] to a problem (that may be essential to the solution) are dropped.

Maxim: (for lectures and talks): For each theorem, consider precisely whether the assumptions are necessary (or can perhaps be trivially weakened).

Remark (Psychology, Ethics): It is possible that someone who does not experience anything beautiful (for a long time) thereby loses the intuitive meaning of "beautiful" or "desire" [i.e., no longer sees this thing, but merely its symbols]. In this case, there would no longer be evidence for the sentence "act *ceteris paribus* in such a way that you have the maximal amount of pleasure". It still remains reasonable to act upon it [desire is defined as the place it drives me to when it is present]. There is then [139] a kind of contradiction between power and state of movement (= displeasure). Perhaps the lack of evidence for some (abstractly convincing) maxims of reason can be explained in the same way [the ideas on which it is based are forgotten, and only its symbols are there, which actually means that one does not "understand" it any more]. For example, the maxim: Before one has determined what it is reasonable to do, the only reasonable act is to reflect on what it could be.

---

[467] Expression from Husserl's writings on logic. Cf. Edmund Husserl, *Formal and Transcendental Logic*, translated by Dorion Cairns, The Hague (Martinus Nijhoff) 1969, pp. 188 and 292.

Or:
Maxim: It is always right to do what is reasonable.*

> *The proposition: It is always (*in fine*) advantageous to do what is reasonable, is of a different kind.

Remark (Foundations): Operating with existence operators has heuristic significance insofar as it leads to finite concepts and provable finite theorems about them (what these concepts "actually mean" is then transfinite, and in this sense the finite proof is a kind of pure verification (proof without understanding).

[140]
Maxim (Work): With respect to lectures (and reading), the essential point is to understand (and "master") everything. This, in itself, is a pleasure, no matter whether one is particularly interested in the subject (or whether the subject is somehow useful, etc.).

Remark 20./IV 1941: In the morning after conversation with Adele: feeling of meaning,[468] which is characterized by: 1.) pleasure of working; 2.) passing of the worry (= hope), for example problem with flat and furniture; 3.) reduction of indecisiveness. (Everything seems to have meaning.)

Remark: A value judgment is one that contains value concepts. A value concept is a concept whose definition contains the concept "the thing to do", "the preferable". Whether a concept is a value concept thus depends on its definition (intension/extension). For example, when "stupid" is defined as "the property of the mind that should be avoided", then it is a value concept. "The preferable" is psychologically a basic concept.

---

468 Cf. "Sometimes, a stroll has similar effect as visiting Adele. Suddenly, everything has a rational meaning, and the confusion vanishes", in: Notebook *Protocol*, box 6c, series III, folder 81, initial document number 030114, manuscript page 15.

[141]

Remark (Work): The essential point about a "program" is that a reasonable program is made for the individual areas (profession*, practical affairs,[469] weltanschauung[470]) with 1.) goal (precisely), 2.) time to be spent,* 3.) purpose. [Always at least 1–2 weeks ahead].
*A. research, B. formulation, C. publication, D. reading, E. weltanschauung.

* If not reached in this amount of time, the goal is given up (entirely, or modified).

Remark: Reason why I am not pleased about foundational work: Since the only thing that has meaning before one has recognized the meaning is reflecting about the meaning (making a living also has no meaning), work is only meaningful when it leads to knowledge of the meaning, but it can only lead to this when I achieve the highest (understanding the whole of mathematics or something similar). However, because of my own weakness and unfavorable conditions, it is very questionable whether this is achievable.[471]
[142] The matter is quite different when one has already found a meaning and understands that the mathematical work on a small scale (partly for myself, partly for other people whom I tell about it) contributes to the fulfillment of this meaning.

Remark (Foundations, Psychology[472]): Difference between operating with

$\phi(x)$ and with $(\forall x)\phi(x)$ [or between $a_0 + a_1 x + \ldots + a_n x^n$ and $\sum_{i=0}^{n} a_i x^i$]:

In the first case, one operates not with specific propositions but with propositional schemes and realizes that the inferences are correct, no matter how the schemes are specialized. Thus, the content of the reflection is metamathematics (concerns the symbols), while it can be content-related in the other case (concerns the meaning of the symbols).

469 For 'profession, practical affairs', see *Time Management (Maxims) I*, pp. 335, table; 360–361.
470 For 'profession, practical affairs, weltanschauung', see *Time Management (Maxims) II*, p. 406, remark 1. For 'weltanschauung', see: *Philosophy I Maxims 0*, p. 154; *Time Management (Maxims) I*, pp. 353, principle; 382, at the top; 388, remark 3, item 5; Addendum II, 11, p. 484, 1. Question (worldview).
471 "It is necessary to give meaning to life besides making a living [...]", in: *Time Management (Maxims) I*, p. 381, remark.
472 Cf. the next remark, which shows why this remark is also one on psychology. As soon as the considerations are also content-related, i.e. refer to actual propositions, they are "actual" thinking and thus the object of psychology.

Remark (Psychology): The actual thinking is an inextricable mixture of contentual and formal thinking [depending on whether the symbols or the meaning of the symbols is the object of thinking]. For formal thinking, a precise language is necessary (thus particularly practiced in mathematics). For contentual thinking, it is [143] only necessary that one "interprets" the (possibly imprecise and ambiguous) symbol in a certain precise way. The ordinary language is more suitable for contentual thinking. But why is language necessary at all for contentual thinking? – Indeed, it is not necessary, but only signals (and interjections) in order to advance intuition.

The contents that form the object of formal thinking are combinatorial relations between symbol strings. As a consequence of the weakness of our minds, the contents that we can immediately apprehend (imagine, understand, recognize, evaluate) are very sparse. Therefore, formal thinking is a great help. However, the extent of the contents that can be immediately apprehended can perhaps be improved by exercise, by repeating the process of immediate apprehension (through several steps (inferences) or through adding the formal) often enough.

Remark (Philosophy): Examples of "rational reconstructions":* concept, continuity, finiteness, number, class?, pair, arithmetic operations, sequence proof; still missing are the intensional concepts. This is [144] real "knowledge" through something else, namely through the basic concepts.

* = Specification and definition through a few basic concepts, so that the "evident propositions" become provable.

Remark (Foundations): In intuitionistic mathematics,[473] the axiom of choice[474] $(\forall x)\, (\exists y)\, \phi(x, y) \to (\exists f)\, (\forall x)\, \phi(x, f(x))$ holds and similarly in all other forms [but not for $\neg(\forall y)\neg$ instead of $(\exists y)$]. However, when the x are species, it is not clear that f is extensional [or is it an axiom of intuitionistic mathematics that all operating is extensional?].

---

[473] A direction of mathematical logic founded by L. E. J. Brouwer that opposed the traditional uses of the law of excluded middle, the concept of infinity and the continuum in the foundations of mathematics. According to intuitionism, the objects of mathematics cannot be taken for granted but are created by mathematicians.

[474] According to the axiom of choice, every set M of non-empty sets has a so-called choice function that maps every set N in M to an element of N. Intuitionists are critical of the axiom of choice. For example, in his "Blick von der intuitionistischen Warte", Arend Heyting writes: "Wissenschaftlich betrachtet steht die Frage nach der Gültigkeit des Auswahlaxioms auf dem

Remark (Foundations): two kinds of models:

A. The logical operations are translated in the "usual" way.

B. The logical operations are translated in a different way (e.g., my model of intuitionistic mathematics[475]).

Remark (Foundations): Perhaps there are different concepts of truth. The one by Gentzen and mine (via computable functions, etc.) stand in a certain sense between the concept of provability and the usual concept of truth [then there is also the "constructive" one from which the one by Gentzen arises through $\neg$.] [145] Consistency is also a concept of truth ($= \neg\neg A$). But it is insufficient: A true and B true $\to A \, \& \, B$ true.

Remark (Psychology): The highest classification of concepts should be the one into concrete and abstract (i.e., intuitive or sensual and abstract).

Remark (Philosophy): Impredicative definition[476] as a proof of Platonism. Further also in cases where $(\exists x)\, \phi(x)$ is provable, but $\phi(a)$ is not provable for any a (in the system of *Principia Mathematica*); cf. résumé.[477] (p. 105).

Remark (Foundations): Double meaning of the word "letter": as a shape and as a single letter. This is the simplest case where a word refers to a concept (not a thing).

> gleichen Niveau wir für den Nicht-Mohammedaner diejenige, ob die Frauen im mohammedanischen Himmel auch Kinder bekommen. [...] Beiläufig werde bemerkt, dass das Auswahlaxiom, intuitionistisch betrachtet, eine Tautologie ist, wenigstens, wenn man es positiv formuliert." Printed in: *Dialectica* 12 (1958), pp. 332–345, here p. 339.

475 Kurt Gödel, "Zur intuitionistischen Arithmetik und Zahlentheorie", in: *Ergebnisse eines mathematischen Kolloquiums* 4 (1933), pp. 34–38; in English: "On Intuitionistic Arithmetic and Number theory", in: Kurt Gödel, *Collected Works*, vol. I, pp. 286–295; and: Kurt Gödel, "Eine Interpretation des intuitionistischen Aussagenkalküls", in: Ergebnisse eines mathematischen Kolloquiums 4 (1933), pp. 39–40; in English: "An Interpretation of the Intuitionistic Propositional Calculus", in: Kurt Gödel, *Collected Works*, vol. I, pp. 300–303.

476 A term is impredicatively defined or definable if it is defined by reference to a totality of which it is a part. Since the discovery of the antinomies around 1900, the concept of an impredicative definition plays an important role in the foundational discussions of modern mathematics.

477 No notebook with the title *Résumés* is preserved in Gödel's *Nachlass*. Cf. *Time Management (Maxims) I*, p. 325, ahead of item 16, as well as item 16, where Gödel urges himself to enter résumés into the register. References to the registers of Gödel's working notebooks can also be found there.

Remark: Connection between working reasonably (with result) and duplication.

Remark (Foundations): Working in the direction of the development of intuitionistic mathematics has the following characteristics:
1.) The questions are often already solvable by clarifying the concepts (i.e., it all follows from the definitions). [146]
2.) The answer is usually unique (what is "right").
3.) There is a close affinity with the spoken language, and the feeling for language[478] can be applied with benefit.
4.) One has the feeling that something "profound" is behind it.
5.) Many foundational (and philosophical) problems find their precise formulations and solutions "using a model".

Remark (Psychology): Even when something pleases me and I feel that "this is right" [e.g. working in the direction of intuitionism, *Confessions* of Augustine,[479] reflecting about maxims, eating well or theater plays, success at work], I do not take the right pleasure in it (somehow the essential is missing, like during coitus), like something that one must love but does not like (e.g., a well-played piece of music).

Remark (Foundations): The intensionally admissible functions are to be defined in levels by reduction: F is admissible if it is "computable" for arbitrary admissible arguments.

Remark (Foundations): "Equality of meaning" [i.e., intensional equality] of functions perhaps solvable for intensional functions[480] through stipulation that two functions are equal in mean-

---

478 Cf. this volume, manuscript page 12, remark 1, also for further information.
479 The edition by Lachmann from 1888 is contained in Gödel's private library.
480 Bertrand Russell defines an 'intensional function' in his *Introduction to Mathematical Philosophy* from 1919 (p. 186) as follows: "We will call a statement involving a function ϕx an 'extensional' function of the function ϕx, if it is like 'all men are mortal', i.e. if its truth-value is unchanged by the substitution of any formally equivalent function; and when a function of a function is not extensional, we will call it 'intensional,' so that 'I believe that all men are mortal' is an intensional function of 'x is human' or 'x is mortal'."

ing if their coextensiveness[481] is provable without using "complete induction".

[147]
Remark (Foundations): The positivistic thesis that everything follows from definitions must be: from the "right" definitions (there are logically unobjectionable definitions that are still "wrong", e.g., perhaps all recursive definitions[482]). For the concept of an integer, there is perhaps no right definition, but only approximations to it.

Remark (Working maxim): What does "not taking time" consist in? Simply in moving on before the preceding has been completely dealt with. This seems to be a saving but is really the opposite, as the principle to be applied is "What does not work does not work" (especially when done in haste).

Remark: Deciding on a maxim and not adhering to it is worse (in its consequences) than not knowing it or knowing it but not deciding on it.

Remark (Foundations): One can also build up metamathematics[483] as a science of the combination of concepts (not symbols). Difficulties only arise for the variables, because no one-to-one mapping to the objects is given. [What happens with the meaning relation?] Difference between combination [148] and juxtaposition: The latter is associative.

---

481 'Coextensive' is defined by Carnap in *The Logical Structure of the World* as follows: "If two propositional functions stand to one another in a relation of mutual universal implication, then they are called universally equivalent or coextensive. Hence, coextensive propositional functions are satisfied by exactly the same arguments. [...] For example, we say of two coextensive propositional functions that they have the same extension (hence the word 'coextensive'), since they have assigned to them the same extension symbol" (2003 edition, p. 56).
482 In a recursive definition, a set is defined via specification of simple elements or basic elements and rules out of which more complex ones might be compounded.
483 Metamathematics studies formal theories using mathematical methods. Because it abstracts from the content of mathematical propositions, L. E. J. Brouwer accused David Hilbert of regarding mathematics as a mere game with formulas and symbols.

Remark (Foundations): Intensional abstractions:
$\lambda x\, F(x) \neq \lambda x\, G(x)$ although
$(\forall x)\,[F(x) = G(x)]$
[extensional abstractions can be reduced to $(\forall x)$ and $(\iota^{484} x)$ via
$\lambda x\, F(x) = \phi(\iota y\, (\forall x)\, \{x \in y \equiv F(x)\})$
or $= \phi\, (\iota y\, (\forall x)\, \{y(x) = F(x)\})$]
intensional abstractions probably lead to unwanted commingling of signifier and signified.

Remark (Foundations): Axiomatic characterization of the meaning relation:
I. $B(x) = B(x')\quad B(y) = B(y') \rightarrow$
$B(xy) = B(x'y')$, where (xy) denotes the combination of x and y.
II. $B(xy) =$ result of the "application" of the function x to the argument y.

Remark (Foundations): A proposition is a description of a possible state of affairs; thus the proof of existence and uniqueness is necessary (in particular if W is introduced as a basic concept). It is usually assumed that everything that is constructed in a certain way (grammatically correct) has a meaning. [149] (In the case of descriptions, it is clear that this is not the case, and it is often a difficult [undecidable] question.) The invariable meaning stops with the quantifiers (not with ϵ,[485] $\vee$, $\neg$).

---

484   The inverted iota is the iota operator, also known as the definite description operator. It is used for definite descriptions and should be read as 'the one that/who'. The symbol's use was spread by Whitehead and Russell's *Principia Mathematica*.

485   $\in$ is a mathematical symbol that signifies that an object is an element of a set. The symbol $\in$ (abbreviation for 'esti' in Greek) means 'is' or 'is an element of'. Its use became widespread through the work of Ernst Zermelo and the *Principia Mathematica* by Whitehead and Russell.

Remark (Foundations): Peano's resolution of Richard's antinomy:[486] "There is the diagonal number of all definitions that are different (in meaning) from the one under consideration".[487]

?[488] Remark (Descartes[489]): In order to see through a proof, look for the simple fact on which it is based and the gradual transformation of the proposition into this fact.

Remark: Next goal for reading and nonmathematical work[490] should be: Put the basic concepts of psychology in order [by describing all of them and at least seeing the "possible" laws, in analogy with the concept of kinematics and of force in physics]. The justification for this is:
1.) Applications to foundations (intuitionism is schematized psychology).
2.) Favorable effect on the clarity of my thinking, the work schedule, command of language,[491] work maxims in general.
3.) This is probably a prerequisite and a way to get to metaphysics and to a "*weltanschauung*". In fact, you should do it <u>systematically</u>.

---

486 Richard used a version of Cantor's diagonal method to construct a finitely defined number N not contained in the set M of all finitely definable numbers. Cf. manuscript page 92 above, remark foundations, item 2.
487 Giuseppe Peano (1858–1939) argued, against Jules Richard, that every element of the set M was finitely defined but that the definition of N (= number that does not belong to M) still does not contain a circle. According to him, the difficulties that arose were due to the use of natural language in the course of the argument.
488 Inserted in the margin, to the left of the remark.
489 The German translation of rule VI of Descartes's *Regula ad directionem ingenii* by Artur Buchenau, which Gödel has used, contains the following on page 25: "Um die einfachsten Dinge von den verwickelten unterscheiden und sie der Ordnung nach verfolgen zu können, muß man bei jeder Reihe von Gegenständen, in der man einige Wahrheiten von anderen unmittelbar abgeleitet hat, beobachten, was das Einfachste ist und wie hiervon alles übrige mehr oder weniger oder auch gleich weit entfernt ist." René Descartes, *Regeln zur Leitung des Geistes. Die Erforschung der Wahrheit durch das natürliche Licht*, edited and translated by Artur Buchenau, Leipzig (Meiner) 1920.
490 For 'reading of non-mathematical works', cf. *Philosophy I Maxims 0*, p. 182, as well as the first footnote on manuscript page 53 of this volume.
491 Cf. *Time Management (Maxims) I and II*, pp. 394, remark 4; 417, remark 2; Addenda IIIa, 1, item 8; IIIa, 2, p. 490, item 28; IIIb, 1v, p. 495, item 3'3; IV, 1, p. 504, item III B; XIII, 1v, p. 523, before item 5.

[150]

<u>Remark</u>: There are two kinds of authors[492] (in mathematics, but also in other areas). Those who stir up "desire" and those for whom the opposite is true.

The following fall under the first category: Euler, Furtwängler, Tschebyscheff, Russell, Frechet, Jacobi, Hurwitz.

Under the second: Siegel (in the lecture), Church, Rosser, Gauß, Gentzen, Serret, Bachmann,[493] Landau?

In the middle: Weyl, v. Neumann, Tarski, Landau hither.

<u>Remark</u> (Foundations): $a = b$ has two meanings: a is equal to b (a is identical to b) and a <u>is</u> b [e.g. $f'' M \supseteq N$ means: For every $a \in N$ there is some $b \in M$ such that <u>$f(b)$ is a</u>].

Why does $1 + 2$ <u>is</u> 3 hold, but not $1 + 2$ is $2 + 1$?

$1 + 2$ is recognized as 3 (but not as $2 + 1$). In the same sense as $\int_0^\infty e^{-x^2}\, dx$ <u>is</u> $\sqrt{\pi}$.

Can one also specify the normal form for certain classes of real numbers? Or for solutions of differential equations?

Problem of the professors of mathematics: How can one prove propositions without "recognizing" the fundamental facts and concepts? (Two identical objects are one object.[494]) →[495]{Identity for propositions or sets (concepts) means intensional identity.}

<u>Remark</u> (Foundations): Is it possible for two wordings of the definition of a function to define two <u>intensionally</u> identical functions in the set M but not in the set N?

---

[492] See the "Biographical Vignettes" in this volume for information on the subsequent authors.
[493] This is a reference either to the German mathematician Paul Bachmann (1837–1920) or to his grandson, the mathematician Friedrich Bachmann (1909–1982).
[494] The identity of indiscernibles is known as Leibniz's law.
[495] An arrow points from the end of the last sentence of the remark ("'recognizing' the fundamental facts and concepts") to this insertion.

[151]

Strange coincidences[496]

8.) I read Leśniewski and Gentzen at the same time, and they are internally connected (in Brno).

9.) The problem of number division (the first that occupied me at all) apparently leads to a "synthetic" mathematical theorem. (Found on 15./V. 1941 in Euler.)

[Addendum, 1][497]

[Addendum, 2]
<u>Axioms</u> practical[498]
1. Books that are easy to obtain are bad.[499]
2. Process of stealing nobility: seduction to perform an act by which it is lost and then behave so generously that nobility is thereby earned; this is less work than "acquiring nobility" through a noble deed. In general: Every theft succeeds only due to a sin on the part of its victim (at least carelessness).
3. The interpretation of the Bible should not be done overly subtly, but with *simplicitas*.[500]

Strange and remarkable linguistic coincidences:[501]
1. Iron makes you strong.
2. νους[502] = nut looks like a brain.
3. The sense of taste is the sense of the earthworm. Sense in a double sense.

---

496 Continuation of *Time Management (Maxims) I and II*, p. 474; the list there is from July 1940, and this one is from May 1941. They were thus written 10 months apart. See also ibid., Addendum II, 6, p. 480, item 15. Cf. Addendum, 2 in this volume.

497 This pagination is not Gödel's. However, as Gödel starts *Max IV* with page number 153, the pagination has not been filled in with Arabic numerals here by the editor. The content of Addendum, 1 appears after Addendum, 3 in this edition as it is a continuation of Addendum, 3.

498 Cf. *Time Management (Maxims) II*, pp. 473–474, axioms.

499 Cf. this volume, manuscript page 10, remark maxim.

500 Simplicity.

501 Cf. *Time Management (Maxims) II*, pp. 474–475; Addendum II, 6, p. 480, item 15; this volume, manuscript page 151.

502 νοῦς, noûs, nous: mind, reason, understanding.

[Addendum, 3]

Axioms (cf. also Maxim Notebook II, p. 156[503])

1. A judgment made with reason is right (at least in the state of innocence).

   [In general: agreement of subjective and objective law, decomposition of the pre-established harmony with enticement and punishment.[504] This also includes: warning the victim* in order to be able to do something evil, *Veracitas Dei*[505]].

   * (Perhaps in a direction that does not correspond to reality at all.)

2. It is impossible to help someone (or, e.g., to give good advice) without renouncing something or suffering something evil. This means that one must "bear" his sin. The help is met with the wrath of God** because he[506] does not deserve it.

   ** (Against the helper.)

3. The good does not contradict the good (the true propositions are a consistent system, but not the false ones).

4. Every object in this world has its image in the purely formal. (Everything is mirrored by everything.[507])

5. Hardly anything (non-contradictory) is completely wrong. Everything is right in some sense.

6. The world is not very different from how it was before the Fall (the power of the devil[508] is small, and he succeeds in convincing that his power is greater).

7. Obeying the command of God means having to fulfill it far more than originally demanded (this also implies the fruitfulness of modesty and the linguistic *Flecturum*[509] in the 10 commandments).

Cf. the penultimate page.[510]

---

503 On pp. 473–474 of *Time Management (Max) II*, four axioms of a general, non-mathematical type are laid out in sub-items.
504 Alternative readings: (1) agreement of the subjective and the objective, right decomposition of pre-established harmony and the objective with…; (2) Agreement of subjective and objective law decomposes pre-established harmony and the objective with…; (3) agreement of the subjective and the objective law, decomposed pre-established harmony and the objective with… Most 'alternative readings' are not comprehensible as genuine alternatives in English, and thus they have generally not been provided. As things are different here, however, the alternative reading is indicated.
505 This is God's truthfulness.
506 That is, the one who is being helped.
507 Cf. this volume, manuscript page 35, remark 1, and manuscript page 42.
508 Cf. this volume, manuscript pages 5, remark theology; 8, remark 1; 44, remark 2; 47; 60, remark theology, items 3 and 8; 63, remark 2; 64, remark 1, item 2; 73, remark 2; 101 f., remark theology; 121, remark theology 2; 122 f., remark theology.
509 If this reading is correct, it stands for the participle future active of *flectere* (flex, bend, direct).
510 The penultimate page is Addendum, 1.

[Addendum, 1][511]

<u>Axioms</u>

This also implies that it is possible to postpone punishment for one's sins ever further by committing greater sins. And the essence of repentance consists in doing more than one originally failed to do.

8- What appears to be true in a dark and mysterious* way is actually true in a simple and trivial way [e.g.: 1.) the unconscious, 2.) the Kantian doctrine, 3.) the knowledge other people have about my private life, 4.) the predictability of historical and heteropsychological matters[512] [not via atomic theory], 5.) Planck's antinomy of free will.[513]

* And non-effective [inaccessible, purely theoretical].

9. Whatever and however wrongly one starts with something, if <u>one just starts at all</u> and sticks with it, it will straighten out <u>by itself</u>. Example: When the thinking machine is in motion at all, it will eventually lead to the right proof. The wrong colloquial language leads to the right language; any theory about the world eventually leads to the right theory of the world [this is what makes learning possible]. Theosophy[514] leads to truth? Cf. psalm 18, 14.[515]

---

511 Addendum, 1 is the continuation of Addendum, 3.
512 Cf. *Philosophy I Maxims 0*, pp. 184, remark 1; 185, at the top.
513 Cf. Max Planck, *Kausalgesetz und Willensfreiheit. Öffentlicher Vortrag gehalten in der Preußischen Akademie der Wissenschaften am 17. Februar 1923*, Berlin (Springer) 1923; see also his *Vom Wesen der Willensfreiheit*, Leipzig (Barth) 1937, 2nd edition. In a letter to Paul Bernays from December 21, 1960, Gödel refers to Planck's antinomy. Cf. Kurt Gödel, *Collected Works*, vol. IV, p. 174.
514 Theosophy teaches about God and the world based on mystical insight. According to Meyers Konversations-Lexikon, which Gödel owned, theosophy is "[...] das angeblich höhere Wissen von Gott und Welt, welches der Mystik (s. d.) infolge unmittelbarer Anschauung und göttlicher Erleuchtung zu teil werden soll. T. ist daher ein Gesamtname für alle mystischen Systeme, insonderheit auch der auf den Neuplatonismus zurückgehenden pantheistischen." Ibid., vol. 16, 5th edition, Leipzig/Wien (Bibliographisches Institut) 1897, p. 816.
515 Psalm 18:13–14 reads as follows (in the translation of the Luther Bible from 1912): "Er schoß seine Strahlen und zerstreute sie; er ließ sehr blitzen und schreckte sie." ("Yea, he sent out his arrows, and scattered them; and he shot out lightnings, and discomfited them" King James Bible.) However, the same text is ascribed to Psalm 18:14–15 in the 1936 edition that Gödel possessed.

Biographische Skizzen – Biographical Vignettes

Augustinus, Aurelius Thagaste 13. November 354 – Hippo Regius 28. August 430. *Spätantiker christlicher Philosoph und Theologe.*
November 13, 354 in Thagaste – August 28, 430 in Hippo Regius. *Christian philosopher and theologian in late antiquity.*

Bachmann, Paul Gustav Heinrich Berlin 22. Juni 1837 – Weimar 31. März 1920. *Deutscher Mathematiker, der vor allem für seine Lehrbücher zur Zahlentheorie bekannt ist.*
June 22, 1837 in Berlin – March 31, 1920 in Weimar. *German mathematician. He is mainly known for his textbooks on number theory.*

Borel, Félix Édouard Justin Émile Saint-Affrique (Midi-Pyrénées) 7. Januar 1871 – Paris 3. Februar 1956. *Französicher Mathematiker. Nach ihm sind die Borel-Mengen benannt.*
January 7, 1871 in Saint-Affrique (Midi-Pyrénées) – February 3, 1956 in Paris. *French mathematician. The Borel sets are named after him.*

Church, Alonzo Washington, D. C. 14. Juni 1903 – Hudson, Ohio 11. August 1995. *US-amerikanischer Mathematiker, Logiker und einer der Begründer der theoretischen Informatik. Bekannt ist er u. a. für die Entwicklung des Lambda-Kalküls, die Church-Turing-These, den Nachweis der Unentscheidbarkeit des Entscheidungsroblems sowie den Satz von Church-Rosser.*
June 14, 1903 in Washington, D. C. – August 11, 1995 in Hudson, Ohio. *American mathematician, logician one of the founders of theoretical computer science. He is inter alia known for the lambda calculus, the Church-Turing thesis, for proving the undecidability of the Entscheidungsproblem, and the Church-Rosser theorem.*

Desargues, Gérard, auch Girard Lyon 21. Februar 1591 – Lyon Oktober 1661. *Französischer Mathematiker.*
February 21, 1591 in Lyon – October 1661 in Lyon. *French mathematician.*

Descartes, René La Hayne (Touraine) 31. März 1596 – Stockholm 11. Februar 1650. *Französischer Philosoph, Mathematiker und Naturwissenschaftler.*
March 31, 1596 in La Hayne (Touraine) – February 11, 1650 in Stockholm. *French philosopher, mathematician, and scientist.*

Ehrenhaft, Felix Wien 24. April 1879–Wien 4. März 1952. *Österreichischer Physiker, der wichtige Arbeiten zur Atomphysik, zu Ladungsmessungen und zu optischem Verhalten von Metallkolloiden beigetragen hat.*
April 24, 1879 in Vienna – March 4, 1952 in Vienna. *Austrian physicist who contributed important work to atomic physics, to the measurement of electrical charges, and to the optical behaviour of metal colloids.*

Euler, Leonhard Basel 15. April 1707 – Sankt Petersburg 7. September 1783 (jul.)/18. September 1783 (greg.). *Schweizer Mathematiker.*
April 15, 1707 in Basel – September 18, 1783 in Saint Petersburg. *Swiss mathematician.*

Frechet, Maurice René Maligy (Yonne) 2. September 1878 – Paris 4. Juni 1973. *Französicher Mathematiker der für seine Arbeiten in der Funktionalanalysis bekannt ist, wo er das Konzept der metrischen Räume einführte und für seine Beiträge zur Topologie.*
2 September, 1878 in Maligy (Yonne) – 4 June, 1973 in Paris. *French mathematician who is known for his work in functional analysis, where he introduced the concept of metric spaces, and for his contributions to topology.*

Frege, (Friedrich Ludwig) Gottlob Wismar, 8. November 1848 – Bad Kleinen, 26. Juli 1925. *Deutscher Mathematiker, Logiker und Philosoph.*
November 8, 1848 in Wismar – July 26, 1925 in Bad Kleinen. *German mathematician, logician, and philosopher.*

Furtwängler, Philipp Elze 21. April 1869 – Wien 19. Mai 1940. *Deutscher Mathematiker, Zahlentheoretiker. Gödel bezeichnet die mathematischen Vorlesungen von Furtwängler, neben den philosophischen Einführungsvorlesungen von Heinrich Gomperz, im Grandjean-Fragebogen als einflussreich für sein Denken.*
April 21, 1869 in Elze – May 19, 1940 in Vienna. *German mathematican, number theorist. In the Grandjean questionnaire Gödel describes the lectures in mathematics by Furtwängler, besides the introductory lectures by the philosopher Heinrich Gomperz, as having influenced his thinking.*

Gauß, (Johann) Carl Friedrich Braunschweig 30. April 1777 – Göttingen 23. Februar 1855. *Deutscher Mathematiker und Physiker.*
April 30, 1777 in Braunschweig – February 23, 1855 in Göttingen. *German mathematician and physicist.*

Gentzen, Gerhard Karl Erich Greifswald 24. November 1909 – Prag 4. August 1945. *Deutscher Mathematiker und Logiker.*
November 24, 1909 in Greifswald – August 4, 1945 in Prague. *German mathematician and logician.*

Gödel, geb. Porkert, geschiedene Nimbursky, Adele Wien 4. November 1899 – Princeton, New Jersey 4. Februar 1981. *Ehefrau von Kurt Gödel von 1938 bis 1978.*

November 4, 1899 in Vienna – February 4, 1981 in Princeton, New Jersey. *Wife of Kurt Gödel from 1938 to 1978.*

Herbrand, Jacques Paris 12. Februar 1908 – La Bérarde 27. Juli 1931. *Französicher Logiker, Algebraiker und Zahlentheoretiker.*
February 12, 1908 in Paris – July 27, 1931 in La Bérarde. *French logician, algebraist, and number theorist.*

Heyting, Arend Amsterdam 9. Mai 1898 – Lugano 9. Juli 1980. *Niederländischer Logiker und Mathematiker, Schüler von Luitzen Egbertus Jan Brouwer.*
May 9, 1898 in Amsterdam – July 9, 1980 in Lugano. *Dutch logician and mathematician, a student of Luitzen Egbertus Jan Brouwer.*

Hurwitz, Adolf Hildesheim 26. März 1859 – Zürich 18. November 1919. *Deutscher Mathematiker, der vor allem auf dem Gebiet der Zahlentheorie und der Funktionentheorie gearbeitet hat.*
March 26, 1859 in Hildesheim – November 18, 1919 in Zürich. *German mathematician who has worked in particular in the field of number theory and complex analysis.*

Jacobi, Carl Gustav Jacob Potsdam 10. Dezember 1804 – Berlin 18. Februar 1851. *Deutscher Mathematiker, der bedeutende Beiträge zur Theorie der elliptischen Funktionen, zu Lösungsmethoden partieller Differentialgleichungen, zu Determinaten in der linearen Algebra und zur Zahlentheorie geleistet hat.*
December 10, 1804 in Potsdam – February 18, 1851 in Berlin. *German mathematician. He has made significant contributions to the theory of elliptic functions, to solution methods for partial differential equations, to determinants in linear algebra, and to number theory.*

Kant, Immanuel Königsberg 22. April 1724 – Königsberg 12. Februar 1804. *Deutscher Philosoph.*
April 22, 1724 in Königsberg – February 12, 1804 in Königsberg. *German philosopher.*

Klein, Felix Düsseldorf 25. April 1849 – Göttingen 22. Juni 1925. *Deutscher Mathematiker.*
April 25, 1849 in Dusseldorf – June 22, 1925 in Göttingen. *German mathematician.*

Kottler, Friedrich Wien 10. Dezember 1886 – Rochester, New York 11. Mai 1965. *Österreichischer theoretischer Physiker, der, ehe er in die USA emigrieren musste, vornehmlich zur Relativitätstheorie gearbeitet hat.*
December 10, 1886 in Vienna – May 11, 1965 in Rochester, New York. *Austrian theoretical physicist who worked mainly on the theory of relativity before he had to emigrate to the U.S.A.*

Landau, Edmund Georg Hermann Berlin 14. Februar 1877 – Berlin 19. Februar 1938. *Deutscher Mathematiker, der für seine Arbeiten in der analytischen Zahlentheorie und der Funktionentheorie bekannt ist.*
February 14, 1877 in Berlin – February 19, 1938 in Berlin. *He is known for his contributions to analytic number theory and comlex analysis.*

Leibniz, Gottfried Wilhelm Leipzig 1. Juli 1646 – Hannover 14. November 1716. *Deutscher Philosoph und Universalgelehrter.*
July 1, 1646 in Leipzig – November 14, 1716 in Hanover. *German philosopher and polymath.*

Leśniewski, Stanisław Serpuchow 30. März 1886 – Warschau 13. Mai 1939. *Polnischer Mathematiker, Logiker und Philosoph. Schüler von Kazimierz Twardowski, dem Gründer der Lemberg-Warschau-Schule in der Logik.*
March 30, 1886 in Serpuchow – May 13, 1939 in Warsaw. *Polish mathematician, logician, and philosopher. Student of Kazimierz Twardowski, the founder of the Lvov-Warsaw school of logic.*

Mertner, Robert unbekannt – unbekannt. *Deutscher Sachbuchautor und Redakteur. Robert Mertner geriet während des ersten Weltkrieges als deutscher Soldat in französische Kriegsgefangenschaft, wo er eigenen Angaben zufolge anfing, über die beste Methode des Spracherwerbs nachzudenken. Er versuchte unter Berücksichtigung der zeitgenössischen Kenntnisse der experimentellen Psychologie eine mechanisch-suggestive Methode zum Sprachenlernen zu entwicklen.*
Unknown – Unknown. *German non-fiction writer and editor. He was a prisoner of war in France during the First World War. According to himself he began to reflect on the best method to learn a language during this time. He tried to develop a mechanical suggestive method for learning a language in consideration of the contemporary knowledge of experimental psychology.*

Neumann, John von (Baron Johann von, bzw. János Lajos Neumann von Margitta) Budapest 28. Dezember 1903 – Washington, D. C. 8. Februar 1957. *Ungarisch-amerikanischer Mathematiker. Bekannt für seine Beiträge zur Logik, Funktionalanalysis, Quantenmechanik und Spieltheorie.*
December 28, 1903 in Budapest – February 8, 1957 in Washington, D. C. *Hungarian-American mathematician. Known for his contributions in logic, functional analysis, quantum mechanics, and game theory.*

Newton, Isaac Woolsthorpe-by-Colsterworth in Linconshire 25. Dezember 1642 (jul.) / 4. Januar 1643 (greg.) – Kensington 20. März 1726 (jul.) / 31. März 1727 (greg.). *Englischer Naturforscher.*
January 4, 1643 in Woolsthorpe-by-Colsterworth in Linconshire – March 31, 1727 in Kensington. *English natural scientist.*

Peano, Giuseppe Spinetta 27. August 1858 – Turin 20. April 1932. *Italienischer Mathematiker und Logiker. Die Standardaxiomatisierung der natürlichen Zahlen ist nach ihm mit Peano-Axiome benannt.*
August 27, 1858 in Spinetta – April 20, 1932 in Turin. *Italian mathematician and logician. The standard axiomatization of the natural numbers is named the Peano axioms.*

Pell, John Southwick 1. März 1611 – Westminster 12. Dezember 1685. *Englischer Mathematiker, der auch als englischer Gesandter und später als Pfarrer tätig war.*
March 1, 1611 in Southwick – December 12, in Westminster. *English mathematician who was also operated as a political agent, and later on as a rector.*

Planck, Max Karl Ernst Ludwig Kiel 23. April 1858 – Göttingen 4. Oktober 1947. *Deutscher Physiker, maßgeblicher Begründer der Quantenmechanik.*
April 23, 1858 in Kiel – October 4, 1947 in Göttingen. *German physicist, leading founder of quantum mechanics.*

Platon Athen (oder Ägina) 428/427 v. Chr. – Athen 348/347 v. Chr.. *Griechischer antiker Philosoph.*
428/427 BC in Athens (or Aegina) – 348/347 BC in Athens. *Ancient Greek Philosopher.*

Poincaré, (Jules) Henri Nancy 29. April 1854 – Paris 17. Juli 1912. *Französischer Mathematiker, Physiker und Philosoph.*
April 29, 1854 in Nancy – July 17, 1912 in Paris. *French mathematician, physicist, and philosopher.*

Pólya, George (György) Budapest 13. Dezember 1887 – Palo Alto 7. September 1985. *Ungarischer Mathematiker, zu dessen Spezialgebieten die Wahrscheinlichkeitstheorie, Analysis, Kombinatorik und Zahlentheorie gehörten. Bekannt ist er auch für seine Arbeiten zur Heuristik in der Mathematik.*
December 13, 1887 in Budapest – September 7, 1985 in Palo Alto. *Ungarian mathematician whose special fields were probability theory, analysis, combinatorics, and number theory. He is also known for his contributions in heuristics.*

Richard, Jules Antoine Blet 12. August 1862 – Châteauroux 14. Oktober 1956. *Französicher Mathematiker, der insbesondere für das Richardsche Paradoxon bekannt ist.*
August 12, 1862 in Blet – October 14, 1956 in Châteauroux. *French mathematician, who is known for Richard's paradox.*

Rosser Sr., John Barkley Jacksonville, Florida 6. Dezember 1907–Madison, Wisconsin 5. September 1989. *US-amerikanischer Logiker und Mathematiker, Doktorand von Alonzo Church. Er wirkte u. a. am Satz von Church-Rosser mit und bewies 1936 eine stärkere Fassung von Gödels erstem Unvollständigkeitssatz.*
December 6, 1907 in Jacksonville, Florida – September 5, 1989 in Madison, Wisconsin. *American logician and mathematician, a student of Alonzo Church, and inter alia known for his part in the Church-Rosser theorem. In 1936 he proved a stronger version of Gödel's first incompleteness theorem.*

Russell, Bertrand Arthur William Trellech (Wales) 18. Mai 1872 – Penrhyndeudraeth (Wales) 2. Februar 1970. *Britischer Philosoph, Mathematiker und Logiker.*
May 18, 1872 in Trellech (Wales) – February 2, 1970 in Penrhyndeudraeth (Wales). *British philosopher, mathematician, and logician.*

Schopenhauer, Arthur Danzig 22. Februar 1788 – Frankfurt am Main 21. September 1860. *Deutscher Philosoph.*
February 22, 1788 in Gdańsk – September 21, 1860 in Frankfurt. *German philosopher.*

Serret, Joseph-Alfred Paris 30. August 1819 – Versaille 2. März 1885. *Französischer Mathematiker. Er ist vor allem für seine Beiträge zur Differentialgeometrie und für seine Lehrbücher bekannt.*
August 30, 1819 in Paris – March 2, 1885 in Versaille. *French mathematician. He is mostly known for his contributions in differential geometry and for his textbooks.*

Siegel, Carl Ludwig Berlin 31. Dezember 1896 – Göttingen 4. April 1981. *Deutscher Mathematiker, der bedeutende Beiträge zur Zahlentheorie, Funktionentheorie und zu Differentialgleichungen geleistet hat. Siegel war 1935 und von 1940 bis 1951 am Institute for Advanced Study in Princeton, also zu Zeiten, als auch Gödel dort war.*
December 31, 1896 in Berlin – April 4, 1981 in Göttingen. *German mathematician. He has made significant contributions to number theory, to complex analysis and to differential equations. Siegel stayed at the Institute for Advanced Study in Princeton in 1935 and from 1940 to 1951, hence at times when Gödel was also there.*

Smekal, Adolf Wien 12. September 1895 – Graz 7. März 1959. *Österreichischer Physiker, dessen Spezialgebiet die Festkörperphysik war.*
September 12, 1895 – March 7, 1959. *Austrian physicist. His special field was solid state physics .*

Tarski, Alfred Warschau 14. Januar 1901 – Berkeley, Kalifornien 26. Oktober 1983. *Polnisch-amerikanischer Mathematiker und Logiker. Vor dem Zweiten Weltkrieg einer der Hauptvertreter der Lemberg-Warschau-Schule.*
January 14, 1901 in Warsaw – October 26 in Berkeley, California. *Polish-American mathematician and logician. He was one of the main representatives of the Lvov–Warsaw school.*

Thomas von Aquin Roccasecca 1224 – Fassanova 7. März 1274. *Mittelalterlicher Philosoph und Theologe.*
1224 in Roccasecca – March 7, 1274 in Fassanova. *Medieval philosopher and theologian.*

Tschebyschow (Tchebychef), Pafnuti Lwowitsch Okatowo (Oblast Kaluga) 4. April (jul.) / 16. Mai (greg.) 1821 – Sankt Petersburg 26. November (jul.) / 8. Dezember (greg.) 1894. *Russischer Mathematiker, einer der bedeutendsten des 19. Jahrhunderts. Bekannt ist er für seine Arbeiten in der Wahrscheinlichkeitstheorie, Statistik, Funktionentheorie, Zahlentheorie und Mechanik.*
Chebyshev, Pafnuty Lvovich Mai 16, 1821 in Akatowo (Kaluga) – December 8, 1894 in St. Petersburg. *Russian mathematician, one of the most prominent in the 19th century. He is known for his work in probability theory, statistics, complex analysis, number theory, and mechanics.*

Weyl, Hermann Klaus Hugo Elmshorn 9. November 1885–Zürich 8. Dezember 1955. *Deutscher Mathematiker, theoretischer Physiker und Philosoph, der in vielen Gebieten, von der Zahlentheorie bis zur theoretischen Physik und Philosophie, gearbeitet hat. Weyl wurde in Göttingen von David Hilbert promoviert und nach Jahren als Professor an der ETH Zürich dessen Nachfolger in Göttingen, ehe er ans Institute for Advanced Study nach Princeton wechselte, wo er Kollege von Kurt Gödel war.*
November 9, 1885 in Elmshorn – December 8, 1955 in Zürich. *German mathematician, theoretical physicist, and philosopher who has worked in several fields: from number theory to theoretical physics, and philosophy. His doctorate was awarded at the University of Göttingen under the supervision of David Hilbert. After he had been professor at the ETH Zurich in Switzerland for many years, he became Hilbert's successor in Göttingen, before he joined the Institute for Advanced Study in Princeton, where he was a colleague of Kurt Gödel.*

Literaturverzeichnis und Werkregister –
References and Index of References

›Die Bibel. Altes und Neues Testament‹. *Siehe auch ›Luther, Martin (Übers.)‹*. 64, 101, 116f., 169, 194, 223, 258, 272, 322

Augustinus, Aurelius: ›Confessiones‹; dtsch.: ›Die Bekenntnisse des heiligen Augustinus‹, übers. v. Otto F. Lachmann, Leipzig (Reclam) 1888. *In Gödels Privatbibliothek befindet sich die mit Anmerkungen versehene deutsche Übersetzung.* 102, 132, 151, 162, 258, 259, 287, 305, 315

Brouwer, Luitzen Egbertus Jan: ›Over de grondslagen der wiskunde‹, Amsterdam/Leipzig (Maas & van Suchtelen) 1907. 119, 274

Carnap, Rudolf: ›Der logische Aufbau der Welt‹, Berlin-Schlachtensee (Weltkreis Verlag) 1928; engl.: ›The Logical Structure of the World and Pseudoproblems in Philosophy‹, übers. v. Rolf A. George, Chicago (Open Court Classics) 2003. *Die Ausleihe des deutschen Originals durch Gödel nachweisbar für den 7. und 21. Oktober 1932.* 102, 316

Dawson, Jr., John W.; Dawson, Cheryl A.: »Future Tasks for Gödel Scholars«, in: ›Kurt Gödel. Essays for his Centennial‹, hrsg. v. Solomon Feferman, Charles Parsons und Stephen G. Simpsons, Cambridge/New York (Cambridge University Press) 2010, S. 21–42. 118, 273

Dawson, Jr., John W.: ›Logical Dilemmas. The Life and Work of Kurt Gödel‹, Wellesley, Mass. (Peters) 1997; dtsch.: ›Kurt Gödel. Leben und Werk‹, Wien/New York (Springer) 1999.

Dedekind, Richard: ›Was sind und was sollen die Zahlen?‹, Braunschweig (Friedrich Vieweg) 1923, 5. Aufl.; engl.: »The Nature and Meaning of Numbers«, in: Richard Dedekind, ›Essays on the Theory of Numbers‹, übers. v. Wooster Woodruff Beman, New York (Dover) 1963. *Die 5. Auflage von ›Was sind und was sollen die Zahlen?‹ befindet sich in Gödels Privatbibliothek.* 70, 228

Descartes, René: ›Die Regeln zur Leitung des Geistes. Die Erforschung der Wahrheit durch das natürliche Licht‹, hrsg. und übers. v. Artur Buchenau, Leipzig (Meiner) 1920. 164, 318

Descartes, René: ›Discours de la méthode pour bien conduire sa raison et chercher la vérité dans les sciences‹, Leiden (Jan Maire) 1637. 56, 107, 216, 263

Descartes, René: ›Les passions de l'ame‹, Paris (Henry Le Gras) 1649; dtsch: ›Über die Leidenschaften der Seele‹, Berlin (Heimann) 1870. 55, 214

Euler, Leonhard: »De seriebus divergentibus«, in: ders., ›Opera Omnia. Commentationes analyticae ad theoriam serierum infinitarum pertinentes‹, Reihe 1, Bd. 14, hrsg. v. Carl Boehm und Georg Faber, Leipzig (Teubner) 1925, S. 585–617. 93, 250

Gentzen, Gerhard: »Unendlichkeitsbegriff und Widerspruchsfreiheit der Mathematik«, in: ›Travaux du IXe Congrès International de Philosophie. VI. Logique et mathématiques‹ (Actualités scientifiques et industrielles, Bd. 535), Paris (Hermann) 1937, S. 201–205. 79, 237

Gödel, Kurt: »Eine Interpretation des intuitionistischen Aussagenkalküls«, in: ders., ›Ergebnisse eines mathematischen Kolloquiums‹ 4 (1933), S. 39–40; mit englischer Übersetzung wiederabgedruckt in ders., ›Collected Works‹, Bd. I, S. 300–303. 111, 160, 267, 314

Gödel, Kurt: »Über formal unentscheidbare Sätze der ›Principia Mathematica‹ und verwandter Systeme I«, in: ›Monatshefte für Mathematik und Physik‹ 38 (1931), S. 173–198; Wiederabdruck und Übersetzung ins Englische, in: ›Collected Works‹, Bd. I, S. 144–195. 120, 275

Gödel, Kurt: »Zur intuitionistischen Arithmetik und Zahlentheorie«, in: ›Ergebnisse eines mathematischen Kolloquiums‹ 4 (1933), S. 34–38; mit englischer Übersetzung wiederabgedruckt in: ders., ›Collected Works‹, Bd. I, S. 286–295. 111, 160, 267, 314

Gödel, Kurt: ›Arbeitsheft 6‹, Kurt Gödel Papers (C0282), Behältnis 5c, Reihe III, Mappe 18, ursprüngliche Dokumentennummer 030024. 99, 256

Gödel, Kurt: ›Collected Works‹, Bd. I. ›Publications 1929–1936‹, hrsg. v. Solomon Feferman, John W. Dawson, Jr., Stephen C. Kleene, Gregory H. Moore, Robert M. Solovay, Jean van Heijenoort, Oxford (Oxford University Press) 1986.

Gödel, Kurt: ›Collected Works‹, Bd. II. ›Publications 1938–1974‹, hrsg. v. Solomon Feferman, John W. Dawson, Jr., Stephen C. Kleene, Gregory H. Moore, Robert M. Solovay, Jean van Heijenoort, Oxford (Oxford University Press) 1990.

Gödel, Kurt: ›Collected Works‹, Bd. III. ›Unpublished Essays and Lectures‹, hrsg. v. Solomon Feferman, John W. Dawson, Jr., Warren Goldfarb, Charles Parsons, Robert N. Solovay, Oxford (Oxford University Press) 1995.

Gödel, Kurt: ›Collected Works‹, Bd. IV. ›Correspondence A–G‹, hrsg. v. Solomon Feferman, John W. Dawson, Jr., Warren Goldfarb, Charles Parsons, Wilfried Sieg, Oxford (Clarendon Press) 2003.

Gödel, Kurt: ›Collected Works‹, Bd. V. ›Correspondence H–Z‹, hrsg. v. Solomon Feferman, John W. Dawson, Jr., Warren Goldfarb, Charles Parsons, Wilfried Sieg, Oxford (Clarendon Press) 2003.

Gödel, Kurt: ›Lektüre Mathematisches I.‹, Kurt Gödel Papers (C0282), Behältnis 6a, Reihe III, Mappe 55, ursprüngliche Dokumentennummer 030078. 51, 136, 211, 290

Gödel, Kurt: ›Max 0 Phil I‹, siehe ders., ›Philosophie I Max 0‹.

Gödel, Kurt: ›Max I‹, siehe ders., ›Zeiteinteilung (Max) I‹.

Gödel, Kurt: ›Max II‹, siehe ders., ›Zeiteinteilung (Max) II‹.

Gödel, Kurt: ›Max III‹, Kurt Gödel Nachlass (C0282), Behältnis 6b, Reihe III, Mappe 66, ursprüngliche Dokumentennummer 030089.

Gödel, Kurt: ›Max IV‹, Kurt Gödel Nachlass (C0282), Behältnis 6b, Reihe III, Mappe 67, ursprüngliche Dokumentennummer 030090. 32, 194

Gödel, Kurt: ›Max V‹, Kurt Gödel Nachlass (C0282), Behältnis 6b, Reihe III, Mappe 67, ursprüngliche Dokumentennummer 030091.

Gödel, Kurt: ›Max VI‹, Kurt Gödel Papers (C0282), Behältnis 6b, Reihe III, Mappe 68, ursprüngliche Dokumentennummer 030092.

Gödel, Kurt: ›Max VII‹, Kurt Gödel Papers (C0282), Behältnis 6b, Reihe III, Mappe 68, ursprüngliche Dokumentennummer 030093.

Gödel, Kurt: ›Max VIII‹, Kurt Gödel Nachlass (C0282), Behältnis 6b, Reihe III, Mappe 69, ursprüngliche Dokumentennummer 030094.

Gödel, Kurt: ›Max IX‹, Kurt Gödel Nachlass (C0282), Behältnis 6b, Reihe III, Mappe 69, ursprüngliche Dokumentennummer 030095.

Gödel, Kurt: ›Max X‹, Kurt Gödel Nachlass (C0282), Behältnis 6b, Reihe III, Mappe 70, ursprüngliche Dokumentennummer 030096. 14f., 177

Gödel, Kurt: ›Max XI‹, Kurt Gödel Nachlass (C0282), Behältnis 6b, Reihe III, Mappe 70, ursprüngliche Dokumentennummer 030097. 16, 178

Gödel, Kurt: ›Max XII‹, Kurt Gödel Papers (C0282), Behältnis 6b, Reihe III, Mappe 71, ursprüngliche Dokumentennummer 030098.

Gödel, Kurt: ›Max XIV‹, Kurt Gödel Papers (C0282), Behältnis 6b, Reihe III, Mappe 72, ursprüngliche Dokumentennummer 030099.

Gödel, Kurt: ›Max XV‹, Kurt Gödel Papers (C0282), Behältnis 6b, Reihe III, Mappe 72, ursprüngliche Dokumentennummer 030100.

Gödel, Kurt: ›Philosophie I Max 0‹, Kurt Gödel Papers (C0282), Behältnis 6b, Reihe III, Mappe 63, ursprüngliche Dokumentennummer 030086.

Gödel, Kurt: ›Philosophische Notizbücher, Bd. 1: Philosophie I Maximen 0‹ / ›Philosophical Notebooks, Vol. 1: Philosophy I Maxims 0‹, hrsg. v. Eva-Maria Engelen, übers. v. Merlin Carl, Berlin/München/Boston (De Gruyter) 2019.

Gödel, Kurt: ›Protokoll‹, Kurt Gödel Papers (C0282), Behältnis 6c, Reihe III, Mappe 81, ursprüngliche Dokumentennummer 030114; veröffentlicht in: Tim Lethen, ›Gespräche, Vorträge, Séancen. Kurt Gödels Wiener Protokolle 1937/38. Transkriptionen und Kommentare‹, Cham (Springer) 2021.

Gödel, Kurt: ›Resultate Grundlagen I–IV‹, Kurt Gödel Papers (C0282), Behältnis 6c, Reihe III, Mappe 83–86, ursprüngliche Dokumentennummer 030116–030119. 54, 214

Gödel, Kurt: ›Theologie 1. Nur Vorlesungen‹, Kurt Gödel Papers (C0282), Behältnis 7a, Reihe III, Mappe 107, ursprüngliche Dokumentennummer 030129.

Gödel, Kurt: ›Theologie 3. Über Messe und Feste‹, Kurt Gödel Papers (C0282), Behältnis 7a, Reihe III, Mappe 108, ursprüngliche Dokumentennummer 030130. 42, 203

Gödel, Kurt: ›Zeiteinteilung (Max) I‹, Kurt Gödel Papers (C0282), Behältnis 6b, Reihe III, Mappe 64, ursprüngliche Dokumentennummer 030087. 52, 212

Gödel, Kurt: ›Zeiteinteilung (Max) II‹, Kurt Gödel Papers (C0282), Behältnis 6b, Reihe III, Mappe 65, ursprüngliche Dokumentennummer 030088; Gödel, Kurt: ›Zeiteinteilung (Maximen) I und II‹ / ›Time Management (Maxims) I and II‹, hrsg. v. Eva-Maria Engelen, übers. v. Merlin Carl, Berlin/München/Boston (De Gruyter) 2020. 167, 321

Gomperz, Heinrich: ›Das Problem der Willensfreiheit‹, Jena (Diederichs) 1904. 130, 285

Hahn, Hans: ›Logik, Mathematik und Naturerkennen‹ (Einheitswissenschaft, Heft 2, hrsg. v. Otto Neurath in Verbindung mit Rudolf Carnap, Philipp Frank, Hans Hahn), Wien (Gerold) 1933. 16 f., 179

Hahn, Hans: ›Theorie der reelen Funktionen‹, Berlin (Springer) 1921. 55, 215

Herbrand, Jacques: ›Recherches sur la theorie de la demonstration‹, in: ›Travaux de la Societe des Sciences et des Lettres de Varsovie, Class III, Sciences Mathematiques et Physiques‹ 33 (1930), S. 33–160. 67, 226

Heyting, Arend: »Die formalen Regeln der intuitionistischen Logik«, in: ›Sitzungsberichte der Preußischen Akademie der Wissenschaften, physikalisch-mathematische Klasse‹, Berlin 1930, S. 42–56. 111, 267

Hilbert, David: ›David Hilbert's Lectures on the Foundations of Geometry 1891–1902‹, hrsg. v. Michael Hallett und Ulrich Majer, Berlin/Heidelberg (Springer) 2004.

Husserl, Edmund: ›Formale und transzendentale Logik. Versuch einer Kritik der theoretischen Vernunft‹, Halle (Niemeyer) 1929. 157, 310

Leibniz, Gottfried Wilhelm: ›Monadologie‹, hrsg. v. Johann Eduard Erdmann, in: Gottfried Wilhelm Leibniz, ›Opera philosophica quae exstant latina, gallica germanica omnia‹, Berlin (Eichler) 1839. 69, 78, 228, 236

Luther, Martin (Übers.): ›Die Bibel oder die ganze Heilige Schrift des Alten und Neuen Testaments‹, Berlin (Britische und Ausländische Bibelgesellschaft) 1936. *Der Band befindet sich in Gödels Privatbibliothek.* 33, 169, 195, 322

Mertner, Robert: ›Fremde Sprachen durch mechanische Suggestion‹, Davos (Davos Buchdruck) 1919. 60, 219

Pólya, George: »Über positive Darstellung von Polynomen«, in: ›Vierteljahrsschrift der Naturforschenden Gesellschaft in Zürich‹ 73 (1928), S. 141–145. *Der Band befindet sich in Gödels Privatbibliothek.* 148, 302

Russell, Bertrand: ›Introduction to Mathematical Philosophy‹, London (George Allen and Unwin, Ltd.) 1919. 162, 315

Russell, Bertrand: ›Principles of Mathematics. Part I: The Indefinables of Mathematics‹, Cambridge (Cambridge University Press) 1903. 119, 274

Sauer, Charles Marquardt: ›Neue italienische Conversations-Grammatik‹, Heidelberg (Julius Groos) 1874, 5. Auflage. 59, 218

Schopenhauer, Arthur: ›Über die vierfache Wurzel des Satzes vom zureichenden Grunde‹, Rudolfstadt (Hof-Buch- und Kunsthandlung) 1813. 69, 228

Schopenhauer, Arthur: ›Die Welt als Wille und Vorstellung‹, Leipzig (Brockhaus) 1819. 65 f., 224

Thomas von Aquin: ›Summa theologiae I. Quaestio 1–49‹ (Opera omnia, Bd. 4), Rom (Typographia Polyglotta) 1888. *Gödel hat hierfür am 20. Mai 1937 einen Bestellschein ausgefüllt.*

Thomas von Aquin: ›Summa theologiae III‹.

Thomas von Aquin: ›Summa theologiae II‹. 64, 68, 222, 226

Whitehead, Alfred North; Russell, Bertrand: ›Principia Mathematica‹, 3 Bde., Cambridge (Cambridge University Press), 1910 bis 1913. *Es ist nachweisbar, dass die von Gödel ausgeliehenen Bände 2 und 3 am 23. September 1938 zurückgegeben wurden. Gödel besaß eine Übersetzung der Einleitungen der ›Principia Mathematica‹.* 161, 314

Personenregister –
Index of Names

Augustinus, Aurelius 102, 132, 151, 162, 258, 259, 287, 305, 315
Bachmann, Paul Gustav Heinrich 165, 319
Bernoulli, Jakob 153, 307
Borel, Félix Édouard Justin Émile 55, 215
Church, Alonzo 165, 319
Desargues, Gérard, auch Girard 73, 232
Descartes, René 55f., 107, 164, 214, 216, 263, 318
Ehrenhaft, Felix 121, 277
Euler, Leonhard 93, 153, 165f., 249f., 306f., 319f.
Frechet, Maurice René 165, 319
Fermat, Pierre de 154, 307
Frege, (Friedrich Ludwig) Gottlob 72, 230
Furtwängler, Philipp 77, 121, 148, 165, 235, 276, 302, 319
Gauß, (Johann) Carl Friedrich 165, 319
Gentzen, Gerhard Karl Erich 67, 73, 161, 165f., 226, 231, 314, 319f.
Gödel, geb. Porkert, geschiedene Nimbursky, Adele 52, 55, 62, 80, 127, 129, 158, 211, 215, 221, 237, 282, 284, 311
Herbrand, Jacques 67, 226
Heyting, Arend 111, 267
Hurwitz, Adolf 165, 319
Jacobi, Carl Gustav Jacob 165, 319
Kant, Immanuel 168, 322
Klein, Felix 154, 308
Kottler, Friedrich 121, 276
Landau, Edmund Georg Hermann 165, 319
Leibniz, Gottfried Wilhelm 87, 116, 244, 272
Leśniewski, Stanisław 166, 320
Mertner, Robert 60, 219
Neumann, John von (Baron Johann von, bzw. János Lajos Neumann von Margitta) 165, 319
Newton, Isaac 87, 244
Peano, Giuseppe 164, 318
Pell, John 138, 292
Planck, Max Karl Ernst Ludwig 169, 322
Platon 124, 279
Poincaré, (Jules) Henri 154, 308
Pólya, George (György) 148, 302
Richard, Jules Antoine 126, 164, 281, 318
Rosser Sr., John Barkley 165, 319
Russell, Bertrand Arthur William 165, 319
Schopenhauer, Arthur 65f., 224
Serret, Joseph-Alfred 165, 319
Siegel, Carl Ludwig 165, 319
Smekal, Adolf 121, 277
Tarski, Alfred 165, 319
Thomas von Aquin 68, 226
Tschebyschow (Tchebycheff), Pafnuti Lwowitsch 165, 319
Weyl, Hermann Klaus Hugo 108, 165, 265, 319

Errata Liste für Band 1 / Errata List for volume 1

S. 14 Zeile 5 ›jedoch‹ anstelle von ›jdedoch‹
S. 18 Zeile 16 von unten ›ebendo‹ ist zu löschen
S. 35 Zeile 2 ›zunimmt‹ anstelle von ›zunehmen‹
S. 36 Zeile 3 ›Asbury‹ anstelle von ›Ashbury‹
S. 37 Zeile 14 ›seine‹ anstelle von ›seiner‹
S. 43 Zeile 10 ›ist‹ anstelle von ›ist ist‹
S. 55 Zeile 10 ›verwendet‹ anstelle von ›verbunden‹
S. 71 Fußnote ›ausgefüllt.‹ anstelle von ›ausgefüllt‹
S. 82 Zeile Fußnote Gödel Andere Lesart für ›Schwächen‹ ist ›Schichten‹
S. 83 Fußnote ›dieses Schema kehrt oft wieder‹ statt ›dieses Schema kehrt nicht wieder‹
S. 87 Zeile 24 ›Intellekt‹ an Stelle von ›Intellekt‹
S. 72 Zeile 12 von unten ›Summa philosophica‹ anstelle von › Summa philosophica ‹
S.102 Zeile 21 ›Konvention‹ an Stelle von ›Kombination‹
S.104 Zeile 21 ›]‹ streichen
S. 107 Zeile 24 ›Verstandesraum‹ anstelle von ›Vrtandesraum‹
S. 113 Zeile 3 Andere Lesart für ›Müssen‹ ist ›Essen‹
p. 125 line 7–8 ›transcriber‹ instead of ›transcribers‹
p. 132 line 12 ›sciences)‹ instead of ›sciences]‹
p. 133 line 3 from below ›for example,‹ instead of ›for example‹
p. 134 second paragraph ›Philosophy I Max 0‹ instead of ›Philosophie I Max 0‹
p. 135 footnote 9 ›p. 232‹ instead of ›p. 232 ff.‹
p. 136 footnote 11 ›column‹ instead of ›p.‹
p. 139 line 12 ›as follows.‹ instead of ›as follows:‹
p. 142 second paragraph ›the philosophy of the Stoics‹ instead of ›the philosophy of the Stoics philosophy‹
p. 142 third paragraph ›additional inserted page‹ instead of ›additional page‹
p. 148 line 3 ›Asbury‹ instead of ›Ashbury‹
p. 149 footnote 34 ›p. 52ff‹ instead of ›p. 52f‹
p. 154 line 11 Insert another opening bracket before ›psychiatry‹.
p. 158 line 12 ›empirical‹ instead of ›empricial‹
p. 162 first line ›weltanschauung‹ instead of ›weltanschauung‹
p. 163 line 5 from below ›using‹ instead of ›combining‹
p. 179 footnote 190 Insert »An edition of the Summa philosophica was owned by Gödel.«
p. 180 line 2 Insert a blank space before ›Grundriss‹.
p. 182 line 8 Close bracket after ›existence?‹
p. 183 last paragraph ›Remark (Parapsychology)‹ instead of ›Remark (parapsychology)‹

p. 184 footnote 221 Insert »Gödel owned a German translation of Locke's Essay.« after the first sentence of the footnote.
p. 187 line 6 and 9 ›$\hat{p}$‹ instead of ›λp‹
p. 187 footnote Gödel An alternate reading for ›shortcomings‹ is ›layers‹.
p. 188 line 7 ›$A \to$ I know (A)‹ instead of ›$A \supset$ I know (A)‹
p. 188 line 9 ›Quaternio terminorum[242]‹ instead of ›Quaternio terminorum[241]‹
p. 188 footnote 243 ›this scheme does often reoccur‹ instead of ›this scheme does not reoccur‹
p. 190 line 13 ›$(\forall x)$‹ instead of ›$\forall(x)$‹
p. 192 line 4 from below ›concepts.[253] Language‹ instead of ›concepts[253] language‹
p. 192 line 2 from below ›cogitationes‹ instead of ›coginationes‹
p. 200 third paragraph ›Remark (Theology)‹ instead of ›Remark (theology)‹
p. 200 footnote 273 ›state of affairs‹ instead of ›state of affair‹
p. 202 sixth paragraph ›slightest trigger], 3.) to‹ instead of ›slightest trigger, 3. to‹
p. 203 last line ›cold — warm, meat — dough‹ instead of ›cold warm, meat dough‹
p. 206 line 4 ›convention‹ instead of ›combination‹
p. 208 line 5 Erase ›]‹.
p. 210 line 1 Erase ›?‹.
p. 211 line 14 Insert »Arrow from ›word‹ to ›Or better‹ below«.
p. 212 line 4 ›all of them).‹ instead of ›all of them.‹
p. 212 line 7 ›[concepts[303]])‹ instead of ›[concepts[303]]‹
p. 212 line 4 from below ›color‹ instead of ›color color‹
p. 213 line 7 ›than matter in the‹ instead of ›than in the‹
p. 214 line 20 ›2.‹ instead of ›second‹
p. 215 line 1 Insert ›are‹ before ›corresponding‹.
p. 215 line 3 ›choose‹ instead of ›chose‹
p. 216 line 14 An alternate reading for ›After I went for a pee‹ is ›After eating‹.
p. 219 line 7 from below Close bracket after **
p. 220 line 18 Insert »Arrow from ›project‹ to ›traditional mathematics is a part of sensuousness‹ below«.
p. 234 line 21 Delete ›by‹ in ›von by‹.
p. 235 line 3 from below ›Mappe 72‹ instead of ›Mappe 72,5‹
p. 236 line 11 from below ›Anthropology‹ instead of ›Anthropolgy‹

Errata Liste für Band 2 / Errata List for volume 2

S. 17 Fußnote 15   ›morales‹ statt ›morates‹
S. 33 Fußnote 69; S. 50   in: ›Allgemeine Encyclopädie der Wissenschaften und Künste‹, hrsg. v. Johann Samuel Ersch und Johann Gottfried Gruber‹ statt in ›Allgemeine Enzyklopädie der Wissenschaft und Künste‹
S. 135 Zeile 22   ›*Separata*, um‹ statt ›*Separata*,um‹
S. 192   Leerzeile zwischen Zeile 8 und 9 einfügen
S. 202 Fußnote   Nach ›1838.‹ ›Oder, ders., ›Biblisches Wörterbuch‹, München (Vogel'sche Buchhandlung) 1856‹ einfügen; ›1938‹ statt ›1937‹
p. 300 footnote 69   ›*Allgemeine Encyclopädie der Wissenschaften und Künste*‹ instead of ›*Allgemeine Enzyklopädie der Wissenschaft und Künste*‹
p. 318 line 10–11   ›*Allgemeine Encyclopädie der Wissenschaften und Künste*, edited by Johann Samuel Ersch und Johann Gottfried Gruber‹ instead of ›*Allgemeine Enzyklopädie der Wissenschaft und Künste*‹
p. 380   ›15. Prepare Princeton lecture‹ instead of ›14. Prepare Princeton lecture‹
p. 461 footnote   Insert ›Or: idem, *Biblisches Wörterbuch*, München (Vogel'sche Buchhandlung) 1856‹; ›1938‹ instead of ›1937‹
p. 497 footnote 891   Erase the text of this footnote; insert ›Cf. *Max III*, manuscript page 7, remark maxim 1‹
p. 507 footnote 927   ›p. 15‹ instead of ›p. 13‹; erase ›S. 15‹
p. 540   ›Eine Ausleihe dieses Titels durch Gödel ist nachweisbar für den 1. März 1938.‹ löschen